学前教育专业“十三五”教育教研成果系列规划教材

学前教育心理原理与实践

李国强　主　编

刘玉芝　康　婷　沈　娇　副主编

董傲然　王玉秋　汪　磊　参　编

北京理工大学出版社

BEIJING INSTITUTE OF TECHNOLOGY PRESS

图书在版编目（CIP）数据

学前教育心理原理与实践/李国强主编. —北京：北京理工大学出版社，2017.9（2017.10 重印）
ISBN 978-7-5682-4713-9

Ⅰ. ①学… Ⅱ. ①李… Ⅲ. ①学前教育–教育心理学–教材 Ⅳ. ①G44

中国版本图书馆 CIP 数据核字（2017）第 204555 号

出版发行 / 北京理工大学出版社有限责任公司
社 址 / 北京市海淀区中关村南大街 5 号
邮 编 / 100081
电 话 /（010）68914775（总编室）
（010）82562903（教材售后服务热线）
（010）68948351（其他图书服务热线）
网 址 / http://www.bitpress.com.cn
经 销 / 全国各地新华书店
印 刷 / 三河市华骏印务包装有限公司
开 本 / 787 毫米×1092 毫米 1/16
印 张 / 17.25
字 数 / 406 千字
版 次 / 2017 年 9 月第 1 版 2017 年 10 月第 2 次印刷
定 价 / 42.00 元

责任编辑 / 刘永兵
文案编辑 / 刘永兵
责任校对 / 周瑞红
责任印制 / 李志强

前言

《学前心理原理与实践》是为高等院校学前教育专业学生深入学习学前儿童发展心理学而编写的教材。本教材更好地适应了学前教育的发展需要，体现了学前儿童发展心理学应用研究的最新成果，能够帮助高等院校（尤其是高等职业院校）学前教育专业学生深入学习学前儿童心理学的理论知识，并把学前心理学原理更好地应用于教育和教学实践之中，实现学以致用。

本教材充分体现了幼儿园教师资格证考试的基本要求，科学、系统、严谨地阐释了幼儿园教师资格证考试关于学前儿童发展考核所要求的知识体系，能够帮助高校学前教育专业学生有效备考，提高考试成绩。

本教材的编写体现了科学性、系统性、实践性、教育性的基本原则，全书共十一章，内容涵盖了学前儿童心理发展的基本理论，包括从人的孕育到出生、从新生儿到幼儿各年龄阶段儿童的心理发展规律及其实践应用。本教材与传统的学前儿童心理学教材在内容构成和体例上明显不同，尤其在实践应用内容的编写上具有鲜明的特色。例如，在儿童的认知、情绪情感、社会性和个性发展各章节的编写中，标题都采用诸如"'先吃后拿'——学前儿童探索世界的奥秘""'三岁看大，七岁看老'——学前儿童能力的发展"等样式；各章节都以情境案例开头，提出问题，然后再展开编写，并在适当的位置对案例进行分析和说明，回答和解决问题。在主文中还设有"知识拓展""相关链接"，在结尾部分设有"议一议""练一练""读一读"等内容。这种编写的优点在于：第一，样式新颖，将抽象的基础知识具体化，易于激发学习兴趣；第二，问题导向，注重理论应用，有助于快速领悟理论知识，并真正使理论与实践相结合，突出实用性与操作性；第三，结合实际案例，通俗易懂，内容贴近实际，融入生活，便于记忆和掌握知识要点。

《学前心理原理与实践》的编者均为辽宁省高等职业院校具有多年教学实践经验的优秀教师。本书的主编为李国强，副主编为刘玉芝、康婷、沈娇。承担执笔任务的是：李国强（朝阳师范高等专科学校）撰写第一、三、四章，并负责全书的章节设计、组织协调、修改修订、统稿定稿等工作；董傲然（朝阳师范高等专科学校）撰写第二章；沈娇（盘锦职业技术学院）撰写第五章；刘玉芝（盘锦职业技术学院）撰写第六、十章；王玉秋（旅顺职业中专）撰写第七章；汪磊（朝阳师范高等专科学校）撰写第八章；康婷（鞍山师范学院）第九章；康婷

（鞍山师范学院）、沈娇（盘锦职业技术学院）撰写第十一章。

本教材在编写中参考了诸多学者的研究成果，可以作为普通高校、高职高专院校学前教育专业教材和备考幼师资格证的教材，也可作为中职学校、成人教育、继续教育学前教育专业教材，还可供学前教育工作者和幼儿园教师参考。

由于编者水平有限，难免出现缺点和不足，恳请有关专家、教师和读者批评指正。

李国强

2017 年 7 月

目录

第一章

人的孕育与出生

本章介绍

本章主要介绍人的孕育过程，胎儿的心理发展进程，影响胎儿发育的因素，以及如何进行胎教。

学习目标

知识目标：了解人的孕育过程，掌握胎儿感觉和记忆的发生和发展过程。

能力目标：学会制订胎教计划。

情感目标：正确认识优生学。

情境案例

神奇的婴儿

1. 普莱尔（W. Preyer）在人类第一部儿童心理学专著中断言（1882）：“一切婴儿刚生下来时都是耳聋的。”这种说法对吗？

2. 1985 年前后，美国北卡罗来纳大学的德卡斯拍对 16 名分娩前一个半月的孕妇朗读《帽中的猫》，时间累计达 5 个小时。婴儿出生后让其吸一个奶嘴，当婴儿用一长一短的吸法时，录音机就播放朗读《帽中的猫》的录音，结果大部分婴儿采用一长一短的吮吸法。这种现象说明了什么？有何启示？

第一节　生命的诞生

俗话说“十月怀胎，一朝分娩”，人的孕育需要十个月，这种说法准确吗？人类十个月的怀孕时间通常是指从孕妇末次月经的第一天算起到宝宝出生的大概时间，共 40 孕周。精确地说，从受孕开始，胚胎发育，受精卵从一个合子细胞发育完成直至出生，需要 266 天。

一、胎儿的生长发育

美国心理学斯滕伯格（R. J. Sternberg）将个体出生前的发育划分为胚芽期（0～2 周）（我国学者通常将此时期称为胚卵期，也叫合子期）、 胚胎期（3～8 周）和胎儿期（9～40 周）3 个阶段。

（一）胚卵期（0～2 周）

受精卵一旦形成就会迅速分裂，24 小时分裂成 2～8 个细胞；在输卵管内的 3 天，受精卵形成 12～16 个细胞；第 4 天，孕卵到达子宫，称为胚泡；第 7～8 天，胚泡植入富有养料和氧的海绵子宫内膜中，称为着床；至妊娠 14 天着床结束，最后黏合固定在子宫壁上。着床后，胚泡的内细胞群形成胚芽。构成胚芽的细胞开始有了功能分化，有些发育成胚胎芽，也就是未来的胚胎；有的发育成滋养层，那是未来的胎盘。

（二）胚胎期（3～8 周）

第 3 周标志着胚胎期的开始。从此时到怀孕第 10 周，宝宝所有的器官将开始发育并运行。因此，这时候的宝宝最为脆弱，特别容易受到任何影响他发育的因素的干扰。

在胚胎期，增殖的细胞群发生分化，形成三层细胞：外胚层形成皮肤和脑等中枢神经、周围神经系统；中胚层发育成为真皮、肌肉、肌腱、循环系统和排泄系统；内胚层则产生消化系统和其他内部器官与腺体。到第 3 周，脊索、神经管形成，体节（脊椎前体）出现；到第 4 周末，脑泡形成，心脏开始形成；到第 8 周末，胚胎大约有 1.6 厘米长，相当于一个芸豆的大小，除大脑外，其他所有器官系统均已存在，胚胎大体上已长成人形，四肢已得到相当的发育，手指、足趾、脸、眼睛、嘴都清晰可辨，心脏跳动，神经系统开始有初步的反应能力。

这一阶段也是胎儿发育的最敏感期，最容易受放射线、药物、感染及代谢产物或胎内某些病变等因素的影响，这些因素不利于胚胎的发育和成长，可使胎儿畸形，甚至导致早产、流产。

器官发育结束，胎盘形成，表示胚胎期结束。通过检查尿液证实是否怀孕一般是在这一时期进行。

（三）胎儿期（9～40 周）

胎儿期胎儿的骨细胞开始发育。毛发、指甲和外生殖器发育分化出来。已有器官的结构得到进一步发展，躯体比例以及各部分功能日趋成熟。

从第 9 周开始，胎儿躯体的细胞数量和大小增加，各组织器官生成并进一步分化。

第 10 周，小肠、大肠开始生成，并进入这些器官各自的位置，四肢开始活动，胎儿对刺激已有反应，这是最初活动阶段。但由于胎儿小，活动太轻，母亲尚感觉不到。

第 11 周末，胎儿开始有呼吸运动。

第 12 周，外生殖器已经清楚可辨，外生殖器与肛门已区分开；肺的发育随着支气管、细支气管和更小的分支的出芽而进行。

第 16 周末，胎儿各部分大小已较相称，腿较长；皮肤极薄，透明光滑，呈深红色，尚无皮下脂肪；骨化过程很快，脑已开始发育，四肢活动有力，呼吸肌已开始运动。

第 18 周，免疫系统已发育完成，细胞和体液免疫系统均已建立。

第 20 周，胎儿体表从头部颜面开始出现细小而柔软的霭毛，并遍布全身，霭毛有黏附皮肤上的胎脂的作用，同时还可以看到眉毛及头发。

第 21～24 周，胎儿身体各部分的比例是相称的。开始有皮下脂肪，但量少，故皮肤有皱纹，皮肤半透明，可以看得见毛细血管里的血，所以颜色偏红。

第 25～29 周，此时期早产的婴儿能啼哭和吞咽，哭声微弱，四肢活动良好，在良好的监护条件下可以存活，但死亡率高。婴儿只有在肺及血管系统能提供足够的气体交换，中枢神经系统能调节节律性呼吸运动并控制体温的情况下才能生存。此时眼睛已张开，头发、霭毛发育良好，指（趾）甲未达指（趾）端。

第 30～34 周，到此期末，皮肤粉红色、平滑，面部毛已脱落，手臂和腿圆胖。

第 35～38 周时，大多数胎儿已较丰满，面部皱纹消失，一般在出生之前有一个生长缓慢阶段。足月胎儿皮肤颜色变白或粉红稍带点蓝色，皮下脂肪大量积聚。除关节皱褶处有些胎脂外，其他部位已极少。足底皮肤有很多纹理，指（趾）甲已达指（趾）端或超过。颅骨质硬，但骨缝尚可移动。胸部突出，男女孩都有乳房突起。虽然胎头与身体其他部分的比例到足月时已比早期相对来说变小，但头周径仍属身体各部分中最大的，在通过产道分娩时这是极为重要的一点。

二、胎儿心理发展特点

研究结果证明：到妊娠第 5 周，能够分出前脑、中脑、后脑三个主要部分。到妊娠第 8 周末，神经系统的大体结构已基本形成，神经系统和脑的结构不断发育，为胎儿心理机能的形成提供了物质基础。

（一）感觉的产生

（1）视觉。胎儿在 4 个月时就对光线十分敏感，母亲做日光浴时，胎儿对光线变化强弱都有所感觉。中、日两国专家通过实验发现，4～5 个月的胎儿已能对视觉刺激产生灵敏反应。当用手电筒照射孕妇腹部时，胎心率会立即加快，且胎心率可随着手电筒开启与关闭而变化。因此，视觉最初发生的时间应在胎儿中晚期，4～5 个月的胎儿即已有了视觉反应能力以及相应的生理基础。

（2）听觉。传统观点认为：儿童出生时没有听觉。这种观点起源于儿童心理学的鼻祖——普莱尔（W. Preyer），他在人类第一部儿童心理学专著中断言（1882）：“一切婴儿刚生下来时都是耳聋的。”这句断言显然是错误的。

医学和心理学家指出，个体婴儿听觉的发展在胚胎期已经存在。胎儿听觉感受器在 6～7 个月时已基本成熟。贾森于 1983 年用高效超声显像设备观察到震颤传音刺激可引起胎儿眨眼反应，被称为“听觉眨眼反射”（APR），这是目前在产前诊断中应用超声波检测胎儿正常发育的指标之一。

国内外研究表明，胎儿不仅已经具有了听力，而且还具有了对声音的分辨力。

到孕 28 周以后，胎儿的听觉已经发育得较好，对于外界的声音刺激较敏感，会有喜欢或讨厌的反应及面部表情。胎儿最喜欢、最熟悉的声音是母亲的心跳。当胎儿听到强烈的音响如摇滚乐时会使劲地踢脚，而听到优美舒缓的乐曲时则可安静下来。听阈（能听到的声音的最小强度）在孕 27～29 周时约为 40 分贝。孕 8 个月时，胎儿能听出音调的强弱与高低，能区别声音的种类且反应敏感（能分辨出父亲或母亲的声音，并对较低频的父亲的声音更敏感）。

20 世纪 60—70 年代，国外心理学家在这个问题上开展了卓有成效的研究，特别是对味觉、嗅觉和触觉的最初发生作了大胆探索，取得了阶段性成果。

（3）嗅觉。嗅感觉器位于上鼻道及鼻中隔后上部的嗅上皮。孕 6 个月时，嗅觉开始发育，胎儿能够嗅到母亲的气味并记忆在脑中。有人认为，第 7 周时胎儿的嗅上皮已固定到鼻腔的最上部，其中的嗅细胞已经和嗅球及大脑皮层的嗅觉功能区建立了联系。6 个月时随着胎儿鼻孔的洞开，羊水可以明显地进入鼻腔并给嗅上皮中的嗅细胞带来一些刺激。到 7～8 个月时，胎儿的嗅觉感受器已相当成熟了。

（4）味觉。现代研究表明，味觉感受器是在胚胎 3 个月时开始发育的，到 6 个月时形成，出生时已发育得相当完好。胎儿 9 周半时已能张开嘴，舌部也开始运动，随后还会产生明显的吞咽行为，胎儿味觉已初步成熟，胎儿最迟从 4 个月开始已能感受到足够的味觉刺激。

（5）触觉。许多研究都发现，触觉的最早表现也是在胎儿期。胎儿在第 49 天时就已经具有初步的触觉反应。对人工流产胎儿的研究发现，2 个月的胎儿即可对细发尖的刺激产生反应活动。胎龄 4～5 个月时，触及胎儿的上唇或舌头，就会产生嘴的开闭活动，好像是在吸吮。用胎儿镜进行研究还发现，如果用一根小棍触碰胎儿的手心，他的手会握紧手指，碰到他的脚底则会引起趾动或膝、髋屈动。总之，国内外有关实验报告均表明，胎儿在 4～5 个月时已初步建立了触觉反应。

（二）记忆的发生

1985 年前后，法、美、英三国科学家分别采用不同的实验方法证实了胎儿末期（8 个月左右）已有了听觉记忆。美国北卡罗来纳大学的德卡斯拍对 16 名分娩前一个半月的孕妇朗读《帽中的猫》，时间累计共达 5 个小时。婴儿出生后让其吸一个奶嘴，当婴儿用一长一短的吸法时，录音机就播放朗读《帽中的猫》的录音，结果大部分婴儿采用一长一短的吮吸法。德卡斯拍认为，这是婴儿的“知觉选择”受到出生前“听觉经验”的影响所致，证明胎儿已具有记忆能力。我国学者的研究也证明胎儿后期已存在听觉记忆。

日常生活中，胎儿对母亲的声音感到熟悉而产生安全感，是因为胎儿反复听到母亲的声音而产生了记忆。有人试验，孕妇在胎儿期给胎儿取一个乳名，经常隔着腹壁呼唤，并与之对话，胎儿出生后，听到唤他的小名时会突然停止吃奶或在哭闹中安静下来，有时还露出高兴的表情。

案例分析

1. 普莱尔（W. Preyer）在人类第一本儿童心理学专著中断言（1882）：“一切婴儿刚生下来时都是耳聋的。”这种说法显然是错误的。国内外研究证明，胎儿在 6、7 个月时就有听觉现象，人出生就能听见声音。

2. 这说明 6、7 个月的胎儿对于语言能够做出反应，具有听觉现象，出生后听到朗读《帽中的猫》的录音就出现一长一短的吮吸法，说明胎儿有了听觉记忆。

第二节 影响胎儿发育的因素

知识拓展

优生学

优生学之父——弗朗西斯·高尔顿（Francis Galton）是第一个明确提出普通能力和特殊能力主张的人，也在心理学领域引入了量化的概念。高尔顿用调查的方法，想知道是否杰出双亲的后代出现杰出人物的频率更高。他的灵感可能来自他自己的家庭（他的表哥达尔文就不用说了，还有他的祖父埃拉斯莫斯·达尔文也是个杰出的人物，是当时有名的哲学家、诗人，也是早期的进化论者）。他在调查了1768—1868年这100年间英国的首相、将军、文学家和科学家共977名智力成熟的人的家谱后发现，其中有89个父亲、129个儿子、114个兄弟，共332名杰出人士。而在一般老百姓中4 000人才产生一名杰出人士。因此他断言“普通能力”是遗传的。在调查30个有艺术能力的家庭后，他发现这些家庭中的子女也有艺术能力的占64%；而150个无艺术能力的家庭，其子女中只有21%的人有艺术能力。因此他断言艺术能力——“特殊能力”也是遗传的。他发现，遗传亲属关系的程度降低，杰出亲属的比例也显著地下降。

他还根据80对双生子的资料，以双生子比其他亲兄弟、亲姐妹在心理特点上更为相像的事例，证明人的心理完全是遗传的。由此也使他第一个注意到同卵双生和异卵双生在估计遗传和环境因素在人的变异方面的相对作用的方法论的重要性。调查和统计的结果让高尔顿提出了他的优生学，他建议在具有更合意条件的男女之间进行婚配，并建议政府对该行为予以鼓励，以确保种族以高质量的后代为基础继续发展。1883年他在《人类才能及其发展的研究》一书中首创“优生学”这一术语。

胎儿在母体内发育，影响其发育的因素主要有两个：一个是胎儿的遗传，另一个是胎儿的母亲。

一、遗传因素

遗传因素是个体从父母那里得到的生理特征，主要包括机体的构造、形态、感官和神经系统的特征等通过基因传递的生物特性，而其中最主要的是大脑和神经系统的解剖特点。遗传因素是胎儿生理、心理发展的生物前提和自然条件。

（一）遗传对行为的影响

大量的研究证明遗传基因对人的行为产生和发展存在着显著的影响。现代行为遗传学观点认为，人类的复杂行为并不是单纯地遵循孟德尔遗传定律，任何一种行为都存在着作用不完全相同，但相互协同、相互作用的基因系统。

（二）遗传对心理发展的影响

医学和生物学的大量研究证明，遗传基因对人类的发展有重要的影响。我国学者研究发现，遗传因素对言语、空间、数学能力的影响一般大于记忆、推理方面的影响。任何一种基因的缺陷，对精神、神经、病理性行为障碍的发生都可能是危险因子。优生优育这一观念已深入人心。

二、母亲因素

影响胎儿正常发育的除了遗传因素外，另一个主要因素是母亲。母亲的生育年龄，在孕期的营养、用药状况，身体健康状况和情绪等，都可通过母亲的子宫对胎儿的发育产生影响。

（一）孕妇的生育年龄

实践证明，年龄偏小或偏大的孕妇都不利于胎儿的发育，其主要原因在于她们提供的胎内环境与正常孕妇相比通常有劣势。母亲的年龄在 18 岁以下，其胎儿体重容易过轻，有神经缺陷的可能性增加。年轻母亲分娩困难的概率要高于正常孕妇，也较可能得并发症，如贫血。母亲的年龄在 35 岁以上，生育（特别是第一胎）易出现分娩困难和死胎，另外出现唐氏综合征的可能性会大大增加。

（二）孕期服药

孕期服药对成长中的胚胎或胎儿会有潜在的影响，其作用的大小往往由使用的剂量、时间、次数及药物本身的性质而定。药物作用于胎儿的方式一般有两种：一种是透过胎盘直接对胎儿产生影响；另一种是药物改变了母亲的生理状况，从而改变了胎内环境，进而影响胎儿发育。在怀孕的早期几个月，对胎儿的不利影响往往最大。一般妊娠 7 个月后，胎儿发育已较为完善，药物对他们的作用可能降低。因此，在孕期间，孕妇服药要慎重，一定要遵医嘱服用。

（三）孕妇的不良嗜好：酗酒和抽烟

妊娠期酗酒和抽烟都会对胎儿发育造成损害。世人皆知抽烟对人体有害，对胎儿也不例外。当孕妇抽烟时，会使她自己和胎儿缺少氧气的吸入，从而影响胎儿的呼吸运动。同时，香烟中尼古丁等有害物质的摄入，会给胎儿带来严重的影响。

（四）孕妇的情绪状态

孕妇的情绪状态会影响胎儿的发育，如果孕妇经常处于消极的情绪状态之中，或者突然受到过度的惊吓，极大的悲痛，长期的紧张不安、焦虑，或者短时间情绪的大起大落都会对胎儿的发育造成大的危害。产前母亲心理压力对儿童心理行为发展有着重要的影响。大量的研究证据表明，产前母亲的心理压力或不良情绪对后代的情感或认知发展会产生消极的影响，如容易出现注意力缺陷、活动过度、焦虑、语言迟缓等问题①。这些情绪状态会导致孕妇体内的神经系统、血液循环系统、消化系统和内分泌系统发生改变，长此以往，可影响胎儿大脑发育，并造成新生儿身体瘦小、体质差等问题，出生后则表现为易神经过敏与偏执。孕妇激烈波动的情绪，甚至可能导致流产。

---

① 蔡春凤，周宗奎. 产前母亲心理压力对儿童心理行为发展影响的研究述评[J]. 心理科学进展，2009，17（4）：753-758.

（五）孕妇的心理期待

母亲是有意迎接自己的孩子还是非自愿地接受自己的孩子，会给胎儿造成不同的影响。捷克学者曾进行过一项追踪研究，以比较“计划内怀孕”的孩子与“计划外怀孕”的孩子在身心发展方面的异同。在研究者 9 年的追踪研究中，发现“计划外”的孩子更多地上医院看病、与同伴的关系不佳、敏感易怒。研究者认为，母亲通常用较乐观、期待的心态来对待“计划内怀孕”的胎儿，而“计划外怀孕”的胎儿则没有那么幸运，孕妇通常在物质与心理上准备不足，甚至在内心深处对不期而至的孩子产生不由自主的抵触情绪。从母亲的内心体验看，消极与抑郁等负面情绪出现的比率大大增加。由于孕妇对“计划外怀孕”的孩子缺乏积极的情感，会给孩子出生以后的生理、社会性、情绪与智力等方面的发展造成不良影响。

此外，作息习惯、饮食习惯等社会文化因素，和平或者动荡的社会环境因素，空气清洁还是严重污染等孕妇所处空间环境因素都会影响胎儿的发育。

三、胎教

现如今，几乎所有的准妈妈都知道胎教，有的把胎教视为极其重要、不可缺少的，有些胎教机构更是推波助澜，认为胎教可以提高孩子的智力水平，不进行胎教就会影响孩子的发展。谁也不希望自己的孩子输在起跑线上，科学合理地对胎儿进行胎教，有助于孩子的智力和人格的发展。那么，什么时候进行胎教才能发挥其应有的作用呢?如何进行胎教呢？

胎教最早出现在 2 000 多年前的中国古代，中国历史上第一位重视“胎教”的就是周文王的母亲太姒。有关文献表明，她怀上周文王后，做到了“目不识恶色，耳不听淫声，口不出敖言”，即眼睛不看不正经的颜色、耳朵不听淫秽的声音、口不说狂傲的话语。

胎教有广义和狭义之分。广义胎教指为了促进胎儿生理上和心理上的健康发育成长，同时确保孕妇能够顺利地度过孕期所采取的精神、饮食、环境、劳逸等各方面的保健措施，有人也把广义胎教称为“间接胎教”。狭义胎教是根据胎儿各感觉器官发育成长的实际情况，有针对性地、积极主动地给予适当合理的信息刺激，使胎儿建立起条件反射，进而促进其大脑机能、躯体运动机能、感觉机能及神经系统机能的成熟，狭义胎教亦可称为“直接胎教”。

当前，学术界对待胎教的态度有所不同，大部分医学和生理学研究者肯定胎教的意义或作用，认为合适的胎教可以促进胎儿的发育，也能促进孩子出生后生理、心理的发展。他们认为， 4、5 个月的胎儿逐渐具有触觉、味觉、嗅觉，6、7 个月的胎儿开始具备视觉、听觉，7、8 个月的胎儿就拥有学习、记忆能力，到 8、9 个月，胎儿的大脑皮质已发育完全。由此可知，胎儿已经能慢慢地感受这个世界，并对外部环境产生反应。这些生理现象的发生和发展就为胎教提供了科学依据。他们还认为胎教的好处在于：经过胎教的宝宝出生后情绪较稳定、适应力较强；对于陌生环境较易产生好奇心；记忆力比同龄小孩强；语言和活动能力发展早，且个性较活泼，喜欢与他人接触；坐地、爬行、站立、走路、学话都比没有经过胎教的要早、要快，优势是很明显的。这种种优势都促使准父母重视胎教，让自己的孩子不会输在起跑线上。

但是，也有学者否定胎教，尤其认为直接针对胎儿的“直接胎教”是不符合科学道理的。原因如下：第一，不符合胎儿心理。依照英国生理学家大卫·迈勒教授的研究结果，哺乳动物胎儿在整个妊娠期一直处于深度睡眠状态。因此，孕妇读的诗文、讲的故事，对他们都只不过是一些毫无意义的物理刺激。第二，直接胎教不符合胎儿大脑发展的事实。脑在营养合理情况下，不仅有能力产生实际所需的细胞数，而且能产生过量的供选择用的细胞，不必用胎教去增加；从大量脑细胞在发育过程中生而复死的事实看，胎儿出生前脑细胞是由遗传程序决定的，背离这一程序用胎教去增殖，多余者也会像那些被淘汰的脑细胞一样，归于死亡。第三，不符合胎儿身心发展的规律。直接胎教背离了儿童心理与大脑发展的“关键期”的规律。迄今为止，未发现有一项学习能力的关键期是在胎儿期。另外，直接胎教不符合胎儿记忆规律，胎儿由于主控长时记忆的大脑额叶不够成熟，尚不能对信息进行语义编码，还不具备长时记忆能力，而一切智力学习又都离不开长时记忆。因此各种关于胎儿学习的神话显然都是无稽之谈。

我国学者关于音乐胎教的研究认为：胎教音乐能够使胎动时间延长，胎儿后期即存在条件反射；胎儿出生后能够再认胎教音乐，胎儿后期已经存在听觉记忆。

相关链接

正确认识胎教

胎教有两个方面，一方面是孕妇主动控制自己的身心状态为胎儿提供一个健康发育的环境；另一方面是创设条件适时地为胎儿提供适度的外部刺激，以促进胎儿的健康成长。实践证明，胎教能够促进胎儿生理、心理发展，其作用是存在的，不能否定胎教。但是胎教的作用是有限的，不能人为夸大。适时而合适的胎教对孕妇和胎儿是有益的，不适宜的、过度的胎教不仅不能促进胎儿的发展，反而对母子双方都有害无益。

（一）胎教种类

（1）抚摸胎教。父母轻轻抚摸、偶尔拍打胎儿所处的孕妇腹部，通过间接接触胎儿的皮肤，对胎儿进行触觉刺激。

（2）语言胎教。父母用温和的语言呼唤胎儿，或讲话给胎儿听，内容可以是诗文、故事等。目的是给胎儿一定的语词刺激。

（3）音乐胎教。这可能是使用最多的胎教，父母通过悦耳、轻柔、动听的音乐作用于胎儿，刺激胎儿的听觉器官，这也可以使孕妇的情绪平和、心情愉悦。

（4）光照胎教。对胎儿施以适宜的光刺激，作用于胎儿的眼睛，促进视觉发育。

（5）运动胎教。孕妇进行适当的体育锻炼，既可以促进胎儿大脑和肌肉的健康发育，又有利于母亲的正常妊娠和顺利分娩。如散步，这是最适合孕妇的运动。早晨到林间散步，清新的空气有利于孕妇的健康和胎儿的发育。还可适当地进行孕妇体操、游泳、太极拳等体育运动。但是，任何一种运动都要适度，包括力量、数量、速度、时间等要适度。

（6）情绪胎教。准妈妈应该在怀孕期间始终无忧无虑、心情愉快。准爸爸要为准妈妈创设良好的怀孕氛围，调节孕妇情绪，消除孕妇的忧虑和烦恼。

此外，还有美育胎教、环境胎教、美食胎教和联想胎教等。

（二）胎教时间

（1）胎教的准备期：孕 3 个月前。孕妇应及时转换自己的生理、心理角色，年轻夫妇在计划怀孕前就要开始学习环境安全知识，以利于优化环境，安心养胎。怀孕后，除了保证充分的饮食和营养外，孕妈妈、准爸爸要开始有意识地进行心理调适，让双方的心态都更加平和、更加愉悦。孕妇不要大喜、大悲、大怒，要保证自己的身体健康和情绪愉快，及夫妻感情的稳定、恩爱，切实保护好孕育初期的胎儿，为日后发育开个好头。

（2）胎教的实施期：从以上胎儿发育的进程得出：4 个月的胎儿，各种感觉器官开始发育，胎儿开始能够对外部刺激做出一定的反应，大多数国内外学者都把怀孕 4 个月作为胎教开始的时间，截止到胎儿出生，这段时期都可进行胎教。

（三）胎教的分阶段实施建议

在此，主要根据胎儿的心理发展特点，具体结合胎教的应用实践，建议如下：

4 个月的胎儿出现视觉和触觉，已能对视觉刺激产生灵敏反应，应该实施光照胎教和抚摸胎教。

5 个月的胎儿出现触觉，应该实施抚摸胎教、语言胎教。

6 个月的胎儿出现听觉，应该实施音乐胎教、语言胎教、美育胎教和环境胎教。

7 个月的胎儿对外界的声音、光线和抚摸等都有反应，应该实施音乐胎教、运动胎教。

8 个月的胎儿继续快速发育，应该实施情绪胎教、抚摸胎教、运动胎教。

9 个月的胎儿临近出生，应该灵活使用不同种类的胎教。

（四）胎教的注意事项

（1）胎教应依据孕妇的身体和心理实际，结合胎儿的发育情况灵活实施，不能教条，不能过度。

（2）胎教实施的种类应根据实际情况灵活使用，但也不必刻意花费大量的时间和财力追求胎教。

（3）有些胎教可以全程实施，如抚摸胎教、运动胎教、语言胎教和情绪胎教。

（摘自董爱霞《胎教实施策略的个案研究》[D]，东北大学，2012 年）

【议一议】胎儿有无学习能力？能否对胎儿实施教育？

【练一练】

一、选择题

1．通过检查尿液证实是否怀孕一般是在（　　）期进行。

A．胚卵期　　B．胚胎期　　C．胎儿期

【答案】B

二、填空题

1．胚胎发育要经历三个时期：（　　）、胚胎期和胎儿期。

【答案】胚卵期

2．胚胎从单细胞发育成准备出生的胎儿，需要经过（　　）天。

【答案】266

3．胎儿一般是在（　　）个月时就有了视觉反应能力。

【答案】4～5

4．胎儿一般是在（　　）个月时就有了听觉反应能力。

【答案】5～6

三、简答题

1．影响胎儿发育的母亲因素有哪些？

【答案】孕妇的生育年龄；孕妇服的药物；孕妇的不良嗜好：酗酒和抽烟；孕妇的情绪状态；孕妇的心理期待。

2．孕妇为什么要保持稳定和愉快的情绪状态？

【答案】产前母亲的心理压力或不良情绪对后代的情感或认知发展会产生消极的影响，如容易出现注意力缺陷、活动过度、焦虑、语言迟缓等问题。这些情绪状态会导致孕妇体内的神经系统、血液循环系统、神经系统、消化系统和内分泌系统发生改变，长此以往，可影响胎儿大脑发育，并造成新生儿身体瘦小、体质差等问题，出生后则表现为易神经过敏与偏执。孕妇激烈波动的情绪，甚至可能导致流产。

四、论述题

胎教有哪些种类？如何进行胎教？

【答案】

胎教种类：

抚摸胎教。父母轻轻抚摸、拍打胎儿所处的孕妇腹部，通过间接接触胎儿的皮肤，对胎儿进行触觉刺激。

语言胎教。父母用温和的语言呼唤胎儿，或讲话给胎儿听，内容可以是诗文、故事等，目的是给胎儿一定的语词刺激。

音乐胎教。父母通过悦耳、轻柔、动听的音乐作用于胎儿，刺激胎儿的听觉器官，这也可以使孕妇的情绪平和、心情愉悦。

光照胎教。对胎儿施以适当的光刺激作用于胎儿的眼睛，促进视觉发育。

运动胎教。孕妇进行适当的体育锻炼，既可以促进胎儿大脑和肌肉的健康发育，又有利于母亲的正常妊振和顺利分娩。如散步，这是最适合孕妇的运动。早晨到林间散步，清新的空气有利于孕妇的健康和胎儿的发育。还可适当地进行孕妇体操、游泳、太极拳等体育运动。但是，任何一种运动都要适度，包括力量、数量、速度、时间等要适度。

情绪胎教。准妈妈应该在怀孕期间始终无忧无虑、心情愉快。准爸爸要为准妈妈创设良好的怀孕氛围，调节孕妇情绪，消除孕妇的忧虑和烦恼。

此外，还有美育胎教、环境胎教、美食胎教和联想胎教等。

进行胎教的方法：

4 个月的胎儿出现视觉和触觉，已能对视觉刺激产生灵敏反应，应该实施光照胎教和抚摸胎教。

5 个月的胎儿出现触觉，应该实施抚摸胎教、语言胎教。

6 个月的胎儿出现听觉，应该实施音乐胎教、语言胎教，美育胎教和环境胎教。

7 个月的胎儿对外界的声音、光线和抚摸等都有反应，应该实施音乐胎教、运动胎教。

8 个月的胎儿继续快速发育，应该实施情绪胎教、抚摸胎教、运动胎教。

9 个月的胎儿临近出生，应该灵活使用不同种类的胎教。

胎教的注意事项：

胎教应依据孕妇的身体和心理实际，结合胎儿的发育情况灵活实施，不能教条，不能过度。

胎教实施的种类应根据实际情况灵活使用，但也不必刻意花费大量的时间和财力追求胎教。

有些胎教可以全程实施，如抚摸胎教、运动胎教、语言胎教和情绪胎教。

【讲一讲】

试帮助一名孕妇制订胎教计划。

【读一读】

1.《斯瑟蒂克 40 周胎教方案》. 游川. 中国轻工业出版社，2010 年版.

2.《优孕 胎教 育婴》. 陈宝英. 中国人口出版社，2012 年版.

3.《280 天同步胎教专家方案》. 王琪. 中国轻工业出版社，2007 年版.

4.《胎教》. 范玲. 中国轻工业出版社，2009 年版.

参考文献

[1] 白云静. 行为遗传学：从宏观到微观的生命研究心理科学进展[J]. 心理科学进展，2005（3）.

[2] 李虹. 胎教音乐对胎儿影响的实验研究[J]. 心理学报，1994（1）：52-56.

[3] 陈俊. 胎儿心理研究进展[J]. 心理学动态，1999，7（2）.

[4] 华立. 胎教，一个有争议的话题[J]. 考试周刊，2011（21）：205-206.

[5] 严福梅. 胎教应该讲科学——对新式胎教的质疑[J]. 中国教育学刊，2001（3）：17-18.

[6] 杨晓欣，等. 胎教对胎儿的益处分析[J]. 临床合理用药，2014（2A）：176.

[7] 孙杰，张永红. 幼儿心理发展概论[M]. 北京：北京师范大学出版社，2014.

第二章

婴幼儿的生理发育和动作发展

本章介绍

本章主要介绍婴幼儿的生理发育、动作发展以及婴儿的心理发展及其运用。

学习目标

知识目标：了解婴幼儿的生理发育及其动作发展，掌握婴儿心理发展规律。
能力目标：学会正确认识婴幼儿的成长，利用所学规律科学育儿。
情感目标：正确认识婴儿心理发展。

情境案例

1. 有些 8 个月以后的婴儿见到生人就哭。父母对严重认生的孩子总是觉得不可理解："没出息，怎么胆子这么小，见不得人。"这种说法对吗？

2. 婴儿生活作息不规律、易烦躁、爱哭闹，父母用训斥、惩罚等手段来管教孩子，这种做法对吗？

3. 1 岁半左右的婴儿总是喜欢和爸爸妈妈对着干，"不""我不要"成为他们的口头禅。宝宝不肯去洗澡，为了不纵容孩子的这种逆反行为，妈妈此时严厉威胁宝宝："你去不去洗？如果不去我就揍你了！" 这种做法对吗？

第一节　婴幼儿的生理发育

本节主要包括两部分：婴儿（0～1 个月、1 个月～1 岁、1～3 岁）和幼儿的生理发展状况。本节的学习将为进一步学习了解婴儿和幼儿心理的发展特点提供基础。

一、婴儿的生理发展

（一）0～1个月婴儿的生理发展

0～1个月的婴儿最突出的解剖生理特点是软弱、娇嫩，但发育迅速。婴儿体形为头大、身长、四肢短。0～1个月的婴儿头很大，平均头围为35厘米，刚出生时头占整个身长的1/4（成年人的头为整个身长的1/7～1/8），腿占整个身长的1/3（成年人为1/2）。与身体的其他部分相比，头部明显过大，与整个身体不成比例。这种体形决定了0～1个月的婴儿不便于活动。随着年龄的增长，身体各部分才逐渐协调起来。

0～1个月的婴儿身高一般50厘米左右，体重3～3.5千克。刚出生的几天，体重略有减轻，第二周开始恢复，体重增长加快，每天平均增长30克左右，满月时的婴儿体重比出生时增加1千克以上。

0～1个月的婴儿皮肤常呈红色，且有些皱，像个“小老头”。随着肌肉的丰满，皱纹很快消失，皮肤也逐渐变白。0～1个月的婴儿皮肤细嫩，很容易受损伤。

0～1个月的婴儿骨骼尚未骨化，骨质松软。骨骼构造与成人不同，含无机盐少，水分多，血管丰富，弹性较强，硬度不足，不易折断，而易弯曲。

0～1个月的婴儿内脏器官未发育成熟，呼吸微弱，心跳很快，消化与体温调节机能也不完善。

总之，和小动物相比，0～1个月的婴儿维持生命的能力很差。自然界的许多动物刚出生就可以离开母亲自己生存，而0～1个月的婴儿一刻也不能离开成人的照料。作为称职的父母，应在孩子出生之前就学习科学育儿的知识，做好物质和精神上的准备，对孩子的饮食起居、吃喝拉撒睡都要安排好，使其顺利度过人生的第一关。

（二）1个月～1岁的婴儿的身体发育

在整个儿童期内（从出生到成熟时期），1个月～1岁的婴儿期是发育最快的时期。出生后的第一年，婴儿的身体发育最旺盛，尤其出生后头6个月发育最为迅速。此时期婴儿身心各方面都有了极为显著的发展变化。

出生后头几个月，身高平均每月增长3厘米以上，半年后有所减缓，每月增长1～1.5厘米，1岁时，身高可达70～75厘米，达到出生时的1.5倍。

体重增加更明显，出生后1年内体重3倍于出生体重，1岁时可达9～10千克。

骨骼、肌肉系统发育也很快，但骨化过程未完成。从2～3个月开始，脊柱的四个生理性弯曲相继形成，肌肉的力量也不断增强，儿童能逐渐支撑住身体重量，能逐渐抬头、翻身、坐、爬、站，甚至能走上几步。但此时的婴儿的骨化过程未完成，骨骼仍易变形，肌肉也易疲劳，所以让其练习各种动作时，必须注意适时、适量，不要过早让儿童坐、站，每次练习的时间不宜过长。

根据每个婴儿出生和生长的具体情况，可运用下列公式对1个月～1岁婴儿身体发育情况进行估算（仅供参考）：

1～6个月：体重（克）=出生体重+月龄×600

7～12个月：体重（克）=出生体重+月龄×500

1岁以后：体重（千克）=实足年龄（岁）×2+8

临床也可以用下列公式推算小儿体重：

1～6 个月：体重（千克）=3+月龄×0.7

7～12 个月：体重（千克）=7+（月龄-6）×0.5

（三）1～3 岁婴儿的生理发展

1～3 岁的婴儿身高平均每年增长 8～10 厘米，2 岁时可达 85 厘米左右，3 岁时可达 93 厘米左右，比出生时增加近一倍。体重增长的速度也很可观，3 岁时达 13 千克左右，为出生时的 4 倍。

1～3 岁的婴儿胸围还较小，1 岁半以前头围大于胸围，头身比例仍不协调，头大脚小，头重脚轻，走路难以保持平衡，两腿和身体的动作不协调。

1～3 岁的婴儿全身骨骼、肌肉仍比较嫩弱。骨骼还在继续骨化，仍具有弹性大、易弯曲的特点；骨骼系统布满血管，组织不很坚实；骨骼的纤维组织基本是由软骨组成。大肌肉已经先发展，但耐力还较差，易疲劳；小肌肉远未发展起来，因此一般还不能从事需要手指精细活动的，要求灵活性、准确性很高的动作。

1～3 岁的婴儿内脏器官有了一定的发展。正常的 1～3 岁的婴儿心率在 100 次/分钟以上，3 岁时心率降为 100 次/分钟，但与成人相比仍很快，因此仍不宜做剧烈运动，以免加重心脏的负担。总之，1～3 岁的婴儿身体各系统仍很柔嫩，不能耐劳，不宜做过分剧烈的活动，但已能保证儿童从事一些最基本、最简单的活动。

二、幼儿的生理发展

3～6 岁是儿童进入幼儿园的时期，习惯上我们称这一时期为幼儿期。相对 3 岁以前，幼儿的身体发育速度减缓，但比后期发展还是要快得多。

在 3～6 岁这个阶段，幼儿的身高每年增长 4～7 厘米，体重每年增加 4 千克左右。6 岁时身高达 110 厘米左右，体重达 20 千克左右。这个时期由于幼儿的生理发育速度很快，因此新陈代谢比较旺盛，但是由于身体的机能发育还不成熟，对外界环境的适应能力以及对疾病的抵抗能力都较弱。

这个阶段幼儿的骨骼更坚硬了些，但是骨化过程还远未完成，弹性非常大，可塑性强，因此一些舞蹈、体操、武术等项目的训练从这个阶段就开始了。此阶段，如果幼儿长期姿势不正确或受到外伤，就会引起骨骼变形或骨折，要注意保护，教其走、坐姿势端正，时间也不宜过长。

肌肉的发育还处于不平衡阶段。大肌肉群发育得早，已比较发达，所以以大肌肉群为主的动作，如跑、跳等已经很熟练，动作也协调；而小肌肉群发育还不完善，手的动作（如手指、手腕动作）还很笨拙，一些比较精细的动作还不能成功完成。如不少幼儿园中班儿童使用剪刀时，全身肌肉都紧张起来，瞪着眼，张着嘴，显得十分吃力。而且肌肉的力量差，特别容易受损伤，仍要注意保护。

幼儿的皮肤仍非常娇嫩，特别容易受伤或受到感染，对温度的调节功能仍比成人差，因此当外界温度突变时，容易受凉或中暑，因此要及时增减衣服。幼儿心肺的功能比成人也要差，心肺体积比例大，心脏的收缩力差，平均每分钟心跳 90～110 次，大强度的运动会使幼儿的心脏负担加重，影响身体健康。肺的弹性较差，对空气的交换量较少，所以幼儿呼吸时频率很快，许多幼儿为了方便呼吸，养成用嘴呼吸的习惯，易患感冒、肺炎。因此要及时纠正这种习惯，让他们学会用鼻子呼吸。

幼儿身体中的血含量比成年人多，但是血液中水的成分较多，凝血物质少，出血后血液的凝固速度慢。正常的血色素为 13～14 克，低于 13 克为贫血。幼儿淋巴细胞较多，嗜中性白细胞较少，所以易感染各种传染病，因此要注意增强体质，提高抵抗力。比较而言，幼儿的听觉和嗅觉能力非常强，但是外耳道却比较狭窄，到 3 岁时外耳壁还未完全骨化和愈合，而且他们的咽鼓管即鼻咽腔与鼓室之间的通道比成人粗短，呈水平位，因此要注意其耳鼻的卫生，防止水进入耳内，引起中耳炎。

这个阶段幼儿的排尿次数多，控制力差。这是因为幼儿的膀胱肌肉层较薄、弹性差，贮尿机能弱，神经系统对排尿过程的调节作用也差。因此，在幼儿兴奋或疲劳时特别容易遗尿。另外由于女孩的尿道口经尿道入膀胱的距离短，容易感染，特别要注意其外阴的卫生，教其养成良好的个人卫生习惯。

了解婴幼儿生理发育特点，根据不同年龄阶段儿童全身及身体各部分的发育速度，合理安排好儿童的各项活动及营养，才能促进儿童的正常发育。

第二节　婴幼儿动作的发展

本节主要内容包括：婴幼儿动作发展的规律、婴儿动作的发展、幼儿动作的发展、学前儿童的游戏活动。通过本章的学习，学生可以更好地了解不同阶段的儿童的动作发展水平，并根据儿童的活动水平有效地组织儿童的活动。

一、婴幼儿动作发展的规律

婴幼儿动作的发展，从一开始就和动物动作的发展采取了完全不同的路线。动物降生不久，动作能力就发展得很好，可以自由行动。而人类在出生后的几个月中仅有两种身体活动，一种是人类种系进化过程中遗传下来的一系列反射动作，如吸吮、觅食、抓握等，利用这些反射动作，新生儿与陌生世界取得了最初的平衡；另一种是一般性的身体反应活动，如蹬脚、挥臂、扭动躯干等，这是婴儿自发的动作，既无目的，又无秩序。身体活动所涉及的躯体部分极广，是日后动作发展的基础。在降生以后的半年，婴儿首先发展的是一些感觉能力，至于动作，特别是手的动作和直立行走等运动能力，发展比较缓慢。

婴幼儿的动作是在脑和神经中枢、神经、肌肉控制下进行的，因此婴幼儿动作的发展与身体的发展、大脑和神经系统的发展密切相关。婴幼儿身体的发展有先后顺序，动作的发展也表现出一定的时间顺序。在婴幼儿早期，动作的发展在某种程度上标志着心理发展的水平，动作的发展同时也促进心理的发展，因此在婴幼儿智能发育检查中，大（粗）动作和细动作的发展是检查的一个重要方面。婴幼儿动作发展是有客观规律的，每个人动作发展的顺序大致相同，时间也大致相近。具体来看，其规律表现在以下几个方面：

（1）从整体动作到局部的、准确的、专门化的动作。婴幼儿最初的动作是全身性的、笼统的、弥散性的。比如，满月前婴儿受到痛刺激后，边哭喊边全身乱动，以后，婴幼儿的动作逐渐分化，向着局部化、准确化和专门化的方向发展。

（2）从上部动作到下部动作。婴幼儿最早发展的动作是头部动作，其次是躯干动作，最后是脚的动作。婴幼儿最先学会抬头，然后是俯撑、翻身、坐和爬，最后学会站和走，任何一个动作的发展总是依照抬头—翻身—坐—爬—站—行走的顺序进行的，这种发展趋势可称为“首尾规律”。

（3）从中央部分的动作到边缘部分的动作。婴幼儿最早出现的是头的动作和躯干的动作。然后是双臂和腿部的有规律的动作，最后才是手的精细动作。这种发展趋势可称为“近远规律”，即靠近头部和躯体的部分先发展，然后是远离身体中心部位动作的发展。

（4）从大肌肉动作到小肌肉动作。婴幼儿生理的发展是先从大肌肉开始，然后延伸到小肌肉。从四肢动作看，先是学会臂和腿的动作，即活动幅度较大的所谓“粗动作”，以后才逐渐学会手和脚的动作，特别是手指的“精细动作”。这种发展趋势可以称为“大小规律”。

（5）从无意动作到有意动作。婴幼儿动作发展的方向是越来越多地受心理、意识支配，动作发展的规律也服从心理发展的规律——从无意性向有意性方向发展。

二、0～1 个月婴儿动作的发展

（一）0～1 个月婴儿的无条件反射活动

1．脑和神经系统的结构初具雏形

儿童出生后，身体各系统发展不平衡。与人体其他器官和组织相比，脑和神经系统的发育相对来说是比较早的，年龄越小，神经系统发展越快，学前期已接近成人。

儿童刚降生时，主要是依靠由皮下中枢实现的无条件反射来保证其内部器官与外部条件的最初适应。

0～1 个月的婴儿脑重只有 350 克，相当于成人脑重的 25%～30%（成人脑重平均 1 400 克），脑细胞的体积还很小，神经纤维的长度和分支也不发达，神经纤维还未髓鞘化。

2．神经系统功能不完善的主要表现

（1）保护性抑制明显。

0～1 个月的婴儿睡眠时间很多，约有 80%的时间处于睡眠状态。出生头几天，除了吃奶，几乎全处于睡眠之中。这是保护性抑制的突出表现。当刺激超过一定的强度或持续时间过久时，神经细胞就会产生疲劳，导致大脑皮层的兴奋性降低，从而进入抑制状态，这种因刺激物的作用过强或持续时间过久，超过大脑细胞的工作能力限度所引起的限制称为超限抑制。超限抑制可使神经细胞不致因兴奋过度而受损伤，对大脑皮层细胞有保护作用，所以也称保护性抑制。外界的刺激对 0～1 个月的婴儿来说，往往是“超负荷”的，因此以睡眠保护自己。

（2）神经兴奋与抑制过程转换不明显。

我们知道，人的高级神经活动过程表现为兴奋和抑制两种对立的过程，在某些条件下需要兴奋以发起某些活动，而在另一些条件下需要抑制以停止一些活动。抑制不必要的活动是更好地进行必要活动的保证，它既可使兴奋引起的反射活动更精确完善，又可使脑神经受到必要的保护，因而也是机体认识事物的生理基础。0～1 个月的婴儿在睡眠时间里，常处于迷迷糊糊、似睡非睡状态，睡眠不稳，周期较短。即使在清醒时间里，0～1 个月婴儿的兴奋容易泛化，对外界事物也较难做出准确的反应。如身体的一个部位受刺激，就会引起全身性的动作反应。这些表现都和 0～1 个月的婴儿神经系统的不成熟和大脑皮层的兴奋与抑制活动不完善有关。

（3）神经系统的调节功能差。

0～1 个月的婴儿动作混乱、没有秩序，如有些新生儿两只眼球的运动也不协调，有时一眼看左、一眼看右；呼吸、心跳、肠胃活动也往往不规则。所以，0～1 个月的婴儿要适应环境的变化，需要依靠无条件反射实现。

3. 无条件反射

无条件反射是由遗传得来的、不学就会的本能性反应，是固定的神经联系。0～1 个月的婴儿天生就有无条件反射能力。无条件反射的中枢是中枢神经系统的低级部位。因此，它的适应性是非常低的，但它是形成条件反射的自然前提。此时婴儿的无条件反射主要有以下几种：

（1）食物反射。

这种反射包括觅食、吸吮、吞咽等。当乳头、手指或类似乳头的东西碰到新生儿的嘴唇或脸颊时，新生儿就会立即转头张嘴，做吸奶动作，食物进入嘴里就会咽下去。

（2）防御反射。

儿童出生后的头几天就能对温度刺激、痛觉刺激等产生泛化性的反应（刺激一处，全身反应）。如眨眼反射就属此类反射。当强光刺激眼睛时，新生儿会自动闭上眼睛或将头自动转向背光处；当刺激物触及眼睑或睫毛时，新生儿头会向后仰并眨眼。再如，打喷嚏、呕吐等也是无条件防御反射。

（3）定向反射。

儿童出生后不久（约 2 周左右），就能对强烈的刺激（如强光或大声）产生定向反射，即当新异刺激出现时，儿童会自动把头朝向它，或停止正在进行的活动，好像在探究“这是什么”。

以上 3 种是最基本的无条件反射：无条件食物反射和无条件防御反射为新生儿维持生命活动所必需的，而无条件定向反射对新生儿认识世界具有重要意义，它们都具有关于生存适应的生物学意义。除此以外，还有许多无条件反射，并无明显的生物学意义，可能在人类进化过程中，它们曾有过一定的生物适应意义。

（4）抓握反射。

物体接触新生儿手掌时，儿童的手就会紧紧握住不放，力量之大，甚至可以把身体吊起来（又叫达尔文反射）。到 4～5 个月时，这种反射就会消失。

（5）巴宾斯基反射。

轻轻地抓或刺激新生儿的脚心，会引起其本能地将脚向里弯曲，脚趾向上张开成扇形。约在 6 个月时，这种反射逐渐消失。

（6）惊跳反射。

当新生儿突然失去支持（如往小床上放他）或受到大声刺激时，常常表现为惊恐状态，如仰头、挺身、双臂伸直、手指张开，又迅速收回胸前、紧握拳头等，作搂抱状。这种反射又叫搂抱反射或摩罗反射，约在 4 个月时消失。

（7）游泳反射。

托住新生儿的腹部，新生儿会抬头、伸腿，四肢做出类似游泳样的姿势和动作。如果让新生儿俯伏在水里，他会本能地做出协调的游泳动作。这种反射在出生后 6 个月左右消失。

（8）行走反射。

双手扶在新生儿的腋下，使其脚掌着地，他就会做出行走的动作。这种反射又称迈步反射，约在出生后 2 个月消失。此外还有击剑反射（仰卧时，把新生儿的头转向一侧，新生儿会立即伸出该侧的手臂和腿，屈起对侧的手臂和腿，做出击剑的姿势）、巴布金反射（如果单手或双手的手掌被压住，新生儿会转头张嘴，当手掌上的压力放松时，会打呵欠）、蜷缩反射（新生儿的脚背碰到平面边缘时，会做出像小猫那样的蜷缩动作）等。出生后几个月，以上无条件反射会相继消失。如果过了一定年龄还继续出现，反而表明儿童发育不正常。

无条件反射保证了新生儿最基本的生命活动，但无条件反射具有刻板性、固定性，即只有当某种特定的刺激在特定的情况下出现时，才能做出特定的反应，因此无条件反射局限性很大，适应性很低，不足以使新生儿应付面临的复杂多变的环境。为了生存，为了更好地适应环境，新生儿的反射逐渐信号化，在无条件反射的基础上逐渐形成条件反射。

儿童先天带来的本能动作有不同的性质。有些对新生儿维持生命和保护自己有现实意义。如吸吮反射、觅食反射属于食物性无条件反射；眨眼反射、怀抱反射属于防御性无条件反射。另一些无条件反射，现在看来对新生儿的生存是没有实际意义的，但它们在人类进化的历史上，可能是有意义的。例如，抓握反射对于人类祖先在需要爬树来保护和维持生命的年代，可能有实际作用。有许多天生带来的无条件反射，在婴儿长大到几个月时会相继消失。如果过了一定年龄还继续出现，反而是婴儿发育不正常的症状。例如，6 个月以后的婴儿，不再出现巴宾斯基反射，物体接触脚掌时，代之以脚趾向内弯起，而不是成为扇形。

无条件反射是本能的、固定的神经联系，因此它的适应性是非常低的，但同时它又是建立条件反射的基础。新生儿的条件反射是在什么时候出现呢？研究资料表明，新生儿出生 2 周以后，产生明显的条件反射。在这时，儿童在醒着和舒适的时候，自发性的、整体性的动作就活跃起来。同时由于儿童的大脑皮层和分析器在一定程度上的成熟，儿童开始有可能在外界刺激的影响下，在无条件反射的基础上形成条件反射。儿童最初的条件反射常常是由母亲喂奶的姿势引起的、由皮肤接受刺激而产生的食物性条件反射。在这种条件反射形成后，每当母亲把他抱在怀里的时候，他就积极地去探寻母乳。这种新生儿的食物性的条件反射是最早的条件反射，至于在人工刺激下产生的其他各种不同分析器的条件反射，则在第 1 个月末或第 2 个月初才会出现。

（二）0～1 个月婴儿的头部动作

头部动作包括眼肌控制、微笑和抬头。眼肌控制发生于出生初期，在出生后 12 个小时，已出现眼睛注视移动中的成串东西的“眼球震动”运动，到第 3、4 周，已有眼睛逐物的运动。新生儿出生后 1 周，即可看到由某些触觉刺激引起的反射性微笑，但那种由他人的微笑引起的社会性微笑需在三四个月后出现。新生儿在第 1 个月便能在俯卧时抬头，到 5 个月时能在仰卧时抬头，当抱成坐姿时，4～6 个月头部会直立。

三、1 个月～1 岁婴儿动作的发展

研究表明，1 个月～1 岁是儿童动作发展最迅速的时期。儿童通过积极的活动形成和发展着自己的心理，同时已形成的心理又反过来调节以后的活动。

（一）手的动作的发展

作为人类特点的手的动作的发展，在儿童心理发展上，具有巨大意义。儿童从出生后约第 3 个月起，一种不随意的手的抚摸动作就开始了。他无意地抚摸着襁褓或被褥，抚摸着亲人或玩具，抚摸着自己的小手。到第 5 个月左右，由于抚摸动作的不断反复，同一个动作总是引起同一个结果，这就形成了反映事物关系的稳固的感觉——运动表象，就成为一种“学会了”的动作，从而使动作带上了一定的随意性，以后，当他看见亲人或玩具的时候，不但会发出快乐的声音，而且要伸出手来抓抓摸摸。这样，儿童开始把手作为认识的器官来感知外界事物的某些属性。

儿童动作的重复是由定向反射来强化的，因为儿童通过每一个动作，都会发现事物的新的方面或新的因素。从儿童出生后 6 个月开始，手的动作有了进一步的发展。第一，逐步学会拇指与其余四指的对立的抓握动作，这是人类操作物的典型方式。随着这种操作方式的发展，手才有可能从自然的工具（跟动物的肢端一样，五指不分）逐步变成会使用或制造工具。第二，在抓握动作过程中，逐步形成眼和手，即视觉和动觉联合的协调运动，这就发展了儿童对隐藏在物体当中的复杂的属性和关系进行综合分析的能力，也就发展了儿童的知觉和具体思维的能力。手的动作继续发展下去，情况就越来越复杂了。从两只手在和眼的合作下玩弄一个物体，到同时玩弄两种物体，到用种种不同的方式来玩弄各种物体。例如，把小盒子放在大盒子里，用小棒敲击铃铛等，儿童就进一步认识了事物的各种关系和联系。随着儿童动作的发展，动作的随意性也日益增长。但是，在整个乳儿期内，有目的、有计划、有预见性的随意性动作还是看不见的，因为有目的、有计划、有预见性的随意性动作是跟儿童言语的发展直接联系的。

（二）行走动作的发展

儿童行走动作的发展在儿童心理发展上的意义也是非常巨大的。行走动作的发展同样要经过一个漫长的过程。首先，大约 3 个月的时候，开始能够翻身；到 6 个月的时候，能够坐起来；八九个月的时候，开始会爬；而到 1 周岁的时候，就会站起来，并有可能开始行走。当然，由于种种条件，例如营养状况、练习的机会等不同，儿童之间是有个别差异的。

四、1～3 岁婴儿动作的发展

1～3 岁婴儿的躯体动作和双手动作继续发展，比以前更加熟练、复杂，而且增加了随意性，可以比较自如地调节自己的动作。

（一）躯体动作的发展

跟上一个时期相比，此时期婴儿在躯体动作方面有了很大的发展，这主要表现在掌握行走的技巧上。婴儿期儿童在十三四个月时，一般就能独立行走。刚开始，婴儿身体各部分还不能协调配合，整个身躯前倾，两臂不会自然摆动，两脚不会交替前进，很容易跌倒。其后，在成人的扶持、鼓励下，经过反复练习，逐渐能够控制身体的重心，身体各部分也逐渐协调，走路时，身体平稳，姿势自然，速度加快，两脚能够有规律地交替前进。除此之外，还慢慢学会了上下台阶，单足站立，横走，后退，跨越简单的障碍物等。一般在正常情况下，在婴儿将满 2 岁的时候，就能够掌握行走的技巧，在平坦的道路上行走能达到自如的程度。在婴儿期结束时，儿童可以走较长的路，为进入幼儿园创造了条件。

婴儿能够独立行走后，便能自由行动，主动接近别人，和其他小朋友一起玩，接触更多的事物，这对婴儿期儿童的独立性、社会性和认识能力的发展具有积极的作用。

（二）双手动作的发展

1～3 岁婴儿的双手动作在成人的指导和自己的不断练习中发展，而且参与到生活的各个方面。在游戏中，两三岁的婴儿喜欢用各种方式摆弄物体，有时用手抓取，有时用棍棒等敲打物体，有时一手紧握，有时双手推送，有时举在头顶，有时抱在胸前。在婴儿看来，用手摆弄物体就是一种游戏。

在平时，婴儿会做出各种动作，但这些动作往往不是为了完成某种任务，而是对动作本身感兴趣，例如一个 1 岁半的婴儿，把门一会儿打开，一会儿关上，连续 26 次，他就是爱听门开关时吱吱嘎嘎的声音，乐此不疲。平时我们和他们玩打扑克的游戏也是如此，他们重视的是出牌的过程，而不是游戏的结局。

1～3 岁婴儿的双手动作的发展，可以使其在一定程度上完成自我服务。婴儿在父母或老师的指导和帮助下，逐渐学会了自己吃饭、穿衣、洗手、拿取和收拾玩具等，双手动作也在自我服务的过程中得到发展。婴儿 1 岁以后，就可以学习自己用小勺吃饭，2 岁时就可以比较熟练地用小勺吃饭。婴儿期儿童对自己穿脱衣服鞋袜也很感兴趣，但一般来说，2 岁时还不能独立进行。到近 3 岁时，婴儿逐渐在成人的帮助下学会穿脱衣服。此时期婴儿一般喜欢自己洗手洗脸，同时对玩水很感兴趣，但需要成人的指导和帮助。

1～3 岁的婴儿双手动作的发展，不论是在速度、稳定性还是在协调性上都明显提高。

总之，婴儿期儿童的动作发展明显，动作的发展对心理的发展具有积极的影响，为婴儿进入幼儿园学习更复杂的知识技能做好了准备。

五、幼儿动作的发展

在幼儿期，由于骨骼和肌肉联合构成的运动器官在发展，幼儿调节和支配运动器官的能力也在增长，这些为幼儿动作的发展准备了条件。在成人的指导和帮助下，尤其是在幼儿园有计划的培育下，幼儿的动作得到了进一步的发展，动作灵敏协调，姿势正确。

（一）躯体动作的发展

幼儿控制大肌肉和小肌肉的能力不断改善，躯体动作有明显的发展。

走：在婴儿期，儿童行走还不能保持自然正确的姿势，经过教育和反复的练习，到了幼儿期，儿童逐渐能自由地摆动双臂、上体正直、自然地行走，而且逐步学会有节奏地行走，学会协调上下肢、按口令行走。进入幼儿晚期，儿童能步伐均匀、和其他小朋友一对一地整齐行走，或听口令变换行走方向。

跑：幼儿最初的跑只是一种速度较快的走，上下肢不协调，姿势也不正确，且不能有效地控制自己，以后幼儿才能做出跑的动作。在幼儿的初期，儿童逐渐学会两臂屈肘放在身体两侧，运用正确的姿势跑，或控制自己，走、跑交替进行；以后能上下肢协调，用脚掌前部着地跑，或听从口令改变跑的方向，而且不和其他小朋友或物体相撞。

跳：在幼儿期，儿童逐渐学会各种形式的跳，如原地向上跳，向前、向下跳，跑跳、跳高等。最初往往是成人拉着手才能跳，逐渐能够自己做出各种跳的动作。到六七岁时，儿童能够跳过 30～40 厘米的高度，而且学会了跳绳和跳橡皮筋，并且可以学会钻爬、攀登、走平衡木等技能，能够灵敏、协调地做出各种动作。心理学者曾经利用美国“丹佛发展筛选检测量表”检测过我国 3～6 岁儿童躯体动作发展的顺序，以 70%的儿童通过的年龄为各项目的“常模年龄”。

（二）双手动作的发展

刚进入幼儿期，儿童的双手动作还不够协调灵活，尤其是做一些纤巧动作或运用小物件、小玩具时更显得不灵活。以后经过教育和锻炼，幼儿的双手动作迅速发展起来，他们可以灵活有效地从事各种活动。在幼儿的实践活动中，可以看到双手动作的发展过程。

幼儿初期，儿童只能在老师的帮助下穿脱衣服鞋袜；到了幼儿中期，儿童便可以独立地、有次序地穿脱衣服，并可以整理好放在固定的地方；到了幼儿晚期，儿童不但能够迅速地穿脱衣服，还能够系鞋带。在进食方面，刚进幼儿园时儿童可以用小勺吃饭；到了幼儿中期，便可以学会用筷子吃饭。

幼儿双手动作的发展也在学习活动方面反映出来，并在各种学习活动中得到锻炼和发展，形成各种技能。例如在艺术课上，幼儿初期儿童用彩色铅笔绘画时，只能画“下雨”（由上向下的直线条）、“大路”（从左到右的直线条）、“篱笆”（斜线条）和“皮球”（圆）等，且动作很不熟练；到了幼儿中期，儿童便能够较好地控制绘画的动作，用彩色铅笔涂出形象，而且不会涂到轮廓之外；到了幼儿晚期，儿童不但能画出各种形象，还能控制铅笔用较重或较轻的笔力涂出深浅不同的颜色。儿童用剪刀剪纸也是一样，刚进入幼儿园时，儿童还不能正确使用剪刀，需要两只手去握剪刀；到了幼儿中期，随着双手动作的发展，能够一手握剪刀，另一只手把纸放到剪刀口剪断；到了幼儿晚期，能够灵活地控制剪刀，还可以用剪刀尖把东西剪断。

游戏是儿童的主要活动，在游戏中，儿童的双手也得到锻炼和发展。例如玩皮球，刚入园时，儿童只能接住恰好抛到他手中的球，而且还要把球抱到胸前；到了幼儿中期，便能够注视球抛来的方向，用双手自由地把球接住，还能够连续拍球；到了幼儿晚期，不仅能够接球、拍球，还能做运球投篮等动作。儿童垒积木也是一样，刚开始，儿童只能简单地垒几块积木；到了幼儿晚期，儿童能够根据需要垒出复杂的结构。

总之，幼儿期儿童的动作，不论是躯体动作还是双手动作，都得到了明显的发展，但两者相比，双手动作的发展要比躯体动作较迟较慢。这是因为幼儿手腕、手指的小肌肉群的发展比较慢，需要较长的时间才能达到随意控制的程度，所以教师不能过早或较长时间地让儿童做小肌肉动作，但要有计划地对儿童的双手动作进行训练。

六、婴幼儿动作能力的培养

（一）抬头练习

（1）俯卧抬头：使婴儿俯卧，两臂屈肘于胸前，成人在婴儿头侧引逗婴儿抬头，开始训练每次 30 秒钟，以后可根据婴儿训练情况逐渐延长至 3 分钟左右。

（2）坐位竖头：将婴儿抱坐在成人一只前臂上，婴儿的头背部贴在成人前胸，成人一只手抱住婴儿的胸部，使其面前呈现广阔的空间，能注视到周围更多新奇的东西，这可激发婴儿兴趣，使婴儿主动练习竖头；也可让婴儿胸部贴在成人的胸前和肩部，使婴儿的头位于成人肩部以上，用另一只手托住婴儿的头、颈、背，以防止婴儿头后仰。

（二）侧翻训练

（1）转侧练习：用婴儿感兴趣的发声玩具，在婴儿头部左右侧逗引婴儿，使婴儿头部侧转注视玩具。每次训练 2～3 分钟，每日数次。这可促进发展颈肌的灵活性和协调性，为侧翻身作准备。

（2）侧翻练习：婴儿满月后，可开始训练侧翻动作。先用一个发声玩具，吸引婴儿转头注视，然后，成人一手握住婴儿一只手，另一只手将婴儿同侧腿搭在另一条腿上，辅助婴儿向对侧侧翻，左右轮流进行侧翻练习，以帮助婴儿感觉体位的变化，学习侧翻动作。每日 2 次，每次侧翻 2～3 次。

（三）手部动作训练

（1）手部感知练习：除了前面所述训练婴儿手部触觉的方法外，还可在婴儿手腕系上铃铛或红色手帕、戴上鲜艳的手镯，来吸引婴儿对手部的感知，帮助他感知手的存在、体验手的动作。可隔一段时间变换一种系法，看看婴儿注意到这些变化没有。脱下手镯、红手帕让婴儿瞧瞧、摸摸，让他感觉一下这些东西与手部动作的关系。还可让婴儿仰卧，将一块手帕盖在他的脸上，也可只盖住婴儿一只眼睛，开始时可抓住婴儿的上臂引导并帮助他用手移开手帕，然后逐渐减少帮助，使他自己将手帕从脸上移开。

（2）抓握练习：握着婴儿的手，帮助其触碰、抓握面前悬吊的玩具，吸引他抓握，可促进眼手的协调和视知觉的形成。

（四）培养清洁卫生的习惯

婴儿每次哺喂完，都帮他擦擦嘴。早晨起床后为他洗脸、洗手，入睡前再给他洗脸、洗手、洗脚、洗臀部，在固定时间洗澡等，均可培养婴儿爱清洁的良好习惯。

（五）独立能力的培养

应尽量多和孩子交流，但整天陪在他身边也是不必要的。孩子醒来时，可让他独自躺在床上活动一下四肢、四处看看，睡眠时，成人也不必陪同躺下。

第三节　0～3 岁婴儿心理发展特点及其运用

一、注意的发生与发展

（一）新生儿注意的发生

新生儿已经具备了注意的能力，但它基本上是先天的、无条件的定向反射。通常用测量心率和血流量变化，作为观测注意发生的指标。

（二）3 个月左右的婴儿注意选择性的发展

①婴儿更偏好复杂的刺激物；②偏好曲线多于直线；③偏好不规则图形多于规则图形；④偏好轮廓密度大的图形多于密度小的图形；⑤偏好具有同一中心的刺激物多于无同一中心的刺激物；⑥偏好对称的刺激物多于不对称的刺激物。

（三）3～6 个月婴儿的注意

①头部运动自控能力加强，扫视环境更加容易；②婴儿的视觉注意发展，视觉搜索平均时间变短，更加偏好复杂的、有意义的视觉图像；③对物体的观察和操作能力的发展，提高了注意的质量，如有控制的注意的稳定性的提高。

（四）6～12 个月婴儿的注意

①半岁以后，婴儿觉醒时间的增长是大脑成熟的标志，婴儿有更长的时间去探索事物和获取更多新信息，他们经常处于警觉和积极探索状态；②婴儿动作的发展使他们的活动视野、活动范围显著扩大，使注意对象多样化；③婴儿注意的选择性受经验的支配。

（五）1～3 岁婴儿注意的发展

①注意的发展和“客体永久性”的认识密不可分。皮亚杰的试验证明，12～13 个月的婴儿能够找到不论在什么情况下藏起来的客体。②注意的发展开始受表象的影响。③注意的发展开始受言语活动的支配。言语活动不仅能够引起儿童的注意，而且还支配着儿童注意的选择性。④注意的时间延长，注意的事物增加。2 岁以后，幼儿在活动中注意的时间逐渐延长，注意的事物逐渐增多，范围也越来越广（见表 2–1）。

表 2–1　婴儿注意发展的特点

年　　龄	注意力特点和水平
1～3 个月	注视发亮或色彩浓艳的物体。选择性：曲线胜于直线，对称物体胜于不对称物体
3～6 个月	会扫视。选择性：有意义的事物，多而小的物体，复杂精细的物体
6～12 个月	不仅限于视觉，而且多种感官参与。出现抓取、吸吮、倾听、操作、运动等
1～3 岁	言语支配注意选择。维持能力发展：1 岁半为 5～8 分钟，2 岁为 10～12 分钟，2 岁半为 10～20 分钟

二、感知觉的发展

感知觉是个体认知发展中最早发生，也是最早成熟的心理过程，是婴儿认知的开端。婴儿通过感知觉获取周围环境的信息并以此适应周围环境。婴儿感知觉的发展不是被动的过程，而是主动的、有选择性的心理过程。

（一）视觉的发展

人对周围环境的信息大多是通过视觉系统获得的。视觉主要是对物体所展现的复杂信息的察觉和辨认。眼睛察觉和辨认刺激物需要具备一定的视觉技能，主要有视觉集中、视觉追踪运动、颜色视觉、对光的察觉和视敏度。

研究发现，出生后 3 周婴儿的视线开始集中到物体上，理想的视焦点是距眼睛约 26 厘米处——哺乳时母亲的脸与婴儿眼睛的适宜距离。出生 12～48 小时的新生儿中有 3/4 可以追踪移动的红环。出生后 15 天就具有颜色辨别能力，3～4 个月的婴儿颜色辨别能力趋近成熟水平。出生后 24～96 小时的新生儿就能察觉光的闪烁。婴儿出生后 24 小时视觉能力只有成人的 13/100，其后开始稳定发展（见表 2–2）。

表 2–2　婴儿视觉发展特点

年　龄	视觉发展水平	主要特点
1 个月	注视移动物体或光点	1. 对运动物体有明确反应 2. 容易注视对比鲜明的轮廓 3. 容易注视图形复杂的区域 4. 颜色偏爱的顺序：红、黄、绿、橙、蓝
2 个月	不能调焦，最佳距离 26cm	
3～4 个月	对颜色的视觉功能接近成人	
4 个月	视焦调节功能接近成人	

（二）听觉的发展

婴儿的听觉发展包括听觉辨别能力、语音能力、音乐感知和视听协调能力等。

出生第一天婴儿已有听觉反应，就能区别不同的音高，低音容易引起明确而一致的反应，而高音多引起惊跳反应。婴儿对声音的反应主要有三种表现，即感受抚慰、警觉、痛苦。

婴儿对人的语音十分敏感，对母亲的声音尤为偏爱。出生几天的婴儿在听到母亲的声音时，吮吸活动加速。

婴儿偏爱轻松优美的音乐曲调。6 个月以前的婴儿已经能够辨别音乐的旋律和曲调，6 个月左右会出现表达愉快的身体动作，1 岁左右已表现出伴随音乐节拍的身体动作。

（三）味觉、嗅觉和肤觉的发展

1. 味觉的发展

味觉是选择食物的重要手段，是婴儿出生时最发达的感觉。新生儿能以面部表情和身体活动等方式对甜、酸、苦、咸四种基本味道作出反应。这表明他们已具有了辨别能力。

2. 嗅觉的发展

嗅觉功能在出生 24 小时后就有表现，并能形成嗅觉的习惯化和嗅觉适应。出生 1 周能够辨别不同气味，且表现出对母体气味的偏爱。人的嗅觉改善延续至成年，到老年又衰退。人的嗅觉敏感性个别差异很大。

3. 肤觉的发展

新生儿的触觉敏感性和触觉分化发展迅速。刚一出生就有温觉反应，而调节体温的能力是新生儿适应环境的关键。婴儿早期就有痛觉反应，但比较微弱和迟钝。

（四）空间知觉的发展

婴儿知觉发展表现为各种分析器的协调活动，共同参加对复合刺激的分析和综合。

1. 形状知觉

对形状知觉的研究表明，3 个月的婴儿已有分辨简单形状的能力。形状知觉研究还表明，幼小婴儿就具有模式化的、有组织的视觉世界，他们偏爱一定程度的复杂的、信息量多的图形和对他们具有社会性意义的某些形状，不喜欢没有图案的模式。

2. 深度知觉

吉布森等通过视崖装置的实验发现，6 个月的婴儿就具有深度知觉。有人发现 2～3 个月的婴儿能够把视崖作为新异刺激物来辨认。

3. 方位知觉

儿童方位知觉的发展顺序为先上下，次前后，再左右。通常，3 岁能辨别上下，4 岁能辨别前后，5 岁能以自身为中心辨别左右，7～8 岁能以客体为中心辨别左右。方位知觉个别差异很大，有的人一生方位知觉都不清楚。

婴儿期是个体感知觉发展的最重要时期，也是感知觉发展最迅速的时期，更是对儿童感知能力发展的干预和训练的最宝贵时期。

三、记忆的发展

（1）3 个月以内婴儿的记忆：这个时期婴儿具有日益增长的保持能力。新生儿末期经反复训练建立起的眨眼条件反射可保持 10 天之久。

（2）1～3 个月是长时记忆开始发生的阶段。2 个月的婴儿经过日复一日的训练，可以因积累形成长时记忆；3 个月的婴儿对操作条件反射的长时记忆能保持 4 周之久。

（3）3～6 个月的婴儿长时记忆有很大发展：5～6 个月的婴儿记忆间隔 14 天之后还能再认出大多数刺激物。5～6 个月的婴儿有 48 小时的记忆。

（4）6～12 个月婴儿的记忆：①再现的潜伏期明显延长。②8 个月左右开始出现工作记忆。婴儿开始能把新信息和过去的知识经验进行联系和比较。

（5）1～3 岁婴儿的记忆：①符号表象记忆产生。1 岁后语言的发展，使儿童能用符号进行表征，从而产生了符号表象记忆。如“苹果”一词的符号在头脑中就可以激活关于苹果的具体表象。②短时记忆出现重要变化。10 个月的婴儿出现短时记忆，10%的婴儿能保持 5 秒，13 个月的婴儿都能保持 5 秒，以后可增加到 30～40 秒，1 岁半以后短时记忆保持的时间有缩短的趋势。③表现出明显的回忆能力。1 岁能够回忆几天或者十几天前的事情，2 岁可以保持几个星期，3 岁能达到几个月或者更长。

四、思维的发展

按照皮亚杰的理论，婴儿期的思维处于感知运动阶段，其典型特征是直觉行动思维。直觉行动思维，是指思维活动离不开儿童自身对物体的感知，也离不开儿童自身的动作，即婴儿思维依靠动作进行，而不能在动作之外思考，只能反映动作所触及的事物。婴儿直觉行动思维具有如下主要特点：

（1）直观性和行动性。动作是思维的起点；动作是解决问题的手段；动作有某种交往功能。

（2）间接性和概括性。能初步比较和区别物体的特性，遇到类似情景可以采用同样行动。

（3）缺乏对行动结果的预见性和计划性。

（4）思维的狭隘性。思维活动仅限于同感知和动作联系的范围，思维内容具有狭隘性。

（5）思维与语言开始联系，开始出现形象性的特点。

五、言语的发生和发展

（一）语音的发展

婴儿语音的发展分为语音感知和发音。语音感知是对语音的辨别，这主要表现在声音定位、区别语音与其他声音、对语音的情绪反应。

婴儿的发音：在言语发音的准备阶段，婴儿发音的发展顺序分为三个阶段，即简单发音阶段（0～4 个月），多音节阶段（4～9 个月），有意义的语音，即学话萌芽阶段（9～12 个月）。

婴儿真正发音是从掌握第一批词开始的；婴儿最初的语音发展规律具有普遍性；婴儿只能发出他可以辨别的语音；到 3 岁左右，婴儿基本上能掌握母语的全部发音。

（二）词汇的发展

婴儿在 1 岁到 1 岁半之间获得第一批词汇，词汇量在 50 个左右。此后，词汇量迅速增加，到 3 岁能达到 1 000 个左右。与此同时，他们掌握词汇的内涵和外延的质量也不断提高。

（三）句法的发展

1 岁半到 2 岁半是婴儿获得母语的基本语法的关键时期。3 岁儿童基本上能掌握母语的语法规则。其发展过程如下：1～1 岁半能使用不完整句，从单词句、双词句到“电报句”；1 岁半到 2 岁能使用完整的简单句和一定程度的复杂句；3 岁儿童基本上能使用完整句。

六、情绪的发展

婴儿天生具有情绪反应的能力。出生后即有情绪表现，或哭，或静，或上肢屈伸、下肢蹬踹。婴儿最初的这种情绪反应大多是先天性的，是遗传本能，其与生理需要是否满足直接相关，因此，它们是最初步的原始的情绪反应。随后，在生理成熟和后天环境的作用下，情绪不断分化。婴儿的情绪多种多样，这里仅介绍笑、哭和恐惧三种基本情绪。

（一）笑的发展

婴儿的笑是与人交往，是吸引成人照料他的基本手段。笑有一定的发展过程，可分为三个阶段。

（1）自发性微笑（0～5 周）：婴儿出生 1～2 天就有笑的反应，这种笑的反应是反射性的，而不是社会性微笑。

（2）无选择的社会性微笑（5 周～4 个月）：这个时期引起婴儿微笑的刺激主要是人的语音和面孔；他们对熟悉人和陌生人都可以报以微笑，是不加区分的；这时期的微笑已属于社会性微笑。

（3）有选择的社会性微笑（4 个月以后）：这个时期婴儿对熟悉的人比不熟悉的人有更多的微笑，这属于真正意义上的社会性微笑。

（二）哭的发展

婴儿的哭是一种不愉快的消极的反应，并具有重要的适应能力。在婴儿学会语言之前，哭声是表达需要的唯一方式。出生不久的婴儿有多种不同模式的哭声。研究表明，所有婴儿啼哭的规律都是相同的。有的研究者历经 4 年，对 3 000 多个不同人种的婴儿的各种哭声进行了研究，并利用数字信号处理器，对哭声的频率进行了分析和处理。总结出婴儿啼哭的五种原因：饥饿、瞌睡、身体不佳、心理不适、感到无聊。

婴儿哭自出生就有，且较早出现分化。最初的哭多属于生理反射性的，进而发展到由不适应的环境刺激引起的应答性的哭；再进一步便出现主动的操作性的哭。这后一种哭是从经验中学到的，是社会性的哭。

（三）恐惧的发展

婴儿的恐惧是一种消极的情绪，这种情绪体验会引起儿童的紧张感，造成逃避和退缩。经常有恐惧情绪，可导致儿童形成怯懦的人格特征。婴儿的恐惧可分为：

（1）本能的恐惧：这是一种自出生就有的反射性反应。这种恐惧多半由于大的声响、突然的位置变化以及疼痛等因素引起。

（2）与知觉和经验相联系的恐惧：这是一种有不愉快或痛苦的经验（如被开水烫过、被猫抓过）所引起的惧怕反应。

（3）怕生：这是一种由于陌生人接近引起的恐惧反应，这种恐惧在婴儿 6～8 个月时出现。这种情绪也称为陌生人焦虑。

（4）预测性恐惧：这是一种由想象引起的恐惧，如害怕黑暗，害怕“狼外婆”。

七、婴儿的气质类型

气质分类有多种，其中托马斯和切斯的类型学说近来最受重视。他们按适应性、生活节律、情绪状态、趋避性等表现，将婴儿的气质类型分为三种。

（1）容易型：易于适应环境，生活习惯规律，情绪愉快，喜欢探索，主动交往。容易型儿童容易获得父母和周围人的关怀和喜爱。

（2）困难型：难以适应环境、生活无节律，负性情绪多，对新异刺激反应消极。困难型儿童容易使亲子关系有所疏远。

（3）迟缓型：适应环境缓慢，生活习惯逐渐变化；情绪通常不甚愉快，对新刺激慢慢感兴趣，慢慢活跃起来。迟缓型儿童引起父母的反应往往介于前两种类型之间，并因具体情况而异。

在儿童中，容易型约占 40%，困难型约占 10%，迟缓型约占 15%，其余 35%属于混合型。

八、依恋的发展

（一）依恋的发展

（1）无差别社会性反应阶段（0～3 个月）对谁都微笑，哪怕是一个精致的面具。

（2）有差别社会性反应阶段（3～6 个月）对母亲和熟悉他的人表现出更多微笑、啼哭和“咿咿呀呀”，对陌生人的反应明显减少。

（3）特殊情感连接阶段（6 个月～3 岁）对依恋对象的存在表示深深的关注。

（二）婴儿依恋的类型

（1）回避型：妈妈是否在场对这类孩子影响不大，妈妈离开他们无特别紧张或忧虑的表现，回来也不予理睬。这类儿童还未形成依恋。

（2）安全型：与妈妈在一起能安静地玩玩具，对陌生人的反应比较积极，不是总黏在妈妈身旁。

（3）反抗型：对妈妈的离开很警觉，有点大惊小怪，甚至会极度反抗，与妈妈在一起，也不把妈妈作为他安全探究的基地。

（三）早期依恋对儿童发展的作用

（1）安全的依恋有助于儿童积极的探索能力的发展。

（2）婴儿期的依恋质量影响到儿童与同伴的关系。

（3）安全的依恋使母婴形成良好的感情联结。

九、自我意识的发展

自我意识是个人作为主体的“我”，对自己以及对自己与他人的关系的认识。婴儿自我意识的发展是婴儿从自然人向社会人转化的一个有关键意义的标志。

按主体“我”和客体“我”的区分把婴儿自我意识分为两大阶段，第一阶段是主体“我”的发展，第二阶段是客体“我”的发展。

（一）主体“我”的发展（5～15个月）

8个月之前，婴儿的主体“我”认知尚未发生；9～12个月，婴儿产生了初步的主体“我”，能将自己作为活动的主体来认识：12～15个月，主体“我”得以明确地发展，这时婴儿已能将自己与他人分开。

（二）15～18个月的婴儿开始能把自己作为客体来认知，表现为可利用外表特征来认识自己；18～24个月，具有明确的客体“我”的认知，这一时期婴儿有了用语言标定自我的能力，具有了用适当人称代词称呼自己和他人的能力。这是个体自我意识发展的第一个飞跃。

事实上，在整个婴儿期，自我意识无论是主体我还是客体我的认知都在稳步地发展着，其年龄划分是指一般而言的大体发展过程。

十、心理特点的运用

婴儿期作为人生的最初阶段，如果抚养不当，就会带来各种心理问题。

（一）保证婴儿充足的睡眠和营养

（1）睡眠：应培养婴儿有规律地作息。4个月后可将婴儿白天的睡眠时间逐渐减少1次，即白天睡眠3～4次，每次1.5～2小时。夜间如婴儿不醒，尽量不要惊动他。如果婴儿醒了，尿布湿了可更换尿布，或给他把尿，孩子若需要吃奶、喝水可喂喂他，但尽量不要和他说话，不要逗引他，让他尽快转入睡眠。要注意孩子睡觉的姿势，经常让婴儿更换头位，以防把头睡偏。

（2）饮食：母乳是婴儿最适合的营养品，因为母乳不仅含有婴儿所需要的全部营养物质，还含有抵抗疾病的抗体，可增强婴儿的抗病能力。随着婴儿的成长和活动量的增加，婴儿的消化功能逐渐完善，对于4～6个月的婴儿，除喂母乳外，还需要添加辅助食品，才能保证充足的营养。无论是母乳喂养还是人工喂养，都要定时定量，让孩子养成良好的饮食习惯。有规律地进食可使神经系统、内分泌系统、消化系统等协调工作，并建立起对进食时间的条件反射，如在接近喂奶的时间，胃肠就开始预先分泌消化液，并产生饥饿感，这有助于增加食欲，促进食物的消化与吸收。4个月后，每日喂奶次数可减为6次，白天哺喂4～5次，间隔3～4小时。夜间视婴儿的情况进行哺喂，一般1次即可，若婴儿夜间不醒或不愿进食，可不哺喂。可以开始逐渐训练婴儿用勺吞咽食物，为以后断奶用勺进食做准备。开始时可先用勺喂开水，若不呛，可逐渐用勺喂果汁、菜汁、稀糊、蛋黄糊、果泥等。

（二）促进婴儿的认知活动

婴儿最初的认知活动主要体现在感知觉和动作发展上，因此，要为婴儿提供丰富多彩的适宜刺激，如色彩鲜艳的玩具、动听悦耳的音乐。要为婴儿提供足够的活动空间，让他们在“摸爬滚打”中发展自己的动作，为以后的认知发展打好基础。

以7～9个月婴儿为例。

1. 视觉训练

（1）不断更新视觉刺激、扩大婴儿的视野。教婴儿认识、观看周围生活用品、自然景象。可激发婴儿的好奇心，发展婴儿的观察力。

（2）利用图片、玩具培养婴儿的观察力。教婴儿认识、观看周围生活用品、自然景象，并与实物进行比较。

2. 听觉训练

（1）辨别声响。将同一物体放入不同材质的盒中，让孩子听听声响有何不同，以发展婴儿听觉的灵敏性。

（2）发展对音乐的感知。让婴儿听轻柔、节奏鲜明的轻音乐，节奏要有快有慢、有强有弱。让婴儿听不同旋律、音色、音调、节奏的音乐，以提高其对音乐的感知能力。家长可握着婴儿的两手教婴儿合着音乐拍手，也可边唱歌边教孩子舞动手臂。这些活动既可培养婴儿的音乐节奏感、发展婴儿的动作，还可激发婴儿积极欢快的情绪，促进亲子交流。

（3）敲敲打打。让婴儿敲打一些不易碎的物体，引导婴儿注意分辨敲打不同物体发出的不同声响，以使婴儿提高对声音的识别能力，发展对物体的认识能力。

（三）针对不同类型的气质特点，积极对待婴儿

托马斯和切斯对婴儿气质的分析，为我们对不同个性的婴儿进行早期教育，提供了理论上的指导。

1. 容易型婴儿的教育

（1）要全面对婴儿进行启蒙教育。由于这类婴儿容易接受教育，因此要在其心理和生理能够承受的范围内，极大地丰富婴儿的精神生活，尽可能地在各个方面做好启蒙教育，使之全面发展。不要担心婴儿有什么不能接受的，要充分相信婴儿的潜能是巨大的，你教他什么，他就能学什么。

（2）要克服溺爱，防止娇气。由于容易型的婴儿好教养、好学习，往往容易得到成人的宠爱而产生娇气；另外，这些孩子也往往认为自己什么都会、都行，别的小朋友什么都不会而产生霸气。因此，要教育这类孩子学会尊重、关心和帮助他人，不能有过多的娇气和霸气，注重对他们进行情商的培养。

（3）要防止一些行为问题的发生。由于这类婴儿具有容易接受和适应父母管教的优点，因而也会导致一些行为问题的发生，如在早期容易接受和适应父母的期望和管教标准，并将它们内化为自己的期望和规则系统。这样一来，当他们进入幼儿园、走进同龄人的世界时，就会发现这些新环境中的要求与规则同他们所习以为常的规则系统有所不同，他们在家庭中所习得的行为模式在这里会显得格格不入。如果这两种要求之间的冲突和矛盾十分严重，会使孩子陷入进退两难、无所适从的境地，从而导致行为问题或发展障碍。

2. 困难型婴儿的教育

（1）要特别有热情、有耐心地对待他们。对于困难型的婴儿，教养难的问题一开始就有了。为了使孩子的抚养和家庭生活的正常秩序能够维持下去，父母必须处理很多棘手的问题，如怎样适应婴儿的不规律生活、易烦躁、爱哭闹等特点，如果父母在管教孩子时缺乏耐心，态度急躁或训斥、惩罚孩子，那么这些孩子比其他类型的孩子就容易表现得更加烦躁、抵触、易怒和消沉。只有特别热情、耐心、有爱心地对待这些孩子，全面考虑他们的气质特点，采取适合其特点的措施和教养方式，才能使这些孩子健康发展，走向“正轨”。当然，这需要很长的时间，更需要父母不断地努力，理性地克制自己。

（2）要特别注重表扬和夸奖。多关注和夸奖困难型婴儿好的表现，如“你真聪明，一下子就学会了”“你是一个听话的好孩子，现在不哭也不闹了，爸爸、妈妈都喜欢你”“太棒了，做得挺好，再给你贴上一朵小红花，等你得到了 5 朵小红花，妈妈就奖励你一个玩具狗”，等等。孩子好的表现被父母发现并得到了称赞、夸奖和奖赏，就会获得心理的极大满足，他就会觉得“我是一个好孩子，爸爸、妈妈喜欢我”，这样他在生活中就会乐意接受大人的教育。困难型的婴儿生活在肯定、称赞的教育环境中，有利于激发其向容易型转变。

（3）要适度批评和限制。对于困难型的婴儿，做父母的一方面要在平时的生活中多表扬，甚至主动奖励孩子讲道理、听话的表现和行为，另一方面也要适度批评和限制不听话的行为，对于不合理的要求不宜满足，不能一味地迁就孩子。这样做的目的是让孩子知道什么行为是大人允许的，什么行为是不允许的，从而慢慢改掉由着自己性子来的习惯，成为一个容易接受大人教育的孩子。

3. 迟缓型婴儿的教育

（1）要允许孩子按照自己的特点去适应环境。对于迟缓型的婴儿的教养，关键在于让这些孩子按照自己的速度和特点去适应环境，对于其一时不敢接近或正在观望的事物，不要催逼他们去接触，允许他们有一个质疑、观察和小心翼翼接触事物的过程。往往是成人越催促，孩子越胆小、越迟钝。

（2）要多多鼓励孩子去尝试新经验，适应新环境。鼓励对这一类孩子极为重要，他们需要在尝试过程中得到成人的鼓励、夸奖和具体帮助，家长必须不急不躁，热情鼓励孩子的每一点进步，甚至要有意夸大孩子的细微进步和优点；不能数落、埋怨孩子，如：“你胆子为什么这么小呢?”“快一点好不好，把妈妈急死了!”“真没用，不像个小男孩!”等等。孩子在鼓励、称赞声中就会有信心地去大胆探索事物；数落、埋怨只会使其缺乏信心，更加迟缓。

（3）要参与孩子的活动，做好示范。由于迟缓型的婴儿对事物的探索比较小心和迟疑，不敢大胆去接近，这就需要成人一方面鼓励他们去接触事物，一方面参与进去，并做好示范。孩子看到成人的参与和示范，就会在一定程度上消除紧张、惧怕的心理，从而大胆地去接触新事物、新环境。

（四）关注婴儿的情感需要，建立安全型的母婴依恋

在情感方面，母亲的教养行为可以从反应性、情绪性和社会性刺激三个方面来衡量。反应性是指对儿童发出的信号积极地应答；情绪性是指经常通过笑、说、爱抚积极地表达情感；社会性刺激是指多进行社会性互动，诸如通过相互模仿行为、丰富环境、调整自己的行为适应婴儿的行为节律，而不是将自己的习惯强加给婴儿。

婴儿认生从 6 个月开始，8～12 个月达到高峰，以后逐渐减弱。多数 8 个月以后的婴儿，见到生人都有些拘谨或惊慌失措；有些婴儿尤为严重，见到生人就哭。父母对严重认生的孩子总是觉得不可理解："没出息，怎么胆子这么小，见不得人？"

其实，认生是婴儿发育过程中的一种社会化表现。婴儿在母亲和家人的精心照料下，自然会产生一种依恋之情，只要母亲或家人在身旁，他就觉得安全。而生人的出现打破了原有的格局，婴儿就会出现焦虑，甚至恐惧。婴儿认生程度与先天素质有关。性格内向、胆子比较小的婴儿认生较严重，性格外向、乐于交往的婴儿认生较轻微。

父母对婴儿的认生不应斥责，否则会加重他的紧张与恐惧，逐渐形成胆小、懦弱的个性。

正确的做法：先由妈妈抱着孩子，让他在远处观望生人；然后离得近一点，让他与生人接触。以后逐渐增加强度，鼓励他与生人相处，慢慢地使他的焦虑或恐惧程度降低。另外，家里来了陌生人，不要让他一开始就抱或亲孩子，而应在婴儿与他熟悉之后再亲热，以免引起婴儿的恐慌。只要合理引导，随着年龄的增长、独立能力的发展、社会适应能力的增强，孩子的认生现象会很快得到扭转。

依恋对婴儿整个心理发展具有重大作用。婴儿是否同母亲形成依恋及依恋性质如何，直接影响着婴儿情绪情感、社会性行为、性格特征和与人交往的基本态度的形成。形成安全型依恋的关键因素是对婴儿的愿望和需要保持高度敏感，及时地以恰当的水平回应婴儿的信号。母亲的回应方式常常来自自己的母亲（照料者）；依恋模式通常是代代相传的；回应方式应该恰当、快速且积极，而不是忽视、拒绝，或者前后不一致。

1 岁左右的孩子喜欢吸吮手指，有的孩子甚至延续到幼儿末期。

小儿吸吮手指，他所感兴趣的不是手指上有蜜或是吃到了什么东西，而是吸吮活动的过程。因为吸吮对小儿印象最深的是，这种动作使他得到了他最需要的东西——食物，也就是说，吸吮这一动作总是和满足、舒服、惬意联系在一起的。同时，小儿吃奶时，总是有成人的搂抱和笑脸，这种姿势与吃奶动作联系在一起，就更使小儿有一种安全感。因此，为了反复体验这种安全和惬意，小儿就经常愿意吸吮点什么东西。如果这时，把橡皮奶头、毛巾、被角给他，他都会吸吮。假如当时什么东西也没有，小儿会自己想办法，自然而然地就把手指放到嘴里去了。

一般来说，那些与父母或照料者接触较少的孩子，更容易形成这种癖好，而这种孩子也许是神经质或异常敏感的。由此可以看出，小儿吸吮手指实际上是在寻求慰藉。因此，应该设法向孩子提供真正的慰藉，给予充分的爱抚，引导他和别人交往，学会玩一些玩具，等等，以代替吸吮手指的活动，并且力争及早根除孩子吸吮手指的坏习惯。

（五）重视婴儿自我意识的产生，保护其自我意识的发展

婴儿到了 1 岁半左右，总是喜欢和爸爸、妈妈"对着干"，"不""我不要"成为他的口头禅。婴儿的唱反调行为表明他开始产生自主意识，建立自己的好恶观念，表达个人的需求。但他不懂得正确表达，因此他的拒绝行为简单而直接，并不是真的有意违抗爸爸、妈妈。

婴儿唱反调有时真是气得父母牙痒痒，但是父母不要轻易对孩子动气，要采取疏导、迂回的方式来缓解激烈的对抗。比如婴儿不肯洗澡，妈妈若严厉威胁："你去不去洗？"孩子肯定说"不"，但如果妈妈换个说法："你想在澡盆里玩小鸭子还是小水枪？"想必孩子会更愿意选择。

父母在向孩子提出要求时，不要把指令重复两次以上。如果孩子在指令重复两次后还是不愿听话，父母可以把孩子转移到别处，分散其注意力，同时对孩子“冷处理”，孩子受到这个“小惩戒”下次便不敢再随便挑战爸爸、妈妈的权威了。这是教育孩子遵守纪律的有效方法。

孩子到了 2 岁半，进入成长阶段的第一个叛逆期，我们通常称它是“可怕的 2 岁”。他通过对大人观点和指令的否定，来强调自己的独立意识；也希望通过“自己做”来向大人展示自己已具备的能力，因为他觉得自己的能力已经很强了。

父母在这个阶段要把握好管教的“度”，化解孩子的“反抗”，帮助孩子顺利度过反抗期，并找到和孩子和谐相处的良好方式。父母在给孩子提要求时，也要鼓励他说出自己的想法和意见，让他感受到父母的尊重。父母不妨在提要求时，给他 2～3 个选择，比如明天穿红色衣服还是蓝色衣服，这既给了孩子当家做主的感觉，又避免了孩子随心所欲地做决定。

如果孩子坚持要自己穿衣吃饭，那就让他自己来吧！尽管在这个过程中他表现得手忙脚乱，甚至弄坏东西，但是只要父母耐心教导他，让他循序渐进，孩子就能不断地进步。

3 岁左右孩子喜欢与人分享。孩子的“自我中心”会逐渐向“社会化思维”转化，那么父母不妨强化孩子的这种意识和行为，让他掌握分享的技巧，享受分享的快乐。

在家的时候，父母可以适当“当一回孩子”。孩子在吃雪糕时，妈妈可以说：“宝宝可以让我吃一点吗？”让孩子有机会发挥小爱心。如果孩子下次积极主动地喂你吃他最爱吃的饼干，妈妈在欣然接受的同时，还要对孩子的这种主动分享行为多加鼓励赞许。

如果别的小朋友想要玩孩子的玩具，但孩子不让，妈妈可以对孩子多给予指导暗示：“宝宝如果想玩那个玩具，别人不让你玩，你会怎么样？”引导孩子去体会别人的感受，让他知道他拒绝别人，别人也会不开心，这样孩子就能够更容易地体谅理解他人，学会主动分享了。

【议一议】

小明今年 1 岁半，外出不要大人抱，非要自己走，如果大人把他抱起来他会往下坠，还喊着：“下地，下地。”吃饭时也不让别人喂，抢大人手里的勺子。在外面玩久了，大人对他说：“回家吧！”他会说：“我不回家，我还玩呢！”面对小明的种种表现，作为家长该如何教育？

【练一练】

一、选择题

1. （　　）个月的婴儿已具有稳定的延迟模仿能力。

A．9　　B．12　　C．24　　D．36

【答案】C

二、填空题

1. 托马斯等人把婴儿的气质类型划分为______、______和______。

【答案】容易型　困难型　迟缓型

2. 依恋类型有______、______和______。

【答案】安全型　回避型　反抗型

三、简答题

1. 婴幼儿动作的发展规律是什么？

【答案】（1）从整体动作到局部的、准确的、专门化的动作。（2）从上部动作到下部动作。（3）从中央部分的动作到边缘部分的动作。（4）从大肌肉动作到小肌肉动作。（5）从无意动作到有意动作。

四、论述题

如何积极对待迟缓型婴儿？

【答案】

气质分类有多种，其中托马斯和切斯的类型学说近年来最受重视。他们按适应性、生活节律、情绪状态、趋避性等表现，将婴儿的气质类型分为三种。迟缓型婴儿的特点是：适应环境缓慢，生活习惯逐渐变化；情绪通常不甚愉快，对新刺激要慢慢感兴趣，慢慢活跃起来。迟缓型婴儿引起父母的反应往往介于容易型和困难型之间，并因具体情况而异。

迟缓型婴儿的教育：

第一，要允许孩子按照自己的特点去适应环境。对于迟缓型的婴儿的教养，关键在于让这些孩子按照自己的速度和特点去适应环境，对于一时不敢接近或正在观望的事物，不要催逼他们去接触，允许他们有一个质疑、观察和小心翼翼接触事物的过程。往往是成人越催促，孩子越胆小、越迟钝。

第二，要多多鼓励孩子去尝试新经验、适应新环境。鼓励对这一类孩子极为重要，他们需要在尝试过程中得到成人的鼓励、夸奖和具体帮助，家长必须不急不躁，热情鼓励孩子的每一点进步，甚至要有意夸大孩子的细微进步和优点；不能数落、埋怨孩子，如："你胆子为什么这么小呢?""快一点好不好，把妈妈急死了!""真没用，不像个小男孩!"等等。孩子在鼓励、称赞声中就会有信心地去大胆探索事物；数落、埋怨只会使其缺乏信心，更加迟缓。

第三，要参与孩子的活动，做好示范。由于迟缓型的孩子对事物的探索比较小心和迟疑，不敢大胆去接近，这就需要成人一方面鼓励他们去接触事物，一方面参与进去，并做好示范。孩子看到成人的参与和示范，就会在一定程度上消除紧张、惧怕的心理，从而大胆地去接触新事物、新环境。

【讲一讲】

试帮助一对年轻父母改掉3岁宝宝吃手的坏习惯。

【读一读】

1.《学前心理学》. 陈帼眉，冯晓霞，刘桂珍. 北京师范大学出版社，2003年版。

2.《学前儿童发展心理学》. 李燕. 华东师范大学出版社，2008年版。

3.《儿童心理学》. 边玉芳. 浙江教育出版社，2009年版。

参考文献

[1] 陈帼眉，冯晓霞，刘桂珍. 学前心理学[M]. 北京：北京师范大学出版社，2003.

[2] 李燕. 学前儿童发展心理学[M]. 上海：华东师范大学出版社，2008.

[3] 边玉芳. 儿童心理学[M]. 杭州：浙江教育出版社，2009.

[4] 刘金花. 儿童发展心理学[M]. 上海：华东师范大学出版社，2013.

第二章

各年龄段幼儿的心理发展及其综合运用

本章介绍

本章主要介绍儿童发展理论的主要流派，并概括性介绍学前儿童各年龄阶段的心理发展特点及其理论应用。儿童发展理论主要介绍了早期的卢梭的自然主义教育思想、普莱尔的儿童心理学和霍尔的复演说，重点介绍了格塞尔的成熟势力说、行为主义的观点、精神分析学说观点，皮亚杰的认知发展理论，维果斯基的心理发展观，陈鹤琴的“活教育”思想和蒙台梭利教育法。关于幼儿期三个阶段的发展特点，主要就认知、情绪情感、言语、动作和社会性几个方面分别进行了概括和总结。

学习目标

知识目标：理解儿童心理发展的理论，掌握各阶段学前儿童心理发展的特点。

能力目标：能够根据儿童心理发展各学派理论分析现实问题；根据各阶段儿童心理发展特点提出适当的教育措施。

情感目标：培养观察幼儿心理的兴趣，养成根据各学派理论观点分析问题的良好习惯。

第一节　儿童发展理论主要流派

一、早期关于学前儿童发展和教育的思想

人类如何看待自己的孩子，如何对他们进行养育和教育，使他们成长为理想的人才，这些问题自古以来一直是哲学家、思想家和教育家们共同关注和力图解决的。在此，列举几种比较有影响的早期学前儿童发展和教育思想。

情境案例

伟大的教育家卢梭

卢梭认为，“处理儿童应因其年龄之不同而不同，从最初就要把它们放在应处的地位上，而且要保持他在这个位置上”，“应该使一个人的教育适应他这个人，而不是去适应他本身以外的东西”。他说：“我们未把自己放在儿童的地位，不能设身处地为儿童考虑，我们唯把成人的观念给予儿童，而且当我们循着自己理性的线索施教时，那只有把各种错误和荒诞的思想充塞儿童的头脑而已。”“一生中的每一年龄、每一阶段，都有它完美实现的标准，有它的成熟的境界。”“多给孩子以真正的自由，少给他们养成驾驭他人的思想，让他们多动手，少要别人替他们做事。”请对卢梭的上述观点进行评议。

（一）卢梭的自然主义教育思想

18 世纪之前，西方对儿童的看法基本都倾向于把儿童视为“小大人”，把儿童看作其父母的“私有财产”，对儿童的教育就是成人化的教育。直到法国启蒙运动之际，著名的启蒙学者卢梭在其著作《爱弥儿》中详尽阐述了他的教育观点，这种对待儿童的观点和教育才开始发生革命性的改变。

卢梭在其著作《爱弥儿》中提出了自然主义教育思想。从教育学史的角度看，正是卢梭扭转了由来已久的成人本位立场而大力倡导儿童中心说，实现了教育的中心向儿童的转移。因此，卢梭被看作是发动教育界哥白尼式革命的伟大教育家。

卢梭的自然主义教育思想。卢梭崇尚“归于自然”的思想，他认为人的天性是善良的。卢梭的“归于自然”的思想落实在教育目的上，便要求教育培养自然人。因此，他认为教育必须依照儿童的内在自然的发展秩序，以儿童的内在自然为依据，通过恰当的教育，使儿童的身心得以顺利地发展。这就是自然主义教育的宗旨。

卢梭的自然主义教育主要表现在教育目的、教育方法和教育原则上。他提出培养“自然人”的教育目的，教育的最终目的是教育青少年未来在国家中，履行公民的职责，懂得如何成为一名有益于社会的公民。

自然主义教育在教学内容上反古典主义，强调学以致用。卢梭在反对书本诵习的同时，要求在现实事物中追求真正的知识，探索真理；在反对儿童陷入书本的同时，要求学习更广泛的知识，包括关于地理、天文、农业、手工业生产劳动的自然知识和关于人际关系、社会制度、道德伦理、历史事实的社会知识。反对空洞的文字说教，要求追求有用的知识。

在教学原则上，卢梭主要倡导尊重儿童天性、以儿童为教育主体的原则，因材施教原则和合作性原则。

关于尊重儿童天性、以儿童为教育主体的原则，卢梭在《爱弥儿》中，以虚拟的人物爱弥儿为其教育对象，使他的教育思想得以具体体现。在教育过程中，他主张给予爱弥儿以充分的自由，很少限制其活动。他说：“多给孩子以真正的自由，少给他们养成驾驭他人的思想，让他们多动手，少要别人替他们做事。”认为这样长大的孩子会成为“成熟的儿童”。它要求教师起到引导、统领儿童的作用，并直接参与儿童的活动过程，在活动过程中，以发展儿童的自然天性为出发点，以尊重儿童个性、培养其创造力为主旨，以爱孩子为前提，以自然陶冶体验认知过程为主要途径，旨在培养儿童心智能力结构的张力，并非追求整齐划一、即时可见的效果。卢梭对传统教育提出了有力的挑战，他疾呼应把教育对象置于教育过程的中心地位，把教育过程变成自我教育过程。他说，“应该使一个人的教育适应他这个人，而不是去适应他本身以外的东西。”人类在很长时期中，曾经把受教育者的被动性作为社会的期望，即价值取向。在那种状况下，受教育者成为“人”，表现人的自主性，会受到“非人”的待遇（如体罚）。反之，受教育者成为“非人”，丧失自主意识，则能受到“人”的待遇，受到鼓励和尊重。卢梭认识到教育对象在教育过程中的主动地位，堪称关于教育对象的一大发现，这个发现对后世产生了深刻影响，成为 21 世纪初“儿童中心”的思想支柱。时到今日，在教学过程中如何充分发挥儿童的主动性，仍是当代儿童教育的一个重要课题。

关于因材施教原则，卢梭在《爱弥儿》中反复强调，教育要适应儿童的年龄特征，要根据儿童的个别差异选择不同的方法，提出不同的要求。他说：“我们未把自己放在儿童的地位，不能设身处地为儿童考虑，我们唯把成人的观念给予儿童，而且当我们循着自己理性的线索施教时，那只有把各种错误和荒诞的思想充塞儿童的头脑而已。”“一生中的每一年龄、每一阶段，都有它完美实现的标准，有它的成熟的境界。”就像卢梭提出的那样：“难道就没有什么办法可以把分散在那样多书籍中的许多知识联系起来？就没有什么办法可以把它们综合起来达到一个共同的目的，即使人容易学习、有兴趣去学习，而且即使像孩子那样年龄的人，也能鼓励他去学习?”这些教育思想正是因材施教教育原则所提出的。

关于合作性原则，卢梭一贯反对师生之间的命令与服从关系，极力倡导师生在共同活动中进行教学，认为在活动中，教师“不能告诉他应该学些什么，而要由他自己希望学什么和研究什么”，教师要“设法使他了解那些东西，巧妙地促使他产生学习的愿望，向他提供满足他的愿望的办法”。这种合作性原则要求教师应该把儿童具有自我发展潜力的意向、有体验自我的愿望和对周围事物的敏感性视为学习的动力。教师的角色是一个可供儿童合理利用的灵活的学习资源，一位真诚善良的帮助者，一位潜能开发的促进者，一位可以让儿童作为独立思考和自主决策的咨询者。师生之间积极交往，充分合作，共同承担责任及分享权利，以形成一种群体动力，这一趋势已开始反映在我国的幼教理论和实践中。

此外，《爱弥儿》还体现了卢梭倡导的启发式教学原则、循序渐进原则、直观性原则、重视阶段性和顺序性的教学原则。

案例分析

自然主义教育思想是卢梭教育理论中最为宝贵的内容。这一思想在古代的柏拉图、亚里士多德的著作中出现过萌芽，夸美纽斯等人也有所提及，但他们多从成人的角度，从教科书、教师的角度考虑问题，而忽视了学习的主体——儿童的生理、心理状况。只有到了卢梭，教育理论才出现了一次翻天覆地的变革，他的自然主义教育思想把传统教育中的主观、片面、机械、僵化等劣根性批判得体无完肤，从此以后，便开始了一个重视研究儿童的新时期。

在教学原则上，他主要倡导尊重儿童天性、以儿童为教育主体的原则，因材施教原则和合作性原则。

（二）普莱尔的儿童心理学

18 世纪中叶到 19 世纪中叶，欧洲出现了心理学化的教育观，赫尔巴特、裴斯塔洛齐等人把一些设想进行教育实验并且迅速传播。其中最典型的是赫尔巴特的思想。他宣称心理学应该是一门独立的学科，并且在实践中把心理学和教育实践有机地结合起来。与他同一时代的裴斯塔洛齐也特别强调以心理学作为儿童教育的依据。

科学儿童心理学诞生于 19 世纪后半期。德国生理学家和实验心理学家普莱尔（W. T. Preyer）是儿童心理学的创始人。他对自己的孩子观察研究，将观察记录整理成一部有名的著作《儿童心理》，于 1882 年出版。这本书被公认为第一部科学的、系统的儿童心理学著作。

普莱尔是世界上第一个系统研究儿童心理的人。从研究方法和手段上看，普莱尔对自己的孩子从出生起直到 3 岁不仅每天进行系统的观察，而且还进行心理实验，即科学心理学的实验研究。普莱尔把他所有的观察、实验记录整理出来，撰写了《儿童心理》。《儿童心理》包括三部分：儿童感知的发展，儿童意志（或动作）的发展，儿童理智（或言语）的发展。

在《儿童心理》一书中，普莱尔肯定了儿童心理研究的可能性，并系统地研究了儿童的心理发展；他比较正确地阐述了遗传、环境与教育在儿童心理发展上的作用，并旗帜鲜明地反对当时盛行的“白板说”；他运用系统观察和传记的方法，开展了比较研究，对比了儿童与动物的异同点，对比了儿童智力与成人特别是有缺陷的成人智力的异同点。

《儿童心理》一问世，就受到国际心理学界的重视，各国心理学家都把它看成是儿童心理学的经典著作，该书被先后译成十几种文字出版，在全世界广泛传播，于是儿童心理学研究也随之蓬勃地开展起来。《儿童心理》的价值是可贵的，影响是深远的。

（三）霍尔的复演说

斯坦利·霍尔（G. Stanley Hall，1844—1924）是美国心理学家。他不仅开创了美国儿童心理学的研究，而且也是使用科学方法对青少年心理进行研究的第一人。

19 世纪末 20 世纪初，受达尔文的进化论影响，霍尔把达尔文关于进化的生物学观点引入心理学领域，并扩展为心理学的复演说。

该学说认为，个体的发展只不过是人类种族进化的复演过程。具体地说，个体在出生以前即胎儿期复演了动物进化的过程；4 岁前的婴幼儿期复演了动物到人的进化阶段，4～8 岁的儿童期复演了人类从蒙昧向文明过渡的农耕时代，12～25 岁的青少年期则复演了人类的浪漫主义时代。例如，儿童在游戏中的攀爬是复演原始人类的丛林生活，幼儿喜欢爬进狭小的空间是复演古人的穴居生活，与动物一起玩耍复演了古人原始的狩猎和田园生活等。另外，霍尔对儿童研究的重要贡献是首次使用问卷法对儿童的行为、态度、兴趣等进行了广泛的、系统的研究，在西方社会掀起了一股“儿童研究运动”热潮，推动了儿童心理学的研究。

二、关于儿童心理发展的主要理论流派

（一）格塞尔的成熟势力说

情境案例

格塞尔的双生子爬楼梯实验

1929 年，格塞尔对一对双生子进行实验研究。他首先对双生子 A 和双生子 B 进行行为基线的观察，认为他们发展水平相当。在双生子出生第 48 周时，对 A 进行爬楼梯训练，而对 B 则不予相应训练。训练持续了 6 周，期间 A 比 B 更早地显示出某些技能。到了第 53 周，当 B 达到能够学习爬楼梯的成熟水平时，开始对他集中训练，发现只要少量训练，B 就达到了 A 的熟练水平。进一步的观察发现，在 55 周时，A 和 B 的能力没有差别。因此，格塞尔断定，儿童的学习与发展取决于生理的成熟。生理成熟之前的早期训练对最终的结果并没有显著作用。这一实验说明了什么？对婴儿的教育有何启示？

成熟学说的代表人物是美国心理学家、儿科医生阿诺德·格塞尔（Arnold Gesell）。格塞尔的成熟势力说简称成熟学说，是强调基因顺序规定着儿童生理和心理发展的理论。

格塞尔认为支配儿童心理发展的因素有二：成熟和学习。他认为成熟与内环境有关，而学习则与外环境有关。儿童心理发展是儿童行为或心理形式在环境影响下按一定顺序出现的过程。这个顺序与成熟（内环境）关系较多，而与外环境关系较少，外环境只是给发展提供适当的时机而已。格塞尔的经典实验“双生子爬楼梯”，就是这一观点很有力的佐证。

在教育上，格塞尔认为，父母和从事儿童教育工作的人都应当了解儿童成长规律，根据儿童自身的规律去养育他们。具体而言，每一个教师都应当把自己的工作与儿童的准备状态和特殊能力结合起来；每一个家长都应当与孩子一起成长，一起体验每一个阶段的乐趣和烦恼。如果成人以一种急功近利的方式教导孩子，往往会导致儿童成年以后的失落，甚至引起一系列的心理问题。

格塞尔的同事与学生阿弥士对家长提出如下忠告：

第一，不要认为你的孩子成为怎样的人完全是你的责任，你不要抓紧每一分钟去“教育”他。第二，学会欣赏孩子的成长，观察并享受每一周、每一月出现的发展新事实。第三，不要老是去想“下一步应发展什么了”，而应该让你和孩子一道充分体会每一阶段的乐趣。第四，尊重孩子的实际水平，在尚未成熟时，要耐心等待。

案例分析

格塞尔进行的双生子爬楼梯实验说明：成熟是推动儿童发展的主要动力，对于儿童的发展来说，学习并不是不重要，而是当个体还没有成熟到一定程度时，学习的效果是很有限的。教育不能揠苗助长，尤其当儿童的生理发展达不到一定水平时，对其教育是效果甚微的。

（二）行为主义的观点

情景案例

华生的论断

行为主义创始人华生说："给我一打健康的婴儿，一个由我支配的特殊的环境，让我在这个环境里养育他们，我可担保，任意选择一个，不论他父母的才干、倾向、爱好、职业及种族如何，我都可以按照我的意愿把他训练成为任何一种人物——医生、律师、艺术家、大商人，甚至乞丐或强盗。"这种观点对吗？为什么？

1. 华生的早期行为主义在儿童发展方面的观点

行为主义创始人华生（John Broadus Watson）受生理学家巴甫洛夫的动物学习研究的影响，认为一切行为都是刺激（S）—反应（R）的学习过程，学习过程的机制就是建立刺激与反应之间的条件反射。受洛克（John Locke）"白板说"的影响，华生认为环境是发展过程中影响最大的因素。他认为成人能通过仔细地控制刺激与反应的联结来塑造儿童的行为，发展是个连续的过程，随儿童年龄的增长，刺激与反应的联结力度也逐渐增强。

华生通过恐惧形成的心理学实验得出结论，恐惧可以通过学习而产生，同样也可以通过学习而消除。

华生找来一个刚刚出生 11 个月名叫阿尔伯特的婴儿做实验对象。他的第一个实验是想使阿尔伯特对大白鼠产生恐惧反应。实验一开始他发现孩子听到大的声音和失去支持时，便产生恐惧反应。华生找来一根直径 1 英寸[①]、长 3 英尺[②]的钢棍，当用锤子敲击这根钢棍时，孩子便产生明显的恐惧反应，在做完上述预备实验之后，华生便开始正式实验，他先让阿尔伯特玩弄一只大白鼠，孩子玩得很高兴，几周之内毫无惧怕的迹象。有一天正当阿尔伯特伸手去触摸那只大白鼠时，华生用锤子猛敲那根钢棍，发出很强的噪声，使阿尔伯特产生了很不愉快的感觉。华生是这样描述当时孩子的表现的：他被吓得猛然跳了起来，然后跌倒，一头扎进床上的褥子里，可是孩子并没有哭叫。以后华生重复这样做，每当孩子伸手触摸大白鼠时，便敲击钢棍，孩子便猛然跳起然后跌倒，继而哭泣。这种做法显然给阿尔伯特留下了很深的印象。一周之后华生又让阿尔伯特玩弄大白鼠，这时孩子对动物不怎么感兴趣了，看来有点胆怯。这种实验重复多次之后，他不但惧怕大白鼠，而且害怕兔子，害怕用海豹皮做的衣服外套和棉花。

华生给他建立了条件反射的恐惧后，还没来得及做消除实验，小阿尔伯特就跟丢了，他似乎不愿意来了，然后也搬家了，总之华生没找到他。据说，后来，华生让他的助手对一个对兔子有恐惧反应的孩子进行了恐惧消除实验，运用的是系统脱敏的方法。

① 1 英寸=2.54 厘米。
② 1 英尺=30.48 厘米。

案例分析

众所周知，华生在育儿观念上片面强调外在环境或教育的影响，他曾说过："给我一打健康的婴儿，一个由我支配的特殊的环境，让我在这个环境里养育他们，我可担保，任意选择一个，不论他父母的才干、倾向、爱好、职业及种族如何，我都可以按照我的意愿把他训练成为任何一种人物——医生、律师、艺术家、大商人，甚至乞丐或强盗。"华生否认遗传的作用，提倡教育万能论，片面夸大了环境和教育的作用，但是，他的行为塑造和矫正的观点至今对幼儿教育仍然具有指导意义。

2. 斯金纳的新行为主义观点

斯金纳（B. F. Skinner）继承和发展华生的行为主义基本理论，提出了操作性条件反射。华生旧行为主义的刺激—反应（S—R）公式否认机体内部心理过程的作用，新行为主义开始注意到心理内部过程的中介，提出 S—O—R 的公式。斯金纳根据自己的研究，提出操作性条件作用说。斯金纳认为，行为分为两类，一类是应答性行为，另一类是操作性行为，前一类行为是由经典条件反射中的刺激引发的行为，后一类行为是个体自发出现的操作行为，人的大部分行为是操作性的，行为的习得与强化有关，其发生频率会在紧随其后的强化作用下增强，如物质奖励或表扬称赞，同样也能通过惩罚，如体罚或取消关爱等，来减少其发生的频率。他进一步强调对儿童要采取积极的有步骤的强化，以培养儿童良好的行为。对于异常的人，斯金纳也按照强化理论，采取行为矫正法。

斯金纳在对儿童的养育上提出了所谓的"育婴箱"，在《育婴箱》（*Baby in Box*）（1945）这篇论文中，他描述道：光线可以直接透过宽大的玻璃窗照射到箱内，箱内干燥，自动调温，无菌、无毒、隔音；里面活动范围大，除尿布外无多余衣布，幼儿可以在里面睡觉、游戏；箱壁安全，挂有玩具等刺激物；可不必担心着凉和湿疹一类的疾病。这种机械照料婴儿的装置是斯金纳研究操作性条件反射作用的又一杰作。这种设计的目的是要尽可能避免外界一切不良刺激，创造适宜儿童发展的行为环境，养育身心健康的儿童。它的原理就是"斯金纳箱"。据说他在实验箱里长大的女儿后来很快就成为一名很有名气的画家。

斯金纳将他的强化控制理论运用于教学，采用了机器教学或程序教学的方法。这就是将学习的内容编制成一套程序，逐步提供给儿童，儿童答对了，给予反馈，告诉儿童答对了。采取强化手段，使儿童掌握知识。

斯金纳的强化手段、程序教学和"育婴箱"在教育中有一定的积极作用，但他把人和动物等同起来，把人的心理、行为完全看成是受环境制约的，这种忽视人的主观能动性的机械论是错误的。

3. 班杜拉的社会学习理论的观点

情境案例

班杜拉的奖惩实验

班杜拉选择 66 名幼儿园儿童作为被试，把他们分成三组，令他们观看示范者对一个成人大小的塑料玩具偶人表现攻击行为：①奖赏组：成人对第一位示范者的攻击行为给予赞扬；②惩罚组：成人对第一位示范者的攻击行为给予指责；③无强化组：只有第一位示范者有攻击行为。然后让三组儿童在同样的情境中玩10分钟。实验者通过单向玻璃进行观察和记录儿童的行为表现。实验结果是奖赏组的儿童和无强化组的儿童攻击行为要远远高于惩罚组儿童。这一实验说明了什么？　对教师和家长有何启示？

班杜拉（A. Bandura）是美国著名的社会学习理论家。他不同意人的行为是由刺激（S）—反应（R）的联结形成的、只强调外在因素的行为主义观点，也不同意人的行为是由人的内部认知过程所决定、只强调人的建构系统的认知理论观点；而是吸取这两种理论的合理部分，进行新的综合，独树一帜，试图从外在条件、内在认知因素两方面较为全面地解释人格的形成，创立了认知行为主义的社会学习理论，为世界瞩目。

观察学习是班杜拉社会学习理论的核心概念，是指人通过观看他人受到强化的行为而习得该行为的过程。人的行为就是通过观察模仿榜样而形成的。通过对他人行为及其强化行为结果的观察，儿童获得某些新的反应，或现存的反应得到矫正，即幼儿看到榜样攻击行为受到奖励时，就倾向于模仿这类行为；当看到榜样攻击行为受到惩罚时，就抑制这种行为的发生。通过对“攻击性行为”和“亲社会行为”的研究，班杜拉坚定了“榜样的力量是无穷的”这一看法。

班杜拉认为任何学习都离不开观察，观察学习由四个密不可分的具体过程组成。①注意过程。注意过程就是人们观察榜样的整个过程，是观察学习过程的开始。②保持过程。保持过程就是观察者在注意过程中获得榜样示范行为的意象后，采用符号的形式，以记忆贮存这些意象的过程。③复现过程。复现过程是观察者在视觉表象和言语编码作用下再现榜样示范行为的过程，即获得学习的操作过程。④动机过程。动机过程就是诱发观察者将获得的榜样的新行为表现出来的过程。人们是否将获得的榜样的新行为表现出来，主要取决于强化引起的动机作用。

班杜拉发展了斯金纳的强化理论，在原有的直接强化的基础上提出了替代强化和自我强化。由于观察到他人的行为受到表扬或惩罚，而使儿童也受到了相应的强化，如幼儿看到一个同伴成功抢夺了另一个同伴正在玩的玩具，而教师并没有制止该行为（甚至鼓励了这种抢夺行为），该幼儿于是也可能学会使用抢夺的方法得到自己喜欢的玩具，这就是替代强化。除了替代强化外，他还提出了自我强化：当自身的行为达到自己设定的标准时，儿童就会用自我肯定或自我否定的方法来对自己的行为做出反应，所以完成智力游戏的幼儿会为自己的成功而高兴地拍手欢呼。

儿童通过对他人自我表扬和自我批评的观察，以及对自己行为价值的评价，逐渐发展出自我效能感——认为自己有能力获得成功的一种信念。

班杜拉的社会学习理论独树一帜，他综合了行为主义观点和认知派观点，认为儿童的人格是由行为、个人认知因素和环境三者相互作用决定的。这为研究制约人格形成的影响因素另辟了蹊径。班杜拉认为人的行为是在观察学习的过程中，通过模仿榜样的行为形成的，他十分重视榜样的作用，认为这对于培养幼儿良好的人格具有重要意义。班杜拉强调人具有认知和自我调节功能，人不是消极地接受环境刺激，而是积极主动地对这种刺激做出选择、组织和转换，以调节自己的行为。这种把人看成主动的人，强调发挥人的主观能动性、自我效能感的观点对我们是有启发的。

案例分析

这一实验证明了儿童的行为是通过观察学习来获得的。启示如下:

1. 教师和家长要注意自己的言谈举止，给孩子树立良好的模仿的榜样。

2. 教师要给孩子树立学习的好榜样，对儿童良好的行为及时强化。例如，一个幼儿做了好事，受到教师的表扬，那么这个幼儿就再去寻找机会做好事。更重要的是其他儿童就会模仿他去做好事。

3. 教师少用批评、惩罚，多用奖励、表扬的手段教育儿童。根据班杜拉的替代强化理论，矫正一个儿童的不良行为，最好不要直接批评或惩罚儿童，而是奖励、表扬行为良好的其他儿童，给有不良行为的儿童树立一个学习的榜样，从而使其习得良好行为。

4. 大众传播媒介要注意提供积极向上的信息内容，弘扬正能量。大众媒体应该创设适合儿童发展的良好信息环境，尽可能避免来自外界环境的一切不良刺激，防止出现因为模仿而获得的“攻击性行为”或其他不良行为。

（三）精神分析学说的观点

1. 弗洛伊德的精神分析学说

弗洛伊德（S. Freud）是奥地利精神病学家，精神分析学派的创始人。20 世纪前期，弗洛伊德从自己的临床经验出发，对儿童人格的结构和心理发展阶段进行了系统的阐述，并逐步发展为精神分析理论。主要观点如下。

心理地形说。弗洛伊德认为人的心理活动包括潜意识、前意识和意识。意识（conscious）是人能认识自己和认识环境的心理能量活动部分，意识实际上只是心理能量活动的一种浮面的水平。潜意识（unconscious）是心理能量活动的深沉部分，包括原始冲动、本能以及出生之后的多种欲望；不被本人意识，但积极活动，追求即时满足，是人们经验的极大的贮存库。前意识（preconscious）是指在潜意识和意识之间的意识。弗洛伊德更强调潜意识活动，发现潜意识是弗洛伊德的主要贡献。

人格结构的三个层次。弗洛伊德认为人格有三个层次，分别是本我、自我和超我。“本我”是人格结构中比重最大的一个部分，是一切驱欲能量的来源；“本我”完全是无意识的，处在潜意识层面，遵循着快乐原则，寻求满足基本的生物要求。“自我”处在意识层面，按现实原则行事，调节外界与“本我”的关系，使“本我”适应外界要求。“超我”则是意识层面中的道德成分，体现在根据情境对“自我”进行约束和决策选择。

本能说。弗洛伊德提出存在于潜意识中的性本能是人的心理基本动力，是决定个人和社会发展的永恒力量。

儿童心理发展阶段。弗洛伊德根据不同阶段儿童的几种活动能力，把心理和行为发展划分为由低到高的五个渐次阶段。

（1）口腔期（出生～1 岁）：这时嘴、唇一带特别敏感，婴儿在吸吮和喂食活动中获得愉快表现了最初的性欲冲动。母亲的乳房是性本能的第一个对象，其后转到吸吮自己的拇指或舌头。如果口腔的需要未能得到适当满足，将来可能形成诸如吮吸手指、咬手指甲、暴食和成年以后抽烟的习惯。

（2）肛门期（1～3 岁）：婴儿在进行大小便时体验到愉快，而对父母施行的便溺训练，从开始表现反抗，以至对便溺规矩形成习惯。在这一时期弗洛伊德特别要求父母对儿童的大小便训练不宜过早、过严，否则，对儿童的人格形成有不利影响。

（3）性器期（3～6 岁）：弗洛伊德认为 3 岁后，男孩子的爱恋对象是自己的母亲，由于爱母便仇父，男孩子对母亲的性爱称为“俄狄浦斯情结”（Oedipus complex），即“恋母情结”；女孩的爱恋对象是父亲，把母亲作为多余的而置于一边，这被称为“伊莱克拉特情结”（Electra complex），即“恋父情结。”恋父或恋母情结最终受到压抑，因为儿童惧怕同性父母的惩罚。

知识拓展

“自居作用”

孩子喜欢穿成人的衣服、爱玩过家家或者以某个形象自居，心理学家称之为“自居作用”。“自居作用”又称认同作用，是精神分析理论的一个重要概念，原指处于俄狄浦斯时期（一般出现在 3～6 岁，其主要表现为男孩容易恋母，女孩容易恋父）的孩子为了博得异性父母的好感，将自己置于同性父母的地位，通过模仿同性父母的表情与行为而逐渐吸收其处世特征，使自己逐步成为像同性父母那样的人，从而获得替代性满足的过程。当孩子逐渐长大后，自居作用的范围也扩大到道德观等方面，成为儿童“超我”形成的重要机制。自居作用的对象也从父母扩大到亲属、师长、同伴、榜样形象等，其机制是认同、接受、暗示和模仿。简言之，自居作用让一个人按照理想的范型来塑造自我。即孩子试图通过模仿，把自己变成和自居对象一样的人，比如，漂亮的阿姨、慈爱的妈妈、勇敢的奥特曼等。在这个过程中，孩子也在汲取此人物的某些性格特质，从而不断建构自己的人格状态，最终形成“自我”。

（4）潜伏期（6～11 岁）：随着年龄的增长，孩子逐渐放弃恋母或恋父情结，男孩以父亲自居，女孩以母亲自居，并依照父亲或母亲的榜样行事。弗洛伊德把这种现象叫作“自居作用”。这个时期儿童的兴趣往往集中于同伴而不集中于父母身上，尽量避免性的表现。在潜伏期性本能消失，“超我”进一步发展，儿童从家庭以外的成人和一起玩耍的同性伙伴那里获得了新的社会价值观念。

（5）生殖期（12 岁以后）：潜伏期的性冲动再度出现，如果前面阶段发展得顺利的话，那么就会顺利过渡到结婚、性生活与生育后代的阶段。

弗洛伊德的理论是对禁欲主义、理性主义的有力反抗。他从达尔文强调人的行为与动物行为的连续性观点出发，强调人的生物本能尤其是性本能在人的行为中的作用，这是对理性主义的反抗。弗洛伊德的生物欲望说，把人的心理发展完全归于本能、性本能，完全排除社会、文化、意识、道德、教育对人的重大作用，他的泛性论的理论是错误的。弗洛伊德的研究扩大了心理学研究的范围，提出的潜意识理论开拓了心理学研究的一个新领域，在心理治疗领域独树一帜。弗洛伊德的理论强调早期经验有一定的意义。他的儿童心理发展阶段理论启示人们对待不同阶段的幼儿要有适当的教育，否则长大后就会出现心理问题。

弗洛伊德的儿童心理发展阶段理论的教育启示：

重视早期经验和亲子关系。精神分析学说的儿童发展观一方面强调早期经验对于人的一生具有重要影响，认为过去的生活与经历会对以后的行为产生影响；另一方面，认为父母的教养态度与方式，直接决定着孩子童年生活经验的质量。精神分析的理论与研究，使人们开始注意哺乳方式、断奶时间与方法、大小便习惯的训练、亲子关系的处理等问题，注意到成人，尤其是父母在儿童早期生活和人格的形成与发展中的重要地位与作用。

重视健全人格的培养。以弗洛伊德为代表的精神分析学派强调培养健全人格的重要性，认为人格教育是教育的重点和最终目的。因此，儿童教育不能一味重视知识技能的传授，而应注重培养“爱人的能力”。对儿童进行人格教育，要符合其身心发展的特点，不能一味地灌输，要创设能让儿童体验与感受到尊重、爱、安全的环境，使儿童获得成功、自信的体验，成为积极主动的学习者。

2. 埃里克森的人格发展阶段理论

埃里克森（E. H. Erikson，1902—1994）是美国著名的精神分析医生，是美国现代最有成就的精神分析理论家之一。埃里克森人格发展阶段理论也称人格发展渐成说。

他继承和发展了弗洛伊德的人格结构的本我、自我和超我理论，但并不同意把一切人格发展都归于性本能，而是强调社会文化背景的作用。他认为儿童每一阶段的发展，都要面临一个发展危机，如果顺利渡过危机，人格就健康正常，如果发展不顺利，人格发展就存在问题，甚至对个体的一生都造成间接而深远的影响，即强调家庭、学校、社会文化环境对儿童的影响。埃里克森把自我意识的形成和发展过程划分为八个阶段，内容如下。

第一阶段，基本信任对基本不信任（0～1.5 岁）：这个时期的发展任务是获得信任感和克服不信任感，体验着希望的实现。儿童在这一时期的成长需要母亲的悉心照顾，当孩子哭或饿时，需要母亲温柔的抚慰时，父母是否出现则是建立信任感的重要条件。父母的悉心抚养，建立亲密的亲子关系是儿童获得基本信任感的基本条件，反之，如果父母的信心不足，或育儿方式有缺陷，儿童便对周围环境产生怀疑。

第二阶段，自主对羞怯或疑虑（1.5～3 岁）：这个时期的发展任务是获得自主感，克服羞怯和疑虑，体验着意志的实现。这时儿童想做一些事情，如果父母和看管他的人允许他去干力所能及的事，比如他坚持自己的进食、排泄方式，儿童就觉得自己有一种自控的能力或影响环境的能力，就会出现一种自主感；反之，如果大人不耐烦或过分溺爱而干预了孩子能干的事，或对孩子出现意外的事情采取粗暴的态度，若过分严厉或过度保护，儿童就会产生一种羞耻感，对自己的能力有所怀疑。

第三阶段，主动对内疚（3～5 岁）：这个时期的发展任务是获得主动感，克服内疚感，体验着目的的实现。在这一时期儿童表现出主动探究的行为和动机，如果其合理的要求成人认可并监督其行为，儿童的言语和思维能力得以发展，独立性开始形成，就会形成主动性，这为他将来成为一个有责任感、有创造力的人奠定了基础。如果成人过多干预，甚至禁止儿童的探索行为，那么他就会逐渐失去自信心，产生内疚感，缺乏活动的主动性。

第四阶段，勤奋感对自卑感（6～12 岁）：这个时期的发展任务是获得勤奋感和克服自卑感，体验着能力的实现。这一阶段的儿童都应在学校接受教育。如果他们通过自身的努力能顺利地完成学习课程，就会获得勤奋感，这使他们在今后的独立生活和承担工作任务中充满信心。反之，就会产生自卑。当儿童的勤奋感大于自卑感时，他们就会获得有“能力”的品质。埃里克森说：“能力是不受儿童自卑感削弱的，完成任务所需要的是自由操作的熟练技能和智慧。”

第五阶段，同一对同一混乱（12～18 岁）：这个时期的发展任务是建立同一感，防止同一混乱感，体验着忠诚的实现。此时个体开始体会到“自我”概念的问题的困扰，也即开始考虑“我是谁”这一问题，体验着角色同一与角色混乱的冲突。这里的角色同一性是有关自我形象的一种组织，它包括有关“自我”的能力、信念、性格的一贯经验和概念。“自我”既与个体的过去经验相联系，也与个体当前面临的任务有关。青少年在学习和交往中，逐渐形成对自己的认识，形成主观上的“自我”，例如“我很漂亮，我很聪明”，如果客观上他（她）的确是漂亮的和聪明的，那么，就实现了“自我”同一性。否则，就是角色混乱。埃里克森对此阶段十分重视，认为它可以补偿前阶段的不足，对以后人格发展有重大影响。

第六阶段，亲密对孤独（18～25 岁）：这个时期的发展任务是获得亲密感，避免孤独感，体验着爱情的实现。这一时期，青年人进入人与人之间的新关系之中。他们需要与伴侣、朋友、同事等建立爱情、友谊、团结与亲密的关系。如果发现自己不能与别人建立起友爱、亲密的关系，就会感到孤独，产生不愿与人接近的孤独感。

第七阶段，繁殖对停滞（25～65 岁）：这个时期的发展任务是获得繁殖感，避免停滞感，体验着关怀的实现。这一阶段正是成家立业之后，一方面自己承担着社会任务，有工作、有事业，要求为社会创造价值，发挥创造性；另一方面又有家庭、有孩子，需要照顾料理家务和孩子。如果能利用自己的能力，为社会、为事业而发挥创造力，就可获得创造感，进一步创造、再创造。如果只关心个人的需要与舒适，饱食终日，无所事事，陷入自我专注状态，就会产生停滞感。

第八阶段，完美对绝望（65 岁以后）：这时期的发展任务是获得完善感，避免绝望感，体验着智慧的实现。晚年期是自己一生为之奋斗的事业趋于完成和进行反省的时期。当对自己的一生作肯定的评价，觉得没有虚度时光，未竟事业由下一代接替延续，对一生不存在奢望时，就会产生一种完善感。相反，如果回顾一生，觉得一事无成，走过的道路充满坎坷，后悔当初的选择，重新开始又为时已晚，于是就充满悔恨、悲哀、绝望。

埃里克森把人格发展划分为以上八个阶段，同时指出了每个阶段所面临的发展任务，以及需要解决的“危机”问题。这就是：婴儿期要培养信任，多给孩子关怀，避免产生不信任；幼儿前期要发展自主，大胆让孩子自己活动，避免产生羞怯、胆小；幼儿后期要进一步发展孩子的主动性，鼓励支持孩子的活动和建议，避免产生怀疑、内疚；学龄期要力促儿童学习成功，培养其努力勤奋的品质，避免产生自卑；青年初期要帮助其发展自我同一性，树立自信心，防止角色混乱；青年晚期要发展良好的人与人之间的关系，避免产生孤独感；成年期或中年期在于努力发展创造性，防止自我专注的停滞产生；老年期在于发展满足感、完善感。

（四）皮亚杰的认知发展理论

情景案例

皮亚杰的“三山实验”

把大小不同的三座山的模型摆放在桌子中央，四周各放一张椅子；带着儿童围绕三座山的模型散步，使儿童可以从不同角度观察这三个模型的形状；散步以后，让儿童坐在其中的一张椅子上，把洋娃娃依次放在桌边其他椅子上，问儿童“娃娃看到了什么”；然后向儿童出示从不同的角度拍摄的“三座山”的照片，让儿童挑出娃娃所看到的那张照片。实验结果表明2~7岁的儿童多数只能从自己的观察角度挑出照片，而不能挑出从洋娃娃的观察角度的照片。这一实验说明了什么？

皮亚杰（J. Piaget，1896—1980）是国际著名的儿童心理学家，创立了发生认识论，在儿童心理发展领域提出了认知发展阶段论。

1．儿童心理发展的机制

皮亚杰认为儿童认知的发展是儿童的心理或行为图式在环境影响下，不断通过同化、顺应，而达到平衡的过程，从而使儿童心理不断由低级向高级发展。

图式：“图式（Scheme）是指动作的结构或组织，这些动作在同样或类似的环境中由于重复而引起迁移或概括”，简单地说，图式就是主体对于某类活动的相对稳定的行为模式或认识结构。最早的图式是本能动作。

同化：有机体把外部刺激整合到原有图示之中，原有图示没有发生质的改变。

顺应：原有的图式发生质的改变以适应现实，建立新的图式。

平衡：指同化和顺应两种作用之间的平衡。例如，儿童认识新事物往往是张冠李戴、“指鹿为马”。儿童上公园玩，见到鹿却说马，因为他以前没见到鹿，只知马，大人告诉他，这是鹿，有角，儿童根据鹿的形态特征形成新的图式——鹿。这是通过顺应作用实现的。所以儿童认识事物光同化不行，还要调整原有的图式，建立新的图式，顺应了才能平衡，这样以后再看见鹿，就不会“指鹿为马”了，而是指鹿为鹿。同化和顺应必须保持平衡。

2．影响心理发展的因素

皮亚杰认为影响心理发展的因素有四个：成熟、物理环境、社会环境和平衡。

成熟是指机体的成长，特别是神经系统和内分泌系统的发展，儿童心理的发展必须依赖先天的遗传因素和生理基础。皮亚杰认为，成熟是必要的条件，但不是充分的条件。

物理环境包括物理经验和数学逻辑经验。物理经验是个体作用于物体得到来自物体本身的经验。数学逻辑经验是高级的抽象经验，是个体在作用于客体的过程中，从动作过程中得来的，是辨别动作中相互协调的结果。

社会环境是指影响个体心理发展的社会因素，包括社会生活、社会传递、文化教育、语言信息等。皮亚杰强调，社会环境对人的心理发展的影响，是以个体的认识结构为前提，通过社会互动作用而实现的。

平衡过程是主体内部存在的机制，皮亚杰认为，如果没有主体内部的同化、顺应、平衡机制，任何外界刺激对儿童本身都不起作用。

3．认知发展的阶段

皮亚杰依照儿童认知发展的水平，将儿童心理的发展划分为四个阶段。

（1）感知运动阶段（0～2 岁）。婴儿对事物的认识只限于最简单的身体动作和感知。在这个阶段，儿童还没有语言和思维，由动作和感知的分化逐渐形成客体永久性。

（2）前运算阶段（2～7 岁）。这个阶段的儿童的各种感知运动图式开始内化为表象或形象图式，特别是语言的出现和发展，使儿童日益频繁地用表象符号来代替外界事物，但他们的语词或其他符号还不能代表抽象的概念，思维仍受具体直觉表象的束缚，难以从知觉中解放出来。他们的思维有以下主要特征：泛灵性或拟人化，认为外界的一切事物都是有生命的；自我中心性，认为所有的人都有相同的感受，一切以自我为中心；单维思维，即绝对性思维，认知活动具有相对具体性，还不能进行抽象的运算思维；不可逆，思维不具有可逆性等。

案例分析

皮亚杰的“三山实验”结果说明了 2～7 岁的儿童是自我中心的，即该年龄阶段的儿童只能从自身的角度去观察和分析问题，而不能从他人的角度观察和分析问题，不能采取别人的观点。

（3）具体运算阶段（7～11 岁）。这一阶段的儿童认知结构中已经具有了抽象概念、多向思维，具有了可逆性，因而能够进行逻辑推理。这个阶段的标志是儿童已经获得了长度、体积、重量和面积的守恒概念。守恒概念的出现是具体运算阶段儿童的主要特征。具体运算阶段儿童的另一个特征是出现了去自我中心主义。所谓去自我中心主义，是指儿童逐渐学会从他人的角度看问题。随着儿童年龄的增长，他们逐渐能够接受别人的意见，修正自己的看法，去自我中心主义是儿童社会性发展的重要标志。

知识拓展

皮亚杰的“守恒实验”

1. 液体守恒。向儿童呈现两个一模一样的杯子，把两个杯子装入相同数量的液体。在儿童认为两个杯子装有相同数量的液体后，将一个杯子的液体倒入一个较高较细的杯子里，并问儿童这个杯子（较高较细的杯子）里的水与那个杯子（较矮的杯子）里的水是否一样多。

2. 数目守恒。先向儿童呈现两排一模一样的纽扣，每排 6 个，在儿童确认两排纽扣的数量是一样的之后，将其中的一排纽扣间的距离拉大，问他两排纽扣数是否相同。

3. 长度守恒。在儿童面前呈现两支同样的铅笔，在儿童确认两支铅笔长度相等后，把其 中一支铅笔向右（或向左）移动一段距离，问儿童两支铅笔的长度是否相等。

4. 重量守恒。先把两个大小、形状、重量相同的泥球给儿童看，在儿童认为两个泥球一样重后，把其中一个做成薄饼状（即压扁）、香肠状或其他形状，问儿童它们的重量是否相同。

5. 面积守恒。用五个大小相同的小的正方形代表草地，先后把五个正方形平行摆放和分开摆放，问儿童牛吃到的草是否一样多。

6. 体积守恒。以桌面为湖，桌面上形状、大小不同的纸片为岛，以方积木块为房间，要求儿童在面积不同的小岛上盖体积相同的房子，考查他们是否理解要以增加高度来弥补面积的狭小，从而达到体积的守恒。

皮亚杰提出守恒观念形成的时间和顺序：数目守恒（6.5～7 岁）；液体守恒（7 岁以后）；长度守恒（7.5～11 岁）；面积守恒（7.5 岁）；体积守恒（（7～11、12 岁）。

国内外不少人重复了皮亚杰的守恒实验，实验表明，我国儿童达到各种守恒的年龄是不同的，5～6 岁可达到数目守恒，7～8 岁可达到液体守恒，长度守恒要晚一些。

（4）形式运算阶段（12 岁以上）。这一阶段的儿童思维已超越了对具体的可感知的事物的依赖，使形式从内容中解脱出来，进入形式运算阶段。本阶段的儿童具有以下特征：认识命题之间的关系。本阶段儿童的思维是以命题形式进行的。他们不仅能考虑命题与经验之间的真实性关系，而且能看到命题与现实之间的关系，并能推理两个或多个命题之间的逻辑关系。进行假设—演绎推理。本阶段的儿童不仅能够运用经验归纳的方式进行逻辑推理，而且能够运用演绎推理的方式来解决问题，具有抽象逻辑思维。本阶段的儿童能理解符号的意义、隐喻和直喻，能对事物作一定的概括，其思维发展水平已接近成人。思维具有可逆性、补偿性和灵活性。本阶段的儿童不仅具备了逆向性的可逆思维，而且具备了补偿性的可逆思维。本阶段的儿童不再刻板地恪守规则，反而常常由于规则与事实的不符而违反规则。

4. 皮亚杰的认知发展阶段理论对学前儿童教育的启示

第一，教学内容必须符合儿童的认知发展阶段特点，以促进儿童的认知发展。教学应研究如何对不同发展阶段的儿童提出既不超出他们当时的认知能力，又能促使他们向更高阶段发展的富有启迪作用的适当内容。

第二，重视活动在教育中的作用。皮亚杰认为智慧源于动作，是动作的内化过程。儿童只有通过动作才能达到认知的不断发展，才能获得真正的知识。因此，学前儿童的教育活动必须让他们在活动中、游戏中、操作中进行。

第三，以儿童为中心，让儿童主动建构知识。皮亚杰认为，儿童认知的发展是主动建构的过程，在组织教学时应该发挥儿童的主体地位，引导儿童自主探索、自主发现。教师必须考虑到每个阶段儿童的特殊兴趣和需要，提出不同的教育任务，采取不同的教育方法。

（五）维果斯基的心理发展观

维果斯基（Л. С. Выгоский, 1896—1934）是苏联卓越的儿童心理学家、儿童心理学的开创者。他创立了“文化历史发展理论”，提出“高级心理机能的社会起源论”，强调社会教育在儿童心理发展中的作用，这些对心理学的发展起到了奠基作用。他短暂的一生对苏联心理学的理论体系的建立与发展做出了不可磨灭的历史贡献。

1. 维果斯基的文化历史发展理论

维果斯基从种系和个体发展的角度分析了心理发展实质，提出了文化历史发展理论，说明人的高级心理机能的社会历史发生问题。维果斯基区分了两种心理机能：一种是作为动物进化结果的低级心理机能，这是个体早期以直接的方式与外界相互作用时表现出来的特征；另一种是作为历史发展结果的高级心理机能，即以符号系统为中介的心理机能。

维果斯基认为，心理的发展指的是一个人的心理（从出生到成年）在环境与教育的影响下，在低级的心理机能的基础上，逐渐向高级的心理机能转化的过程。

心理机能由低级向高级发展的标志是什么？维果斯基归纳为四个方面的表现：①心理活动的随意机能；②心理活动的抽象概括机能，也就是说各种机能由于思维（主要是指抽象逻辑思维）的参与而高级化；③各种心理机能之间的关系不断地变化、组合，形成间接的、以符号或词为中介的心理结构；④心理活动的个性化。

维果斯基强调了心理机能由低级向高级发展的三点原因：一是心理机能起源于社会文化——历史的发展，是受社会规律制约的；二是从个体发展来看，儿童在与成人交往的过程中通过掌握高级心理机能的工具——语言符号，使其在低级的心理机能的基础上形成了各种新的心理机能；三是高级的心理机能是不断内化的结果。维果斯基十分强调教学的作用，认为儿童通过教学才能掌握人类的经验，并内化于自身的经验体验中。只有掌握了语言这个工具，外部形式的活动才能得以“内化”，转为内部活动，才能最终默默地在头脑中进行。在儿童认知发展的内化过程中，语言符号系统的作用是至关重要的。

2. 最近发展区

在教学与发展的关系上，维果斯基提出了三个重要的问题：一是最近发展区思想；二是教学应当走在发展的前面；三是关于学习的最佳期限问题。

维果斯基认为，至少要确定两种发展的水平。第一种是现有发展水平，这是指儿童独立活动时所达到的解决问题的水平。第二种是在有指导的情况下儿童所达到的解决问题的水平，即儿童通过教学所获得的潜力。这两者之间的差异就是最近发展区。教学创造着最近发展区，第一个发展水平和第二个发展水平之间的动力状态是由教学决定的。

根据上述思想，维果斯基提出教学应当走在发展的前面。教学的作用：一个是决定儿童发展的内容水平和速度，另一个是创造着最近发展区。

怎样发挥教学的最大作用？维果斯基强调学习的最佳期限。如果错过了学习某一技能的最佳年龄，从发展的观点来看是不利的，它会造成儿童智力发展的障碍。因此，开始某一种教学，必须以成熟与发育为前提，但更重要的是教学必须首先建立在正在开始形成的心理机能的基础上，走在心理机能发展的前面。

维果斯基的理论是当今建构主义发展的重要推动力量，研究者在维果斯基“搭建支架”的基础上，提出了支架式教学。教师应该通过为学生提供学习支架（指导和帮助），把管理学习的任务逐渐由教师转移给学生自己。具体来说，就是教师首先在学生的现有知识水平和学习目标之间建立一种帮助学生理解的支架，然后在这种支架的支持下，帮助学生掌握、建构和内化所学的知识技能，最后再逐步撤除支架，让学生独立完成对学习的自我调节。

3. 维果斯基的心理发展观对学前教育的启示

第一，教师要提高教学质量，充分挖掘儿童的发展潜力，创造最近发展区，实现儿童的充分发展。

第二，重视社会文化对学前儿童身心发展的影响，注重语言的培养。维果斯基提出了两种心理机能：一种是作为动物进化结果的低级心理机能，另一种则是作为历史发展结果的高级心理机能，即以符号系统为中介的心理机能。这一符号系统主要就是语言符号系统。因此，应该重视儿童语言的发展和教育，只有这样才能发展高级的心理机能。

第三，注重儿童心理发展中的内化机制，提高学习的自主性。维果斯基认为儿童认知发展过程就是内化过程，语言符号系统的作用是至关重要的。内化过程需要儿童发挥自身的主动性和积极性，主动建构知识。因此，教学过程中，教师要提高儿童学习的自主性，这样才能完成内化过程。

第四，把握支架式教学的精髓，逐渐撤除教师的指导和帮助（支架），让儿童实现自我调节学习。

（六）陈鹤琴的“活教育”思想

陈鹤琴（1892—1982 年），浙江上虞县（今绍兴市上虞区）人，是我国现代幼儿教育事业的开拓者、著名的儿童教育家。

陈鹤琴认为，儿童不是成人的缩影，儿童作为一个独立的个体，有其独特的身心特点，有他自己的需要、兴趣、情感和性格。儿童的心理有好奇、好动、好模仿、好群等特点。

陈鹤琴认为要“从出生教起”。儿童从一生下来就是一个有生命力、生长力，能够分辨与取舍外界刺激，具有学习能力的积极个体，是一个对环境的主动探索者。陈鹤琴从自己的教育实践和实验中说明了这一点。因此，他主张把“从小教起”改为“从出生教起”。

陈鹤琴的“活教育”思想。陈鹤琴自 1940 年在江西办幼师时开始提出“活教育”思想，经过几年的教育实践，直到 1947 年他在上海逐步整理出“活教育”的思想体系，包括三大纲领：目的论、课程论、方法论。

1.“活教育”的目的

陈鹤琴说：“活教育的目的就在于做人，做中国人，做现代中国人。”“活教育"的目的就是要使受教育者，第一要具备健全的身体，第二要有建设的能力，第三要有创造的能力，第四要有合作的态度，第五要有服务的精神。

抗战期间，陈鹤琴提出“做人，做中国人，做现代中国人”的教育目的。抗战胜利之后，他提出“做人，做中国人，做世界人”，体现了他具有“世界的眼光”。他提出“做世界人”，要“爱国家、爱人类、爱真理”，教育学生爱劳苦大众，恨人类的共同的敌人，不要把自己的享乐建筑在大多数劳苦大众的血泪之上。他的“活教育”的目的体现了爱国主义的精神，也反映了他具有“世界眼光”的胸襟。

2.“活教育”的课程

陈鹤琴批评旧教育是“死教育”，课程是固定的，教材是呆板的，不问儿童是否了解，不管与时令是否适合，只是一节课一节课地教，这样的教育只能培养“书呆子”。“活教育”则反其道而行之，要向大自然、大社会学习。他说，“大自然，大社会，都是活教材”，他的“活教育”课程大致有五类，即所谓的“五指活动”：儿童健康活动（包括体育、卫生等学科）；儿童社会活动（包括史地、公民、常识等学科）；儿童自然活动（包括动、植、矿、理化、算术等学科）；儿童艺术活动（包括音乐、图画、工艺等学科）；儿童文学活动（包括读、作、写、说等学科）。

3. “活教育”的方法

陈鹤琴说：“活教育的教学方法也有一个基本的原则。什么原则呢？就是“做中教，做中学，做中求进步”。

“活教育”的教学不重视班级授课制，而重视室外活动，着重于生活的体验，以实物为研究对象，以书籍为辅佐的参考，即注重直接经验，不重视间接知识。“活教育”把直接经验当作人们进步的最大动力。“活教育”的教学过程分为四个步骤：第一是实验观察，第二是阅读参考，第三是发表创作，第四是批评研讨。要求每个学生备一工作簿，在工作簿上编他自己的教材。教师的责任是引发、供给、指导、欣赏。

“活教育”根据儿童生活的需要及儿童的学习兴趣，组织儿童活动场所。在第一阶段是小动物园、小花园、小游艺场、小工场、小图书馆；在第二阶段是小动物园、小农场、小社会、小美术馆、小游戏场；在第三阶段是儿童工场、儿童家场、儿童科学馆、儿童世界、儿童艺术馆、儿童运动场、儿童服务团。陈鹤琴还详细阐释了“活教育”的原则，他提出“凡是儿童自己能够做的，应当让他自己做，凡是儿童自己能够想的，应当让他自己想”，“你要儿童怎样做，就应当教儿童怎样学”，“鼓励儿童去发现他自己的世界”，“积极的鼓励胜于消极的制裁”，“积极的暗示胜于消极的命令”，等等。这是我国现代儿童教育中非常有价值的思想。

（七）蒙台梭利教育法

蒙台梭利（M. Montessori，1870—1952）是意大利著名儿童教育家，创办了举世闻名的“儿童之家”，创立了科学的儿童教育方法，极大地推动了现代儿童教育的改革和发展，对世界的儿童教育做出了重大贡献。

1. 蒙台梭利的儿童发展观

蒙台梭利首先强调儿童具有与生俱来的心理潜能，强调儿童天赋的潜能，并主张让儿童在充满爱和自由的环境中发展潜能。

儿童的吸收性心智，是指受“潜在生命力”驱动的儿童所特有的无意识的记忆力、感受环境并加以吸收的能力。这是一种自然的吸取和创造性的功能，是成人所没有的。

幼儿期有许多重要的发展敏感期。在不同的发展阶段，儿童会表现出对某种事物或活动特别敏感或产生一种特殊兴趣和爱好，学习也特别容易而迅速，是教育的最好时机。0～5 岁是感觉的敏感期（2～2.5 岁时达到顶峰），1～4 岁是秩序的敏感期，2 个月～6 岁是语言的敏感期，从出生～6 岁是动作的敏感期。

儿童的发展是在活动中实现的。蒙台梭利认为儿童心理的发展既不是单纯的内部成熟，也不是环境、教育的直接产物，而是机体和环境相互作用的结果，后天的环境与教育能影响后天智力的发展。

2. 蒙台梭利教育法基本原则

（1）以儿童为中心。反对以成人为本位的教学观点，视儿童为有别于成人的独立个体。

不教的教育。反对填鸭式教学，主张从日常生活训练着手，配合良好的学习环境、丰富的教具，让儿童自发地主动学习，自己建构完善的人格。

（2）把握儿童的敏感期。顺应敏感期学习的特征，得到最大的学习效果。

（3）教师扮演协助者的角色。教师须对孩子的心灵世界有深刻的认识与了解，对孩子发展的状况了如指掌，才能提供对孩子适性、适时的协助与指导。

（4）完全人格的培养。幼教的最大目的是协助孩子正常化。

（5）尊重孩子的成长步调。不设课程表和上下课时间，使孩子能够专注地发展内在的需要。

（6）混龄教学。不同年龄的孩子会相互模仿、学习，养成儿童乐于助人的良好社会行为。

（7）丰富的教材与教具。教具是孩子“工作”的材料，孩子通过“工作”，在自我重复操作练习中，建构完善的人格。

（8）摒除奖惩制度。采取尊重孩子的方式，培养孩子正在萌芽的尊严感。

（9）爆发的教学成果。采取尊重孩子内在需求的方式，让孩子适时、适性地成长，短期内不易察觉成果，但却会在某一时间以爆发的力量彰显出孩子内在心智的成长。

3. 蒙台梭利教育的内容（3～6 岁）

（1）日常生活教育：训练孩子日常生活自理能力，以培养独立、自主的人格和良好的习性。

（2）感官教育：借由感官和教具的作用可锻炼孩子的视觉、触觉、味觉、嗅觉，使孩子五官更敏锐，进而更聪明、有智慧。

（3）数学教育：由少量至多量的比较，最后引入加、减、乘、除等具体操作，而进入四则的运算，建立教学基础。

（4）语文教学：蒙台梭利博士发现儿童语言的敏感期在 6 岁之前，因此我们不但强调母语教学，同时强调多种语言的学习，特别是英语的学习。

（5）文化教育：在蒙台梭利的教室里配备了动物、植物、历史、地理、天文、地质等方面的玩具和教具，让孩子学习如何照顾动物、植物，了解自己所居住的大环境，了解宇宙万物的奥秘，认识各种矿物等。

4. 蒙台梭利的儿童心理发展与教育思想的现实意义

蒙台梭利的儿童心理发展与教育思想冲击了传统的以灌输知识为主的教育模式，将人类的儿童教育事业推向了一个崭新的阶段，值得借鉴。

（1）重视教师建立正确的儿童心理发展观与教育观，而不是单纯地掌握技巧技能。蒙台梭利强调教师要尊重儿童，使儿童人格获得充分发展；认清教师的次要地位，了解儿童的内心世界，学会观察儿童，真正把儿童当作活生生的独一无二的人来看待；努力去掉自我本位而专制的态度，以比较平易的态度去接近他们。

（2）为儿童提供有准备的环境。创设良好的物质环境和民主、和谐、宽松、自由的氛围。蒙台梭利强调环境设置必须为儿童发展自我、激发儿童创造性提供机会：以集体、小组、个人有机结合的教育教学形式取代传统单一的集体教育形式；以成人作为儿童与环境的沟通者引导儿童独立地探索取代传统的“一言堂”；以混龄班为儿童独立探索建立人际关系取代以成人为中心而建立的被动的人际关系。

（3）根据儿童个别差异施教。蒙台梭利认为每个儿童都有自己的心灵，有一定的需要、潜能和敏感期，要因人施教。蒙台梭利把儿童的发展和人格的形成只看成是儿童自己的内部力量的自然表现，实际上减弱了环境、教育的作用，具有一定的片面性，不可取。

知识拓展

幼儿心理理论的发展

所谓心理理论（theory of mind）就是指个体对自己或他人的内在心理状态与外在行为的认识能力。它可以泛指任何关于心理的知识，也可以被严格地定义为用于认识心理世界的因果解释系统，即心理状态（如信念、愿望、知觉、思想、情绪和意图等）之间是相互联系的，个体可以利用这些相互联系的心理状态来解释和预测行为。心理理论问题自Premack和Woodruff于1978年提出以来，对它的研究已成为继皮亚杰关于儿童认知发展的研究和元认知的研究之后，又一个探讨儿童心理表征和心理理解的崭新视角和范式。

在研究心理理论问题时，心理学家们最为关心的是儿童何时产生心理理论能力。为此，心理学家把研究的重点主要集中在儿童对他人的信念以及信念与行为之间关系的认知发展方面。所谓信念是指人们对世界的心理认识或态度，是对客观世界的心理表征。一般而言，人们都想正确地表征现实世界，但实际上，人们依赖信念对现实世界的表征既可能是正确的，也可能是错误的。为此，心理学家较为一致地认为，如果儿童能够正确地理解他人会拥有“错误信念”，那么，就可以判断这时的儿童已具有了心理理论能力。

关于儿童对“错误信念”的理解，可以用下面的实例来说明。给不同年龄的小朋友讲故事：小明把巧克力放到碗橱里，然后出门去玩了。妈妈回家后，看到碗橱里有巧克力，便把它放到一个抽屉里，然后出去买菜了。小明玩累了，回到家里，想吃巧克力。此时，向小朋友提问：小明会到哪儿找巧克力?是碗橱里，还是抽屉里?

实际结果是，对3岁多的儿童来说，由于他们很难区分自己所知与他人所知的不同，因而他们的典型反应是：小明将到抽屉里找巧克力，他们认为巧克力就在这里。但是对4岁左右的儿童来，由于他们已经可以将自己所知与他人所知区分开来，他们可以正确地预测一个人的行为是依赖该人所想或所知的，因而大多可以正确地预测小明将到碗橱里找巧克力，因为小明以为巧克力还在里面（小明有了“错误信念”）。许多研究认为，由于儿童在4岁左右理解了“错误信念”，因此该年龄是心理理论能力发展的转折点。但是，也有一些研究通过改变提问内容和形式、让儿童参与活动、研究儿童的欺骗行为等，发现3岁前的儿童也能理解“错误信念”。截至2015年，研究者们正从多种研究模式和研究内容（甚至从脑神经机制的角度）来进一步探究儿童心理理论能力的发展特点。

心理理论在人与人的相互作用中起着重要的作用。心理学家普遍认为，拥有发展良好的心理理论，就能使个体更好地操作与控制日常的社会环境，较准确地预测他人和自己的认知和情感状态，并协调相互间的关系。

对儿童而言，拥有良好的心理理论，可促进儿童诸多社会认知能力的发展，这些能力是他们与同伴、父母、兄弟姐妹以及陌生人相处所必需的。例如，儿童若提高了对相互矛盾的心理表征的认识水平，就可以理解看法、偏见、信念、欺骗、争执、印象、反语、讽刺、错误观念和解释等概念的含义，并且认识到，由于人们对同一事物可能持有不同的认知表征，因此每个人自己也就可能出现错误信念，即自己关于某事的认识可能是错误的。他们在认识到外表与真实有差异后，就可把这种认识应用于对关系的认识上，比如意识到“他们表现得好像彼此喜欢，但是实际上他们并不喜欢对方……”

此外，心理理论能力在儿童的理解及叙述的产生上很可能扮演一个中心的角色。实际上，在学前儿童的故事书里有大量与角色的愿望和信念有关的内容。例如，小红帽的故事。这个故事说的是小红帽有一个错误信念，即认为狼是她的外婆。作为读者（包括幼儿），我们都知道狼是在欺骗小红帽。但为了理解和欣赏这个故事，幼儿必须能够超越现状，理解到小红帽是不知道我们所知的，否则，这个故事的许多意蕴就丧失了。

许多研究表明，儿童早期与他人的社会交往有助于儿童心理理论的发展。例如，研究发现，儿童和兄弟姐妹的交往对其社会认知的发展有促进作用。

假装游戏是促进儿童的认知能力、社会能力发展的重要因素，它有助于儿童理解心理和现实的区别。家庭和学校是儿童早期假装游戏的最重要的场所。有人在对比研究了父母—儿童的假装游戏和儿童—兄弟姐妹的假装游戏后发现，和兄弟姐妹的假装游戏能更有效地促进儿童心理理论的发展。

语言的发展与心理理论的关系也十分密切。在家庭成员内，特别是父母与子女间的言语交流，与儿童的心理理论的发展存在重要关系。

进行心理状态问题的讨论也是影响儿童心理理论发展的重要因素。研究表明，学前儿童在心理理论任务上的成功与其同父母、同胞兄妹和朋友间交换心理理论术语的频率有联系。同样，也有研究发现，通过儿童与成熟的谈话者（例如，成人、大龄儿童和同胞兄姐）的有效接触，可以预测儿童在心理理论任务中的表现。可见，儿童参加谈论关于思想和其他不可观察到的心理过程越多，其关于他人心理状态的心理理论的发展就越早、越好。确实，有研究发现，那些在交往中孤立的儿童，在适应他人观点时有特殊的困难。

研究还发现，聋童的心理理论发展一般迟于正常儿童。为此，研究者们认为，心理理论的发展可能要依赖听别人谈论心理状态，一些聋童受对话世界的限制，可能会导致他们特别难以理解他人不可见的思想。但也有研究表明，父母能熟练使用手势语的聋童比父母不能熟练使用手势语的聋童的错误信念问题的测验成绩要好，这也许是因为父母会手势语能使聋童更早地接触有关心理内容的讨论和思考。

成人有许多方式可以推动儿童获得心理理论。例如，与他们玩假装游戏和角色游戏，就能促进儿童将自己与物体和角色的状态区分开来。因为为了完成这样的活动，儿童需要在现实和想象的事物中创造出分离的认知表征。

与儿童讨论过去的事件也已经被发现与儿童的心理理论能力相联系。或许因为现实中有许多需要儿童讨论的表现不一致的事件。值得一提的是，在我们的学前读物中就包含了大量的帮助儿童探索人们心理活动的内容。此外，生活本身也呈现了许多有关心理理论问题的情境，例如，人们忘记了把东西挪动过，还到最初放置的地方去找；误解，以及互相揶揄；想象；互相讨论等。与儿童讨论这些事件将帮助他们既学习了有关探讨心理问题的语言，也获得了成熟的心理理论所必须基于的一些概念。

最后，对那些具有有限语言能力的儿童心理理论能力发展的研究告诉我们，在发展儿童基本的社会及认知能力中，语言担任着重要角色。因此，提高儿童的心理理论能力，必须与儿童的语言训练及思维练习结合起来进行。

来源：《早期教育》。作者：陈友庆（南京师范大学教育科学学院）

第二节　学前初期儿童的心理发展

情景案例

幼儿宁可相信自己的眼睛也不相信自己的大脑

有人做过一个有趣的实验，过程如下：把装有等量水的玻璃杯A和B让幼儿看见并确认后，将它们遮挡起来，然后当着幼儿的面把杯子A中的水倒入另一个略粗些的玻璃杯子C里，放到遮挡物后面。问："现在，杯子C里的水和杯子B里的水一样多吗？"这时几乎所有的孩子都回答是一样多。有趣的是，当实验者把遮挡物撤掉以后，许多孩子马上改变了主意，认为杯子B和C里的水不一样多，B比C多。问："为什么杯子B里的水比C多？"孩子回答说因为杯子C里的水面低了，就少了。请根据学前儿童感知的发展说明此现象。

儿童3岁左右，可以进入幼儿园接受有计划、有目的的学前教育，直到6岁结束，6岁后，进入小学接受教育。因此，将3～6岁这段时期称为学前期（或者幼儿期）。这一时期儿童心理活动迅速发展，个性倾向初步形成。

幼儿心理发展的一般特点有：

第一，认识活动的具体形象性。

幼儿主要是通过感知、依靠事物的外在形象或表象来认识事物，具体形象或表象左右着幼儿的整个认识过程，甚至思维活动也常常难以摆脱知觉印象的束缚。如在长度守恒实验中，给幼儿出示两排相等数目的棋子，并且等距离摆开，幼儿都知道是"一样多"，但如果将其中的一排棋子聚拢，不少幼儿就会认为密的这一排棋子数目少了，因为"这一排短了，就少了"。可见，幼儿辨别数目的多少受到棋子排列长短的影响。所以说幼儿的思维也是以具体形象性为主要特点的。

第二，心理活动及行为的无意性。

幼儿对自己心理活动和行为的控制和调节能力仍然很差，很容易受其他事物的影响而改变自己的活动方向，心理活动和行为具有无意性特点，缺乏目的性和有意性。在正确的教育的影响下，随着年龄的增长，这种状况逐渐有所改变，儿童心理活动及行为逐渐向有意性发展。

第三，开始形成最初的个性倾向。

3岁前的儿童已有个性特征的某些表现，一般只在活动的积极性、情绪的稳定性、好奇心的强弱程度等方面反映出来。但这些特征是不稳定的，容易受到外界的影响而改变，个性表现的范围也有局限性，很不深刻。3岁以后，幼儿个性表现的范围比以前广，内容也深刻多了。无论是在兴趣爱好方面，还是行为习惯、特长以及对人对己的态度方面，都开始表现出自己独特的倾向。幼儿教师会发现大班幼儿的个体差异比较明显，比如有的幼儿能说会道、有的幼儿沉默寡言；有的幼儿爱好广泛，有的幼儿爱好单一；有的幼儿活泼好动，有的幼儿安静沉稳。幼儿的个性倾向与以后相比虽然还是不稳定的、容易改变的，但初具雏形，已成为一生个性发展的基础。

案例分析

整个幼儿期，儿童认识活动以具体形象性为主。幼儿主要是通过感知、依靠事物的外在形象或表象来认识事物，具体形象或表象左右着幼儿的整个认识过程，甚至思维活动也常常难以摆脱知觉印象的束缚。因此幼儿期儿童主要通过感官来认识世界。

学前初期儿童指的是3～4岁的幼儿，也称小班幼儿，其心理发展特点如下。

情景案例

幼儿入园难

有些3岁幼儿刚入园时表现出非常焦虑的状态，主要表现有：缠住亲人不放手、要求老师抱着不放、哭喊、吵闹、打滚、摔东西、嗜睡、发呆、尿裤子、尿床、拒绝吃东西、拒绝喝水、咬手指、划破手指、撞墙等。他们往往以此相威胁来逼迫家长不要离开自己，甚至哭喊着要回家，有的可长达一两个月之久。分析这种现象的心理学原因，教师如何应对？

一、在认知发展上，感知觉等低级的认知活动发展迅速，思维、形象等高级的认知活动发展缓慢，思维仍带有直觉行动性

（1）感知觉发展迅速。视觉、听觉发展迅速。3～4岁幼儿喜欢看图书，用眼睛看近距离和细小东西的机会不断增加，小班幼儿能够初步辨认基本颜色，如红、橙、绿、黄、天蓝、蓝、紫等颜色，但多数幼儿还不能用准确的语言说出颜色的名称。幼儿最容易掌握的颜色名称是“红”，其次是“黄”“绿”。3岁幼儿不能很好地区分间色，如蓝和天蓝，红和粉红。4岁幼儿开始认识一些混合色。小班幼儿的视力已达到成人的水平。听觉发展较早，到3岁已经基本完成。

在知觉发展上，对于空间知觉，3岁幼儿能够辨别上下方位，4岁幼儿能够辨别前后，但还不能辨别左右方位。对于时间知觉，能领会“昨天、今天、明天”的时间概念，但不能掌握“过去、现在、将来”的概念；能认识钟表的整点，还不能认识分和秒。对时间的理解往往和具体的食物或具体时间联系起来，“如早晨是指起床、吃饭的时候”“生日是妈妈给自己买好吃的蛋糕那天”。

在高级的知觉活动——观察力的发展方面，小班幼儿的观察力较低，只是停留在表面肤浅的观察上，他们还不会按目的去观察，且观察的目的会随观察过程发生转移，观察兴趣常常会替代成人要求的观察目的。小班幼儿持续观察时间很短，只有6～7分钟，甚至更短。观察的事物常常是零星的，不会概括和联系起来观察某一事物。观察时常常用手指头帮忙，指着图片和物体进行观察。

（2）在注意的发展上，3～4岁的幼儿以无意注意为主，有意注意水平较低。研究表明，小班幼儿有意注意一般只能维持3～5分钟。小班幼儿的注意转移、分配能力都很差，表现在

观察图片时，仅能注意其主要的、鲜明的部分而忽视其他部分。例如在做律动时，只能随琴声两手上下挥动或双脚小跑步，而不能将身体各个部分的运动有机地结合起来。在集中活动时，小班幼儿注意力容易分散，所以教师在准备教学活动及在活动区材料的选择上，要多选择富有童趣和感染力的活动和材料，这样才能吸引幼儿的注意。

（3）在记忆的发展上，以无意识记和机械识记为主，有意识记和意义识记的水平较低。记忆受兴趣的影响较大，凡是感兴趣的、印象深刻的事情就容易记住。

（4）在思维的发展上，由直觉行动思维向具体形象思维过渡。3 岁以前婴儿的思维主要是直觉行动思维，他们的思维伴随动作进行，一旦动作停止或转移，其思维活动也就随之停止或转移。4 岁幼儿的思维仍然带有很大的直觉行动性，但他们已经开始借助于具体事物的具体形象或表象来进行，即由直觉行动思维向具体形象思维过渡。

小班的幼儿总是先做后想或者是边做边想，而不能做到想好后再做。看到积塑等需要动脑筋的玩具，拿起来就动手插或摆，而不是事先想好插什么再插。如果让幼儿先想好再动手，他们就会感到扫兴而失去玩耍的兴趣。这种特点还明显地表现在幼儿的绘画活动中。这说明幼儿初期其思维还离不开感知和动作的支持，仍具有直觉行动性的特点。因此，对这个年龄的幼儿的教学游戏的组织，最主要的一个原则就是给幼儿提供充分的实物或玩具，给他们创造动手操作的机会，以唤起幼儿积极的思维及活动。

（5）在想象的发展上，3～4 岁幼儿的想象没有预定的目的，受当时事物的影响比较大，想象比较被动，主题也不稳定，这时期幼儿常以想象过程为满足，而不去考虑想象的目的。另外，小班幼儿还不能分清想象和现实，把想象的事情当成现实。

二、强烈的情绪性

（1）在情绪的发展上，小班幼儿行为具有强烈的情绪性。小班幼儿的行动常常受情绪支配，而不受理智支配。情绪性强，是整个幼儿期幼儿的特点，年龄越小越突出。

小班幼儿情绪性表现在几个方面。第一，情绪具有较强烈的冲动性。小班幼儿高兴时兴高采烈，生气或害怕时就大哭大闹，表现强烈。第二，情绪的稳定性差，喜怒哀乐的变化快，持续时间短。经常可以看到他们破涕为笑，笑脸上还挂着眼泪的情形。第三，行为更多地受兴趣支配。对他们感兴趣的东西可以较长时间集中注意，而对那些不感兴趣的事物很难集中注意。常常由于外界的新异刺激而忘了自己原来的任务。第四，情绪易被感染。如一个幼儿的哭声可以引起其他幼儿同样的行为，特别是刚入园的时候，一个幼儿的哭声会引起大多数幼儿跟着哭。反之，一个幼儿停止哭闹，也会引起不少幼儿的情绪转化。因此，教师要注意利用积极情绪对幼儿的感染力，而减少消极情绪的影响。

（2）在情感发展上，依恋父母和老师，同情心、荣誉感和羞耻感等开始发展。小班幼儿仍然十分依恋父母和老师，尤其需要得到亲近成人的微笑、拥抱、拍拍、摸摸等肌肤相亲的爱抚动作。在幼儿园感受到老师的关怀，会说：“××老师喜欢我，我也喜欢××老师。”愿意和喜爱的教师接近，在喜爱的教师身边，往往情绪愉快、行动积极。

小班幼儿具有一定的同情心，但是，他们不会用语言表达，只能做出一些举动来表达。看见生病的同伴、摔倒的弟弟妹妹会表示同情，在老师启发下，会做出安慰、关心、帮助等行为。

小班幼儿对荣誉感的理解大多局限在自己身上，而较少考虑到整个班级，还不知道为别人的成功而高兴。

小班幼儿对别人的意见、别人感情的反应敏感性增强，当自己做错事受到成人批评时，会感到害羞、难为情。在羞耻感的体验和发现上，女孩比男孩更为明显。羞耻感的出现，为儿童遵守集体规则提供了动力基础。

案例分析

幼儿入园哭闹是分离焦虑的表现。幼儿刚刚进入新奇的幼儿园，陌生的环境、陌生的幼儿教师与陌生的小伙伴，使幼儿产生了不安全感，使幼儿对亲人的依恋感增强，不愿意离开亲人。亲人的离开使幼儿感到不安全，缺乏依恋对象，从而产生了入园焦虑。每个幼儿入园的时候或多或少都会出现分离焦虑的现象，只是程度不同而已。

对幼儿教师建议：第一，关爱孩子，给孩子以母亲般的呵护。爱心是作为一个老师最基本的要求，只有用爱心去教育孩子，才能让孩子在充满爱的环境中成长，才能减少幼儿的分离焦虑感。第二，转移幼儿的注意。如为孩子提供漂亮好玩的玩具、图书，等等。第三，尽快让幼儿融入集体之中，用欢乐祥和的集体感染孩子，帮助孩子学会在集体中生活，体验集体生活的快乐。第四，教育家长平时在家中不要娇惯孩子，注重对孩子独立能力的培养。

三、语音发展的关键期

3～4 岁的幼儿能用简单的语言表达自己的感觉与需要。这时的孩子是语音发展的飞跃期，他们基本掌握了本地区语言的全部语音，但在实际说话时发音还不够准确。同时他们的词汇增加很快，尤其是实词的增加更为迅速。儿童已能用简单的言语与成人、同伴交往，向别人表达自己的感受和需要，叙述生活中的事，只是在独白时很不流畅，带有很大的情景性。这时的儿童特别爱听故事，常常缠着父母讲，还喜欢一边听，一边学故事中小动物有趣的动作和叫声。

四、开始出现自我意识的萌芽

2～3 岁时，儿童才能叫出自己的名字和掌握代词“我”，产生真正的自我意识，与此同时，幼儿产生与成人不合作的行为，常以沉默、退缩、身体的抗拒来拒绝成人的要求，并常用“我自己来”拒绝成人的帮助。(这种现象在三四岁时达到高峰期，心理学上称为“第一反抗期”)。小班幼儿自我控制能力还不是很强，越小的幼儿越难以控制自己的行为。

五、行为爱模仿

模仿是幼儿的典型行为特征，但在小班幼儿身上表现尤为突出。由于小班幼儿的独立性差，对事物的判断能力低，心理和行为易受暗示。因此，他们爱模仿别人，看见别人做什么自己就想做什么。模仿对于小班幼儿的学习、认识活动具有积极意义。如听见别的小朋友背诵儿歌或做其他活动时，小班幼儿往往是看或听，然后可能即时模仿，也可能出现延迟模仿。小班幼儿在游戏中也有类似的表现，如一个玩具他平时很少玩，但看到另一个小朋友玩，他马上也要玩这个玩具。小班幼儿的模仿不只局限于同伴之间，而且模仿教师和家长。而他们对教师的模仿常常是对教师的言行、外表的模仿，如看见教师穿戴什么，回家就向父母要，回到家，常常模仿教师的动作、语言，玩上课的游戏。因此，教师和家长应时刻注意自己的言谈举止，为孩子们树立好榜样，也可以充分利用幼儿伙伴间的模仿，用榜样的力量教育幼儿。

六、在社会行为发展上，喜欢与人交往

3～4 岁的幼儿喜欢与人交往，特别是开始喜欢与同伴交往，对父母及家庭外主要接触者都能形成亲近的情感，到了幼儿园，能迅速与教师结成亲密的情感联系，师幼交往亲密。在同伴交往中萌发助人行为，但是往往不考虑自己助人的后果，常常是好心办“坏事”。

分享和合作得以发展。在教师的启发下小班幼儿出现分享行为；合作行为在游戏中经常出现，时间较短，但有时会在合作行为中发生冲突，说明幼儿解决问题的能力还有待培养。

攻击性行为的出现。由于 3～4 岁幼儿认识水平较低，情绪易冲动，不易自制，模仿同伴或影视节目中的暴力镜头会出现攻击性行为，多为工具性攻击，起因大多数是为了玩具的分配等。

对小班幼儿的教育建议：

幼儿初期是习惯养成的重要阶段。刚步入幼儿园的幼儿生活经验不丰富，生活习惯都需要从一点一滴开始培养，个性不同的孩子在一起，需要教师早日让他们学会在集体环境中生活。很多事情都需要老师的耐心教导。3～4 岁的孩子正是人生习惯养成的最佳时期，是幼儿性格塑造的主要阶段，良好生活习惯的养成不仅能为上中班、大班打下基础，也会使幼儿终身受益。培养良好的行为习惯，对于小班幼儿来说，可以从以下几点入手，使其潜移默化地受到影响：

一是开展生动、形象的区域游戏活动，培养幼儿良好的自我服务的生活习惯。

二是通过听故事、唱儿歌等，养成良好的进餐、如厕和午睡习惯。把本身较为单调的生活能力训练活动转化成幼儿乐于参加的游戏活动，使幼儿初步感受到自理的乐趣，如有的幼儿鞋子经常穿反，我们就一起用儿歌的形式帮助幼儿理解“两只鞋宝宝喜欢头碰头”，帮助幼儿穿对鞋子。如穿套头衫，可以教孩子先钻“大山洞”，再钻“小山洞”；穿开襟衫，通过“先抓领子，再盖房子，伸出袖子，再扣扣子，理好领子”的顺口溜等，幼儿就知道了穿衣服的方法。在反复练习和尝试中，幼儿穿脱衣裤、鞋子的能力就会得到很大的提高。

三是采用“大带小”“强带弱”的形式进行生活习惯培养。每个幼儿的发展水平是不一样的，各方面的能力也有强有弱。因此，针对幼儿的个性差异，让能力强的幼儿发挥自己的长处来帮助能力弱的幼儿，采用师生互动、生生互动的方法，例如：午睡起床，让孩子们互相帮助，以强带弱，以大带小，使幼儿之间形成你帮我扣纽扣、我帮你穿鞋子的好现象。

四是做好家园共育工作，形成家园合力，促进幼儿生活习惯的培养。俗话说：“家庭是孩子的第一学校，孩子的成长离不开社会的关心，学校的培养更离不开家庭的熏陶。”培养孩子良好的生活习惯，特别需要成人在教育要求上的一致。

第三节　学前中期儿童的心理发展

情景案例

“水浒”变“水壶”

妈妈给4岁的儿子讲“水浒”，孩子听后会理解成“水壶”。再如，知道了4个苹果加2个苹果是6个苹果，也能算出6粒糖给了弟弟4粒还剩2粒，但还不理解“4加2等于几”6减4还剩多少”的抽象含义。试分析4岁幼儿的认识特点。

一、认识活动的具体形象性

（1）感知觉大发展。中班幼儿各种感觉发展几近完善，视、听、嗅、味、肤五大外部感觉的发展水平与成人无异。

在知觉发展上，4～5岁的幼儿能区别前后、中间、最先、最后等位置，并开始辨别左右方位，但只能以自我为中心进行左右识别，大部分幼儿还不能以他人为中心辨别左右方位。对于时间知觉来说，中班幼儿能分辨什么时间该做什么事情，除了能够辨别时间整点外，部分幼儿开始辨别“整分”，但水平较低。

4～5岁幼儿的观察是随自身的兴趣产生或结束的。中班幼儿由于对事物的理解有限，因此观察过程十分依赖成人，结论也脱离不了成人的帮助。以观察手表为例，他们感兴趣的是里面那根会走动、发出声响的长针，当放开手表，问他们里面有几根针，他们就不一定说得准。家长若能引导他们全面地观察，如有几根针、有哪些数字、表面是什么形状的、表带上有什么，等等，那孩子的收获与独自观察所得就大不一样了。

（2）记忆的发展。4～5岁的幼儿记忆特点是以无意性为主，开始进行有目的、有意识的记忆。如在游戏时无意中看到狗咬人了，以后便不敢和家里的小狗玩了。中班幼儿记忆的另一特点是能学、会忘。如要他们学一首儿歌，他们反复朗诵几遍就记下了，但如果长时间不复习，会忘得一干二净。当然，这跟孩子学儿歌时对儿歌的理解程度有关，幼儿不能理解儿歌内容，只是机械地背诵，虽然背得快，但短时间内就会忘记。

（3）思维的发展。4～5岁是整个幼儿期思维特点表现最为典型的时期，即思维的具体形象性最为突出。中班幼儿的思维可以说是典型的幼儿思维，他们较少依靠行动来思维，但是思维过程还必须依靠实物的形象做支柱，对抽象的数字运算很难理解，对那些他们不熟悉的事物的名称也很难理解。

案例分析

4岁幼儿的思维是具体形象性的，不能进行抽象逻辑思维，他们认识事物的表面现象，思维离不开事物的形象。对于抽象的词语“水浒”理解不了，在算加减法时，还需形象支持，即4个苹果加2个苹果是6个苹果，6粒糖给了弟弟4粒还剩2粒。但他们还不能利用“+”或“—”这些抽象的数学符号进行运算，不能理解加减法的规则。

中班幼儿还常常从自身经验出发来理解成人的言语，主要从表面现象来理解事物，还没有达到“守恒”，即不能透过现象看本质。例如，他们常常认为“儿子”一词的意思就是“小孩”。当他们听说某个大人是××的儿子时，常常感到不可思议：“这么大，还是儿子？”为了使教师说的话能让幼儿明白，必须注意了解幼儿的水平和经验，避免说过于抽象的语言。语言教学中，尽量用形象的解释来帮助儿童理解新词。教“笔直”一词，可以竖起一支铅笔，“笔直”就是像铅笔一样直，这样幼儿就能懂，而且能牢牢记住。

这时期的儿童在已有感性经验的基础上，对物体类别的概念也有初步的认识，会区别轻重、厚薄、粗细等。开始能对具体事物进行概括分类，但概括的水平还很低。其分类是根据具体事物的表面属性（如颜色、形状）、功能或情景等。如把苹果、桃、梨归为一类，认为这些水果可以吃，吃起来水分多；把太阳、卷心菜归为一类，认为这些都是圆形的；把玉米、香蕉归为一类，认为这些都是黄色的。

（4）想象的发展。中班幼儿开始出现有意想象，甚至出现了创造想象。他们常常是在游戏、手工、观察活动中有所发现而产生的突发奇想。如捧起米来，米粒从指缝间落下来，他们会叫：“下雨啦！”但如果给他们定下主题，让他们想象创作，就有困难了。到中班后期，一般的孩子能大胆想象独立创作了，如画大象，他们能在没见过的情况下画出大象的多种形态：洗澡、吃苹果、用鼻子卷木头等。这一时期的儿童在表达自己的想法时，经常要用手势、表情帮助表达。

（5）注意的发展。中班幼儿以无意注意占优势，有意注意逐步发展，呈现出无意注意向有意注意转化的趋势。他们喜欢新玩具、新衣服、新图书，因为这些新东西本身的吸引力引起了他们的无意注意。但中班幼儿的有意注意还十分有限，他们虽然在受表扬后能继续看图书，可过不了多久便会弃书另找乐趣。

二、在动作的发展上，表现为活泼好动，爱玩、会玩

幼儿都活泼好动，但中班幼儿表现尤为突出。这个年龄的幼儿明显地表现为多手多脚，他们爱说、爱跑、爱动手、爱玩，对成人的要求往往不那么顺从了。如走路时故意往高处、多土、多水的地方走，成人禁止也不起作用。这种行为也显示出幼儿对客观世界的强烈的好奇心，对于这种好奇心成人要加以保护。中班幼儿的“好动”还突出地表现在他们对游戏的兴趣上。中班幼儿处于典型的游戏年龄，4 岁左右是游戏的黄金年龄，这个年龄的幼儿不但爱玩，而且会玩。中班幼儿已能计划游戏的内容和情节，会自己安排角色，在游戏中会出主意，玩什么花样、怎么玩、有什么规则、不遵守规则应怎么处理，基本都能商量解决。但游戏过程中产生的矛盾还需要教师帮助解决。

4～5 岁的幼儿精力充沛，他们的身体开始变结实，体力较佳，可以步行一定的路程。基本动作更为灵活，不但可以自如地跑、跳、攀登，而且可以单足站立，会抛接球，能骑小车等，而细致的手工活动却十分困难，如按图形轮廓剪波浪会剪成狗齿状，画细小的实物画出来肯定是大而走形的，不过他们和小班幼儿相比，已有了较大的提高，制作品已能模仿出物体的基本特征。

三、情绪的自我控制能力有所提高

4～5 岁的幼儿已在学习控制自己的情绪。4、5 岁儿童的情绪较之 3 岁儿童更稳定，他们

的行为受情绪支配的比例在逐渐下降，开始学着控制自己的情绪。例如在商场，当他们看到喜爱的玩具时，已不像 2～3 岁时那样吵着要买，能听从成人的要求，并用语言自慰："家里已有许多玩具了，我不买了。"在幼儿园里，与同伴发生争执时，有时也能控制自己的情绪和行为。当然，他们并非把所有的事都能调节好，对特别感兴趣的事和物仍然受情绪支配，甚至还会出现情绪"失控"现象，不顺心时仍会大发脾气。

四、口语发展的关键期

情景案例

快变的中班幼儿

孩子进入中班后，家长和教师会发现中班幼儿的说话愿望较小班强烈，明显话多了，也愿意说了；遇到不知道的事明显敢问了，愿意问了；在家里很会说，但在外不会说了；开始模仿成人说的话或说话的口气了。成人对待此种现象的方式有：①认为孩子啰唆，打断孩子的表达；②因应付不了而搪塞孩子，无意中阻碍了孩子好奇心的发展和语言表达的锻炼；③怕孩子回答不好，代替孩子回答别人的话，如"我们见了陌生人不爱说""这个我们没有学过"等，造成孩子在外面越来越不爱说了；④不惜代价为孩子创设好多机会，如买书、陪伴阅读、与不同人交往……然而只是形式上随大流，往往收效甚微。试用中班幼儿的发展特点加以解释。

中班幼儿语言的词汇量逐渐丰富起来，能清楚地表达自己的想法，以及自己的心理感受，也喜欢与同伴交流交往。中班幼儿已掌握了口语的基本语法和 2 000 个左右的词汇，能叙述一件事情的经过，能用语言向成人提出要求。因为儿童还不能理解事物现象和行为动作之间的联系，以及用合适的词语表达自己的观点，他们讲话时会断断续续，有时必须辅以动作，边比画边说。复杂的词汇虽然出现了，但并不准确或完整，比如，经常会听到孩子们说"因为……""虽然……"这样的关联词，但他们还用得不完整，不知道"因为"后面要跟"所以"，"虽然"后面要用"但是"。

4～5 岁是口语发展的关键期，尤其是语音能力发展很快，是培养正确发音的关键期。家长和老师的语言一定要规范、文明，讲普通话。

案例分析

4～5 岁是口语发展的关键期。首先要了解中班幼儿语言发展的特点及目标。中班幼儿的语言发展的特点是：能清晰地讲话，词汇开始丰富，喜欢与家人及同伴交流。能够独立地讲故事或叙述日常生活中的各种事物，但有时说话断断续续，因为孩子还不能理解事物现象和行为动作之间的联系。他们还会根据不同对象的理解水平调整自己的语言，有时他们也能表述相当复杂的句子。中班幼儿不同于小班幼儿，他们愿意表达了，词汇有了一定的增加，开始学着使用了。

家长和教师应该针对中班幼儿口语发展特点做到：①有耐心，不要打断孩子的表达；②不搪塞孩子，多和孩子对话；③不要代替孩子回答别人的问话，让幼儿大胆地说；④合理纠正孩子错误的语词。

五、生活自理能力和社会性行为的初步发展

我国学者研究表明，中班幼儿已经养成了良好的生活习惯，具备了初步的生活自理能力。绝大多数幼儿能够经常或总是自己独立穿脱衣服、洗手、收拾玩具图书，而且爱护公共环境。

中班幼儿具备了初步的社会交往能力，能进行简单的社会交往活动。一方面，绝大多数幼儿能够经常对老师或家里来的客人问好道别，并在幼儿园和家庭中都能够经常把借的东西归还原主，在不小心碰了别的小朋友或弄坏了小朋友的东西时能主动道歉，与别人分享自己的东西；多数幼儿在幼儿园能够耐心地排队等候，在他人遇到困难时能够给予帮助。另一方面，中班幼儿的社会互动能力还相对较弱，虽然已经能够与他人进行一些简单的社会交往，但是在社会互动，包括语言交流和行为配合，如交谈、表达愿望、寻求帮助、征求他人同意、协商、合作等方面，能力还相对较弱。

中班幼儿的社会性品质正在逐渐形成和发展中，包括自信心、责任心、自制力、克服困难的勇气和意志力等正处于逐渐形成和发展的过程中。中班幼儿能遵守一定的规则，具有初步自我控制的能力，如咬人、打人现象比小班时明显减少。中班幼儿在成人的帮助下，还具有一定的辨别是非的能力，所以当看见别人的不良行为时，爱向父母和老师告状。但在日常生活中，儿童的是非观念仍很模糊，只知道受表扬的是好事，受指责的是坏事，喜欢受表扬，听到批评会不高兴或感到很难为情。

中班幼儿的社会性表现存在家园不一致的现象，包括良好习惯和生活自理能力、社会交往行为以及社会性品质等都存在着家园不一致的现象。中班幼儿不爱护玩具、图书的现象较为突出。

第四节　学前晚期儿童的心理发展

情景案例

大班孩子喜欢“刨根问底”“好奇好问”

孩子到了大班往往爱提“是什么”和“为什么”的问题。诸如：“为什么鱼要生活在水里？”“为什么夏天热、冬天冷？”“为什么爸爸有胡子，妈妈没有胡子？”“我是从哪里来的？”“天上为什么有太阳，白天星星跑到哪里去了？”“天为什么是蓝色的？”这些问题往往使家长和教师应接不暇，甚至无言以对。分析大班幼儿的这一表现，教师家长如何应对？

一、思维的抽象概括能力开始发展

大班幼儿的思维水平比小、中班的幼儿有提高，表现为虽然他们的思维还是以具体形象的思维为主，但是却出现了抽象逻辑思维的萌芽。在认识事物方面，他们不仅能够感知事物的特点，而且能够进行初步的归纳和推理。例如，他们已开始掌握一些比较抽象的概念（如

左、右概念），能对熟悉的物体进行简单的分类（白菜、西红柿、茄子都是蔬菜，苹果、梨、葡萄都是水果），也能初步理解事物的因果关系（针是铁做的，所以沉到水底下了；火柴棒是木头做的，所以能浮上来）。

初步理解周围世界中比较隐蔽的因果关系。幼儿开始能从内在的隐蔽的原因来理解各种现象的产生。例如，在解释乒乓球从倾斜的积木上滚落时说："乒乓球是圆的，积木是斜的，球放上去就会滚。"说明幼儿已能从客体的形状与客体的位置之间的关系，即"圆"与"斜"的关系中寻找乒乓球滚落的原因。但由于周围现象中的因果关系比较复杂，幼儿对不同现象的因果关系的理解水平也不可能一致，而且对日常生活中所不熟悉的复杂的因果关系还很难理解。

大班幼儿能根据周围事物的属性进行概括和分类。随着抽象逻辑思维的发展，5、6 岁的幼儿开始能根据事物的本质属性进行初步的概括分类，如把人们饲养的身上有皮毛、四条腿的猫、兔、猪归为家畜类。然而，由于受知识、语言、抽象概括水平的制约，这一阶段的幼儿对类的概念的掌握还是比较初级、简单的，还不能掌握概念全部的精确含义，缺乏进行高一级抽象概括的能力。因此，幼儿在概括归类时难免会出现一些概念外延上的错误，例如，有的幼儿只能把家畜、家禽概括为动物，而把昆虫排斥在动物之外。

由于大班幼儿已有了抽象概括能力的萌芽，所以可以也应该对其进行一些简单的科学知识教育，引导他们去发现事物间的各种内在联系，促进智力发展。

二、好学、好问

好奇是幼儿的共同特点，但大班幼儿的好奇与小、中班有所不同。小、中班幼儿的好奇较多表现在对事物表面的兴趣上。他们经常向成人提问题，但问题多半停留在"这是什么""那是什么"上。大班幼儿不同，他们不光问"是什么"，还要问"为什么"，喜欢刨根问底，这表明他们思维更活跃，有着强烈的求知欲和好奇心。问题的范围也很广，天文地理无所不有，希望成人给予回答。幼儿的好问，有的情况是真正不知而求答，有的是用自己的已知去考问别人来表现自己，从中感到自信和满足。家长、教师都应该保护幼儿的求知欲。不应该嫌麻烦而拒绝回答孩子的提问。对类似破坏玩具的行为也不要简单地训斥，而应该加以正面引导，一面耐心讲道理，一面向幼儿介绍一些简单的机械原理，满足他们渴求知识的愿望。

案例分析

好学、好问是大班幼儿的突出表现，也反映了幼儿的求知欲和好奇心。家长、教师都应该保护幼儿的求知欲和好奇心，不应该嫌麻烦而拒绝回答孩子的提问，而应该加以正面引导，一面耐心讲道理，一面向幼儿介绍一些简单的原理，满足他们渴求知识的愿望。对于自己回答不出的问题，也不要敷衍搪塞，应该查找资料，耐心回答。回答不出的问题，教师可以这样回应："这些问题等你长大了，好好学习、认真研究就知道了。"从而保护孩子的求知欲和好奇心。

三、个性初具雏形

大班幼儿初步形成了比较稳定的心理特征，他们开始能够控制自己，做事也不再"随大流儿"，显得比较有"主见"，对人、对己、对事开始有了相对稳定的态度和行为方式。有的热情大方，有的胆小害羞，有的活泼，有的文静，有的自尊心很强，有的有强烈的责任感，有的爱好唱歌跳舞，有的显示出绘画才能……在情绪方面，有的大胆，有的怯懦。在意志方面，有的自控能力强，有的则较差。在个性诸多方面已显示出个体差异。

5 岁以后，幼儿的个性特征有了较明显的表现，其中最突出的是自我意识的发展。这一时期幼儿自我意识的发展主要体现在自我评价上，自我评价从“他评”向“自评”的独立性评价发展，他们不再轻信成人的评价，当成人的评价与其自我评价不一致时，他们会提出申辩。同时，幼儿的自我评价开始从个别性评价向多面性评价发展，例如：在评价自己时会说：“我会画画，但唱歌不好。”

对于幼儿最初的个性特征，成人应当给予充分的注意。幼儿园教师在面向全体幼儿进行教育的同时，还应该因材施教，针对各人的特点，长善救失，使幼儿全面健康地发展。

四、情绪和行为的自我控制能力提高

以大脑额叶逐渐发展和神经纤维髓鞘化接近完成为标志，5～6 岁的幼儿的神经系统比 5 岁前的幼儿成熟许多。与此相对应，幼儿的自我控制能力明显提高。这既表现在他们对动作准确性的控制上，又表现在对他们自己行为的控制上，如规则意识，等等。与规则意识提高相适应的是自我服务能力增强，坚持性普遍提高。

这一阶段的幼儿在生活自理方面较以前更独立了，他们能选择喜欢的、适合自己的衣服，能用筷子吃饭、夹菜，也能不影响别人入睡。

学前后期的幼儿已能将劳动与游戏分开，对劳动持认真态度，关心劳动结果，也能初步理解一些劳动的社会意义；他们喜欢参与成人的劳动，在家里会扫地、擦桌子、整理自己的用品。在幼儿园里能做一些力所能及的种植、喂养、值日生劳动等：在劳动中表现出一定的责任感。

象征性游戏趋于成熟。5～6 岁幼儿玩角色游戏时，对角色的兴趣比对物的兴趣浓厚，出现了一个主要角色和几个有关的社会角色的关系。由于幼儿的思维正在进一步向抽象化发展，因此在游戏中较多出现用语言和动作来替代物体的行为。幼儿之间对替代物的一致认同程度提高，游戏中发生争执的情况减少。游戏的主题除了来自幼儿的生活外，还来自影视作品。在角色游戏中能综合自己所经历过的各种生活内容，概括和创造性地再现一般的生活情景。

五、在言语发展上，能生动、有表情地描述事物

5～6 岁是幼儿语言表达能力明显提高的时期，他们不但能系统地叙述生活中的见闻，而且能生动、有感情地描述事物。在与成人和同伴的交谈中，以自我为中心的表达逐步减少，能依据别人的言语调整谈话内容。看图讲述能力也明显提高，幼儿在讲述时能根据图片内容想象角色的心理活动。语言表达灵活多样，并力求与别人不同。但是这一阶段的幼儿在语言的概括能力、语言表达的逻辑性方面还存在个体差异。

阅读兴趣显著提高。大班幼儿不但对图书的阅读兴趣浓厚，能较长时间专心地看书，对内容的理解能力较强，而且开始对文字产生兴趣。

六、活动的自主性、目的性提高

大班幼儿处于幼儿时期发展的最高阶段，又处于小学前准备阶段，他们不再满足于追随、

服从，而是有了自己的想法和主见，他们活动的自主性、主动性水平明显提高，活动更有目的、有计划。这就要求我们在很多地方要适当放手让孩子去做，有时为他们创造适当的条件，如可以让孩子在家中做一些简单家务等力所能及的事情。

同小班、中班幼儿在行动过程中进行思考的特点相比，大班幼儿已有可能在行动之前对自己要做的事情有一个大致的想法，他们的行为少了些盲目性，多了些目的性和计划性。但是，这种目的性、计划性不是自然发生的，它有赖于成人的引导。虽然计划显得很幼稚，但它毕竟说明孩子们知道用计划指导自己的行动了。这就要求家长和教师要让孩子参与活动计划的制订，并引导他们按照计划进行活动。这一方面可以使幼儿的主动行为始终围绕着活动计划进行；另一方面也可以发展他们制订计划、按照计划行动的习惯和能力。如让孩子参与制订周末出游计划，等等。

七、同伴间分工、互动、合作明显增多

5～6 岁的幼儿注意的广度提高了，交往能力也增强了，他们不仅注意自己的活动，而且还注意同伴的活动。在交往活动中，大班幼儿能进行分工，并能完成自己的分工任务。有共同的兴趣和目标的幼儿之间会有很好的分工、合作、协作等。他们还会主动向同伴学习，一起讨论问题，等等。当同伴间出现矛盾时，能独自协商调解。这就要求我们多给孩子创造一些与同伴交流的机会，如按时送孩子来园，让孩子尽可能多地参加集体活动，让他们在实实在在的与别人一起共事的过程中学习共同做事，发展交往、协作能力，也为小学的班级式学习做准备。

【议一议】小、中、大班幼儿心理发展有何区别？

【练一练】

一、简答题

1. 幼儿心理发展的一般特点有哪些？
2. 简述卢梭的教育思想。
3. 什么是观察学习？观察学习有哪些过程？
4. 简述弗洛伊德的儿童心理发展阶段。
5. 皮亚杰的认知发展有哪些阶段？
6. 简述埃里克森的人格发展阶段。
7. 什么是“最近发展区”？
8. 陈鹤琴“活教育”思想的主要内容有哪些？

二、选择题

1. 被看作是发动教育界哥白尼式革命的伟大教育家是（　　）。

A. 卢梭　　B. 裴斯泰洛齐　　C. 亚里士多德　　D. 夸美纽斯

2. 德国心理学家（　　）于 1882 年出版《儿童心理》一书，标志着儿童心理学的诞生。

A. 杜威　　B. 格塞尔　　C. 普莱尔　　D. 弗洛伊德

3. 霍尔认为，个体的发展只不过是人类种族进化的（　　）过程

A. 复制　　B. 适应　　C. 简化　　D. 复演

4. “榜样的力量是无穷的”这一看法体现的学习理论是（　　）。

A. 华生的行为主义理论　　B. 斯金纳的操作性条件反射理论

C. 班杜拉的观察学习理论　　D. 维果斯基的“最近发展区”

5. 埃里克森认为（　　）岁儿童的发展任务是获得主动感，克服内疚感，体验着目的的实现。

A. 0～1.5　　B. 1.5～3　　C. 3～5　　D. 6～12

6. 陈鹤琴提出的儿童教育思想是（　　）思想。

A. 生活教育　　B. “活教育”　　C. 大教育　　D. 新教育

7. 皮亚杰认为，儿童表现为自我中心的年龄阶段是（　　）。

A. 0～2 岁　　B. 2～7 岁　　C. 7～11 岁　　D. 12～15 岁

8. 思维的可逆性出现的年龄阶段是（　　）。

A. 0～2 岁　　B. 2～7 岁　　C. 7～11 岁　　D. 12～15 岁

9. 提出“教学应走在发展的前面”的心理学家是（　　）。

A. 维果斯基　　B. 皮亚杰　　C. 普莱尔　　D. 洛克

10. 口语发展的关键期是（　　）。

A. 0～3 岁　　B. 4～5 岁　　C. 6～7 岁　　D. 8～10 岁

三、论述题

1. 小班幼儿的认知特点有哪些？如何据此进行教育？
2. 如何根据中班幼儿的发展特点进行教育？
3. 大班幼儿有哪些心理特点？在教育上对你有何启示？
4. 蒙台梭利的教育思想对你有何启示？

【讲一讲】

1. 通过幼儿园一天活动，观察并讲述小、中、大班幼儿的行为特征。
2. 你认为蒙台梭利的哪些教育思想对你启示最大？

【读一读】

1.《爱弥儿》. 卢梭. 武汉大学出版社，2014 年版.
2.《儿童心理之研究》. 陈鹤琴. 江苏教育出版社，《陈鹤琴全集》第一卷，2008 年版.

参考文献

[1] 崔爱林. 尊重天性发展自然——论卢梭的自然教育思想在幼儿教育中的地位[J]. 学前教育研究，1997（1）.

[2] 王坤庆. 对卢梭教育思想的再认识[J]. 教育研究与实践，2010（2）.

[3] 黎军，张大玲. 卢梭自然主义教育思想评析. 西南交通大学学报，2003（6）：81-85.

[4] 白乙拉. 儿童心理发展观的历史演进与未来发展趋势[J]. 内蒙古师范大学学报，2003（2）：58-61.

[5] 林崇德. 从儿童心理学到发展心理学[J]. 北京师范大学学报，1994（1）：1-7.

[6] 陈琴. 关注中班幼儿社会性发展[J]. 中国德育，2010（6）.

第四章

学前儿童感知的发展

本章介绍

本章主要介绍了学前儿童的三个主要感觉：视觉、听觉和触觉的发展特征和保护；在知觉发展上，重点介绍了图形知觉、时间知觉和方位知觉的发展特点，并据此提出了相应的教育措施。

学习目标

知识目标：掌握学前儿童视觉、听觉和触觉的发展特征；掌握图形知觉、时间知觉和方位知觉的发展特点。

能力目标：培养根据学前儿童视觉、听觉、触觉、图形知觉、时间知觉和方位知觉的发展特点实施科学教育的能力。

情感目标：根据学前儿童感知的发展，培养科学的幼儿教育观念。

第一节 “聪明的保障”——学前儿童视觉、听觉的发展与保护

情景案例

中国儿童近视调查和预防控制报告

近视在亚裔人群中很流行。亚裔人群的近视发病早，儿童时期就开始近视。随着年龄增加，近视率也增长。我国儿童的近视率分别是 3 岁 3%、4 岁 1.7%～4.2%、5 岁 2.5%～4.7%、6 岁 12.2%，17 岁近视率 84.6%。（来自搜狐健康 2016 年 9 月 9 日）

学前儿童近视率为什么如此之高？如何预防儿童近视？

一、视觉的发展与保护

（一）视觉的发生

众所周知，视觉是人最重要的感觉，大约有80%的信息来自视觉。新生儿能看见东西吗？人从呱呱坠地的那一刻就能睁开眼睛观看大千世界。其实，人的视觉早在胎儿四五个月时就发生了（刘泽伦，1991）。大约从25周起，胎儿的视网膜发育完全，胎儿有时睁开眼睛，有时闭上眼睛。例如，当孕妇在日光浴时，胎儿即可感受到光的刺激，如果一束强光照在母亲腹部，睁开眼睛的胎儿就会转脸避开光线。

研究表明，新生儿出生后几小时，就会注视母亲的面孔（Borni，1985），新生儿的视觉能力表现为视觉探索和视觉的集中。

1. 视觉探索——能看

新生儿的视觉探索是指注视点的变化。海斯（Haith，1980）通过研究新生儿眼球的运动轨迹发现其视觉探索存在着“空白视野规律”。空白视野规律表现为：当新生儿完全清醒时，如果光线较暗，就会睁开眼睛，尤其在暗处，会有控制地探索周围环境；在明亮的地方，若周围环境没有边缘，就会进行广泛无规则的探索；一旦出现边缘，立即终止广泛的探索，而将探索集中在边缘上，并有试图跨越边缘的眼球运动；视觉停留在许多有轮廓的区域附近进行小范围探索，而对较小的区域进行广泛探索。研究表明，出生第1天，新生儿就能进行水平方向的视觉探索，对三角形的探索集中在三角形的边缘上；出生后第8天，就有了探索图形特征的倾向，这种倾向一直延续到出生后1个月。

2. 视觉集中——能看见

人的眼睛是复杂的感光系统，若要看清物体，首先需要调节自己的双眼，使光线集中在视网膜上，产生视觉神经冲动，再通过视觉神经传递到大脑皮层中的视觉中枢，产生视觉。如果其中某一环节出现问题，视觉就不能形成。

新生儿的眼睛调节能力还比较差，刚出生时，新生儿眼球的转动并非平滑自如，而是跳跃式地移动。他们还不能自如地调节眼睛肌肉，他们的眼睛就像一部定好焦距的照相机，只能对特定距离的物体进行聚焦。出生1周，婴儿的视力趋向于近视，可以把视力集中于8～15厘米远的物体上，能够用眼睛追随移动的物体，如果在婴儿头部上方的位置放置一个红环，作垂直方向的移动，就会观察到婴儿能用眼睛追随红环。一周后，婴儿可以看见3米处的物体，他也将学会跟踪运动的物体，并且喜欢看人的面孔或者高对比度的图案。但两只眼睛运动还不够协调，有时会出现眼球位置不对称。

对光的视觉探索和集中是新生儿视觉反应的明显表现，也是视觉发展的前提。日常生活中，年轻的父母或孩子的看护人可以观察新生儿有无视觉探索现象，或是否能够用眼睛追随移动的物体，判断其视觉发育是否正常。

（二）视觉的发展

1. 视力的发展

视力是指人精确地辨别细小物体或远距离物体的能力，也就是发觉物体形状或体积的最小差别的能力，也称“视敏度”。

出生时，新生儿晶状体的变形能力很差，看东西模糊不清。有的研究报告指出，出生后

1 天的新生儿，其视力相当于成人的 1/10～1/20（庞丽娟，李辉，1993）。研究采用的是“视动眼球震颤法”，将宽度和间隔不同的条形图案向婴儿出示，根据其扫描图案时不自觉的眼球运动来判断其视力。结果发现正常成人在距物体 200 米远处出现的眼球运动特征，新生儿在 20 米处方可出现。但是新生儿的视力发展迅速。

2 个月：到了 2 个月时，婴儿视觉集中的现象就越来越明显，喜欢看活动的物体和熟悉的大人的脸。他们能协调地注视物体，能区分颜色，但不能分辨深浅。在 90° 范围内眼球能随着物体运动，当有物体很快地靠近眼前时，会出现眨眼等防御性反射；能注视自己的手 5 秒以上。

3～4 个月：婴儿 3 个月时能固定视物，看清大约 75 厘米远的物体，视力约为 0.1。注视的时间明显延长了，视线还能跟随移动的物体而移动。例如，婴儿睡在小床上，母亲从身边走过时，他的眼睛能够跟着母亲的身体转动，喜欢看自己的手。仰卧时，两眼会追随走动的人。

5～6 个月：眨眼次数增多，可以准确看到面前的物品，还会将其抓起，在眼前玩弄。将手摇铃挂在摇篮或婴儿床旁边，当其不小心碰到手摇铃时，会因声音注意到某处有个东西。当婴儿坐起来玩时，双手可以在眼睛的控制下摆弄物体，会盯住他拿到的东西，手眼开始协调。在婴儿眼前出示玩具，并上下左右缓慢移动，婴儿能有意识地主动追随。6 个多月时，目光可向上向下跟随移动物体转动 90°，能注视较远距离的物体，如街上的行人、车辆等。

7～8 个月：能辨别物体的远近和空间；喜欢寻找那些突然不见的玩具。这时，跟婴儿玩“躲猫猫”的游戏，婴儿会特别高兴，乐此不疲。

9～10 个月：视线能随移动的物体上下左右地移动，能追随落下的物体，寻找掉下的玩具，并能辨别物体的大小、形状及移动的速度。能看到小物体，能开始区别简单的几何图形，观察物体的不同形状。开始出现视深度知觉，也就是立体知觉。

11～12 个月：视线能随移动的物体上下左右地移动，能追随落下的物体；1 岁时视力可达 0.2。

1～2 岁：1 岁后，喜欢看图书，能区别物体，会模仿动作。在外界环境光线的不断刺激下，婴儿的视力逐渐发展。到 1 岁半时，视力可达 0.4，能看见细小的东西，如爬行的小虫、蚊子，能注视 3 米远的小玩具，还能区别简单的形状，例如圆形、三角形、方形。

2～5 岁：这个阶段的孩子能判断出物体的大小、上下、内外、前后、远近等。2～3 岁是双眼视觉发育最为旺盛的时期。2～3 岁时，视力达到 0.5～0.6，已经接近成人视力，但此时极易使视力丧失。4～5 岁时，视力大约为 1.0，各种眼部生理反射已形成并趋于稳定，此时已不易丧失视力。

6 岁：6～7 岁时进入成人的视觉，而立体觉到 9 岁才可达到正常。

弱视是儿童视觉发育障碍的一种常见病。弱视儿童的视力达不到正常水平，两眼不能同时注视同一目标，无立体感，不能判断自身的空间位置，分不清物体离自己的远近高低，定位不准确，不能完成精细动作。

弱视的成人在许多方面受到限制，而儿童的弱视是可以治疗的。因此对儿童弱视应及时发现和治疗。据研究：无器质性病变的弱视，经过及时治疗后，绝大多数可以获得正常视力。治疗弱视的最佳时期是 3～5 岁，12 岁以后弱视已经巩固，难以治疗。

2. 颜色视觉的发展——辨色力的发展

颜色视觉指区别颜色细微差异的能力，也称辨色力。

婴儿是什么时候开始有辨色力的呢？研究表明：3 个月的婴儿不但能根据明度辨别颜色，而且能够根据色调辨别颜色。婴儿对颜色很敏感，对色彩有偏爱，出现“视觉偏好”现象，即喜欢带颜色的物体，不喜欢无色的物体；喜欢看明亮鲜艳的颜色，尤其是红色，不喜欢看暗淡的颜色，偏爱的颜色依次为红、黄、绿、橙、蓝等，所以我们经常用红色的玩具来逗引孩子也正是这个道理；喜欢熟悉的人的面孔，不喜欢陌生人的面孔。4 个月时已表现出其颜色视觉的基本功能接近成人（海斯，1990）。

在婴儿期，颜色视觉的发展主要表现为区别颜色细微差别的能力继续发展。在幼儿期，对颜色的辨别往往和掌握颜色名称相结合。

对于 1 岁半以后的儿童，因为他们能够听懂成人的语言，可采用以下方法判断他们识别颜色的能力。

（1）配对法。向儿童出示一种颜色的卡片，让他们在许多颜色卡片中挑出与之颜色相同的卡片。张增惠（1984）用此方法调查了 1 岁半、2 岁、2 岁半和 3 岁儿童的辨色力，发现 2 岁儿童有 30%左右能够正确识别红、白、黄三色，而 2 岁半的儿童已有 95.8%能够正确识别红、白、黄、黑、绿、紫、蓝、橙八种颜色。

（2）指认法。向儿童出示许多颜色的卡片，成人说出其中一种颜色，让儿童指出相应颜色的卡片。如果儿童指对了，说明儿童不仅能辨别这种颜色，而且能够理解该颜色的语词含义。

（3）命名法。向儿童出示一种颜色的卡片，让其说出是什么颜色。说对了，说明儿童不仅能够识别该颜色，能够理解或掌握该颜色的名称，而且能够用语言表达出来。

又有研究表明，3 岁儿童能认清基本颜色，但不能很好地区别各种颜色的色调，如蓝和天蓝、红和粉红等。从 4 岁开始区别各种色调细微差别的能力才逐渐发展起来，并开始认识一些混合色。

儿童辨别颜色的能力的发展，主要体现在掌握颜色的名称上，如“淡棕色”“橘黄色”等，即使是混合色，儿童同样可以掌握。

幼儿期的颜色辨别力的发展，主要依靠幼儿生活经验和对其教育。

研究表明，6 岁前的中国儿童基本上都喜欢亮度大的红、橙、黄色，性别差异不明显。7 岁前对颜色的爱好基本上不受物体固定颜色的影响，7～8 岁是转折期。

视力保健要从小做起，父母和教师的关心可使幼儿视力多一份保障。对于婴幼儿，父母或教师判断他们的视力不能使用成人用的国际通用 E 字表，因为幼儿的方位知觉，尤其是左右方位的知觉水平不高，常分辨不清，有时也指示不清楚。家长和教师在孩子的日常生活中应注意观察他们看东西的表现，如发现孩子看东西出现异常，如视物距离过近、眯起眼睛、眼睛疼等现象，应及时到医院咨询与治疗。

（三）视觉的保护

每位家长都希望自己的孩子聪明伶俐，“聪明”就是耳聪目明，也就是视觉和听觉发育良好，如果家长和教师观察到孩子有如下现象，说明孩子的视力出现了问题。

A．看电视习惯走到电视跟前；

B．经常出现眨眼睛、揉眼睛的情况；
C．看人看物的时候喜欢斜看；
D．出现斜视（也就是俗称的斗鸡眼）；
E．经常眯眼看东西，经常侧着头看东西。

家长和教师如何保护孩子的视力呢？

（1）培养孩子良好的生活习惯。保证孩子睡眠充足，充足的睡眠能让眼部的肌肉达到完全的放松，促进大脑视觉神经的正常发育。营养要均衡，让孩子多吃蔬菜和水果，摄取丰富的维生素；防止孩子用脏手揉眼睛，不要让孩子用别人的毛巾、手绢，预防沙眼；让孩子多做户外运动，最简单的方式是让孩子登高望远，每天带孩子到户外活动。

（2）提供适宜的居家环境。避免孩子随意玩弹射性玩具；避免儿童接近厨房；浴室清洁剂或化学用品应妥善放置。

（3）培养孩子良好的阅读习惯。室内光线要适宜，光线不要太暗或太亮；孩子的阅读材料应选择不反光的纸张，字体大小适宜，印刷清楚；孩子的坐姿要正确：避免趴着或躺着看书和画画；使用符合幼儿身高的桌椅，最好采用可以调节高度的座椅；孩子看书时，让其眼睛与书本保持 30 厘米以上的距离。

（4）让孩子养成良好的看电视或玩电脑、玩手机的习惯。孩子看电视时应与电视屏幕保持相对较远的距离，观看电视的角度不超过电视左右 30°，画面的高度较两眼平视略低一些，以俯视为佳。不能让孩子长时间看电视，看 30 分钟就要休息 10 分钟以上。不能让孩子长时间玩电脑和手机。

（5）告诉孩子眯眼或眼睛受伤时，不要用手揉眼睛，及时找教师或医生处理。

（6）经常检查孩子的视力，发现视力减退的，要及时治疗。

案例分析

幼儿近视发病率高的原因：一是先天的遗传因素，二是后天的用眼疲劳。家长和教师要注意早期预防孩子近视，尤其注意平时要让幼儿养成良好的用眼习惯，即养成良好的睡眠、饮食、卫生、看电视、玩电脑、玩手机、看书、写画等习惯。

二、听觉的发展与保护

情景案例

新生儿听力障碍

世界卫生组织的统计显示，在每 1 000 名新生儿中，有 1～3 名存在着不同类型和程度的听力损失，在有听力障碍高危因素的新生儿（如重症监护的新生儿）中比例可以高达 4%～6%。我国每年会新增 3 万名有听力障碍的新生儿，听力障碍是常见的出生缺陷之一。家长如何判断自己的宝宝有无听力问题呢？

（一）听觉的发生

听觉也是人极其重要的感觉，有人估计10%左右的信息来自听觉。人们借助于听觉来辨别声音的高低、强弱和音色，以此来判断发声的方位、距离和意义。有了听觉，人才能够欣赏音乐，更重要的是能进行语言交流。婴幼儿如果听不见声音，就无法学会说话，正所谓“十聋九哑”。

现代心理学研究发现，不仅新生儿具有明显的听觉能力，就是尚未出生的胎儿，也有明显的听觉反应。

1. 胎儿的听觉反应

许多孕妇报告，6 个月以上的胎儿常对诸如汽车喇叭之类的大声响做出翻身、踢腿等动作反应。美国著名儿科医生布雷寿顿曾做过一个有趣的试验。用 B 超观察妊娠 7 个月的母亲腹中胎儿对声音的反应。胎儿在觉醒状态，听到母亲腹壁外的咯咯声时，头会转向声音发出的方向。原来在胎儿出生前几个月，他们听的能力已经发育得很好，能准确地听声音了。

国外有报道，把母亲心跳的声音录下来，经过扩大，当新生儿烦躁不安或大哭时播放给他听，新生儿很快就会安静下来。这种现象只有一种解释：胎儿在母体内，已经有了基本的听觉能力，而且有了听觉性记忆，因而在听到母亲的心音时，有一种回到母亲体内的感觉，对新生儿有安慰作用。父母抱孩子时，通常把孩子放在自己的左胸部，让孩子听见大人的心跳，孩子就会安静下来。

2. 新生儿的听觉能力

国内外的研究均已证明，出生第一天的新生儿已有听觉反应。我国学者（1983）曾对妇产医院 42 名出生不到 24 小时的新生儿施以类似蟋蟀叫声的声音刺激，发现约 83.3%的新生儿能在仅施以 1～2 次刺激的情况下较迅速地做头部扭动、眼珠转动、睁眼等反应，其余的新生儿虽然反应较慢，需 3～5 次刺激，但都有所反应。

新生儿不仅能听见声音，还能区分声音的高低、强弱、品质和持续时间。有研究者报告，出生 2 天的新生儿已能在听到“嗡嗡”声时向左转头，听到“咔嚓”声时向右转头。

新生儿从一出生即有声音的定向力。用一个小塑料盒，内装少量玉米粒或黄豆，在距新生儿右耳旁 10～15 厘米处轻轻摇动，发出很柔和的咯咯声，新生儿会变得警觉起来，先转动眼球接着转动头部朝向声音发出的方向，有时他还会用眼睛寻找那个小塑料盒。

据研究，以人声和物体的声响比较，新生儿爱听人的声音，最爱听母亲的声音。此外，新生儿也喜欢听柔和的、高音调的声音。

（二）听觉的发展

婴儿不仅能辨别不同的声音，而且表现出对某些声音的“偏爱”，即表现为对某些声音能更长时间地注意倾听。研究者发现，1～2 个月的婴儿似乎偏好乐音（有规律而且和谐的声音）而不喜欢噪声（杂乱无章的声音）；喜欢听人说话的声音，尤其是母亲说话的声音；2 个月以上的婴儿似乎更喜欢优美舒缓的音乐而不喜欢强烈紧张的音乐；7～8 个月的婴儿乐于合着音乐的节拍舞动双臂和身躯；对成人安详、愉快、柔和的语调报以欢愉的表情，而对生硬、呆板、严厉的声音表示烦躁、不安，甚至大哭。

幼儿的听觉敏感性随其年龄的增长而不断提高。有报道称 5～6 岁的幼儿在 55～65 厘米距离处能够听到手表走动的声音，6～8 岁儿童在 100～110 厘米处就能听到。又有研究表明：

在12～13岁以前，儿童的听觉敏感性是一直在增长的。成年以后，听力逐渐有所降低。有人发现，20岁以后，年龄每增长约10岁，听力就有较明显的下降。一般年老时，高频声音的听觉能力就会逐渐丧失。

（三）听觉的保护

婴幼儿听觉存在显著的个体差异，个体差异有随年龄增长而减小的趋势。但经过训练可以提高听力。家长或教师应有意识地通过音乐或语言来培养孩子的听觉能力。

如果孩子有下列情况，妈妈可要特别当心了。

1～3个月时，你在他耳边大声拍手，他没有任何反应：或者是孩子睡着时，不能被大声惊醒。

8～12个月时，听到熟悉的声音并没有转过头去，或者听到人们的说话声没有相应地牙牙学语。

1岁半时还不能说出一些很容易发音的字，比如“妈”“爸”，或者你让他做那些你教过的动作，他一直不会做。

2岁时，如果在没有用眼睛看的情况下，就不能按照你说出的一些简单命令去做动作。

3岁这个阶段幼儿语言能力应该飞速发展，词汇丰富起来，能够学会一些复合句，但孩子不会说“妈妈带我去……”，或者不能够唱儿歌，不能叙述简单的事情。

如果怀疑孩子有听力问题，一定要尽快去医院或专门的听力机构做一次专业的听力检查，确诊孩子是否真的有听力损失，以便尽早采取干预措施。

保护婴幼儿的听力是很重要的。家长和教师应该注意以下两个方面。

1. 减少噪声，保护儿童的听觉

噪声环境对人的听觉是有害的。人最理想的声强环境是15～35分贝。10分贝的声强大约相当于在离耳朵两步远处轻声说话。大声说话，声强可达60～70分贝。60分贝以上的噪声，就会使人产生不舒服的感觉。如果长期在强烈噪声的持续刺激下，人的内耳听觉器官就会发生病变，易患噪声性耳聋。幼儿园是孩子集中的地方，幼儿又非常容易兴奋。许多孩子在一起玩的时候，大声喧哗在所难免，易产生噪声污染。教师应该加强对孩子说话方式的教育，引导孩子用适当的声音说话，防止乱叫乱嚷。有些小孩喜欢模仿大人戴耳机听音乐，这很容易导致听力受损，一旦发现应当加以制止。

2. 及时发现孩子的听力问题，保护听力

在日常生活中，家长或教师要注意观察孩子说话和听话的反应，及时发现孩子听力方面的问题，给予适当的处理，以免影响听力和语言的发展。应该特别注意那些所谓的“半聋”或“半听见”的孩子，他们听力上有缺陷，但是往往能够根据他人的面部表情和动作，或根据眼前的情景，理解别人说话的内容，因而听力问题往往被忽略。建议家长通过听力检查了解儿童听力的状况。对于听力较差的孩子，除了增加训练外，应创造条件加以保护。例如，让他坐在离老师较近的地方，对他讲话声音放大些，说得清楚些，防止他们听觉过分疲劳。

3. 避免意外伤害

切莫让婴儿将细小物品如豆子、小珠子等塞入耳内，以免造成外耳道黏膜损伤、感染。儿童喜欢打趣、逗闹，如不小心碰伤耳道，会引起感染，从而使听力下降。若头部受到外伤，也容易波及内耳，严重的会使耳膜破裂。有些家长喜欢用发夹、耳勺等给孩子挖耳，这很容

易造成鼓膜外伤穿孔，引起耳聋。

4. 防止外耳及中耳的污染

中耳腔内有一条通往鼻咽部的细管称咽鼓管。儿童的咽鼓管比较短、宽且直，呈水平位。感冒等一些疾病引起的鼻咽部分泌物增多，细菌便很容易从咽鼓管进入中耳。此外，在给孩子淋浴、洗头或带孩子游泳时，千万不要让污水进入耳内；同时应避免孩子在躺着时眼泪流进耳道，以免感染。有些药物有损听力，当孩子因感冒等耳朵难受时，请及时到医院治疗，遵照医嘱用药。

案例分析

家长和教师观察孩子的听力，可以从以下几个问题入手：

（1）当你叫孩子的名字时孩子是不是不理你？

（2）孩子是不是会答非所问？

（3）当你说话时，孩子似乎是看你的嘴唇而不是你的眼睛。

（4）孩子是否发音有困难？

（5）孩子是否抱怨耳朵痛或者经常捂着或揪耳朵？

这些问题中，如果有一个答案为“是”，那不见得孩子就有听力问题，但如果多个答案为“是”，那么父母就需要引起重视，进一步进行观察，必要时带孩子及早就医。

知识拓展

妈妈如何发展婴儿的听力

1. 为婴儿提供更丰富的声音感受

除自然界存在的声音外，我们还可给婴儿提供更丰富的声音环境。例如：给婴儿买些有声响的玩具——拨浪鼓、八音盒、会叫的鸭子，等等。

此外，可让婴儿听音乐，有节奏的优美的乐曲能给婴儿安全感，他会听得很高兴，当然，放音乐的时间要有节制，不能一早放到晚，另外也不宜选择过于吵闹的爵士乐等。

最好能和婴儿说话，虽然这时他还不能应答，但是家人，特别是母亲的亲热的话语，会使婴儿感受到初步的感情交流。

当母亲面对婴儿亲切地说着、笑着、和婴儿交谈时，婴儿会紧盯着母亲的脸，似乎已懂得母亲发出的语言。

2. 玩听力游戏

可以利用家中的空瓶、易拉罐、纸袋等，在里面放上弹珠盖好，摇一摇，对婴儿说：“你听听弹珠的声音。”然后把弹珠拿出来，放上纸屑，盖好之后再摇给宝宝听，问他：“听听纸屑的声音是什么样子的？是不是像弹珠一样吵呢？”当然，你还可以用布头、大米等，凡是摇动时可以发出声响的东西都可以让婴儿听。这个小游戏看似简单，但它对提高婴儿听力的敏锐性有很大的帮助。父母最好是选择不同的材料摇给婴儿听，让他能够快而准地辨别出不同的声音。

3. 用“妈咪音”与婴儿讲话

由于刚出生的婴儿对某些声音具有本能的听觉偏好，因此，当成人对婴儿说话时，可以用一种相当特别的方式——妈咪音，也就是说话时的语调要夸张一些，抑扬顿挫，语速缓慢，清晰，同时还伴随明确的动作或物品示范，还可以用叠音词（肚肚、褂褂）等，这样就比较能吸引婴儿的注意力。

4. 去户外“采集”声音

要多带婴儿去户外走走，向婴儿指出具体的声音，如公园里小鸟的叫声、汽车的声音、风的声音。这些来自自然界的真实声音有助于改善婴儿的听觉辨别能力，锻炼他察觉出声音之间差异的能力。

5. 给婴儿一个有声的环境

家人的正常活动会产生各种声音，如走路声、关开门声、水声、刷洗声、扫地声、说话声等，室外也能传来许多声音，如车声、人声等，这些声音会刺激婴儿听觉及认知水平的发展。

婴儿出生后，要重视听力测试的结果，如果测试结果未达标，42 天左右，还要进行听力复查，如果依然未通过，3 个月左右要进行听力诊断性检查，从而及时了解听力障碍状况。家长们要尽早发现婴儿听力上存在的问题，尽早发展婴儿的听力认知，让婴儿能够更好地成长。

第二节　“先吃后拿”——学前儿童探索世界的奥秘

情景案例

婴儿为什么会吃手、啃脚丫子？

婴儿从 2 个月开始，就会出现津津有味地吃自己的小手小脚的行为。到了 3、4 个月时，婴儿会将能抓到手中的任何东西都放在嘴里。到 5、6 个月时，婴儿吃手、啃指甲、啃玩具，甚至啃自己的脚丫子。很多家长对孩子的这种行为都非常担心，怕这样会吃进去脏东西，引起拉肚子，养成吃手的坏习惯，因此强行禁止孩子吃手，甚至给孩子戴上手套，这种做法对吗？为什么？

一、触觉的作用

触觉是皮肤觉中的一种，是轻微的机械刺激使皮肤浅层感受器兴奋而引起的感觉。具体地说，触觉是指分布于全身皮肤上的神经细胞接受来自外界的温度、湿度、疼痛、压力、震动等方面的感觉。触觉感受器在头面、嘴唇、舌和手指等部位的分布都极为丰富，尤其是手指尖。触觉按刺激的强度可分为触觉和压觉。轻轻地刺激皮肤就会使人有接触觉。当刺激强度增加，就会产生压觉。但这种区分是相对的，在弱刺激范围内二者很难区分，实际上二者通常是结合在一起的，统称为触压觉。除了触压觉之外还有触摸觉，触摸觉是触觉与肌肉运动觉的结合，主要是指人手的触摸觉，它不但能感知客体表面的光滑、粗糙，还能感知物体的长短、大小，以及物体的形状。所以人手是通过长期进化而形成的人的重要的认识器官，也是可操纵各种工具进行劳动的器官，在人的生活实践中起着非常重要的作用。特别是对丧失视觉的盲人来讲，触摸觉尤其重要，他们可以通过触摸觉感知人的面孔、感知周围的物体，还可以用手识别盲文，进行阅读。

肌肤接触是婴儿早期与成人交往的一种方式。婴儿出生时，父母是用手指触摸和摆弄孩子的肢体、亲吻他、轻轻摇动他，这就是最早的肌肤接触。以后，婴儿吃奶时，躺在母亲怀里，头枕母亲的胳膊，被母亲宽阔的手护着，被母亲的体温温暖着，也是肌肤接触，这很有利于母子依恋感情的建立。

触觉还有着更为广泛的作用，即用来表示亲密、善意、温柔与体贴之情。当一个孩子因受到惊吓而畏怯、恐惧时，解决问题的最好办法就是将他抱起来，紧紧地拥抱着他，并且亲切地亲吻他的面孔，孩子便会意识到人们在保护他。对大人而言，在交往中互相拥抱，或握手问好，或拍拍对方肩膀等都是与触觉有关的友善行为。

二、触觉的发生

触觉是皮肤受到机械刺激产生的感觉。触觉是肤觉和运动觉的联合。触觉是学前儿童认识世界的重要手段。皮亚杰认为，触觉是婴儿最初获得外部环境知识的一种方式，这对婴儿早期的认知发展有关键作用。新生儿和 1 岁前的婴儿，口腔是主要的触觉器官，之后，手成为主要的触觉器官，触觉是新生儿和婴儿探索世界的主要方式。

新生儿从出生时就有触觉反应，许多天生的无条件反射，如吸吮反射、防御反射、抓握反射等，也都有触觉参与。新生儿的冷觉、温觉很发达，对冷和热的感觉已很灵敏，例如奶瓶中奶或水、洗澡水过冷或过热时，他们都会有反应。这种早期肤觉的发达，对保护生命和认识世界具有重要作用。

婴儿通过触觉探索来认识事物，这种探索方式有两种：先是口腔探索，然后是手的探索，即“先吃后拿”。

（一）口腔触觉

新生儿出生后，对物体的触觉探索最早是通过口腔的活动进行的，通过口腔触觉认识物体。口腔触觉作为探索手段早于手的触觉探索。婴儿在学会用手探索这个世界之前，口腔会在一定时期内扮演一个探索工具的作用。婴儿喜欢把所有触手可及的东西放进嘴巴里品尝，以此感觉物体的味道、质地、性状等，并以此认识物体，获得心理的满足。在弗洛伊德的心理发展理论中，将 0～18 个月这段时间称为“口腔期”，婴儿在这一时期主要通过吸吮、咀嚼、吞咽等口腔活动获得满足和快乐。

3 个月的婴儿在吸吮时，对熟悉的物体吸吮的速度逐渐降低，出现“习惯化”现象。可是换了新的食物后，他的吸吮频率马上发生变化，出现“去习惯化”现象。这种事实表明，婴儿早期已经有了口腔触觉的探索活动，口腔触觉有了辨别力。

6 个月以后的婴儿，看见东西，抓住了就放进嘴里；1～2 岁的婴儿，在地上捡起一些物体，也要往嘴里放。婴儿 1 周岁之前，口腔探索是认识物体的重要手段。当婴儿的手的触觉探索活动发展起来以后，口腔的触觉探索逐渐退居次要地位，但是，在相当长的时间内（甚至到 3 周岁），婴儿仍然以口腔的触觉探索作为手的触觉探索的补充。

案例分析

这是婴儿口腔探索的表现。对于处于口腔探索期的婴儿来说，家长或看护人要注意：

（1）要保证孩子安全，家长一定不要把能吞咽的小玩具、硬币、尖利的物体、药片等放在孩子能够到的地方，应该放在孩子无法触及的地方，以免其触及并吞咽。

（2）不要强行制止孩子探索。因为卫生问题或者害怕养成吃手习惯而给孩子戴上手套的做法是不科学的，因为吃手对于孩子来说是个探索过程，强行限制会妨碍孩子的智力发展，孩子的口腔探索不会因此消失，反而容易滞后或引起喜欢咬人等问题。

（3）对孩子经常接触的物体应适当消毒，勤给孩子洗手，以防病菌感染。

（4）为了给孩子提供充分的探索机会，可以提供不同质地、性状、味道的东西供孩子拿来啃咬，丰富孩子的触觉和其他感觉。

（二）手的触觉

手的触觉是认识外界的主要渠道，也就是说，触觉探索主要通过手来进行。

新生儿有本能的手的触觉反应，例如，抓握反射证明新生儿手的触觉已经存在，这是一种先天的无条件反射。

先天的抓握反射随着婴儿的生长发育会逐渐消失。新生儿继抓握活动之后出现了手的无意性抚摸。婴儿的手无意地碰到东西，如衣服的边缘时，他会沿着边缘抚摸衣服。这是一种无意的触觉活动，也是一种早期的触觉探索。

婴儿 6 个月时，眼手协调动作出现，即出现视觉和手的触觉协调的活动（伸手能够抓住近处看见的东西），这是婴儿认知发展的重要里程碑，也是手的真正触觉探索的开始。

积极主动的触觉探索是在 7 个月左右发生的。当婴儿学会了眼手协调之后，逐渐会用手去抓握、摆弄物体，把东西握在手里摇动、挤它或把它丢开。

3 岁以后的幼儿，其手的探索依然是他们认识世界的一种重要方式，伴随手的操作，幼儿能够对事物进行思考和判断。

（三）促进婴幼儿的探索行为

孩子拿剪刀将桌布剪出了小洞；用口红在墙上涂满了红印；把刚买来的玩具拆得七零八落……此时，你是训斥还是鼓励？破桌布可以换，涂污的墙可以刷，但孩子的探索能力被抑制了，其创造力也就被抑制了！

家长和教师应该认识到“淘气”是孩子的探索行为，对其认识世界具有重要意义，俗话说“淘气的孩子才聪明”是有道理的。孩子“淘气”是体力智力发展的表现，是通过实践累积直接经验的过程，是获得智慧的过程，是创造力得以潜移默化地发展的过程。父母不要抑制孩子的探索活动，而应该引导孩子大胆去想，允许他们创造性地尝试。

（1）家长和教师可以设计促进触觉探索的游戏，比如，闭起眼睛“摸口袋”猜东西、玩泥巴、“挖宝”等。

（2）宽容孩子的“破坏”行为。不要斥责孩子在墙上涂鸦，允许孩子拆卸玩具，宽容孩子因为探索世界而搞的“破坏”。要准备一些可以拆装的玩具供孩子玩。

（3）多带孩子接触大自然和社会。对孩子来说，大千世界万事万物都是新奇的，对他们都有莫大的吸引力，孩子只有“见多”才能“识广”。家长应该多带孩子接触大自然和社会，满足孩子的好奇心和探索欲望。

（4）注意安全和卫生。如不要让孩子接触到电源、刀具等危险的或有毒有害的物体。让孩子摆弄东西后要洗手。

第三节　“天圆地方”——学前儿童图形知觉的发展

情景案例

“天圆地方”

小李是刚参加工作的幼儿教师，教的是小班幼儿。在建构活动“铺路”前，小李认为对孩子来说这个活动过于简单，但在试教中发现，看似简单的活动，对孩子来说还是有一定挑战性的。小李发现，大多孩子对圆形、正方形、三角形和长方形都能认识，有的能够说出名称，但对于梯形、菱形、五边形就不认识了，更不能说出图形名称，只能对照原图操作。请用幼儿图形知觉的知识加以解释。

物质世界是由各种各样的图形构成的，儿童对图形的掌握对其认知发展具有重要的作用。在图形知觉中，形状知觉对幼儿的发展尤为重要。

一、婴儿的形状知觉

形状知觉是人们对物体形状特性的认识，包括物体的轮廓和各部位的组合关系。形状知觉是人类和动物共同具有的知觉能力。它是视觉、触觉、动觉协同活动的结果。

对婴儿的形状知觉的研究证明，人出生不久就能知觉到物体的形状。很小的婴儿就已经能分辨不同的形状。

范兹（Fantz，1971）在婴儿形状知觉和视觉偏好方面设计了许多经典实验。他专门设计了“注视箱”，让婴儿躺在小床上，眼睛可以看到挂在头顶上方的物体。观察者通过小屋顶部的窥测孔，记录婴儿注视不同物体所花的时间。该实验假定：看两个相同的物体要花同样长的时间，看不同的物体所花的时间就不同。范兹曾以 8 周的婴儿为实验对象，让他们注视三角形的图形和靶心图，他发现婴儿对两个三角形注视的时间相同，而对三角形和靶心图注视的时间不同，说明婴儿能区别两种不同的形状。范兹还发现，4～6 个月的婴儿注视复杂图形（如人脸）的时间比注视简单图形或不规则图形的时间要长。格林堡（Greenberg）也做过类似的试验，他以 6～11 周的婴儿为对象，给婴儿出示三类图（圆点图、方格图和线条图），且复杂程度都不同。结果发现：不同年龄的儿童对不同复杂程度的图形注视的时间也不同。年龄小的，倾向于注视中等复杂程度的图形，而年龄大的，则倾向于比较复杂的刺激。这些结果表明，不同年龄的儿童可能有选择与自己水平相适应的刺激，且具有处理这些刺激的能力。

二、幼儿的形状知觉

（一）幼儿形状知觉发展的先后顺序

对幼儿期形状知觉发展的研究，往往是通过让幼儿用眼或手辨别不同几何图形进行的。

我国的心理学工作者（1979，1980）用“配对法”“指认法”和“命名法”调查了 3～5 岁幼儿对几何图形的认识能力。实验表明，幼儿发现识别几何图形的能力优于掌握几何图形的名称。对幼儿来说，对不同几何图形辨别的难度有所不同，由易到难的顺序是：圆形→正方形→半圆形→长方形→三角形→梯形→菱形。

3 岁幼儿基本上能根据样例找出相同的几何图形，但很少能够正确说出几何图形的名称，他们往往用自己熟悉的物体的名称称呼抽象的几何图形，例如，把圆形称为“太阳形”，把半圆称为“月亮”。不能区分三角形和长方形，也不能从圆形中区分出三角形。

4 岁是幼儿形状知觉发展的敏感期。随着年龄的增长，幼儿对几何图形的认识能力越来越高。4 岁的幼儿能够区分开放图形和封闭图形。已能识别基本的形状，如对汽车轮胎，能注意到轮胎是环形的，中间有一个很大的孔。这个时期，幼儿开始认识几何图形了，画几何图形的能力也明显提高。中班 4～5 岁的幼儿能正确认识圆形、正方形、三角形以及长方形、半圆形、椭圆形和梯形，且能逐步理解平面图形的基本特征；能逐步做到图形守恒，不受图形的大小、摆放位置的影响，正确地辨认图形；能对相似的平面图形加以比较，理解图形之间的简单关系；对平面图形的组合拼搭活动表现出较高的积极性以及一定的创造性。在图形探索中不再满足于简单地抓握物体或感知物体，而是去主动探索，但很少有系统地沿着某个物体的轮廓探索；还不能区分同是两个开放的或封闭的图形。如幼儿能够将椭圆形从长方形中区分出来，但不能将长方形从正方形或平行四边形中区分出来。

5～6 岁的大班幼儿能够理解一种图形的典型特征，并在头脑中形成某种图形的“标准样式”，从而进行正确的判断；能进一步理解图形之间较复杂的组合关系，例如长方形与三角形、梯形之间的组合关系。

6～7 岁的儿童能够运算，有了可逆性动作，即能够使动作返回到原来的起点；能从本质上区分几何图形。

（二）幼儿对图形的理解

幼儿掌握几何图形名称后，便利用掌握的图形标准对看到的图形进行“解释”，即进行图形的知觉水平的“解释”，这种解释有三种情况：

第一，知觉认同。当看到的物体形状与所掌握的几何图形完全一致时，只需将二者视为同一即可，如“水滴是圆的”“门是长方形的”。

小班 3～4 岁的幼儿能正确认识圆形、正方形、三角形，但他们不是从形状的特征来认识，而是将其和自己日常生活中熟悉的物体相对照，所以有的幼儿会把圆形说成太阳，把正方形说成是手帕。

第二，归入标准。当物体的形状和标准的几何图形大致相同时，幼儿就会舍去不同部分的信息，把它归入标准的几何图形，如“西瓜像皮球，是圆形的”。

第三，塑造“模型”。当一个物体的形状过于复杂时，幼儿就会用两种或两种以上几何图形分别对照某一部分，并根据各部分的空间位置关系组成“几何模型”，如“房子的窗户是正方形的，门是长方形的，房顶是三角形的”。

三、婴幼儿图形知觉能力的培养

（一）视觉、触觉、动觉相结合

实验表明，当视觉、触觉、动觉相结合时，幼儿对几何图形感知的效果较好。在幼儿辨别几何图形的任务中，如果只让幼儿依靠手摸，没有让他看，即排除了视觉的参与，错误率也较高；而让幼儿既看又摸，即视觉、触觉、动觉都参与，那么以后不用看，只用手去摸，幼儿也能较容易地完成任务。

（二）教幼儿认识周围物体的形状

在幼儿的生活中存在着各种各样的物体，任何物体都有一定的形状，而形状的具体形象符合幼儿的认识特点。教师或成人应根据幼儿的认识规律，抓住一切有利时机，引导幼儿观察各种物体形状，注意问其有几个边、几个角、几个侧面，伴随活动使其知道什么是圆形、三角形、四边形，等等；让其用手摆弄物体、抚摸物体的轮廓，然后再引导幼儿观察与物体形状相同的几何图形。家长和教师应该给孩子提供可用于图形识别的积木、塑料玩具等。

（三）开展图形认知的教育活动

幼儿认识几何图形的一个突出特点是常常把几何图形同物体的名称混淆，也就是常常用物体的名称称呼图形。这说明幼儿还没有把图形同物体分开，认识还处在感知水平上。教育的重要作用是，在幼儿观察和比较物体形状和标准几何图形的基础上，逐步使其认识几何图形的结构、基本特征、图形之间的区别和联系，把几何图形从具体物体中抽象出来，形成抽象的几何图形概念。

例如，常见的幼儿图形认知教育的活动有：①求同活动。求同活动是让幼儿根据给定的图形标记进行匹配，即将标记相同的图形放在一起。求同活动的材料要有层次，首先提供与标记完全相同的图形，然后再提供同类变式图形。②拼搭活动。拼搭活动是让幼儿用几何图形复制图纸上的物体，如照图纸拼出一艘船（船是由梯形、三角形、圆形等基本几何图形构成的）。再者，提供给幼儿的几何图形可以和图纸上的一样大小，也可以是按比例放大或缩小的图形，以增加复制的难度。③制作活动。制作活动既可以让幼儿给某类图形涂上指定的颜色，又可以让幼儿在有几种图形的纸上剪下某一类图形，还可以让幼儿用笔勾出图纸上的几何图形。在此过程中让幼儿说出图形的名称和基本特征。④画图活动。让儿童画出物体或图形以观察其表征图形的能力。注意“看和听讲”并不等于“抽象和理解”。儿童必须通过摆弄和写画，即给物体以物理动作来形成其心理结构。

（四）要把数和形结合起来教

数和形是数学中两个最基本的概念，数和形是密切联系着的，数中有形，形中有数。在教数的同时渗透形的教育，同样，在教形的过程中也要注意对幼儿进行数的教育。数与形结合起来教，可以加深幼儿对几何图形结构、特征的认识，有助于促进幼儿数的概念的形成和数学思维的发展。

案例分析

根据幼儿图形知觉发展特征，小班幼儿基本上能根据样例找出相同的几何图形，但很少能够正确说出几何图形的名称，他们往往用自己熟悉的物体名称称呼抽象的几何图形。因此，小班幼儿对圆形、正方形、三角形和长方形都能识别，有的还能说出名称。但对于梯形、菱形、五边形等图形，需到中班幼儿才能识别。

知识拓展

婴幼儿的大小知觉

研究表明，4 个月的婴儿已经具备大小知觉的恒常性（指对远处的物体看起来变小了，但知觉保持不变），6 个月前的婴儿已经能辨别大小。

2 岁半至 3 岁的婴儿已经能够按语言指示拿出大皮球或小皮球，3 岁以后判断大小的精确度有所提高。据研究，2 岁半到 3 岁是孩子判别平面图形大小能力急剧发展的阶段。

幼儿对图形大小判断的正确性，要依赖图形本身的形状。幼儿判断圆形、正方形和等边三角形的大小较容易，而判断椭圆形、长方形、菱形和五角形的大小有困难。

幼儿判断大小的能力还表现在判断的策略上。4～5 岁的幼儿在判别积木大小时，要用手逐块地去摸积木的边缘，或把积木叠在一起去比较。而 6～7 岁的幼儿，由于经验的作用，已经可以单凭视觉指出一堆积木中大小相同的积木。

第四节 “手表好玩”——学前儿童时间知觉的培养

情景案例

“手表好玩”

妈妈告诉孩子时钟走到 7 点半就可以打开电视看“喜羊羊和灰太狼”，孩子等得不耐烦了，就要求妈妈把钟拨到 7 点半。有个孩子听见妈妈说：“日历都快撕完了，还有几天就要过新年了。”他跑去把日历统统撕掉，回来告诉妈妈：“快过新年吧，日历已经撕完了。”

妈妈给孩子买了一块手表，孩子高兴地戴上：“多漂亮的手表啊，长长的针在走，其他两个咋不动呢？还有好多数字，真好玩。你戴的手表更漂亮，还有小熊呢！”如果你问孩子几点了，他就回答不出来了。

在这种情况下，自然谈不上有效利用时间标尺。有研究表明，大约到 7 岁，儿童才开始利用时间标尺估计时间。

时间观念是儿童掌握各科知识必不可少的心理条件。时间知觉是个体对客观现象的延续性和顺序性的知觉。人对时间的知觉是比较困难的，因为时间是抽象的，人也没有专门感知时间的分析器。人的期待和情绪等心理因素对时间知觉的影响特别显著，所以我们无法直接感知时间。人对时间的知觉总是通过某种媒介来实现的。媒介可以是自然界的周期现象，也可以是机体的生理状态。例如，昼夜交替、月亮盈亏、季节变化等自然现象，时钟和日历等计时工具，人自身的消化、呼吸、心跳、睡眠等生理过程的节律性活动都可以作为反映时间的媒介。

成人与儿童对时间的判断借助的中介是不同的，成人通常用表、日历等计时工具，而儿童掌握这些工具则要经历较长一段时间。

一、儿童的时间知觉

儿童感知时间常常是无意识的、不自觉的。起初，婴儿最早的时间知觉主要依靠生理上的变化产生的对时间的条件反射，也就是根据人们常说的“生物钟”所提供的时间信息而出现的时间知觉。例如，婴儿感到饿的时候，会自己醒来或哭喊，这就是婴儿对吃奶时间的条件反射。以后逐渐学习借助于某种生活经验（生活作息制度、有规律的生活事件等）和环境信息（自然界的变化等，如幼儿知道“太阳落山了，天快黑了”，“太阳升起来就是早晨”）反映时间。学前晚期，在教育的影响下，幼儿开始有意识地借助于计时工具或其他反映时间流程的媒介认识时间。但由于时间的抽象性，幼儿知觉时间比较困难，水平不高。

二、儿童时间知觉的发展

（一）时间知觉的精确性与年龄呈正相关，即年龄越大，精确性越高

7～8 岁可能是时间知觉迅速发展的时期。我国的研究表明，5 岁儿童不会使用时间标尺，时间知觉极不准确、极不稳定；6 岁儿童的时间知觉与 5 岁儿童基本相似，只是对短时距知觉的准确度和稳定性有所提高；7 岁儿童开始利用时间标尺，但主要是利用外部的时间标尺，能利用内部时间标尺的人数仍然很少；8 岁儿童已能主动地利用时间标尺，时间知觉的准确度和稳定性都大为提高，有开始接近成人的倾向。

（二）时间概念的掌握

5 岁儿童基本上不会使用“一分钟”“一小时”“一天”等时间概念进行时间估计，仅有少数儿童能正确使用“吃午饭时”这一时间概念；多数 6 岁儿童已能正确使用“吃午饭时”和“一天”这些时间概念；7 岁儿童大多数能正确使用“一分钟”“一小时”“吃午饭时”等时间概念来进行时间估计。

案例分析

幼儿撕日历、拨动表针，希望快点达到所期望的时间，说明他们不能理解时间的含义。幼儿戴手表只是把手表当成饰物或玩具，他们不能理解计时工具的意义。

（三）空间知觉对时间知觉的影响

儿童认为蜗牛停在离起点较远的地方，它花的时间较长，速度较快，因而走的距离也更

长，处于这一阶段的儿童一般是 4～5 岁。第二阶段，6～7 岁，儿童开始考虑到诸如蜗牛起点一类的因素，皮亚杰总结道，这一阶段逐渐脱离以距离判断时间的长短；到 7～8 岁时，儿童进入第三阶段，即概念阶段，此时的儿童才最后把时间和空间区分开来。

（四）时间知觉存在个体差异

在对 8 岁儿童时间知觉的研究中发现，有些儿童不论对哪一种时距的再现大多作提前反应；而另一些儿童恰好相反，不论对哪种时距均作错后反应。另外，在时间紧迫感、时间态度、价值观和时间监控等方面存在个体差异。

（五）时间知觉的发展水平与儿童的生活经验呈正相关

实验表明，日常生活制度的因素对学前期儿童时间关系知觉的正确性起着决定性的影响，他们的时间知觉往往带有感性的、情绪的色彩，并且以作息制度的周期性变化为其特征。

知识拓展

Kappa 效应

皮亚杰曾对儿童时间知觉做过实验研究。实验过程是给儿童看桌子上的两个机械蜗牛，实验者同时在起点启动两个蜗牛，其中一个蜗牛爬得快，另一个爬得慢。当快的蜗牛停止爬行时，慢的还在爬，可最终仍未赶上快的蜗牛。在这种情况下，儿童不能正确再现究竟是哪个蜗牛先停下的。大部分儿童都说慢蜗牛先停下，因为它走的路程比较短。皮亚杰认为儿童的时间、速度和距离概念的发展一般要经历三个阶段：第一阶段，儿童仅以物体在空间的停顿点来定义时间、速度和距离。在时间心理学理论中，把时间知觉对空间知觉的影响称为 Tau 效应；把时间知觉受空间事件影响的现象称为 Kappa 效应。

三、儿童时间知觉的培养

（一）严格执行作息制度，养成遵时守时的好习惯

根据儿童时间知觉发展的特点，家长和教师应从小就让孩子养成良好的生活起居习惯，建立起良好的生活节律，遵守作息时间。生活制度和作息制度在儿童的时间知觉中起着极其重要的作用，幼儿常以作息制度作为时间定向的依据（如“早晨就是上幼儿园的时候”“下午就是午睡起来以后”“晚上就是爸爸妈妈来接我回家的时候”等）。严格执行作息制度，有规律的生活有助于发展孩子的时间知觉，培养时间观念。

（二）从幼儿最熟悉、最容易理解、最具体的概念教起

在幼儿教学中，要先从“中间”时间教起，再向“两边”时间延伸。例如先学习白天、黑夜、早晨和晚上，其次是今天、昨天和明天，然后是星期、月、年。对于比较精确的时间概念按照小时、分、秒的顺序来教。

（三）把时间概念与具体的日常生活情景结合在一起，有助于孩子理解时间概念

比如：早晨 6 点，叫孩子起床，家长可以说：“快看表，都 6 点了，赶紧起床。”早上 7

点，催孩子上幼儿园；中午 12 点，提醒孩子该睡午觉了；下午 4 点半，该看儿童节目了，等等。这样，经过多次反复，孩子就会慢慢理解时间概念，并会自己看钟表了。

（四）有效利用钟表、日历等计时工具

幼儿的思维主要是具体形象化的，家长可以和孩子一起，把钟表上的数字形象化、具体化。例如，和幼儿一起做一个大时钟，一起动手，画一些简单的图画，如床、面包、玩具等，或者是把现成的贴纸贴在钟的相应位置上。如在 7 点处贴上面包，表示 7 点要吃早餐了；在 3 点处贴上玩具，表示 3 点是游戏时间。

（五）抓住儿童学习利用时间标尺的关键期及时进行教育

研究表明，7～8 岁可能是时间知觉迅速发展的时期，儿童开始利用时间标尺认识时间。因此，在幼儿晚期，教师要有意识地设计相关课程让幼儿认识时间。

第五节　“不分左右”——学前儿童方位知觉的发展

情景案例

左右不分

小王是刚刚参加工作的幼儿教师，有一次，她给中班幼儿上游戏课，她面向幼儿一边做动作，一边讲解动作要领：“先伸出左手……再伸出右脚……”可是小王老师发现大多数幼儿都伸出了和她同向的手或脚，分不清左右。在教幼儿写阿拉伯数字时，小王还发现有些幼儿经常把数字写反了，如把“3”写成“ε”等。

方位知觉是指对物体的空间关系位置和对个体自身在空间所处的位置的知觉，如前、后、左、右、上、下、里、外、中间等方位词所标志的空间相对关系。幼儿对空间方位知觉常常感到困难，这是因为：第一，物体的空间方位具有相对性，如“电视在我的前面，沙发在我的后面”，但当“我”身子旋转一定角度后，电视、沙发跟身子的前后关系改变了。第二，空间方位有两个不同的参照系统，一是个体自身，二是客观事物，如日月星辰的运行。因此幼儿要做出物体方位知觉判断，首先要决定以什么做参照物。幼儿判断自身对面物体的左右关系尤为困难，因为这需要幼儿在头脑中做“心理旋转”，才能理解对面事物与自身的逆反方向关系。三是幼儿要理解掌握标志空间方位关系的词。如对右利手的幼儿，家长要教他：“拿饭碗的手是左手，使筷子的手是右手。”通过方位词与具体事物的结合，儿童才能认识左右方位。

一、方位知觉的萌芽，即空间定位能力的发生

孩子出生后就有听觉定位能力。新生儿已经能够对来自左边的声音向左侧看或转头，对来自右边的声音则有向右侧转的表现。也就是说，虽然新生儿两耳之间的距离比成人短，声音到达两只耳朵的时间差比成人小。但是，新生儿已有听觉定位能力。

正常婴儿主要依靠视觉定位。盲儿也能够依靠声音对物体定位。一个早产 10 周的盲儿，在他 16 周时，能用嘴唇和舌头连续发出很响的劈劈啪啪声，凭借这种声音的回响作出声源定

位。当实验者在该盲儿前面悄悄地挂上一个大球时，他会转头向球。

二、方位知觉的发展

婴幼儿方位知觉的发展主要表现在对上下、前后、左右方位的辨别上。据研究（叶韵等，1958），3 岁的儿童能辨别上下；4 岁儿童开始能辨别前后；5 岁开始能以自身为中心辨别左右；6 岁时仍有部分儿童还不能辨别以自身为中心的左右方位。

皮亚杰曾研究了儿童左右概念的发展，后来美国的埃尔凯德（Elkind）重复了皮亚杰的实验，他们两人的实验结果大致相同：5 岁儿童能辨别自己的左右手、左右脚；7～8 岁能辨别对面的人的左右手、左右脚；10～11 岁才能完全掌握左右概念的相对性。我国学者重复了这一研究（朱智贤等，1964），所得结果证实了我国儿童也大致存在着同一发展趋势，左右概念的发展可划分为三个发展阶段：

第一阶段（5～7 岁），儿童比较固定地辨别自己的左右方位，表现为能够辨别自己的左右手、脚、耳，但不能辨别对面人的左右，不理解左右的相对性。

第二阶段（7～9 岁），儿童能初步地具体掌握左右方位的相对性，表现为判断别人的左右方位时，常常转动自身使之与别人的方向一致，判断时间较长，结果时对时错。

第三阶段（9～11 岁），儿童比较概括地、灵活地掌握左右概念，表现为能够较迅速而正确地判断自己和他人的左右方位，而且能够正确指出三种并排摆放的客体的相对位置。比如中间的那个在其中一个的左方，在另一个的右方。

近年来的一些重复性实验指出，我国 8～9 岁的城市儿童基本达到上述第三阶段水平，但左右知觉发展的总趋势没有改变。

由于方位本身具有相对性，幼儿判断上下方位可以根据“头上脚下”或“天上地下”来完成，“头和脚”“天和地”都是较为固定的参照物。同样的道理，判断前后可依据“眼前和背后”，以眼睛和脊背作为参照物。而判断左右之所以很难且发展缓慢，原因之一就是左右方位没有固定参照物。人的身体又是轴对称的，左右身体部位完全相同。

左右知觉发展缓慢给儿童的学习带来一定困难，如 1、2 年级小学生常常分不清 b 和 d，p 和 q，m 和 w，把 3 写反等。

案例分析

此案例说明小王老师没有掌握幼儿方位知觉，尤其是左右知觉的发展特点。中班幼儿还不能分辨左右方位，他们还分不清自己的左右手或左右脚，经常把数字写反了，如把“3”写成“ε”等。

三、培养幼儿的空间能力

为了适应生活，人们经常需要对环境及主客体在空间的位置进行定向，例如在陌生的地方分辨方向，按着地图指引的方向去寻找目的地，按照示意图找东西，建筑人员看图纸施工，学习地理知识等，这些都是典型的需要空间能力的活动，从小培养幼儿的空间定位能力非常重要。可从以下几方面着手培养幼儿的空间能力。

（一）日常生活中反复使用空间词语

反复使用空间词语，可促进孩子空间概念的形成。假如孩子面前并排停放着两辆小汽车，他们首先看到的是数量而不是两者之间的空间关系，此时就要及时用空间词语来提示。生活中成人经常使用空间词语，孩子的认识水平才会提高。例如将玩具放在盒子里面，或将杯子摆在茶几上面，将布娃娃放在孩子的左面或右面，练习孩子的思维和空间认识能力。当孩子看电视时，要经常讲“大熊从大树后面出来了，来到了小熊的右边”等类似的话。

（二）设计建构类游戏

促进幼儿空间能力发展的重要途径之一就是游戏，如建构类游戏（如积木）、设计类游戏（如七巧板），等等。虽然很多家长为儿童提供了与空间能力发展有关的玩具，如积木、拼图、七巧板等，但仅有玩具是不够的，幼儿空间能力的发展还需要家长和老师有策略地引导和帮助。

（三）运用语言和动作进行示范和讲解

幼儿方位知觉发展早于对方位词语的掌握。当幼儿还不能很好地掌握左右方位的相对性和方位词语的时候，幼儿园老师不应该面对幼儿单用语言让他们“举起右手”，应该把左右方位词语与实物结合起来。例如，老师说“举起右手”，小班幼儿不知所措，而说“举起写字的手”，小班幼儿都能完成任务。由于幼儿只能辨别以自身为中心的左右方位，幼儿园教师做示范动作时，要使自己的身体方位与幼儿一致。

（四）伴随肢体动作发展空间能力

在进行空间信息加工的时候，与空间思维相对应的手部活动有助于空间任务的完成。这是因为与空间思维相伴随的手势能在一定程度上降低工作记忆的负荷，从而降低任务的难度。

（五）结合教学内容发展幼儿的空间能力

幼儿在听、讲故事，画画，玩玩具，做律动，看动画片，手工操作活动中都要涉及上下、前后或左右等空间方位，因此，教师要结合教学内容不失时机地训练幼儿辨识方位。

知识拓展

实训案例

活动方案：听觉辨别，辨别左右

适合年龄：4～5 岁幼儿

活动目标：训练听觉辨别能力和辨别左右方位的能力。

活动准备：波波球、哨子、铃鼓；8～10 名 4～5 岁幼儿的家长；8 米长、5 米宽可以坐的游戏场地；主课老师、配课老师各 1 名。

活动过程：

（1）组织上课，小朋友们围坐成一个圈，主课老师出示波波球、铃鼓、哨子。

（2）主课老师讲游戏规则：先把球交给配课老师，听见老师拍铃鼓，小朋友就把手里的球传到自己右边的小朋友手里，听见铃鼓声停止后，则停止传球。先由配课老师与主课老师示范。

（3）小朋友们会传球后，逐步加大难度，主课老师根据节奏的快慢来拍铃鼓，小朋友们根据铃鼓节奏的快慢来传球。

（4）主课老师手拿铃鼓，嘴含哨子，让小朋友们分辨铃声和哨声，同时辨别左右。游戏规则：听见铃鼓声时向右传球，听见哨声时向左传球。

【议一议】如果你是孩子的家长，如何对待婴儿吃手或啃脚丫子？

【练一练】

一、选择题

1．胎儿一般是在（　　）个月时就有了听觉反应能力。

A．2　　B．3　　C．4～5　　D．6

2．婴儿用手积极主动地进行触觉探索，是在（　　）个月左右发生的。

A．2　　B．3　　C．5　　D．7

3．（　　）岁儿童才能把时间与空间关系区分开来。

A．4～4.5　　B．4.5～5　　C．5～6.5　　D．7～8.5

4. 在医生给孩子打针时，感觉特别害怕的孩子会比感觉并不害怕的孩子更能记住这件事。这说明了情绪在很大程度上影响孩子的（　　）。

A．感觉　　B．知觉　　C．记忆　　D．思维

5．婴儿“怕生”的现象一般出现在第（　　）个月的婴儿中。

A．0～2　　B．3～5　　C．6～8　　D．9～11

二、填空题

1．3 岁儿童仅能辨别上下方位；4 岁儿童开始辨别______方位；5 岁后能以自身为中心辨别______；7 岁才开始能够辨别以别人的身体为基准的左右。

2．婴儿探索世界的顺序是______探索发展到______探索。

3．皮亚杰的研究表明，幼儿对时间知觉的判断易受______的影响。

三、论述

1．如何保护婴幼儿的视力和听力？

2．如何发展婴幼儿的探索能力？

3．试述婴幼儿左右空间知觉发展趋势及其能力的培养。

参考文献

[1] 李淑贤，桑廷周，王景英. 3～4 岁儿童认识几何图形的实验研究[J]. 现代中小学教育，1989（1）：68-71.

[2] 李文馥，赵淑文. 3～4 岁初入园小班儿童几何图形认知特点的研究[J]. 心理科学，1991（3）：17-21.

[3] 赵新华. 儿童空间概念发展研究述评[J]. 心理发展与教育，1993（3）：47-52.

[4] 林永海. 学前儿童对欧氏几何图形的认知特点及教育含义[J]. 山东教育，2001（7、8）（下旬）：13-14.

[5] 黄希庭，张增杰. 5 至 8 岁儿童时间知觉的实验研究[J]. 心理学报，1979（2）：174-175.

[6] 黄希庭，锡宗义，刘中华. 5～9 岁儿童时间观念发展的实验研究[J]. 西南师范学院学

报，1980（1）：75-76.

[7] 张立新. 时间知觉的研究进展及其对运动心理学研究的启示[J]. 天津体育学院学报，2006，21（5）：416-419.

[8] 林仲贤，刘颂. 影响时间知觉差异性的一些因素实验研究[J]. 心理学报，1999（2）：7-12.

[9] 叶拘，方荟秋. 学前儿童方位知觉的初步实验研究[J]. 心理学报，1985（7）：64-71.

[10] 侯岩，叶平枝. 学前儿童空间认识能力发展的实验研究[J]. 心理发展与教育，1992（2）1-7.

[11] 朱智贤，陈帼眉，吴凤岗. 儿童左右概念发展的实验研究[J]. 心理学报，1964（3）：229-236.

[12] 李文馥，刘范. 5～13 岁儿童空间认知发展的研究[J]. 心理学报，1983（1）：88-97.

[13] 陈敦淳. 儿童左右概念发展的实验研究[J]. 心理科学通讯，1982（6）：29-34.

第五章

学前儿童记忆的发展

本章介绍

记忆是在感知的基础上形成的。儿童的记忆能力是先天的。儿童记忆的发展，为日益丰富的心理世界创造了必不可少的条件。有了记忆，儿童才能学习；有了记忆，儿童才能交往；有了记忆，儿童才具备了最终形成个性的必要条件。本章主要介绍学前儿童记忆的发生发展过程、记忆的特点以及学前儿童记忆力的培养。

学习目标

知识目标：了解学前儿童记忆发生发展的特点。
能力目标：能够根据学前儿童记忆的特点培养学前儿童的记忆力。
情感目标：正确认识学前儿童记忆的特点及发展。

情境案例

我们经常会发现一种现象，幼儿教师花大力气教幼儿背儿歌，幼儿记不住，但是幼儿却能够对只出现过一两次的广告语熟记于心。为什么会出现这样的情况呢？

记忆是心理学中研究历史最悠久、成果最丰富的学术领域。在当今认知心理学中，以信息加工理论为指导的记忆研究也是成果最为丰硕的领域之一。

第一节 “记得早，忘得早”——学前儿童记忆的早期发生

一、记忆的概述

（一）什么是记忆

记忆是人脑对经历过的事物的反映。经历过的事物，可以是感知过的事物，也可以是思

考过的问题、体验过的情绪、练习过的动作，例如，上过幼儿园的小学生会回想起幼儿园的活动室、和老师一起做游戏的情形、获奖时的情绪，以及老师教过的舞蹈动作，这些都是记忆的表现，记忆不是瞬间的活动，而是一个从记到忆的过程。

（二）记忆的种类

1. 根据记忆的内容不同，可以把记忆分成以下四种

（1）形象记忆：以事物的形象为内容的记忆。它可以是视觉的、听觉的，也可以是动觉的，嗅觉的等，由于视觉和听觉记忆发展得较好，人们常以这些记忆为例。例如人们在游览了公园离开之后，那些山山水水仍仿佛历历在目，这就属于形象记忆。

（2）情绪记忆：以情绪和情感体验为内容的记忆。例如，我们对获取成功的喜悦心情，就记忆犹新，这就是情绪记忆。

（3）运动记忆：以实际行动、动作技巧为内容的记忆。比如我们在进行广播体操练习的时候，能够记住一个接一个的动作，这都属于运动记忆。

（4）逻辑记忆（语词—逻辑记忆）：以概念、判断、推理等抽象思维为内容的记忆。例如，以数学公式、法则、定理以及事物的性质、定义、关系等方面为内容的记忆，由于这些内容都是以词语符号表达出来的，所以这种记忆叫作语词—逻辑记忆。

2. 根据记忆保持时间长短不同，可以把记忆分成以下三种

（1）瞬时记忆：又称感觉记忆，是指通过感觉器官所获得的感觉信息，在 0.25～2 秒钟内的记忆。瞬时记忆的信息是未经加工的原始信息，例如我们在看电影时，实际上看到的是每秒 24 幅的静止的照片，但由于我们对第一幅的瞬时记忆尚未消失，接着又看见第二幅、第三幅……于是我们便由瞬时记忆知觉变成了看到连续的动态画面。

（2）短时记忆：指所获得的信息在头脑中储存不超过一分钟的记忆。例如，我们记电话号码就是短时记忆，我们记过之后，一般不会把号码再保持在头脑中。短时记忆的信息数量是有限的，大约是 7±2。这里的 7±2 不仅指绝对数量，也指组块的数量。

（3）长时记忆：是保持一分钟以上甚至终身的记忆。它是短时记忆经过加工和重复的结果。长时记忆储存信息的数量无法划定范围，只要有足够的复习，把信息加以整理、归类、整合到已有信息的储存系统中即可。

以上三种记忆是相互联系的，也是可以互相转化的。

（三）记忆的过程

记忆过程包括识记、保持和回忆。

1. 识记

识记是把所需信息输入头脑的过程，这是记忆的第一步。

2. 保持

保持是对识记过的事物在头脑中储存和巩固的过程，是实现回忆的保证，是记忆力强弱的重要标志之一。识记的材料会随时间的推移和后续经验的影响而发生量与质的变化，量的变化主要指内容的减少，量的减少是一种普遍现象，人们经历的事物总要忘掉一些。质的变化，是指对内容的加工改造，改造的情况因个人经验不同而不同。

遗忘就是对识记过的东西不能回忆，或者是错误的回忆。遗忘是与保持相反的过程，这两个性质相反的过程，实质上是同一记忆活动的两个方面，保持住的东西就是没有遗忘的东

西，而遗忘了的东西就是没有保持住的东西。因此，记忆力强的人总是保持的多而忘的少。

遗忘的规律。遗忘这一现象有个发展过程，最早对这个过程进行研究的人，是德国的心理学家艾宾浩斯。他在实验过程中，让被试者学习一组无意义的材料，计算出记住它所需要的时间，隔一段时间后重新学习，计算出重新记住它可以节省多少时间，节省的时间多表示保持的多。实验的结果表明，在学习材料之后，隔 20 分钟重新学习时可节省 58.2%的时间，隔 1 小时可节省 44.2%的时间，隔 1 天可节省 33.7%的时间，6 天以后节省时间缓缓下降到 25.24%，依据这些数据绘制成的曲线，叫作艾宾浩斯遗忘曲线（见图 5–1）。

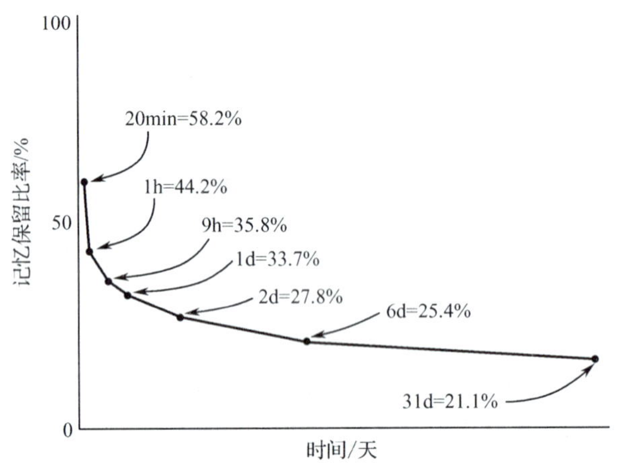

图 5–1　艾宾浩斯遗忘曲线

从上图遗忘曲线中可以看出，遗忘的进程是不均衡的，呈现先快后慢的趋势，在学习停止以后的短时间内遗忘特别迅速，后来逐渐缓慢，到了相当时间，几乎不能再遗忘了。

3. 回忆

回忆是人脑对过去经验的提取过程，它包含着对过去经验的搜寻和判定，回忆是识记、保持的结果和表现，是记忆的最终目的。回忆有两种不同水平的再认和再现。

再认，指对过去经历过的事物再度出现时能够识别。例如，你遇见很久不见的儿时的伙伴能认出来。再认是一种低水平的回忆过程，因为只有当经历过的事物在眼前时才能再认。

再现，指过去经验的呈现，是一种较高水平的回忆。例如，学生为回答教师的提问而想起学过的东西就是再现。

二、婴儿的记忆

婴儿具有记忆能力，这是现代心理学公认的事实。为了研究婴儿的记忆，心理学家采用了许多有趣的方法。

第一种方法是客体永久性法。“客体永久性”是皮亚杰理论中的一个概念，讲的是当一个物体从视野中消失后，儿童并不认为物体不存在了，而是相信它仍在某个地方。一般说来，7 个月以后的婴儿才具有这一能力。此前，当物体从视野中消失后，婴儿认为物体也就消失了，表现为不去寻找物体。而具有客体永久性的婴儿在物体从视野中消失后会继续寻找。有人运用此法对 7～12 个月的婴儿进行实验。实验者（主试）当着婴儿（被试）的面，先将一物体首先藏在 A 处，婴儿很顺利地找到物体。然后，实验者当面将物体藏于 B 处，研究发现，所有小于 12 个月的婴儿都到 A 处去寻找被藏的物体。这就是所谓的"AB 错误"。研究者还发现，7 个月的婴儿的 AB 错误，从发出寻找动作到主试把物体藏到 B 处的时间间隔为 2 秒，超过这个时间，婴儿就不再寻找；12 个月的婴儿为 10 秒。从解决问题的能力上看，婴儿的思维表现为不成熟，但从记忆的角度来看，婴儿确实有记忆，而且随年龄增长信息保持的时间也逐渐延长。

第二种方法就是前面提到的习惯化、去习惯化法。我们知道，反复给婴儿呈现一个刺激后，婴儿对该刺激的注意程度会下降，即形成习惯化。当一个新刺激出现时，婴儿会去习惯化，对新刺激表现为更加注意，注视时间延长。这一过程不仅表明婴儿已经具有良好的知觉辨别能力，而且也说明他们对呈现过的刺激具有一定的记忆能力。习惯化、去习惯化的行为表现实质上是婴儿大脑对信息的加工能力的标志。这一能力在一个儿童的所有认知活动中具有很高的一致性。因此许多学者认为："在平均水平上，婴儿期习惯化相对较快的儿童，在儿童期的 IQ 测验上得分较高。"也就是说，儿童早期对新异刺激的兴趣对以后的智力水平具有一定的预测性。这一论断至少为我们指出儿童的认知活动具有内在的连贯性。

第三种方法是传统的条件反射法。如果婴儿在一种条件下形成了一个条件反射，间隔一段时间后当这一条件再次出现时，观察条件反射是否再次发生，再次发生则表明婴儿具有记忆。有人记录下婴儿在自然状态下腿部运动的频率，然后在婴儿的脚踝处绑一布条，布条的另一端与一铃铛相连，婴儿每一次蹬腿都会引起铃声，形成铃声与蹬腿之间的条件反射。研究发现，2 个月的婴儿能保持 1～2 天，6 个月的婴儿至少能保持 2 个月。

第四种方法是延迟模仿法。我们知道，新生儿很早就具有即时模仿的能力。以后，婴儿能对不在面前的动作原型进行模仿，称为延迟模仿。有研究报告，9 个月的婴儿能对 24 小时以前见到过的原型的动作加以模仿。这种行为需要对以往经验的回忆。

研究表明，婴儿不仅很早就有记忆，而且还有一定的保持能力。在整个婴儿期，这种能力发生着各种变化，变得越来越趋向完善。

首先，婴儿的再认是不断发展的。新生儿和小婴儿的再认是粗略的。很小的婴儿尽管能对熟悉和不熟悉的物体作出不同的反应，但对熟悉的东西并没有"我曾见过"的认识。他们的记忆更多地属于内隐记忆。斯特劳斯（M. Strauss）等的研究说明了这一点。他们先让 5 个月的婴儿对某个具有特定形状、大小和颜色的物体（如大的、黑色的、向上的箭头）形成习惯化，然后改变一两个维度（如变为大的、白色的、向上的箭头），观察婴儿对刺激物的注视时间。研究发现，5 个月的婴儿对前一刺激物形成习惯化后，紧接着呈现第二个刺激物时，他能记住所有特征；如果将呈现时间延缓到 15 分钟，婴儿能记住两个特征；25 分钟后呈现第二个刺激时，婴儿只能记住一个特征。随着年龄的增长，婴儿对信息的保持时间逐步延长，对特定经验的编码也越来越多，对周围环境中的精细特征越来越敏感。4 岁儿童的再认已经非常精确了。在一项看图再认的实验中，向 4 岁儿童呈现 80 张图片，然后让他们指出曾经见过的图片，正确率达 90%。

其次，婴儿的回忆也有所发展。7 个月以后的婴儿能寻找从视野中消失的物体，说明婴儿已经具有了回忆。到第一年年末，多数婴儿表现出对自己熟悉的位置，如食品柜或玩具箱的长时记忆。婴儿不仅能记住单个的动作，还能记住动作的顺序。2 岁儿童产生了有意识地回忆以前发生过的事件的能力。这一发展显然与儿童言语能力的发展有密切关系。学前儿童也能对有意义的动作序列形成事件程式。这在他们的象征性游戏和角色游戏中表现得非常生动、准确。

三、幼儿再认和重现的发展

从信息加工过程看，记忆包括两种信息提取的方式：再认和再现。

儿童很早就具有很强的再认能力，但这种能力与其他心理过程一样，也随着年龄的增长而不断提高。我国心理学家沈德立等人采用再认法测量幼儿对情节图片和抽象图片的再认保持量。结果发现，不同年龄的幼儿对图片再认的保持量有显著的差异（见表 5–1）。

表 5–1　不同年龄组幼儿图片再认保持量比较

统计量 年龄组	保持量的平均数/张	标准差/张
小班	7.47	5.54
中班	11.38	4.79
大班	13.57	4.59

小班幼儿再认保持量为 7.47，中班幼儿的保持量为 11.38，大班幼儿的保持量为 13.57。各年龄组平均数差异显著，表明再认水平随年龄增加而显著发展，而且小班至中班的发展速度明显快于中班至大班的发展速度。研究还发现再认的发展不仅表现在保持量上，也反映在再认反应时上。年龄小的幼儿反应时长，年龄大的幼儿反应时短（见表 5–2）。

表 5–2　不同年龄组幼儿再认反应时的比较　　秒

年龄组	情节图片	抽象图片	平均值
小班	2.39	2.45	2.42
中班	1.97	1.99	1.98
大班	1.87	1.92	1.89

其他感觉道（如听觉）的再认也呈现以上的发展趋势。

许多学者还发现，当需要解决的任务难度提高时，个体的再认能力更明显地表现出随年龄增长而提高的趋势。

个体的再现能力随年龄的增长而提高，具体表现在年龄大的儿童再现时对外在线索的依赖比年龄小的儿童要少。根据个体再现时所提供的提示线索的不同，分为线索再现和自由再现两种。线索再现是回忆者依靠具体的外在线索进行的再现（如写出 10 个部首为“亻”的汉字）。自由再现是当提示线索较为笼统或抽象时进行的再现（如说出亚洲各国的首都）。研究证明，提示的线索越抽象，再现时对主体的认知能力的要求就越高。

年龄小的儿童在贮存记忆信息时运用的认知单位的类型（如重现、表象、符号、概念等）比成人少，加上年龄小的儿童对记忆策略的运用能力（如对信息的组织、重复、系统搜索等）比成人弱，因此，再现的效果比成人差。信息的再现受信息所在的位置的影响。一般说来，处于开始部位和结尾部位的信息再现效果比中间部位的好。这种现象称为首因效应和近因效应。不同年龄儿童的再现曲线的水平不同，但首尾上扬的趋势大致相同（见图 5–2）。

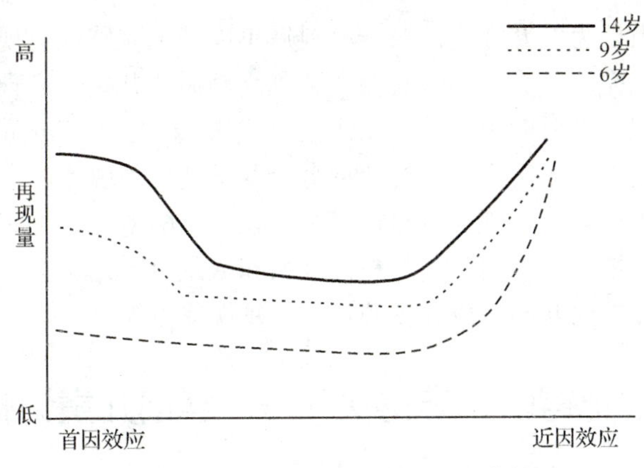

图 5–2　6、9、14 岁儿童的再现曲线

四、婴儿期记忆缺失和记忆恢复现象

在对婴儿记忆的研究中，有一个“经典性困惑”十分有趣，那就是婴儿期记忆缺失。大量的研究发现婴儿期有记忆现象，但人们又发现儿童并不能回忆起自己在婴儿期的事情。如何解释这种困惑呢？

有人认为，这是由于婴儿的大脑皮层的额叶尚未发育成熟的缘故。大脑额叶对记忆的关系重大，而大脑额叶的成熟要一直延续到学龄初期才能完成。但这一假设的不足之处是无法解释个体大脑额叶成熟的最高年限与婴儿期记忆缺失之间的年龄差距。幼儿期的大脑额叶也未成熟，为什么不造成幼儿期记忆缺失呢？也有人认为婴儿主要运用内隐记忆，外显记忆的功能较差。还有人认为，婴儿与年龄大的儿童和成人对信息采用不同的编码方式，婴儿采用非言语的编码方式，年龄大的儿童和成人采用言语编码方式。两套编码方式与提取方式之间不匹配，造成婴儿期存储的信息提取困难，导致婴儿期记忆缺失。还有人从早期记忆中缺乏自我的介入、早期婴儿缺乏分享和复述记忆的社会系统等方面来解释婴儿记忆的早期缺失。看来，这个问题还需要继续研究。学术界公认，只有当儿童出现自传体记忆时，才标志着婴儿期记忆缺失阶段的结束。

记忆恢复现象反映幼儿记忆过程中的另一类可能的遗忘曲线（见图 5–3）。

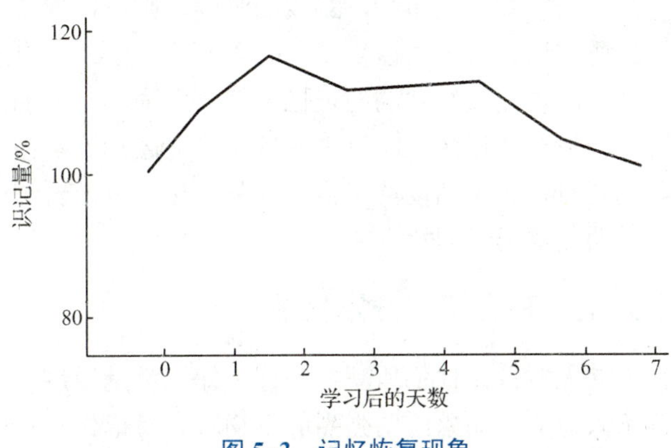

图 5–3　记忆恢复现象

这条曲线表示幼儿在识记材料之后的头几个小时、头几天里，识记量逐步上升，在达到

高峰之后开始下降，表现为幼儿在学习某一材料后不能马上完整地再现熟记的材料，而是过一段时间后记忆才得以完善。真正的遗忘要在达到高峰后才开始。心理学家通常认为，儿童记忆恢复现象发生在识记以后的1～2天。在记忆内容复杂和情调鲜明的材料时，记忆恢复现象表现得尤为经常和突出。在智力落后的儿童身上看不到这种现象。

我国学者洪德厚也曾对这一现象做过研究，发现4～6岁儿童的记忆曲线在延缓7～14天中有隆起现象。这一恢复现象与识记材料的性质和数量有一定关系。如果材料难度大，记忆恢复现象就比较明显。幼儿园小班儿童的记忆恢复现象更为显著。

第二节 “记得快，忘得快”——学前儿童记忆的发展

尽管记忆可能很早就存在，但并非一开始就很完善。在整个婴儿期，记忆会发生各种发展变化。年长婴儿的信息保持时间长于年幼婴儿，他们只需要较少的接触时间或“学习时间”，就可以把一些刺激或事件纳入记忆。随着发展，婴儿能对特定经验中越来越多的信息加以编码，他们对周围环境中越来越精细和复杂的特征变得敏感，从而也更可能记住它们。而且年长婴儿的再认行为更为复杂，对于熟悉的或以前经历过的客体与事件，他们很可能表现出更明显的“似曾相识”的再认特征，而且可能促发进一步的提取活动，例如，可能仔细而努力地回忆更多有关该再认刺激的信息。相反，新生儿和年幼婴儿的再认是粗糙的，更类似于较低级的有机体所具有的那种再认过程。

皮亚杰认为，婴儿能再认而不能回忆，因为回忆需要婴儿所缺乏的符号表征能力。但他的早于18个月的婴儿不可能有回忆的主张，近年来也受到了抨击。研究发现，9个月的婴儿已能够模仿24个小时之前看到的某个行为榜样，这种行为似乎需要对以往经验的回忆，而不仅仅是对当前某物的再认。婴儿具有回忆能力的另一个证据来自前面所述关于客体永久性的研究，一些研究者认为，婴儿9个月甚至更早时，便已表现出对某种见不到的客体仍继续存在的认识。在日常生活中也可以观察到，婴儿往往在经过较长的一段时间后，仍记得熟悉物体通常所处的位置。到第一年年末，多数婴儿表现出这种对熟悉位置的长时记忆。

大约1岁半以后，言语的发展使儿童的记忆具备了新的特点：第一，儿童再现的能力开始发展起来。约在2岁的时候，儿童能回忆自己去过哪里，自己的小玩具丢在哪儿，等等。但这时再现的事物只是几天内感知过的事物。3岁的时候，则可以保持到几个星期以后还能回忆。所有这些，儿童是凭借词、言语来恢复过去的印象的。第二，出生后的3年内，儿童的记忆基本上是无意记忆，即事先没有目的的记忆。但由于词、言语的发展，成人就向孩子提出“要记住”的任务，于是有意记忆，即事先有目的的记忆开始萌芽。

3岁以后，即幼儿期儿童，由于活动的丰富化、复杂化，以及言语的进一步发展，记忆的范围更加扩大。这个时期儿童记忆的特点如下。

一、以无意记忆为主，有意记忆开始发展

幼儿的记忆带有很大的无意性，他们所获得的许多知识都是通过无意记忆得来的。心理学研究表明，凡是儿童感兴趣的、印象鲜明强烈的事物就容易记住。也就是说，符合儿童兴趣需要的、能激起强烈情绪体验的事物，记忆效果较好；直观、具体、生动、形象和鲜明的事物，记忆效果较好；要记的东西能成为儿童有目的活动的对象或活动的结果，即让儿童摸

摸、动动等，记忆效果较好；与儿童活动的动机、任务相联系的对象，记忆效果较好。当然，即使如此，幼儿的无意记忆的效果，也是随年龄的增长而逐步提高的。在教育的影响下，幼儿晚期，约5岁以后，儿童的有意记忆和追忆能力逐步地发展起来。这主要是由于言语发展，同时，幼儿期的教育任务，如有意识地去复述故事、回想问题等，也促进了儿童有意记忆能力的发展。有意记忆的效果，主要取决于幼儿是否意识到要记住的任务，取决于幼儿活动的动机及积极性。但幼儿期的有意记忆只是初步的，远远未占优势地位。

父母与幼教工作者要积极发展幼儿期的无意记忆和有意记忆，一方面要按照影响无意记忆效果的特点，采取适当相应的措施，以提高他们的记忆能力、记忆效果；另一方面，必须加强幼儿言语系统的调节机能，经常提出明确的有意记忆的要求，并且注意发展幼儿积极的活动动机，促进他们有意记忆能力的提高。

案例分析

在整个幼儿期，幼儿的无意记忆占优势，影响幼儿无意记忆的因素有：客观事物的性质；客观事物与幼儿主体的关系；幼儿认知活动的主要对象或活动所追求的事物；活动中感官参与的数量以及活动的动机等。幼儿对看到的某个电视广告的广告词记忆效果较好是因为对广告词的记忆是一种无意记忆，电视画面具有具体、生动、形象的特点，给予幼儿视觉、听觉等多种感官刺激。童谣、广告词的简明的语言，符合儿童的兴趣和需要，很容易成为儿童无意记忆的对象，而教师要求记忆的任务属于有意记忆。

知识拓展

儿童有意记忆的发展

伊斯托米娜对3～7岁儿童有意记忆的特点的实验研究表明，如果作业是在实验室条件下布置的，那么，3～4岁的儿童平均只能记住5个词中的0.6个，5～6岁儿童能记住1.5个，7岁儿童能记住2.3个。但是，如果这些词用于游戏，如“购买物品游戏”中，那么，儿童记忆单词数为：3岁1.0个，4岁3.0个，5岁3.2个，6岁3.8个。如果再进一步将游戏改为一次实际的活动（通过组织儿童领取实物布置展览会），这些被试儿童记忆单词的成绩又提高到：3岁2.3个，4～5岁3.5个，5～6岁4个，6～7岁4.4个。

实验者不仅发现3～7岁儿童的有意记忆在发展，而且还注意到儿童在记忆的方式上有重要差别。

在游戏实验中，儿童的识记表现出三种不同的行为方式。

（1）儿童虽然能理解自己“顾客”的身份，但不理解交给他们的任务，有时甚至还没有听完任务就跑到“商店”里去了。他们并不试图再现对他们说的话，表现为没有识记目的。

（2）儿童虽然能理解任务，并力图复述任务，具有识记目的，但并没有采用任何有助于识记的特殊方法。

（3）儿童不仅能理解任务，而且还采用促进识记的方法，如自己复述或要求实验者重复。

以上三种行为方式在不同年龄儿童身上出现的次数是不同的（见表 5–3）。

表 5–3　儿童记忆的不同行为方式次数

年龄/岁 行为方式/次	3～4	4～5	5～6	6～7
1	12 人	0	0	0
2	3 人	15 人	7 人	5 人
3	0	0	8 人	10 人

表 5–3 说明，低级的行为方式在 3～4 岁儿童中占优势，而高级的行为方式从 5～6 岁开始出现，并随年龄增长而增加。第二种行为方式有一种有趣的趋势，4～5 岁时有所增加，而 5～6 岁以后又逐渐下降。

在这个实验中，儿童的再现也表现出三种行为方式：

（1）完全没有做到复述任务，只是说出当时所想到的一些物品的名称。

（2）儿童用自己想出的话不很精确地力求复述。

（3）运用某种回忆的方法力求复述任务。

实验中三种行为方式的表现次数为：

第一种行为方式只在 3～4 岁儿童身上表现出来；第二种行为方式在 4～5 岁儿童身上表现得最多，6～7 岁儿童很少表现；第三种行为方式从 5～6 岁开始逐渐增加。研究者注意到儿童有意再现的高级行为方式（第三种方式）的发展比有意记忆的高级行为方式来得早（表 5–4 中 5～6 岁的 12 人与表 5–3 中 5～6 岁的 8 人相比），而且也发展得快。因此，研究者认为，有意记忆的发展是由有意再现的发展开始的，有意记忆是在有意再现之后发展的，儿童的有意再现的发展先于有意记忆。

表 5–4　儿童再现的不同行为方式的表现次数

年龄/岁 行为方式/次	3～4	4～5	5～6	6～7
1	12 人	0	0	0
2	3 人	13 人	3 人	1 人
3	0	0	12 人	14 人

幼儿的无意记忆和有意记忆随着年龄的增长均在发展。但是，两者增长的速度是不同的。我们不要把幼儿的无意记忆和有意记忆的发展看作此长彼消的过程。事实上，随着幼儿年龄的增长，两种记忆都在不断发展。国内有课题组做过比较不同年龄幼儿记忆图片效果的实验，向 4～7 岁儿童呈现 10 张图片，发现儿童无意记忆的成绩为：4 岁为 4.5 张，5 岁为 5.3 张，6 岁为 5.7 张，7 岁为 6.2 张。相应年龄的有意记忆的成绩分别为：5.4 张、6.2 张、6.9 张和 7.7 张。可见，幼儿的无意记忆和有意记忆都在发展。随着年龄的增长，儿童有意记忆发展的速度增长得更为明显。因而，不同的年龄阶段，两种记忆的效果也不同。一般说来，学前期无意记忆的效果好于有意记忆，而到小学四到六年级时，有意记忆的效果赶上并最终超过无意记忆的效果。

儿童两种记忆的发展除了与年龄、活动的性质有关外，也与材料的难度有关。材料难度越大，随年龄增长的两种记忆效果的差别就越小。这是因为记忆材料难度提高后，智力活动的积极性也要相应提高，使无意记忆的成绩显著提高以接近有意记忆的成绩，因而两种记忆的效果比较接近。

二、以机械记忆为主，意义记忆逐渐发展

在早期教育中，常见父母与幼教工作者让孩子们死记硬背，这样做未必好。从记忆方法上，记忆可以分为机械记忆和意义记忆。前者是机械重复，硬背死记；后者是理解意义，记住内容。由于幼儿经验少，缺乏记忆的方法，所以只能以机械记忆为主要方法。但幼儿期也是有意义记忆的，例如，幼儿复述故事时，他绝不是一字一句地照背，而是在理解的基础上或多或少地经过了组织加工。在一定意义上说，幼儿的理解记忆比机械记忆效果好，也就是说，幼儿对可理解的材料要比无意义的或不理解的材料记忆效果好得多。例如，幼儿对词的记忆要比对无意义的音节的记忆效果好。记忆熟悉的词要比生疏的词效果好。因此，父母与幼教工作者从儿童的幼儿期起，就要引导他们理解要记忆的材料的意义，要掌握一定的力所能及的记忆方法。然而，幼儿的机械记忆是主要的，机械记忆仍然占着优势。等到他们入学后，随着年龄的增长，机械记忆才逐步减弱，理解记忆逐步占优势。正因为幼儿期机械记忆发达，因而从幼儿期开始，甚至更早一点儿就应该让孩子背点儿东西，例如诗词、汉语拼音、外语单词等；利用机械记忆，从小就让儿童打下知识的基础，这是早期教育中很重要的一条心理学依据。

第三节　“玩中学，乐中记”——学前儿童记忆力的培养

一、运用记忆的规律，培养幼儿的记忆

（一）明确记忆的目的和任务

明确记忆的目的和任务，对于记忆效果有很重要的影响，有了明确的任务，就能够把全部的精力集中到记忆的任务上去，并采取各种措施去实现它。例如幼儿教师在组织教育活动过程中，应向幼儿提出明确的具体的记忆任务，以提高幼儿的记忆效果。教师可以在创设情境之后问小朋友：“观察一下我们的教室有哪些变化？”或者户外活动时可以问小朋友：“看看哪个小朋友观察到的新鲜事物多，回来之后可以给其他小朋友讲一讲。”

（二）利用遗忘规律帮助幼儿及时复习

幼儿记忆保持的时间比较短，记忆的正确性较差，而且容易发生遗忘，所以帮助他们进行及时的复习很重要，在记忆材料之后，必须帮助幼儿进行复习和巩固，对同一内容要反复多次，才能被掌握。教师可以在日常生活中和游戏活动中寻找机会，帮助幼儿复习学习过的内容，避免遗忘。比如在教了某些儿歌之后，可以在活动当中要求小朋友一边玩游戏一边背儿歌。同时，根据遗忘的规律是先快后慢，教师应该及时地帮助幼儿复习，在大量遗忘之前将新学的知识进行巩固，复习的时间间隔要短一些，可以反复多次。这样可以起到事半功倍

的效果。

二、给幼儿记忆的材料要形象

幼儿的记忆以形象记忆为主，色彩鲜艳、形象生动夸张、内容新颖有趣，才能够吸引幼儿的注意，他们才比较容易记住，因此，在幼儿园教育活动中，教师应该注意选择那些色彩鲜明、形象具体并有感染力的内容，这些内容能够吸引幼儿。特别是在解释抽象概念时，更要运用形象具体的教具，或者图片、视频进行演示，以形象为支撑，加深幼儿对抽象词语概念的记忆，这样记忆的效果才会更好。

三、帮助幼儿理解记忆的材料

幼儿意义记忆的效果优于机械记忆，他们对材料理解得越好，记得就越快，保持的时间也越长。因此在幼儿园教育活动中，教师应该采用多种方法，尽量帮助幼儿理解所要记忆的材料；同时，还要指导幼儿在记忆过程中进行积极的思维活动，逐渐学会从事物的内部联系上去记忆材料，这样在理解的基础上记忆，记忆的效果才会更好。例如，用单纯的反复跟读的方法教幼儿背儿歌，可能需要两三天的时间才能记住，而如果先把儿歌的内容编制成故事讲给幼儿听，或者让他们对儿歌内容进行绘画，让他们很好地理解儿歌内容，他们就会很轻松地记住这首儿歌。

四、使用多种感官参与记忆过程

实验研究证明，在实际活动中多种感觉通道的参与对记忆效果具有促进作用。实验表明，同样讲一个故事，采用教师讲幼儿听的方法，幼儿只能记住 20%～30%的内容；采取教师讲幼儿听的方法，再跟着“说一说”，幼儿可记住 30%～50%；而采取教师讲，幼儿听和说，并同时用手拿活动教具表演的办法，幼儿记住的内容可达到 65%～80%。因此，在幼儿园教育活动中，教师要创造机会尽力调动幼儿的各种感官都投入记忆活动，在实际过程中既听又看，还能动手操作，就容易记得完整、正确又牢固。

五、帮助幼儿掌握记忆的方法

幼儿自发使用的记忆方法不多，记忆的效率不高，要提高记忆的效率，良好的记忆方法是不可少的，因此教师和家长要通过各种途径把良好的记忆方法教给小朋友。

（一）归类记忆法

归类记忆法就是把许多属于同类的事物归为一类进行记忆的方法。比如，把衬衣、短裤归为衣服类，把饼干、肉、糖、蛋糕归为食品类。实验证明，幼儿进行归类记忆的效果比较明显，在同样条件下，不会归类记忆的 4 岁幼儿只能记住 4～5 个物体，而采用归类记忆法的幼儿则能记住 10 个物体；5 岁幼儿不会用归类记忆法主动记忆，只能记住 5～6 个物体，而采用归类记忆法者能记住 14 个物体；6 岁幼儿不会用归类记忆法主动记忆，只能记住 7～9 个物体，而采用归类记忆法者平均能记住 18 个物体。因为归类记忆法可以使思维参与到记忆过程中去，通过对记忆材料进行一番分析和综合、抽象和概括，使记忆材料之间建立了意义联系，因此效果明显。

（二）协同记忆法

协同记忆法，是指利用多种感官的协同作用在大脑皮层上建立多方面的暂时神经联系，来提高记忆效果的方法。尤其在记忆一些可见、可摸、可食、可听、可操作的物体时，尽量使幼儿多种感官协同活动，比如让幼儿认识橘子时，可以让幼儿摸一摸、尝一尝、闻一闻、动手扒皮、用刀切开看，从多方面获得感性认识，这样不仅记得快，而且记得牢。

协同记忆法提高记忆效果的奥秘在于，把眼、耳、口、手、鼻多种感官通道利用起来，在大脑皮层上就会留下许多同一意义的痕迹，这样就加强和巩固了要记忆的材料之间的意义联系，因而提高了记忆的效果。

（三）整体记忆和部分记忆相结合

整体记忆的方法是将材料整体一遍一遍地记忆，直到背会为止，部分记忆的方法是将材料一段一段地背诵再合成整体背诵，如果材料的数量不多，一般用整体记忆，效果较好，当材料较长时，应用部分记忆方法，效果较好。通常最好是两种方法并用，先把材料从整体上读几遍，对特别困难的部分多读几遍，再全部诵读，如此反复直到记住为止。

整体记忆法适合幼儿记短小的儿歌、故事，这样有利于幼儿完整地去理解和体会其中的思想感情，在识记的材料较长、内容较复杂时就应该采用整体记忆和部分记忆相结合的记忆法。先让幼儿对材料有一个整体认识，然后教他们分段分句地理解和记忆，把整体与部分结合起来，能有效地提高幼儿的记忆效果。

（四）形词结合法

人脑所能接受的信息多种多样，但是概括起来主要是形象和语词，二者既相互联系，又相互依赖。当幼儿记忆词语符号等抽象材料时，必须有直观形象来支持，比如进行诗歌教学时，对于抽象的语词材料，教师可以先让幼儿观察一些相关的图片，或把诗歌的内容变成他们理解的小故事，先讲给他们听，帮助幼儿建立相关的表象，这样一边学诗歌一边就能唤起他们头脑听觉的表象，不仅有利于理解，而且有利于记忆。

当幼儿记忆形象的材料时，在记住物体的外形特征后，应教给幼儿相应的词汇或名称。例如，在教幼儿认识数字时，引导他们利用某些形象的事物作为中介进行记忆，比如："1 像铅笔细又长，2 像鸭子水上漂，3 像耳朵听声音，4 像红旗迎风飘，5 像秤钩来卖菜，6 像哨子吹一吹，7 像拐棍走一走，8 像麻花拧一拧，9 像汤勺来喝汤。"

（五）记忆游戏

游戏是幼儿最感兴趣、最喜欢的活动，通过游戏来发展幼儿的记忆力是一个最有效的方法。比如，在打电话的游戏中，教师可将幼儿分成两组，教师扮演打电话的人，教师发出"丁零丁零"的声音之后，迅速告诉第一组、第二组的第一个幼儿"我们要去春游"，两组的第一个幼儿要用耳语对第二个幼儿说这句话，再一个一个地依次传到小组的最后一名幼儿，他再把听到的话告诉老师，传话又快又正确的小组为胜利。教师可根据本班幼儿实际情况自行创编各种类型的游戏活动，让幼儿在轻松的活动中提高记忆力。

【议一议】

幼儿的记忆以无意记忆为主吗？

【练一练】

1. 幼儿的形象记忆主要依靠的是（　　）。

A. 动作　　B. 言语　　C. 表象　　D. 情绪

2. 我们能很顺利地将广播体操一个动作接一个动作、一节接一节地做下来，这是（　　）在起作用。

A. 形象记忆　　B. 运动记忆　　C. 情绪记忆　　D. 理解记忆

3. 当我们第一次走上讲台，面对几十个小朋友讲课时，激动兴奋的心情多年后仍然能清楚地记得，这就是（　　）。

A. 形象记忆　　B. 运动记忆

C. 语词—逻辑记忆　　D. 情绪记忆

4. 在不理解的情况下，幼儿能熟练地背诵古诗，这是（　　）。

A. 意义记忆　　B. 理解记忆　　C. 机械记忆　　D. 逻辑记忆

5. 从记忆内容看，幼儿阶段占主要地位的记忆类型是（　　）。

A. 运动记忆　　B. 形象记忆　　C. 情绪记忆　　D. 语词记忆

6. 属于记忆的种类有（　　）。

A. 想象记忆　　B. 具象记忆　　C. 情绪记忆　　D. 思维记忆

7. 我们脑海中保持的天安门的形象，属于（　　）。

A. 情绪记忆　　B. 形象记忆　　C. 运动记忆　　D. 语词—逻辑记忆

8. 我们能熟练地说出感觉的概念，这是（　　）。

A. 运动记忆　　B. 形象记忆　　C. 情绪记忆　　D. 语词—逻辑记忆

9. 德国心理学家艾宾浩斯提出遗忘曲线，指出遗忘的规律是（　　）。

A. 先慢后快　　B. 先快后慢　　C. 先长后短　　D. 先短后长

10. 我们能够听出曾经听过的歌曲，叫出曾经熟识的人的名字，是（　　）的表现。

A. 识记　　B. 再现　　C. 再认　　D. 保持

11. 下面属于无意再现的词语是（　　）。

A. 一见钟情　　B. 触景生情　　C. 情深意切　　D. 情断义绝

12. 学生考试时回忆以往的知识是（　　）。

A. 再认　　B. 无意再现　　C. 有意再现　　D. 识记

13. 不同的记忆在个体发生的时间不同，顺序为（　　）（　　）（　　）（　　）。

A. 情绪记忆　　B. 运动记忆　　C. 言语记忆　　D. 形象记忆

14. 老师要幼儿说出刚出示的图片上有几只小鸡，而幼儿则回答小鸡是黄颜色的。这是（　　）现象。

A. 形象记忆　　B. 适当　　C. 心理现象　　D. 偶发记忆

【讲一讲】

如何培养幼儿的记忆能力？

【读一读】

有趣的记忆力测试题

1. 下面列出 3 行数字，每行 12 个。你可任选 1 行，在 1 分钟内读完（平均每 5 秒钟读一个数），然后把记住的数字写出来（可以颠倒顺序）。根据记住的多少，测试你的记忆力。

73　49　64　83　41　27　62　29　38　93　71　97

57　29　32　47　94　86　14　67　75　28　79　24

36　45　73　29　87　28　43　62　75　59　93　67

2．集中注意力的记忆程度的测试：

下面编排了 100 个数字，请你在这些数字中按顺序找出 15 个数字来，例如 2～16，或 61～75 等。根据你找到这 15 个连续数字所需要的时间，可以测试你在集中注意力时的记忆程度。

12　33　497　94　57　22　19　49　60　27　98　79　8　713　61　6　899

5　41　95　14　76　81　59　48　93　28　296　34　62　53　68　16　78　39

86　7　42　11　82　85　38　87　24　47　63　32　77　51　71　21　52　4　9　69

35　58　18　43　26　75　367　46　88　17　64　53　1　72　15　54　137　23

83　73　84　944　89　66　91　74　92　21　36　55　65　31　45　29　56　2

参考文献

[1] 王振宇. 学前儿童发展心理学[M]. 北京：人民教育出版社，2004.
[2] 杨丽珠. 幼儿个性发展与教育[M]. 北京：世界图书出版公司，1993.
[3] 丁祖荫. 幼儿心理学[M]. 北京：人民教育出版社，1986.
[4] 陈帼眉. 学前心理学[M]. 北京：人民教育出版社，1989.
[5] 王振宇. 儿童心理学[M]. 南京：江苏教育出版社，2000.
[6] 朱智贤. 儿童心理学[M]. 北京：人民教育出版社，2003.
[7] 关金艳. 幼儿心理学[M]. 南京：河海大学出版社，2015.

第六章

学前儿童想象和思维的发展

本章介绍

幼儿的想象与思维天真幼稚，甚至可笑，然而，这个发展水平却是人生中不可逾越的一个阶段，是成人高水平想象和思维活动的基础。那么幼儿期的孩子在想象和思维方面有哪些特点，怎样根据这些特点科学施教，促进幼儿想象与思维的发展，就成为幼儿心理学必须明确回答的问题。

学习目标

知识目标：了解幼儿想象和思维的特点，掌握幼儿想象与思维的发展。

能力目标：能根据幼儿想象与思维的特点解决实际问题。

情感目标：激发幼儿的想象与思维的发展。

情境案例

一名幼儿把火柴盒放在地上，一边推，一边说 “开车了”。——幼儿把火柴盒想象成小车。

奶奶对孙子说：“去看看你妈妈回来没？”孙子到门口看看说：“奶奶，你妈妈没回来。”——幼儿思维的表面性。

第一节 “青梅竹马”——学前儿童想象的发展

“青梅竹马”的典故是唐代诗人李白在其诗作《长干行》中描写的：古代金陵城长干里住着两户人家，两家均有孩子，他们从小在一起玩耍，男孩骑着竹竿当马，欢快地跑出来。女孩见梅树上长着许多青梅就叫男孩去摘，男孩给她摘下许多。两人感情纯洁深厚，而且毫无猜疑。后来两个小孩长大结为夫妻。简单地说就是一个男孩和一个女孩一起长大，感情很深、很纯洁。这里的竹马指的是男孩把竹竿想象成马。

一、表象

表象是指过去感知过的事物形象在头脑中再现的过程。人的思维不仅要借助于概念来进行，也要借助于表象来进行。

表象不同于知觉形象。表象是在知觉形象的基础上产生的，两者有相似之处，如都比较直观、具体。但是表象和知觉形象又有所不同。表象比知觉形象更概括一些。知觉形象鲜明生动，而表象却比较暗淡模糊；知觉形象完整，表象不完整；知觉形象持久稳定，表象不稳定。例如，一棵树的表象不如具体某一棵树的知觉形象鲜明，它的形状、颜色和大小都不是很清楚，而且表象的复现常常不完整，我们一会儿想到树干，一会儿想到树枝等。

（一）表象的种类

1. 根据表象产生的通道划分

可分为视觉表象、听觉表象、嗅觉表象、味觉表象、触觉表象、动觉表象（如体育活动的动作），等等。

读下面的故事，头脑中会出现各种感觉的表象，如同身临其境一般。

“一天早上，正好在日出的时候，一个和尚开始爬山，一条一二尺宽的狭窄的小路蜿蜒而上，一直通向山顶的寺庙。小路有的地方是石头铺的，有的地方是土路，有的地方平坦，有的地方凹凸不平。和尚口中叨念着经文，手摸着挂在腕上的一串念珠，一路盘旋而上，沿途还停下来歇息了几次。山路旁不时有松鼠和野兔向他拱手点头，树上有各种小鸟对他鸣叫，远处寺庙的钟声呼唤着他。但是他走得很慢，在太阳快落山的时候到达了山顶的寺庙。第二天，他又沿着这同一条路从寺庙下山。下山要比上山走得快，沿途也歇息了好几次。在半山腰有一个宽敞的地方，那里有平展光滑的大理石凳，在中午12点，正是阳光直射的时候，这个和尚上山、下山两次都正好到达那里。”这个故事的描述使你进行了一次综合各种知觉表象的形象追踪。

2. 根据表象创造性程度的不同划分

①记忆表象：是指在记忆中保持的客观事物的形象；②想象表象：是指对头脑中已有表象进行加工后形成的新形象，这些形象可能是人们从未感知过的，或者是世界上根本不存在的。

3. 根据表象的概括程度划分

①个别表象或单一表象：是反映某一具体客体的形象。②一般表象：是反映一类事物的共同特征的表象。

（二）表象的特征

1. 直观性

表象是在知觉的基础上产生的，构成表象的材料均来自过去知觉过的内容，是以生动具体的形象在头脑中出现的。

2. 概括性

表象是人们多次感知的结果，它不表征事物的个别特征，而是表征事物的大体轮廓和主要特征，它是关于某个事物或某类事物的概括形象。例如，“马”的表象在头脑中出现的不是某一匹具体的马，而是马的大体形象：高高的头，长长的尾巴，四条腿，颜色可能是白色的，也可能是黑色的，可能是奔跑的，也可能是站立不动的。

3. 可操作性

表象在多种感觉通道上发生，可以是各种感觉的映象，有视觉、听觉，以及嗅觉、味觉、触觉、动觉的表象，等等。

（三）表象的作用

1. 依靠表象形成长时记忆

最早提出双重编码说的是佩威奥（Paivio，1974），他认为长时记忆的信息是以视觉表象和言语表征两种形式存储的。信息在大脑中可以以词进行编码，也可以以表象进行编码，在一定条件下，表象和词可以互相转换。

2. 凭借表象进行思维操作

表象思维即形象思维，就是凭借表象进行的思维操作。在库泊和谢泼德的实验中，使用的实验材料是旋转角度不同的字母 R，呈现的字母有时是正写的，有时是反写的。被试者的任务是判断字母是正写还是反写的。结果是从垂直方向旋转的角度越大，作出判断所需时间越长。解释是：被试者首先必须把呈现的字母在头脑中进行旋转，直到其处于垂直位置，然后才能作出判断，反映的是被试者进行心理旋转—表象操作所用的时间上的差异。这证明了表象操作的存在，说明人们在完成某种作业时确实可以借助于表象进行思维。

3. 表象为概念的形成提供了基础

表象是认知过程的一个重要环节，它既有直观性（接近知觉），又有概括性（接近思维）。首先，表象可以脱离具体事物，脱离知觉的局限性，为概念的形成奠定了感性基础。例如，对“树”的概念，我们可以用各种各样的树的具体形象来说明。其次，表象的形成还有利于对事物进行概括。只有儿童头脑中有了各种各样的数的表象，在概括“树”的概念时才会更容易。

4. 表象促进问题解决

表象的形成会有利于问题的解决。例如，在进行逻辑推理时，表象有重要的作用。休腾洛切尔等人（Huttenlocher et al.，1968）做过一个实验：汤姆比迪克高，哈里比汤姆高，问谁最高？休腾洛切尔等人认为，线性推理的前提是以表象的方式复现在人脑中，并按一定的空间系列进行操作，把一些项目按大小想象为自上而下的垂直排列或自左至右的水平排列。因此，在解决这一问题时，人们在头脑中的表象会形成这样的排列顺序：哈里高于汤姆，汤姆高于迪克。因而得出哈里最高。

二、想象

（一）想象的概念

1. 什么是想象

想象是对头脑中的已有表象进行思维加工，形成新形象的过程，是一种高级的认识活动。是一种特殊的思维形式。

（1）想象所形成的形象不是一般形象，而是新形象，是大脑所没有感知过的。没有到过大草原，但当你读了“天苍苍，野茫茫，风吹草低见牛羊”的诗词时，头脑中就会浮现一幅草原牧区的景象。

（2）想象的材料来源是表象，而表象则来源于实际生活和过去经验。想象的形象不管离奇到什么程度，构成新形象的材料最初都来自客观现实。如牛头马面、猪八戒、孙悟空、美人鱼等形象。

2. 想象的作用

（1）预见作用。想象能预见活动的结果，指导人们活动进行的方向。科学家的发明创造、工人的技术革新、学生的学习都离不开想象。

（2）使人超越时空的限制去获得更多的知识。如历史上的重大事件、月球上的知识等。

（3）对机体的生理活动有调节作用。想象能改变人体外周部分的机能活动。如人们可以通过想象调节心跳的速率，有人能调节体温，可以使左右手温度不一。想象“跟在汽车后面奔跑”，心跳会加快；想象“自己安静地躺在床上”，心跳会变慢。

3. 想象的形式

（1）黏合。就是把客观事物中从未结合过的属性、特征及不同的部分结合在一起而形成新形象。如文学作品中的美人鱼、人面狮身等，科学发明上如水陆两用坦克等。

（2）提炼典型。即根据一类事物的共同特征创造新形象。如文学作品中的人物形象阿Q、孔乙己等，鲁迅关于人物模特儿的说明，高尔基关于小商人的论述。

（3）夸张或强调。通过改变事物的正常特点，故意突出或省略事物的某些特点而形成新形象。例如，千手观音、哪吒的三头六臂、大人国、小人国等。

（4）提出假设。根据已有的材料提出合理的假设而形成新形象。如原子的模型、光的波粒二象性、哥德巴赫猜想，等等，都是在假设的基础上经科学证明其正确性的。

（二）想象的种类

根据想象过程中是否有预定目的、是否经过意志努力，可分为：

1. 无意想象

无意想象是没有特定目的，也不需要经过意志努力，不自觉进行的想象。如看到天上的云层，我们会自然而然地想到它像奇峰异兽、像大海、像草原等。梦是一种典型的无意想象。梦是伴随睡眠而出现的正常现象，梦境的内容是过去经验的奇特结合。弗洛伊德在1900年出版的《梦的解析》一书中，认为梦是“被压抑的性本能欲望的象征性满足”。白天人的欲望被意识压抑，埋藏到潜意识中去了，到了夜晚，意识的压抑力量放松，白天的欲望乘机得到发泄，于是做梦了。但是，梦依然受到意识的制约，因此，潜意识的冲动是经过化装而表现出来的。所以，梦是人的本能欲望的伪装、象征性的满足。对弗洛伊德关于梦的解释心理学界是存在争议的，但有一点是可以肯定的，即做梦时意识的控制作用减弱了，其他方面则缺乏科学依据。

做梦是人脑的正常活动，人脑处于睡眠状态，某些部位仍在兴奋活动，对内外刺激仍会作出一定的反应，于是人就做梦。例如，儿童时期常梦见找厕所，是由于尿水充满膀胱所致。冬天把脚伸出了被子外面，就会做涉水过河、冷水刺骨的梦。听见汽车响，会梦见自己坐在汽车上。有时候很难找出做梦的直接动因，只能理解为大脑皮层原有痕迹的复活，“日有所思，夜有所梦”。

2. 有意想象

有意想象是指根据一定的目的，自觉地创造出新形象的过程。人们在实践活动中，为实现某个目标，完成某项任务所进行的活动，都属于有意想象。为织一件新毛衣想象织什么花色，幼儿为搭一座“大桥”想象用什么结构材料等都是有意想象。有意想象包括：再造性想象、创造性想象和幻想。如作家的创作、画家的构思等。

（1）再造性想象。

再造性想象是根据语言的描述或图样、符号的示意等在头脑中产生新形象的过程。再造，即别人已创造过了，根据别人创造的成果产生新形象。再造性想象是人们获得间接经验、知识的重要途径，是学生理解和掌握知识不可缺少的条件。知识是间接经验的概括，人类不可能也不必要去体验、感知所有的知识，而主要是从教师借助于书本、语言、图表、模型、符号的讲授中获得。知识只有在学生头脑中形成相应的形象，学生才能真正理解和掌握知识，否则，只能停留在机械记忆的水平上。

任何再造性想象的形成均要有有关的表象和思维的组织作用。缺乏表象，想象就没有基础，新的表象无从谈起，想象就不可能产生。但想象也不是表象的堆砌，而是按照一定的目的任务，用言语思维对表象进行组织、支配、规划。因此，“有意想象是在词的指导下进行的形象思维的过程”。

（2）创造性想象。

创造性想象是指根据一定的目的任务，不依据现成的描述，在人脑中独立地创造出新形象的过程，其特点是新颖、独创、奇特。如作家创作的新的人物形象，科学家提出的新理论，实验研究的成果，技术革新，等等。

创造性想象的新形象必须是前所未有的，因此，它比再造性想象要更复杂、更困难，它需要对已有的表象材料进行深入的分析、综合、加工、改造，在头脑中进行创造性构思，是一项复杂的脑力劳动。

（3）幻想。

幻想是指向未来并与个人愿望相联系的想象。第一，幻想所产生的是个人所希望或所向往的事物的形象。创造性想象的形象有些不是创造者所希望的，如悲剧人物。第二，幻想没有预定目的，不一定以客观规律做依据，因而不一定具备实现的可能性，有些仅仅是想想而已。

幻想可分为积极的幻想和消极的幻想。积极的幻想又称科学的幻想，对于人们的工作和活动有推动作用，许多科学发明创造都与科学幻想联系在一起。列宁说过：“甚至在数学上也需要幻想，没有它就不可能发明微积分。”郭沫若说过：“科学工作者同志们，请你们不要把幻想让诗人独占了。”“有幻想才能打破传统的束缚，才能发展科学。”消极的幻想是指离开现实、脱离实际、违背事物发展规律的想象，也叫空想，是以主观愿望代替实际行动，到头来只能是一无所获。

三、学前儿童想象的发展

（一）想象发生的年龄

想象的生理基础是大脑皮层上已经形成的暂时联系进行新的结合。2 岁左右儿童的大脑神经系统趋于成熟，这使得儿童在头脑中可能会储存较多的信息材料，所以，想象在儿童 1～2 岁时开始萌芽，主要是通过动作和语言表现出来，如幼儿将凳子当作火车、汽车，边“开车”，嘴里还“呜呜嘀嘀”说个不停，非常投入地扮演司机的角色。这种把日常生活中的行动迁移到游戏中去的做法，就有想象的参与，当能用语言表达自己想象活动的时候，就明确客观地说明了想象的出现。

（二）学前儿童想象发展的特点

1. 以无意想象为主，有意想象开始发展

（1）想象的目的性不明确。

幼儿想象的产生，常是由外界刺激物直接引起的，想象活动不能指向于一定的目的，如幼儿拿到什么东西，就想象可以用来干什么，拿起小竹竿，才想象它是一匹小马，可以进行骑马活动。在幼儿园晨间活动中，我们看到小班幼儿在玩胶粒插塑，你问他，你想搭个什么呀？他不吱声，等搭好了一个什么（在成人看来不像个什么）他就告诉你，这是望远镜。孩子越小，想象的目的越不明确，也就越以想象过程为满足。

（2）想象的主题易受外界的干扰而变化。

幼儿初期的孩子想象不能按一定的目的坚持下去，很容易从一个主题转换到另一个主题。这主要是由幼儿初期的孩子的直觉行动性思维决定的。如在游戏中，孩子一会儿当服务员，一会儿又去当老师。在画画中也如此，先是画树，看到别人画兔子，他又去画兔子吃萝卜。想象主题极不稳定，易受干扰而变化。

（3）想象过程受兴趣和情绪的影响。

幼儿在想象过程中常表现出很强的兴趣性和情绪性。情绪高涨时，幼儿想象就活跃，不断出现新的想象结果。在幼儿园，老师亲了一下孩子，那么他就会产生丰富的联想，头脑中浮现出老师喜欢他的情景。又如“老鹰捉小鸡”的游戏本应以小鸡被老鹰抓走而告终，可孩子们同情小鸡，又产生这样的想象：鸡妈妈和鸡爸爸赶来，把老鹰啄死，救回了小鸡。

另外，兴趣也影响孩子的想象。幼儿对自己感兴趣的游戏和学习，就会长时间去想象，专注于这个活动；而对不感兴趣的活动，则缺乏想象，往往是消极地应付或远离这项活动，表现在活动实践中，保持时间很短，如大班孩子玩塑料插花只能玩一会儿，就是这个原因。因此幼儿想象过程的方向、想象的结果、想象的丰富程度受其情绪和兴趣的影响较大。

在教育的影响下，幼儿的有意想象开始发展。

中班以后，幼儿的想象已具有一定的有意性和目的性。如通过老师对故事前半部分的描述，幼儿会有意想象，续编故事的结尾。续编故事体现出孩子已有明确的想象目的，想象的有意性开始发展了，而且想象的内容也日益丰富。

大班以后，幼儿的想象还有了其本身的独立性。如对神话故事的看法，有的孩子在听了神话故事后，会为主人公的命运担心，而有的小朋友则会说“不用怕，这故事是假的”，对想象内容有了一定的评价。从中不难看出，随着年龄的增长和教育的影响，幼儿想象的有意性开始发展并逐步丰富。

2. 以再造想象为主，创造想象开始发展

这一特点表现为想象在很大程度上具有复制性和模仿性。如孩子看到布娃娃，随手抓起并做出喂其吃东西和哄其睡觉的动作，这实际上是模仿妈妈的动作。因此可以说小班幼儿的

再造想象是以复制式再造想象为主的。这是较低发展水平的想象，它要求的独立性和创造性较少。从内容上可分为五类：

（1）经验性想象：幼儿凭借个人生活经验和个人经历开展想象活动。如他们对夏日的想象是："小朋友们在水上世界玩，一会儿游泳，一会儿滑梯，一会儿又吃冷饮。"

（2）情境性想象：幼儿的想象活动是由画面的整个情境引起的。如对"暑假"的想象是："坐在电风扇下，外婆从冰箱中拿出冷饮让我们一起吃。"

（3）愿望性想象：在想象中表露出个人的愿望。如："妈妈，我长大了也想和你一样，做一个老师。"

（4）拟人化想象：把客观物体想象成人，用人的生活、思想、情感、语言等去描述。如去"海底世界"游玩后，对妈妈说："有的鱼睁着眼睛在盯着我看，好像在说'我似乎认识你'。"

（5）夸张性想象：幼儿常常喜欢夸大事物的某些特征和情节。如在画画中可发现幼儿画的长颈鹿从比例来看颈特别长；画的大象头特别大，鼻子特别长。这些夸大部分，常是幼儿印象特别深刻的部分。

在教育的影响下，幼儿在中班以后，再造想象中开始出现创造性的成分。如画了大轮船会在旁边画上几条小鱼，画了节日的大灯笼会在旁边添几个气球。有时，幼儿也会有一些富有创造性的作品。如胡晓舟的《在月亮上荡秋千》的美术作品，已萌发出非常可喜的创造因素。对幼儿的创造性想象老师要给予保护、鼓励，并创造条件促使幼儿创造性想象的发展。

3. 想象有时和现实混淆

表现在三个方面：

（1）把渴望得到的东西说成已经得到。如有的幼儿看到别人有漂亮的娃娃或"冲锋枪"，他会说"我们家也有"，其实没有。

（2）把希望发生的事情当成已发生的事情来描述。如一位中班小朋友听邻居讲去公园玩的事很开心，于是他也有了去公园玩的愿望。他把玩的"过程"想象了一下（即根据别人的描述而想象），然后到幼儿园去对同伴说他自己去公园玩的"经历"。

（3）在参加游戏或欣赏文艺作品时，往往"身临其境"，与角色产生同样的情绪反应。如幼儿园里小班幼儿正在玩"狡猾的狐狸，你在哪里"的游戏，当老师扮演的狐狸逮着小鸡（小朋友饰），装着要吃她的时候，这个孩子大哭起来说："你是老师，怎么可以吃人呢!"并拼命挣扎。

（4）有人说，幼儿时期是想象发展最快的时期，幼儿甚至比成人更善于想象。这是不正确的。因为想象的水平直接取决于表象的数量和质量，以及分析综合能力的发展程度，而幼儿的知识经验和语言水平都远不如成人，且表象的丰富性和准确性都差，思维也不如成人，所以幼儿想象的有意性、协调性、丰富性和创造性都不会超过成人。

第二节 "异想天开"——学前儿童想象力的培养

爱因斯坦说过，想象力比知识更重要，因为知识是有限的，而想象力能概括世界上的一切，推动着进步，并且是知识进化的源泉。

一个 7 岁儿童在绘画"未来的汽车"中，画出了流动医院式的巨型救护车、水陆两栖汽车、有垂直尾翼的高速喷气式汽车等十六种结构和外形完全不同的新型汽车图形。所有这些汽车在现实中都是不存在的，是他把自己头脑中储存的多种汽车、飞机、轮船的形象综合加工组合的结果。科学家的假设，工程师的设计，作家的人物塑造，画家、舞蹈家的艺术造型，工人的技术革新，农民对新品种的培育，哪一样都离不开想象。可以说，人类的创造性活动无一不是想象的结晶。没有想象，就不可能有创造发明，也不可能有任何预见。

一、扩大幼儿视野

想象虽然是新形象的形成过程，然而这种新形象的产生也是在过去已有的记忆表象基础上加工而成的，也就是说，想象的内容是否新颖、想象发展的水平如何，取决于原有的记忆表象是否丰富，而原有表象丰富与否又取决于感性知识和生活经验的多少。

因此，知识和经验的积累，就是幼儿想象力发展的基础。在实际生活和幼教工作中，要指导孩子去感知客观世界，使其置身于大自然中，多让他们去看、去听、去模仿、去观察，通过参观、旅游等活动开阔幼儿的视野，使他们积累感性知识，丰富生活经验，增加表象内容，为幼儿的想象增加素材。

二、充分利用文学艺术活动

第一，幼儿想象力的发展离不开语言活动。想象是大脑对客观世界的反映，需要经过分析综合的复杂过程，这一过程和语言思维的关系是非常密切的，通过言语，幼儿得到间接知识，丰富想象的内容。

第二，美术活动更为幼儿的想象插上理想的翅膀。特别是意愿画，幼儿可以无拘无束地发挥自己的想象力，构思出奇特、新颖的作品。教学过程中教师要激发幼儿的灵感，放飞幼儿的想象，点燃幼儿创造的火花，鼓励幼儿大胆作画，让幼儿充分发挥自己的想象力创造出优秀的作品来。评价幼儿的美术作品，不能以成人的眼光，更不能以“像不像”为标准。即使幼儿画得四不像，也要与幼儿交流，知道幼儿所想。

第三，音乐舞蹈活动也是培养幼儿想象力的重要手段。通过对音乐舞蹈的感受，幼儿可以运用自己的想象去理解所塑造的艺术形象，然后运用自己的创造性思维去表达艺术形象。

三、借游戏发展幼儿的想象力

爱玩是儿童的天性，游戏是儿童的最爱。游戏能发展幼儿的想象力及其他能力。在游戏活动中，首先要培养幼儿独立思考的能力，让幼儿敢于打破陈规，敢于标新立异地提出自己的想法；其次要引导幼儿多问几个为什么；最后应该鼓励幼儿多想办法，求异思考。比如幼儿做最喜欢的智力游戏“搭积木”，要先让幼儿自己想应该怎样搭，先搭什么；搭完后让他告诉老师自己搭的这样东西有什么用途，老师再引导幼儿：“还能搭一些别的东西吗？”以此鼓励幼儿多动脑、多动手，这样有利于培养幼儿的想象力，也有利于培养幼儿的动手能力。

四、创造条件，让孩子们异想天开

传统的教育往往很死板，直接告诉幼儿天是蓝的，太阳是圆的，这样不好，没有留给他们想象的空间，扼杀了幼儿想象的天性。在实际工作中，我们要创造各种条件，给幼儿自由的空间，包括思想上的、行为上的，不要定格他们的思维，更不要扼杀他们的想象，要让他们“异想天开”。如幼儿对你说：“老师，我长大了要到太阳上去探险。”你千万别说：“傻瓜，太阳那么热，上去还不把你烤成灰？”而应该鼓励、引导幼儿：“你的想法很好，但那需要有丰富的知识，从现在起你就要好好学习，将来发明一种不怕热的飞船和宇航服，这样才能到太阳上去探险。”对“异想天开”的独特而丰富的想象，给予正确的引导和鼓励，让他们插上想象的翅膀自由地飞翔，这会成为“异想天开”的幼儿攀登科学高峰的阶梯，他们每一个奇妙的想象在若干年后或许能变成现实。

第三节 “掰指算数”——思维的发生和发展

思维是人类大脑能动地反映客观现实的过程，是人类在开动脑筋认识世界的过程中进行比较、分析、综合的能力，是人类大脑的一种机能。科学的许多学科分支都从不同的角度研究思维。儿童心理学是从思维发生的角度研究思维是怎样从直觉行动思维发展成具体形象思维，又怎样最终到达抽象逻辑思维的。儿童思维的不同发展层次，分别称为直觉行动思维、具体形象思维和抽象逻辑思维。这三种水平的思维反映了儿童思维发展的一般趋势。

一、儿童思维发展的一般趋势

（一）直觉行动思维

儿童与成人一样，都在积极的活动中反映着现实。婴儿的活动单位是动作。婴儿的动作是构造智力大厦的砖瓦，动作发展与心理发展的关系非常密切。儿童早期动作的发展水平在某种程度上标志着心理发展的水平，同时，动作的发展又促进心理的发展。

那么，儿童初期动作的发展水平又如何呢？

新生儿具有先天性的反射动作，主要有吸吮反射、抓握反射、拥抱反射、踏步反射等。这些先天反射到一定时期便自行消失。新生儿的双手呈握拳状，出生后 12 周，手指才松而屈，16～20 周开始有真正的抓握，即一种以触—视觉为线索的自觉抓握。婴儿从 16 周起，粗略的手臂活动按发育成熟的程序，逐渐出现类似于捋、抓握、操纵和探索等精细动作。因此，格塞尔把 16 周看作婴儿动作发展的转折阶段。此外，16 周的婴儿其头、眼、手的协调也迅速发展，颈部肌肉得到了充分发育，在别人的扶持下，可以不太稳地保持坐姿。28 周的婴儿能坐在椅子上，双手能灵活地活动，不但能伸出一只手去抓握物体，还会把物体从一只手递交到另一只手上。40 周的婴儿能伸出食指做戳拨、撬动和抚摸动作，能成功地拉住线，并能在不抬高腕部的情况下用拇指指端与食（中）指指端拿起一粒小糖丸（儿科临床上称为平指摘）。从 40 周的婴儿的动作表现上，我们可以看出他们的指端、舌尖、足和足趾正在逐渐成熟起来。52 周的婴儿能精确地抓起小糖丸或细线，但握住后再松开的能力较差。60 周（15 个月）的婴儿一般能独立行走，能叠 2 块方木，并能用手表示意图。72 周（18 个月）的婴儿开始能对各方面的动作进行协调，走路不摔跤，甚至能够跑动。24 个月的儿童能用蜡笔画一竖，能叠 6 块方木，能用 3 块方木排成一行，这表明他们对垂直和水平方向的动作已掌握了一部分。专家们一般认为，3 岁是儿童早期动作发育的顶点。这时儿童的动作开始表现得比较成熟，自己会洗手、吃饭、小便，他们已掌握了一定的动作要领，因此行为也就日趋复杂。

儿童动作的发展是有个别差异的，但总的来说，儿童行为系统的建立是一个有序列的过程，而且每个相应的反应都标志着一个成熟阶段的一种行为模式。医学上，就把这些有特点的行为模式作为儿童智能发育的诊断依据。这种诊断适用于揭示儿童神经系统中的损伤、缺陷、变形和落后。通过对儿童行为的观察以及同一般行为模式的比较，可以及早发现异常情况，以便进行早期治疗。

在儿童动作发展的过程中，双手的发展具有特别重大的意义。恩格斯在分析人类的演变过程时强调："手不仅是劳动的器官，它还是劳动的产物。"他认为人的手是任何动物都不可比拟的，在和人最相似的猿类的不发达的手和经过几十万年的劳动而高度完善化的人手之间，有着巨大的差异。而这种巨大的差异来源于劳动。恩格斯说："只是由于劳动，由于总是要适应新的动作，由于这样所引起的肌肉、韧带以及经过更长的时间引起的骨骼的特殊发育遗传下来，而且由于这些遗传下来的灵巧性不断以新的方式应用于新的越来越复杂的动作，人的手才达到这样高度的完善，以至像施魔法一样造就了拉斐尔的绘画、托瓦森的雕刻和帕格尼尼的音乐。"儿童双手动作的发展不仅使他们的动作日益准确而复杂，而且使他们的活动日益丰富，为他们自己的心理发展开辟了越来越广阔的天地。

在双手运动中，抓握动作的发展具有更为重要的意义。抓握动作能形成视觉和动作的协调。抓握是儿童最初的有方向的运动，它是形成以各种各样的方式摆弄物体的复杂动作的出发点。

儿童早期动作的发展具有重要的心理学价值，儿童最初的思维与其动作的发展是分不开的。动作是思维的起点，是解决问题的概括性手段，也就是直觉行动思维的手段。

所谓直觉行动思维，就是儿童在动作中进行思维。这种思维的进行离不开儿童自身对物体的感知，也离不开儿童自身的动作。儿童在进行这种思维时，只能反映自身动作所能触及的具体事物，依靠动作思考，而不能离开动作在动作之外思考。正因为这种思维与感知和动作不可分离，直觉行动思维一开始就表现出它的范围的狭隘性和内容的表面性。

直觉行动思维一直可延续到幼儿期的早期（幼儿园小班）。因而，这个时期的儿童的思维仍然带有很大的直觉行动性，只要让他们的活动对象和动作一转移，他们的思维也就会随之转移。

直觉行动思维使儿童能对事物作出一定程度的概括，在刺激物的复杂关系和反应动作之间形成联系。这种思维的发展，就主体来讲，使儿童的动作协调起来，为今后思维的发展打下基础。就客体来讲，使客体之间的相互作用逐渐协调起来，便于把客体从时间和空间上组织起来，作为将来揭示事物之间复杂关系（如因果关系等）的起点。但是，由于直觉行动思维缺乏词的中介，因此，它具有狭隘性（思维的范围）、表面性（思维的内容）和情景性（思维持续时间）的特点，还不可能掌握事物的本质和它们之间的复杂关系。但是，这一阶段的思维绝不是没有价值的、可有可无的或是可笑的。事实上，直觉行动思维一方面使儿童的动作得以协调，另一方面把客体从时间和空间上组织起来。皮亚杰说，直觉行动思维直到学龄时期，也仍然是"概念智力"（抽象思维）的一个基础。

（二）具体形象思维

具体形象思维主要表现在幼儿期。幼儿（学前期）活动范围的扩大、感性经验的增加、语言的丰富，为思维的发展创造了有利条件。此时，儿童的思维主要是依赖事物的具体形象、表象以及对表象的联想而进行的。因此，这一时期儿童的思维能借助于表象认识个别对象。这种具体形象是直觉行动思维的演化结果。个体形象正是儿童的直觉行动在思维中重复、浓缩而成的表象。随着活动的发展，幼儿的表象也日益发展，表象在思维中所占的成分越来越大，最终成为幼儿期的主要思维方式。

在整个幼儿期，思维的特点又有所变化。如果说它的早期还包含着相当大的直觉行动思维成分的话，那么在它的后期（幼儿园大班）抽象逻辑思维已经有了初步的发展。

具体形象思维有以下两个特点：

1. 具体性和形象性

由于表象功能的发展，儿童的思维逐渐从动作中解脱出来，也可以从直接感知的客体中转移出来，从而较直觉行动思维有更大的概括性和灵活性。但是，由于幼儿还不善于运用概念、判断、推理来论证复杂的事物，对于抽象问题往往困惑不解，因此他们往往需要依靠具体事物作为思维的支柱，对于脱离形象的抽象概念较难处理。因而思维仍有很大的局限性，尤其是在处理复杂问题时，具体形象往往会产生干扰作用。

2. 开始认识事物的属性

幼儿早期往往根据事物的外部特征来认识和区别事物，到了中期（幼儿园中班），儿童就逐渐能认识事物的属性，开始依据事物的重要特征进行概括。当然，这种水平与对事物本质特征的概括还是有很大距离的。他们掌握的所谓概念，往往只与具体的对象联系在一起，与物体的感知特点和感知的具体情景密切相关，还不能反映该类对象的一般特性。但在他们的经验范围之内，对于熟悉的事物，已可以进行逻辑思维。

（三）抽象逻辑思维

所谓抽象逻辑思维，就是使用概念、判断、推理的思维形式进行的思维。通过抽象逻辑思维可以认识事物的本质特征以及事物内部的必然联系。

抽象逻辑思维是借助于人脑的最高产物——概念来完成的。

学龄初期儿童的思维由具体形象思维发展到抽象逻辑思维，是思维发展过程中的质变。这种质变是一个较长的演变过程。学龄初期儿童的抽象逻辑思维有以下两个特点：

（1）抽象逻辑思维开始发展，但仍带有很大的具体性，尤其是低年级儿童，他们掌握的概念大部分是具体的，与直接可以感知的对象相联系。儿童需要通过直观形象来理解抽象的超经验的概念，在学习数学时则要借助于实物包括手指的帮助，即“掰指算数”，在遇到解题困难时，尤其要依靠直观的图像。因此，可以说，学龄初期儿童的思维，是具体形象思维和抽象逻辑思维同时存在并在思维活动中进行消长的复杂过程。当儿童对于事物只能作“个别对象”“空间联系”上的认识时，思维中的具体形象占主导作用。而只有当儿童对事物能作“因果联系”的认识时，抽象概括作用才在思维中表现出主导作用。

（2）学龄初期儿童的抽象逻辑思维又是不自觉性与自觉性在思维活动中进行消长的过程。起初，由于他们的言语还不够成熟，抽象逻辑思维还带有不自觉性，表现为不能自觉地调节、检验和论证自己的思维过程，不能说出自己是如何进行思考与解决问题的。

在整个小学时期，儿童的抽象逻辑思维水平在不断提高，发展的总趋势是抽象逻辑思维越来越占主导地位，但对于各个具体的学科来讲，儿童的思维又表现出很大的不均衡性。一般对于比较熟悉、较容易与具体形象相联系的概念，思维水平较高。对于比较生疏而距离形象较远的概念，思维水平较低。因此，在教学过程中，教师要正确地估计小学各阶段儿童思维发展的阶段实质，既要适应又要促进其发展，使教育工作收到切实效果。

儿童思维的发展阶段虽然是不可逆的，但各种水平的思维并不是相互排斥、互不相容的。

事实上，即使是成人，在思维过程中也不免使用动作，第一次玩魔方的人就表现出这种特点。因此，维果斯基指出，思维和实际动作不是彼此被一条不可逾越的鸿沟隔开来，在生动的现实中，每一步都可以观察到从思维到行为、从行动到思想的过渡。

二、皮亚杰的儿童认知发展理论

皮亚杰的儿童认知发展理论，是 20 世纪最重要的发展心理学理论体系。

认知发展的阶段论是皮亚杰理论中的重要内容，也是皮亚杰的一个杰出贡献。正是这一阶段论，向我们揭示了儿童认知与成人的不同之处，使我们认识到从新生儿到成人，他们的认识发展不是一个简单的数量的增加，而是一个有着质的差异的发展过程。这个过程分为感知运动阶段、前运算阶段、具体运算阶段和形式运算阶段。每一个阶段都表明儿童适应环境的一种新的水平。

（一）感知运动阶段（0~2 岁）

这一阶段是智力的萌芽期，是以后发展的基础。皮亚杰说，这个早期的心理发展决定着心理演进的整个过程。这时的儿童只能依靠自己的肌肉动作和感觉来应付外界事物，动作必须表现为外部的表现活动，尚未内化，还不能在头脑中进行。用皮亚杰的话讲，就是这个阶段幼儿是利用感知和动作去征服他周围的整个宇宙的。儿童通过不断地和外界交往，动作慢慢地协调起来，并逐渐知道自己的动作及对外物引起的效果之间的关系，开始有意识地做某个动作。从 18 个月到 2 岁这个时期内，发生了一次皮亚杰称之为“哥白尼式的革命”。如果说在这一阶段的前期，儿童处于极端的自我中心，他不能区别自己与客体之间的关系，那么到了后期，儿童就获得了客体永久性。在皮亚杰的理论中，客体永久性是一个重要概念。皮亚杰认为，婴儿在出生后的头几个月里不存在客体永久性的观念，具体表现在当一个原先存在于婴儿视野中的物体从他的视野中消失后，婴儿就不会再去寻找或抓握，表明他以为物体已经没有了。7 个月以后的婴儿才会继续寻找从他的视野中消失的物体，表明他已经知道物体虽然从视野中消失，但一定在什么地方，表明他已经获得了客体永久性。客体永久性的获得是儿童早期发展的一个重要里程碑。虽然物体看不见、摸不着，但他仍然知道这个物体还是继续存在的，他自己真正成了宇宙间其他因素中的一个因素或实体。

根据儿童所表现出来的行为模式，这一阶段可分为六个子阶段。

第一子阶段（0~1 个月）是反射活动阶段。新生儿只具有从遗传获得的一些基本反射活动（如吸吮、动眼、抓握等），他们还不能觉察四周的东西，分不清物与我，还缺乏自我意识。但是，新生儿在后天重复这些反射性动作时，就逐渐会有练习的因素。反复地练习使原有的反射动作变得协调起来。这种协调表现为新生儿不仅吸吮乳头，也吸吮其他物体，对不同的东西作出概括性的反应。

第二子阶段（1~4 个月）是习惯动作阶段。这一阶段形成了最初的习惯性动作。婴儿偶然发现自己能发起和控制反应，如吸吮手指，或发出咕咕的声音，这些反应让他感到很满足，因此不断重复这一动作。习惯的获得是通过两种器官活动的联系而实现的（如视觉、听觉、动觉的联合，婴儿把脸转向声源，注视着声源的方向），表明有新的因素加入遗传反应的格式（一种外显动作的内在心理结构）之中。这种加入新因素的反应比最初遗传的反射要更灵活，但仍不算是认知，因为这时的婴儿的行动与效果之间没有分化，行动还没有目的。

第三子阶段（4～10 个月）是有目的的动作形成阶段。在婴儿的视觉和抓握开始协调后，就过渡到这一阶段。这一阶段的婴儿能重复他此刻前偶然做出的动作，如反复挤压一只会叫的塑料鸭子。这表明主体活动与客体之间有了一定的联系，但这种联系仍是过渡性的。因为这种联系具有偶然性，是偶然的发现引起了需要，而不是需要引起了新的发现。而且这里的需要也只是单纯的重复动作的需要，而不是对结果的需要。这说明手段与目的之间还没有分化。

第四子阶段（10～12 个月）是手段和目的之间分化并协调的阶段。这一阶段的婴儿开始协调两个或两个以上的动作来实现简单的目标，用已知的方法来对付新的情境，行动首次合乎认知的要求。这时的婴儿开始预料行为的效果，有意识地运用已有的行为模式去达到一定的目的，出现了比较完备的实际认知。他们有了比较明确的客体永久性观念，会寻找消失了的东西。例如把一个玩具放在垫子下面，婴儿会一只手拿起垫子，一只手抓起玩具。所以，皮亚杰说："在第四（子）阶段，我们看到比较完备的实际认知动作。"当然，有必要指出的是，这毕竟是认知的开端，整个水平是很低的，因为它没有新手段的发现和创造。婴儿所使用的手段，仅仅是从已知的动作中产生的，只是运用已有的手段去对付那些未曾遇见过的新情境而已。

第五子阶段（12～18 个月）是感知运动认知阶段。这一阶段的主要特点是婴儿能发展新的手段以应付新的情境。如对于那只一压就响的塑料鸭子，儿童会用肚子去压压，用其他方法挤挤，以比较效果如何。他们对不同的物体会略有变化地做不同的动作，看会出现什么结果。例如，台布上放着玩具，用手抓不到玩具时，便先抓台布，然后借拉近台布而获取玩具。这里抓拉的动作是原有的，但拉台布而得到玩具是新的行为。皮亚杰把这种现象看成是利用新手段达到目的的一种表现。这种表现不是顿悟，它一方面是以过去的若干行动格式为基础，另一方面尝试错误也起着一定的作用。

第六子阶段（18～24 个月）是感知运动认知的综合阶段。皮亚杰说："第六（子）阶段标志着感知运动时期的终结和向下一个时期的过渡。"这时，婴儿能通过许多行为方式的联系与创造（不仅用外部或身体的摸索，而且也用内化的联合）产生新的手段，解决新的问题，即由感知运动向心理意象活动过渡，产生了不在当前的物体的意象，开始有象征行为；在实际行动之前，能在头脑中思考动作，寻求解决问题的方法。例如，皮亚杰在他儿子坐的桌边放了一些面包，在他儿子的左侧放有一根 25 厘米长的小棍。起先皮亚杰的儿子试图用手够面包，但几次都够不着。他儿子再次看了一眼面包，很快又看了一眼小棍，突然抓起小棍，把面包拨到自己面前，最终拿到了它。此时，感知运动认知达到完满的水平。

（二）前运算阶段（2～7 岁）

这一阶段又称前逻辑阶段，指的是儿童处于运动之前并为运算做准备的阶段，并不是说这一阶段一点逻辑的痕迹也没有。皮亚杰所说的运算，并不是我们日常生活中所说的加减乘除四则运算，而是一个特定的概念，指的是内化的可逆的动作，即外部动作在头脑内部进行的一种具有可逆性的心理操作。皮亚杰把前运算阶段儿童的思维叫作自我中心思维时期。这时的动作虽然内化了，但由于尚未形成进行逻辑思维所必需的心理结构，因而还不能进行运算，是具体运算的准备时期。这一时期的儿童只能进行表象思维。

前运算阶段又分为两个子阶段：象征思维阶段和直觉的半逻辑思维阶段。

象征思维阶段（2～4 岁）已经出现了象征符号的机能。象征符号的机能指儿童具有应用一个信号物来表示某些事物的能力。也就是说，儿童能够凭借某种符号（如语言或心理表象，即所谓“意义所借”）对外界事物加以象征化（即“意义所指”）。皮亚杰认为，意义所指和意义所借的分化就是思维的发生，同时意味着符号系统开始形成。例如，这一时期的儿童喜欢把椅子当汽车开，把小床当舰艇，这实际上就是一种象征化，表明儿童的头脑中有汽车和舰艇的表象，或者说，汽车、舰艇的表象被内化了。这个年龄的儿童沉浸在自己假想的游戏中，是一个正常现象，是一种健康的活动。家长不必为此担心。这时的儿童也能运用言语并形成心理意象，能使用符号在头脑中再现外部世界。但是，这个时期的语词和符号尚不能离开所代表的东西。儿童尚不能形成成人意义上的概念，不能用概念反映事物间的联系或代替一类事物。皮亚杰认为年幼儿童常常表现出泛灵论倾向，把任何事物都看作生命的或类似生命的活动，任何事物都有意图和动机，如“太阳下山是休息了”，“花儿开了是因为它喜欢小朋友”等。

这一阶段的儿童往往把在别的地方获得的个别经验用于对当前事物的解释。他们还不能作一般的推理，而是徘徊于一般与个别之间的歧途上。由于没有一般性概念，他们常常把个别的现象硬套到另一类现象上。这一阶段儿童的推理不是合乎逻辑的演绎，而是滥绎。

直觉的半逻辑思维阶段（4～7 岁）的儿童开始从表象思维向运算思维阶段进展，他们的判断仍受到直觉表象自动调节的限制。他们既无归纳推理，也无演绎推理，将没有逻辑联系的事情说成因果关系。

这一阶段儿童思维的突出特点是自我中心思维。皮亚杰说：“儿童把注意力集中在自己的观点和自己的动作上的现象称为自我中心主义。”自我中心是儿童思维的核心特点，是儿童认知的潜在的出发点，表现在年幼儿童的思维逻辑、言语和关于世界的表象之中。这个阶段的儿童在大多数场合下认为外部事物就是他们直接知觉到的那个样子，而不能从事物的内部关系来观察事物。这时期儿童的表象和言语与具体事物的联系太直接，因而他们被紧紧地束缚在他们自己关于世界的观点之中，不能采取更加客观的观点。因此，皮亚杰认为年幼儿童对事物的认识具有很多的错觉。而且，这种错觉不仅表现在儿童的观点中，还表现在儿童的情感、言语和价值观之中。这种错觉典型地表现在“守恒”实验中。这个时期的儿童用大量缺乏等级关系的个别因素来为概念下定义。如儿童一会儿说：“小溪有力量，能往下流。”当看到投入水中的小石子下沉后又说：“小溪没有力量，带不动石头。”过一会儿又说：“湖泊有力量，它能行船。”而对相对概念下定义，更是一件困难的事，因为这时的儿童还不懂得关系的相对性。皮亚杰经常用“三山实验”（儿童总认为坐在他对面的儿童所见到的山的模样与自己所见到的是一个样）和“几个兄弟”的问题（儿童承认自己有兄弟，却不承认自己的兄弟也有兄弟）的实例来说明这一点。

但是，半逻辑思维阶段孕育着运算思维特征的萌芽，因为它已开始由只注意单维向双维过渡，而这一过渡还预示着运算思维的来临。

（三）具体运算阶段（7～11 岁）

这一阶段的儿童形成了初步的运算结构，运算获得了可逆性。可逆性并不是现实世界的实际现象，而只是人的大脑的智力活动的结果，更确切地说，可逆性是从人的思维活动的逻辑经验中产生出来的。运算的可逆性有两种：一种是反演可逆性，它是形成概念体系（如基本概念与它的上位概念、下位概念）的内部机制；另一种是互反可逆性，它是形成关系认识（如 $A=B$，$B=C$，则 $A=C$；或如 $A>B$，$B>C$，则 $A>C$ 等）的内部机制。但是，这个阶段的运算离不开具体事物表象的支持。有些问题在具体事物帮助下可以顺利解决，但在口头叙述的情况下作逻辑推理还很困难。另外，这一阶段所获得的两种可逆性仍是相互孤立的。具体运算虽已协调成一定程度的整体结构，但这些结构还比较低级，儿童还不能把这种具体运算之间的复杂关系在一个系统内整合起来。

这一阶段的儿童发展了解除自我中心的作用。在同一时间内，儿童已不再限于集中注意情境或问题的一个方面，而能注意到几个方面，并且也不只注意事物的静止状态，还能注意到动态的转变。正是由于可逆性的出现和自我中心的解除，儿童出现了守恒的概念。守恒的概念是运算结构是否形成的重要指标。一般说来，6～7 岁的儿童能掌握连续量守恒（把一个容器内的液体倒入另一个形状不同的容器之中，其量不变）和物质守恒（物质的量不因分割而变化）。9～10 岁的儿童能掌握重量守恒（把泥球捣烂，其重量和泥球相同）。11～12 岁儿童能掌握体积守恒（把泥球捣烂，浸在液体里，所占体积与泥球一样）、长度守恒和面积守恒等。随着自我中心的解除，儿童开始能站在别人的视角上看问题了，能利用别人的观点来校正自己的观点，并检查自己解决问题的方法是否正确。

（四）形式运算阶段（从 11 或 12 岁开始）

这一阶段的儿童开始从具体事物中解放出来，能在头脑中将形式与内容区分开来，不需要考虑特定的事物，甚至不需要真实物体的名称，而能运用语词或其他符号进行抽象逻辑思维，能根据假设或命题进行逻辑演绎推理。这标志着儿童头脑中的认知结构已经完整地建立起来，认知发展趋于成熟。

这一阶段儿童的思维较具体运算阶段具有更大的灵活性、可逆性。两种可逆性联合成一个系统，儿童能自由地支配整个系统进行复杂而完备的推理，而且能根据某些或所有可能的组合去推论一个问题。儿童能对一个问题提出各种可能的假设，并详尽而系统地交换有关因素，逐个论证所提出的假设，从而得出一个恰当的结论。这样，他们开始能评价自己和别人的运算，而且能将不同的运算整合成更大范围问题的高一级运算。

形式运算阶段是认知发展的最高阶段，但由于个别差异和教育的限制，许多人达不到这一阶段，或只能在特定的（如熟悉的或经过良好训练的）范围内达到这一阶段。皮亚杰晚年提出："所有正常的人在 15～20 岁达到形式运算阶段。然而根据他们的才能和职业特点，他们在不同的领域里达到这一阶段。"有趣的是一项新近的研究发现，当今的青少年比过去（1967 年）的青少年能更快地获得形式运算能力。

第四节　"鸟是会飞的"——学前儿童概念、判断和推理的发展与培养

一、学前儿童概念的发展

概念是人脑对客观事物的一般特征和本质特征的反映。概念是在概括的基础上形成的，

幼儿掌握概念的特点直接受概括水平的制约。

（一）幼儿掌握概念的特点

1. 幼儿掌握概念的方式方法

掌握以词为标志的概念，是逻辑思维发展的表现。幼儿掌握概念的方式，一是向成人学习社会上已经形成的概念，但幼儿并不是简单地、机械地接受成人所教的概念，而是把成人传授的知识纳入自己的经验系统之中，经过概括而形成概念；二是通过生活实践，幼儿掌握概念也可能在生活实践中进行。

2. 幼儿掌握概念的一般特点

由于幼儿概括能力的发展主要处于形象概括水平，所以概括的内容比较贫乏，概括的特征是外部的、非本质的。幼儿对概念内涵和外延的掌握都不准确。比如，他们认为“鸟是会飞的”，认为“老爷爷”就是“头发白了的人”。同时，幼儿掌握的多是日常生活能接触到的具体的实物概念，不容易掌握那些比较抽象的性质概念、关系概念和道德概念。只有到了幼儿晚期，才有可能掌握一些比较抽象的概念，如野兽、动物、家具等。

（二）幼儿具体概念的形成

幼儿掌握的概念主要是日常的、具体的、有关熟悉的物体和动作的，如鞋子、帽子、电视、电脑、汽车、走、跑、拿等。在环境和教育的影响下，幼儿晚期还可掌握一些较为抽象的道德概念，如团结、勇敢、礼貌等。幼儿所掌握的概念还不太稳定，容易受周围环境的影响。

总的来说，幼儿掌握的概念往往是具体形象的概念，而不是反映事物本质特征的抽象概念，而且幼儿概念的建立过程也不是先记忆抽象的概念（语言文字）之后同化其他概念。幼儿的概念形成是将所认识的事物或现象逐步加以归纳和概括，抽出共同特征的过程，但这个特征通常不是事物的本质特征。

（三）幼儿数概念的发展

数概念是反映事物数量和事物间序列的概念。幼儿掌握数概念也是一个从具体到抽象的发展过程，大致经历三个阶段：

1. 第一阶段（2～3 岁）：对数量的感知动作阶段

表现为：

（1）对大小、多少的笼统感知。对明显的大小、多少的差别能区分，对不明显的差别，只说“这个大，那个小”“两个都不多，合起来才多”。

（2）能口说 10 以下的数词，能数 5 个以下的实物。

（3）逐步学会手口协调地小范围（不超过 5）地点数（数实物），但点数后说不出物体的总数，个别儿童能做到伸出同样多的手指来比画。

2. 第二阶段（3～5 岁）：数词和物体数量间建立联系的阶段

表现为：

（1）点数后能说出物体的总数，即有了最初的数群概念。

（2）能认识第几和前后顺序。

（3）能按数取物（5～15 个）。

（4）可以借助于实物进行 10 以内的数的组成和分解，能开始做简单的实物加减运算。

3. 第三阶段（5～7 岁）：数运算的初期阶段

表现为：

（1）大多数幼儿能对 10 以内的数保持守恒。

（2）计算能力发展较快，大多数幼儿从逐个计数向按群计数过渡，从表象运算向抽象数字运算过渡。

（3）序数概念、基数概念、运算能力的各个方面均有不同程度的扩展和加深。通过教学，一般儿童到幼儿晚期可以学会计算到 100 或 100 以上，并学会 20 以内的加减运算。个别幼儿可以学会 100 以内的加减运算。

总之，可以看出幼儿数概念的掌握遵循着下列顺序：最初，从实物的感知来认识数；其后，凭借实物的表象来认识数；最后，在抽象概念的水平上真正掌握数的概念。掌握数的组成是幼儿形成数概念的关键。

二、学前儿童判断推理的发展

学前儿童的判断推理往往不合逻辑，常从事物的表面联系出发，受到自身生活经验的局限。判断是由概念组成的，通过概念与概念之间的联系，反映事物间或者事物与其特性之间的联系和关系，这种联系和关系可以是肯定的，也可以是否定的。判断是由语句表达的。例如，“鱼会游泳”“我是学生”是肯定的判断，“我不是工人”是否定的判断。

推理是从一个或数个已知判断推出新的判断，从而说明某一个问题或者结论，它反映判断与判断之间的联系。人在推理过程中所根据的已知判断叫“前提”，经过推理而形成的判断叫“结论”。

概念、判断、推理是紧密相联的。概念正确，判断就可能恰当，推理也易于合乎逻辑；反之，概念不正确，判断推理都会发生错误。由于幼儿的思维处于形象概括水平，他们掌握的概念内涵不精确，外延也不恰当，因此，幼儿的判断推理常常不合逻辑。

（一）学前儿童判断推理发展的特点

1. 判断推理常受知觉线索左右

把直接观察到的事物之间的表面现象（形、色、大小）或事物之间偶然的外部联系作为因果关系来认识，这种错误常常在幼儿初、中期明显表现出来。例如，在守恒实验中，不少 3 岁幼儿认为间距长的一排白棋子的数目比摆得紧凑的黑棋子多；大多数 5 岁儿童认为在牛棚盖得集中的那块草地上的牛可以吃到更多的草，因为“这一块草地看着大”；相当多的 6 岁儿童认为被弯曲的铁丝比直的那根短，甚至有的孩子说：“你如果把它弄直了，它俩就一样长了，可是现在它是弯的，所以它变短了。”

幼儿对社会现象因果关系的认识也同样有这一特点。比如，小孩子常常以貌取人，以为“长相漂亮的人是好人，丑的人就是坏人”。很明显，这里他们对好人、坏人作出判断的依据是人的外表而不是人的内在品质。到幼儿晚期，幼儿才能初步按事物的比较隐蔽的内在联系做出判断推理。

2. 以自身的生活经验作为判断推理的客观逻辑依据

幼儿初期常常不能按照事物本身的客观逻辑进行判断和推理，而是按照“游戏的逻辑”

或“生活的逻辑”进行。这种判断没有一般性原则，不符合客观规律，而是从自己对生活的态度出发，属于“前逻辑思维’。例如，3～4 岁幼儿认为，球会滚下去，是因为“它不愿意待在椅子上”，或者是因为“猫会吃掉它”。物体会漂浮是因为它们“想洗澡”。秤杆为什么要一头翘起，因为“它不乖”“它不听话”。在做算术题时，如果问：“哥哥吃了 4 块糖，弟弟吃了 2 块糖，他们一共吃了几块糖？”幼儿不去回答这个问题，却反问：“为什么哥哥吃那么多的糖？应该大家平分。”在一次要求幼儿判断 “早上，妹妹送哥哥上幼儿园”这句话的错误时，小班幼儿说：“妈妈送妹妹。”“我爸爸送我。”他们不会客观地进行逻辑判断。

3. 判断推理有时不服从一定的目的和任务

幼儿的思维过程常常离开推论的前提和内容，“你弹你的曲，我唱我的调” 。例如，妈妈问：“妈妈买了 5 个苹果，给姐姐 3 个，给你 1 个，还剩几个？”有的幼儿不直接回答这个问题，而是会问妈妈：“为什么给姐姐那么多？妈妈偏心，应该大的让小的！”

4. 判断推理的依据逐渐明确化，并开始趋于合理

幼儿常常意识不到判断的根据，有时他们虽然能做出某种判断或推理，却不能说出依据，或根本不知道判断推理还需要有依据。比如，当询问小班幼儿为什么作出这一判断时，有的幼儿很奇怪：“不为什么，就是这样！”有的干脆沉默不语，有的则以别人的话做依据——“老师是这样说的”或“我妈妈说的”，缺少独立寻找论据来支持自己的判断的意识和能力。

大一些的幼儿似乎开始明白作出判断需要有依据，也意识到应该自己去寻找依据，但最初所找到的依据常常是主观猜测性的或直观感性的。

（二）培养幼儿推理、判断能力的方法

1. 要注意扩大孩子的眼界，不断丰富孩子的感性知识和经验，促进孩子判断推理能力的发展

幼儿的生活经验贫乏，思维的特点是具体形象性。所以，幼儿掌握概念、判断事物，必须从充分感知、获得经验、丰富表象入手。感知是认识的开端，脱离感知的语言讲授，是不可能使幼儿形成概念的。在日常生活中，父母要尽量创造条件，让孩子亲自看一看、听一听、摸一摸、尝一尝、闻一闻、玩一玩，从多方面去感知对象，从而比较全面地了解事物本质。例如，让孩子动手将水冻成冰块，并通过看、摸、拿、尝、放在水里、摔在地上等，多方面感知冰具有冷、滑、硬、透明、脆、能够浮在水面上、遇热化成水等特征。

幼儿已开始能对生活中熟悉的事物进行正确的推理，但限于经验贫乏，他们的推理经常不合逻辑，还经常表现出用自己的生活逻辑和主观愿望来替代事物和现象本身的客观逻辑的特点。

培养幼儿的推理能力首先要丰富他们的生活经验，使他们积累大量的事物和现象的印象，打好正确推理的感性基础。例如，要求幼儿知道鲸是哺乳类动物而非鱼类，必须积累大量的哺乳类（胎生、肺呼吸等）和鱼类（卵生、鳃呼吸）特征和属性的印象，才可作出鲸是哺乳类动物的推理。

2. 要注意引导孩子进行比较训练，了解事物之间鲜明的本质区别，锻炼孩子的分辨能力

比较是区别事物异同的过程，是归纳分类的前提。父母要引导孩子比较事物的差异，以突出事物的鲜明特征；比较事物的相同点，以归纳事物的共性。二者相辅相成，能更加鲜明地突出事物的本质，有效地促进孩子正确概念的形成。例如，让孩子同时观察比较牛和马，

说出它们的异同点，帮助孩子树立正确的牛和马的概念。要让他们进行分类、理解、概念形成方面的练习，使其思维活动逐步地摆脱具体形象的知觉限制，逐步地由半逻辑思维过渡到逻辑思维，进一步完成正确的推理。

3. 引导孩子多做运用概念的练习，锻炼提高孩子的正确判断推理能力

最好的方法是多提问，让幼儿回答问题，通过这种方法对幼儿的理解能力进行实际的锻炼。可用一简单的方法检验幼儿的理解水平：最低的理解水平是把寓言和童话故事混为一谈，看不出寓言的意义和隐喻，理解不到寓言中所包含的思想含义或教训；较高的理解水平是开始能看出寓言中的教训和意义，并能把它转移到人的身上，只是概括的范围较狭窄；最高的理解水平是能立即理解寓言的含义或隐喻，并能把抽象的教训和意义转移到人的身上。还可从幼儿对课文中人物的理解及其因果关系、矛盾关系以及算术应用题的意思等来考查他理解能力的发展水平。会运用是真正理解和掌握的标志，父母可以经常因势利导地给孩子提出一些问题，让他思考和回答。如带孩子出门，阴天了，父母可问："你看看天能不能下雨？"如果孩子观察不出，借此机会告诉他："像今天这样天阴得厉害，燕子飞得又很低，会下大雨。"或让孩子找找下雨前的征候，如蚂蚁是不是在搬家，水管子外面是不是有水珠，等等。此外，还要经常给孩子布置一些任务，让他设法解决。例如让孩子做"看图改错"的游戏，叫他指出其中不合情理的错误，也不失为一种锻炼提高孩子判断推理能力的好方法。

对于幼儿的错误判断和推理要以巧妙的方式指出来，并让他自己逐步地理解、纠正。例如有的幼儿一清早打开窗户，看见太阳从地平线上升起，他就推理为打开窗户引起了太阳的升起。对此，家长可带他到户外、山顶观察日出，使他理解并纠正自己的错误推理。

要注意锻炼提高幼儿的语言表达能力，帮助他用词语来概括总结事物。认识事物的本质之后，还必须引导幼儿用词语加以概括，使其将零散的表象整理成概念，从而使概念更加明确。例如，做了种子发芽的实验，便要帮助幼儿用词语加以总结概括："种子发芽需要水、空气和适当的温度。"只有帮助幼儿掌握了一定数量的概念，才能进行抽象逻辑思维，提高他的判断推理能力。

幼儿的理解能力、判断能力、推理能力与进行抽象逻辑思维的自觉性一起逐步发展，是其思维向高水平（从初级的形象思维到高级的抽象思维）发展的重要标志，是幼儿成年后能在各项社会活动中，在较高层次的教学、研究、设计等岗位上进行创造性劳动所必需的心理条件与素质。

第五节 "长长的东西浮上来"——学前儿童分类和概括的发展与培养

人们认识事物的规律和掌握概念要与概括思维相结合，概括活动要与分类活动相结合。在培养幼儿概括分类能力的方法设计中，我们要从比较概括分类，到进行简单的一级、二级分类，过渡到组合分类、综合分类，再利用因果关系深化分类活动，说明分类的依据，由浅入深地加深幼儿对事物的认识，培养他们的分析、概括能力，促进幼儿发散思维的发展。

幼儿分类能力的发展主要与两方面的因素有关：一是与相应的知识经验有关。分类是对分类对象的属性、特征的概括，而且对分类对象的认识越清楚、越准确，越有利于分类的概括。小班幼儿知识经验贫乏，认识能力差，对分类对象的认识模糊、肤浅，所以分类对他们来说比较难。随着孩子的年龄增长，知识越来越丰富，认识事物的能力也会有很大的提升，

对分类对象的认识和理解也会越来越清楚、越来越准确，所以幼儿会从不会分类逐步发展到可以按照相应的表面特征进行简单的分类，会随着不同阶段各方面的发展达到能根据本质进行特征分类的水平。二是与幼儿思维能力有关，特别是与概括能力有关。因为分类不仅是对分类对象具体的认识，而且是在具体认识的基础上对一类对象的概括，这种概况能力会随着不同阶段各方面的发展而发展，特别是在大班末期幼儿抽象思维萌芽的时候。

在培养幼儿概括分类能力的方法设计中，可以采取以下做法。

一、通过比较概括进行分类

分类不是孤立进行的，是从具体地分化“什么一样、什么不一样”开始的，而突出分化的有效途径是进行同类的比较与异类的比较，通过求同与求异概括类的共同属性。

（1）有什么地方相同。比如让幼儿从图片中挑出白菜、西红柿、玉米、小麦的图片，说出它们有什么地方是相同的。幼儿通过求同的比较，概括出同类的共同属性：都是地里长出来的。

（2）把不一样的挑出来（排除分类）。比如让幼儿观察苹果、桃子、香蕉、螳螂的图片，说出它们中哪个跟大家不同类？为什么？幼儿通过比较进行求异：螳螂不是果树上长出来的果子，不能和水果放在一起。通过比较“不一样”，突出类的本质属性，使类别的概念更加清晰、准确。

（3）简单的一级、二级分类。我们过去的分类活动是一类一类孤立进行的，这样容易使幼儿产生混淆，可以用类与类比较的方法突出不同类的本质特征。如引导幼儿对兽类动物和鸟类动物进行比较：皮毛——羽毛；无翅——有翅；四足——两足；胎生——卵生。把兽类动物和鸟类动物再各分成两组，引导幼儿对野兽、家畜进行比较：野生——家养。对留鸟、候鸟进行比较：留守——迁徙。一比较就突出了两类动物的本质特征，从而顺利地进行两类动物的概括。幼儿在实际的操作活动中，有很多方面是不利于对事物进行分类分析的，比如“动手不动口”的现象。教师要注意让幼儿一边操作一边说，如“这是兽类动物，这是鸟类动物，兽类动物和兽类动物放在一起，鸟类动物和鸟类动物放在一起……”，让幼儿用语言表述自己的操作过程，能促使他们坚持按分类的要求进行操作，从而提高分类的有意性。

二、从多角度进行分类（组合分类）

从多角度分类是指按分类对象的不同属性，将其归于不同的类别。例如：让幼儿把小麦、谷子、白菜、菠菜、西红柿、黄瓜分成两组，多数幼儿把小麦、谷子分成一组，把白菜、菠菜、西红柿、黄瓜分成一组，这时教师可启发幼儿：如果换一种方法分成两组，该怎样分？幼儿转换思维，有的幼儿按生吃的和做熟吃的分，有的幼儿按吃果实的和吃叶子的分，还有的幼儿按成熟季节的不同来分。再如，让幼儿分别用不同颜色的游戏插棒插出不同大小、不同形状的几何图形，然后对这些图形进行转换角度分类：第一次将颜色一样的放在一起，第二次将形状一样的放在一起，第三次将大小一样的放在一起。从多角度分类的难度要大一些，因为它需要转换分类的角度，变换概括的依据，对思维灵活性的要求高一些。让幼儿从多角度分类应有一般分类知识的基础，一般在大班进行。

进行组合分类，一方面，可使幼儿从单一分类的思路中解脱出来，能灵活地多方位地思考问题、解决问题，有利于培养思维的灵活性；另一方面，能显示事物多方面的属性，有利于幼儿更全面、更深入地认识分类对象。

三、从两个以上维度进行分类（综合分类）

幼儿分类活动是多层次的，内容是多样的。分类的因素越简单，分类活动的难度就越小，反之，难度就越大。如让幼儿把图片按颜色摆成黄色和绿色两行，分类难度小；让幼儿把图片按颜色摆成两行，竖行再分为圆形和方形两列，难度就大。因为前者只是颜色不同，区别颜色差异不受其他因素干扰，所以就容易分类。而后者具有三个方面的差异：竖行成类、类别两种、颜色。这些差异相互干扰，幼儿须排除上述干扰，才能进行分类，所以难度就大一些。因此，操作活动中教师要根据不同年龄的幼儿的实际水平来提高或降低分类活动的难度。

四、利用因果关系深化分类活动

分类活动涉及许多知识，在传统的认识活动中，知识结构往往是割裂的，如认识动物一般是从名称开始，然后是外形特征的判断，再到习性的分析，最后是功能作用。认识交通工具一般也是从名称开始，然后是外形结构，再到自身功能，最后是用途。教学的各个环节把本来统一的事物分割开来，进行到哪一步就说哪一步，很少沟通，这样不利于幼儿认识的深化，应该引导幼儿按分类对象的一些浅显的因果联系来进行分类。如在动物分类活动中，将其外形特征与习性、生存需要联系起来——“因为食肉动物要捕捉食物，所以长着尖利的爪牙”，“长蹼的鸟类会游水，所以叫游禽”，通过诱导幼儿主动探索发现鸟类外形与生存需要的因果关联，从而使他们概括出走禽、涉禽、鸣禽、猛禽的类别；在交通工具的分类活动中，将其结构与功能联系起来——“陆地上的交通工具因为是在地上行驶的，所以都有车轮”，“救护车因为要抢救病人，所以车门开在后面”，用因果联系将有关的知识组成统一的结构，以利于幼儿由表及里地认识事物，并举一反三。

五、说明分类的依据

幼儿分类时常有这种现象，操作对了却说不出理由。如幼儿按两个因素将同样形状、同样颜色的图形分在一起，却说不出为什么这样分，或只说出一部分理由：“它们的颜色一样。”这说明幼儿分类的意识是不明确的，年龄小一些的幼儿分类尤其如此。因为幼儿分类主要是感知水平的，多是在摆弄材料中凭感知进行归纳，对分类的概括感到困难，因此，对年龄小的幼儿的分类不应提出过高的说明理由的要求。但随着幼儿认知水平的发展，就要提出说明分类理由的要求，使他们不但能正确操作，而且能有目的地操作，操作后能说清楚分类的理由、依据等。

概括分类能力对幼儿知识、经验的条理化、结构化、系统化有重要影响，开展分类活动既有利于提高幼儿对事物的认识，又有利于发展幼儿的分析、概括能力，从而促进幼儿发散思维的发展。

【议一议】幼儿想象的特点及发展幼儿想象的措施。

【练一练】

一、判断题：

1. 想象是对不存在的事物进行加工的心理活动。（　　）
2. 想象是维持儿童心理健康的重要手段。（　　）

3．想象是人一出生就具备的心理活动。（　　）

4．有意想象实际上是一种自由联想，不要求意志努力，意识水平低，是幼儿想象的典型形式。（　　）

5．中班以后，幼儿的想象开始表现出一定的有意性和目的性。（　　）

6．有意想象和无意想象是根据想象产生过程的独立性和想象内容的新颖性而区分的。（　　）

7．想象常常脱离现实或者与现实相混淆，这是幼儿想象的一个突出特点。（　　）

二、选择题：

1．有两个月不让一个小女孩吃鸡蛋后，她在梦里吃了好几个鸡蛋。这是（　　）。

A．反映愿望的梦。

B．回忆痛苦的事情，但有好的结果的梦。

C．噩梦。

D．受罚或自我惩罚的梦。

2．以下说法正确的是（　　）。

A．从小班开始，幼儿的想象就有了一定的独立性。

B．有意想象在幼儿期开始萌芽，幼儿晚期有了比较明显的表现。

C．在创造想象发展的基础上，再造想象开始发展起来。

D．幼儿的想象不需要依赖成人的言语描述。

3．幼儿抱着娃娃的时候，看到小碗小勺，就想象喂娃娃吃饭；看见小汽车，就要玩开汽车；看见书包，又想象去当小学生；如果没有玩具，幼儿往往呆呆地坐着或站着，难以进行想象活动。这表明幼儿的想象（　　）。

A．无预定目的，由外界刺激直接引起。

B．主题不稳定。

C．以想象过程为满足。

D．想象受情绪和兴趣的影响。

4．读《西游记》时我们头脑中出现的孙悟空形象是属于（　　）。

A．幻想　　B．再造想象　　C．创造想象

5．鲁迅在小说中塑造了“阿Q”的形象，这种想象属于（　　）。

A．无意想象　　B．幻想　　C．再造想象　　D．创造想象

6．幼儿看到天上白云的形状，一会儿想象它是一匹飞奔的“骏马”；一会儿想象它是一座会动的“山”，这种想象属于（　　）。

A．无意想象　　B．有意想象　　C．再造想象　　D．幻想

7．《西游记》中描写的孙悟空的形象属于（　　）。

A．无意想象　　B．再造想象　　C．创造想象　　D．幻想

8．幼儿在活动中主要依靠（　　）。

A．无意想象　　B．创造想象　　C．有意想象　　D．再造想象

9．幼儿（　　）所形成的新形象，不仅可以是过去未曾感知过的，还可以是现实中不存在，甚至不可能有的形象。

A．想象　　B．印象　　C．感觉　　D．知觉

10．人总是根据自己的现实生活和感觉经验，即已形成的（　　）进行想象的。因此，想象是客观的反映。

A．感觉　　B．知觉　　C．表象　　D．记忆

11．梦是一种奇怪的心理现象，属于想象的一种，是（　　）。

A．创造想象　　B．再造想象　　C．有意想象　　D．无意想象

12．在幼儿的想象中，（　　）占主要地位。

A．无意想象　　B．有意想象　　C．再造想象　　D．创造想象

13．在同一桌上绘画的幼儿，其想象的主题往往雷同，这说明幼儿想象的特点是（　　）。

A．无预定目的，由外界刺激直接引起

B．主题不稳定，想象方向随外界刺激变化而变化

C．想象的内容零散，无系统性，形象间不能产生联系

D．以想象过程为满足，没有目的性

14．关于幼儿想象的说法，不正确的是（　　）。

A．想象容易受自身情绪的影响，也容易受别人情绪的影响

B．想象容易受自身情绪的影响，不受别人情绪的影响

C．无意想象占主要地位，实质上是自由联想

D．不要求意志努力，意识水平低，是幼儿想象的典型形式

15．想象发生发展的基础是（　　）。

A．能力　　B．感知　　C．记忆　　D．性格

16．一个小女孩听爸爸说这次出国回来要给她买电动火车，于是，她到幼儿园对小伙伴说："我爸爸从国外给我带回一个电动火车，可好玩了。"这是小孩（　　）的表现。

A．记忆　　B．知觉　　C．想象　　D．撒谎

【讲一讲】

幼儿左右脑思维拓展训练，如何培养幼儿的观察能力？

1．细节观察找物

准备两块一模一样的毛巾，给孩子看两件玩具（两件玩具有比较明显的大小区别），先告诉孩子玩具的名称，然后背着孩子把玩具分别藏在毛巾下，让孩子指指××玩具在哪边。

【讲解】孩子的识别主要是通过毛巾是否有凸起及凸起的形状来判断的，这样的外观判断是比较难的，不但需要孩子有大小的识别能力，还需要孩子有空间联想能力，才能知道把大的凸起对应大的物品。这样的游戏可以促进孩子空间思维力、联想力的提高。

2．理解轻重

用一个小木槌和一个塑料空气锤，分别敲打一块面团或橡皮泥团，敲打的时候都是同样的表情和动作，每次敲打完以后让孩子看看面团或橡皮泥团，反复几次后，问孩子哪个锤子敲在手上会特别疼？先让孩子指出来，然后再让孩子把手伸出来"验证"。敲打孩子时，看孩子是否有意识地躲避。

【讲解】我们引导孩子先观察而不是直接给孩子轻重概念，目的就是要让孩子能在游戏中通过观察产生高级思维，然后再通过切身体验来验证自己的思维结果，从而掌握一定的观察学习的方法。

3．看多（少）了什么玩具

在孩子面前摆放上几件玩具，先让孩子指认一下都有什么玩具，然后用布遮住悄悄放上一件（或悄悄拿走一件），看孩子能否觉察出多（少）了什么，让他指出来或说出来。

【讲解】这可提高孩子的观察能力。

4．看图片念儿歌

给孩子看小鸭子的图片，让孩子注意观察鸭子的嘴巴是扁扁的，并提问孩子鸭子怎么叫唤、怎么吃东西。然后教孩子念儿歌："鸭子的嘴巴扁扁的，鸭子高兴就嘎嘎嘎；鸭子的嘴巴硬硬的，要吃东西就嘎嘎嘎。"边教孩子念，边做动作，也可以给孩子套上手套直接配合儿歌跟随做动作。

【讲解】通过儿歌引导孩子观察鸭子的外观特征，并让孩子在游戏中建立语言和动作的联系，增强孩子的语言表现能力和动作模仿能力。

参考文献

[1] 王振宇. 学前儿童发展心理学[M]. 北京：人民教育出版社，2004.
[2] 杨丽珠. 幼儿个性发展与教育[M]. 北京：世界图书出版公司，1993.
[3] 丁祖荫. 幼儿心理学[M]. 北京：人民教育出版社，1986.
[4] 陈帼眉. 学前心理学[M]. 北京：人民教育出版社，1989.
[5] 王振宇. 儿童心理学[M]. 南京：江苏教育出版社，2000.
[6] 朱智贤. 儿童心理学[M]. 北京：人民教育出版社，2003.
[7] 关金艳. 幼儿心理学[M]. 南京：河海大学出版社，2015.

第七章

学前儿童注意的发展

本章介绍

注意是人们熟悉的一种心理现象，它在人的心理过程中占有特殊的地位，是心理过程的一个重要方面。同时注意不是一种独立的心理过程，注意与心理过程是密不可分的，总是在感觉、知觉、记忆、想象、思维、情感、意志等心理过程中表现出来，伴随着心理过程，保证心理活动顺利进行。注意是心理活动对一定对象的指向和集中。注意分为有意注意和无意注意，有意注意和无意注意是可以互相转化的。注意有四种品质：注意的范围、注意的稳定性、注意的分配、注意的转移。

儿童生下来就有了注意，随着儿童的成长，注意不断发展，儿童注意发展的趋势表现在：定向性注意的发生先于选择性注意的发生，无意注意的发生和发展早于有意注意的发生和发展，注意的范围不断扩大，注意的稳定性不断提高，注意的分配不断发展，注意的转移在增强。因此要根据儿童各年龄段注意的发展特点，培养良好的注意。法国生物学家乔治·居维叶认为："天才，首先是注意力。"

学习目标

1. 了解注意的含义、特点及人在注意时的外部表现，理解注意的种类及注意的四种品质。

2. 了解并掌握学前儿童注意发展的趋势，明确各年龄段儿童注意的发生和发展的特点，掌握幼儿注意的特点。

3. 理解并掌握儿童注意发展中存在的问题，掌握儿童注意品质的培养方法。

第一节 "世界真奇妙"——学前儿童注意的发生和发展

情境案例

在幼儿园小班的亲子课上，老师带领小朋友们一起做起了手指游戏。强强高兴地跟着老师一边念儿歌，一边也伸出小手碰碰头、摸摸脚，玩得特别高兴。可玩了一会儿，强强就坐不住了，他先扭扭身子，眼睛来回看，表现出不安的样子，最后他终于忍不住了，跑到玩具柜拿出玩具自己玩了起来。

妈妈劝强强回到座位上，可是他好像没听见，妈妈生气了，伸出手拉强强，可是强强反抗不让拉，在小朋友面前，弄得妈妈很尴尬。

这边老师和小朋友们玩了一会儿手指游戏后，接着换成另一种游戏的方法。老师拿出了一个彩色皮球，和小朋友一起玩起了滚皮球的游戏，还鼓励小朋友和妈妈一起玩。

这时，强强的眼睛一下子盯住了那只彩色皮球。他放下了手中的玩具，马上离开了玩具柜，又来到了集体中间。老师见到这一情景，赶紧招呼强强："强强，我们来玩皮球吧！你看多漂亮的皮球啊！"妈妈也在一边附和着老师对强强说："哎呀，皮球可好玩了，我们强强最喜欢玩皮球了。"强强被皮球吸引住了，向着皮球伸出了手。老师看见这一情景，马上给了强强一个皮球，强强双手抱住了那只彩色皮球，高兴极了，和妈妈一起玩了起来。一会儿，他们玩滚皮球，一会儿，他们又把皮球朝上抛，接着，强强又伸出脚踢皮球。皮球在他的脚下滚到东、滚到西，他不停地转身，不停地追逐着皮球，忙个不停。这次他玩了很长时间。

在去幼儿园观摩幼儿活动课的时候，是不是经常会遇到上面的情况？你来说说妈妈为什么要拉强强？她担心什么？ 老师拿来彩色皮球为什么能吸引强强返回集体中？从强强一去一回这件事中你得到了什么启示？

儿童自出生睁开眼睛来到这个世界的那一刻起，就开始了他探索世界的历程。他对这个世界充满了各种好奇，强烈地想要了解这个世界的秘密。而我们所生活的这个世界又是千姿百态、千变万化的，它以独特的魅力吸引着儿童的注意。儿童出生后就有了注意现象。随着儿童慢慢长大，注意不断发展。究竟什么是注意？儿童的注意是怎样发生和发展的呢？它有什么特点？本节我们就研究这些问题。

一、注意概述

（一）什么是注意

1. 注意的定义

注意是心理活动对一定对象的指向和集中。

指向性和集中性是注意的两个基本特点。

所谓注意的指向，就是指在某一瞬间把我们的心理活动有选择地指向一定对象，而同时离开其他对象。比如，我们到剧场看演出，全部心思都指向舞台上演员的表演，这时周围一切就变成模糊不清的背景了，这就是注意的指向。

所谓注意的集中，就是把我们的心理活动贯注于某一事物上，也就是说，注意不仅是有选择地指向一定的事物，而且要以全部精力来对待这个事物，使活动不断地深入下去。仍以去剧场看演出为例，只有注意看，才能对演员表演的内容有清晰的反应，而真正注意看时，对其他事物就"视而不见，听而不闻了"。如果指向不集中的话，就会眼睛看着舞台却不知人家在演什么。

注意的指向性显示出人们的心理活动具有选择性。人在进行学习和工作的时候，周围环境会提供大量的刺激，影响人的活动，这就需要我们必须选择重要的对自身活动有益的刺激，同时还要排除无关的干扰，才能正常进行活动。注意的选择有助于我们有条不紊地进行活动，从另外一种意义上讲，排除了内部和外部的干扰，还能减少我们学习和工作时犯错误的概率，提高学习和工作的质量和效率。如小朋友在听老师讲故事时，他的全部心理活动都指向老师所讲的故事，把老师的讲述从许多事物中挑选出来，心理活动比较长时间地保持在老师的讲述上。这个时候周围其他的事物变得模糊起来，这也是对与听故事活动无关甚至有碍的活动的抑制，这样，老师的故事就能得到鲜明清晰的反映。当我们的心理活动或意识集中在某项活动上时，会保持一定时间的延续，对选择的信息会作进一步的加工，即注意的集中性。如一个人被一本书的情节所吸引，而忘记他身处的环境，甚至达到废寝忘食的程度，这就是注意集中的体现。

人们在同一时间内不可能感知到周围一切对象，而只能感知到其中少数对象，如晚间我们不可能同时看到满天的星星，只能注意到少数星星；我们在思考问题时，不可能一下子就想到所有的问题，只能对其中少数几个问题进行思考。人们将自己的注意高度集中在某件事情上时，注意指向的范围就会缩小，也就是说，注意的指向性和集中性是密不可分的。在注意某项活动时，还需要抑制与这一活动无关的事情。注意是一种心理状态，人在注意看、注意听、注意想、注意思考，或注意地进行任何活动时，他的心理活动总是指向并集中于某一事物，注意总是对一定对象的指向和集中。

从注意的指向性和集中性可以看出，注意本身并不是一种独立的心理过程，而是感觉、知觉、忘记、思维等心理过程的一种共同特性。注意是心理过程的开端，总是伴随着各种心理过程。我们经常在上课时对小朋友说“注意老师”“注意黑板”，注意本身并不是独立的心理活动，而是把“注意听老师讲的内容”“注意看黑板上写的字”中的“看”和“听”省略了。从注意的指向性和集中性还可以看出，注意具有一系列的功能。首先是选择功能。其次是保持功能。

注意对人类具有十分重要的意义。它能够保证人们及时地集中于自己的活动，正确地反映事物，使人能够更好地适应环境并改造世界。

2. 注意的外部表现

（1）适应性运动。当我们注意听一个声音的时候，总会把耳朵朝向这个声音的方向，这就是我们日常所说的“侧耳倾听”。当我们注意看前方一个物体时，总会把视线凝聚在该物体上，目不转睛地看着这个物体，这就是我们日常所说的“举目凝视”。当我们沉浸于思考问题或想象某个事物的时候，眼睛常常是“呆视”着前方，有时向着远处出神地凝视，两只眼睛静止不动，全神贯注地进行思考或想象。侧耳倾听、举目凝视、呆视远方都是注意的适应性运动。

（2）无关运动停止。当人正在紧张注意的时候，血管循环、心脏、肌肉等也发生了相应的变化。一般来说，人们在注意力高度集中时，血管收缩，身体肌肉处于紧张状态，而多数无关的运动暂时停止下来。大家都看到过儿童听故事的情景，他们听得出了神，抬起头来望着老师，一动也不动，这就是紧张注意时无关运动停止的表现。无关运动的停止是紧张注意的一种特征。

（3）呼吸变得轻微而缓慢，当注意达到最高峰的时候，呼吸变得轻微而缓慢，呼与吸的时间比例也改变了，一般“吸”更加短促，而“呼”则延长了。在十分紧张地注意时，常发生呼吸暂时停止的情况，即所说的“屏息”现象。例如，看惊险大片时，看到惊险的地方，大家的呼吸几乎停止，当惊险过去时，所有人都会长长地舒一口气。

（二）注意的种类

一般情况下，我们按照注意有无目的性和一定的意志努力，将其分为无意注意和有意注意两种。

1. 无意注意

无意注意，也叫不随意注意，是指没有预定目的，也不需要意志努力的注意。如幼儿园里小朋友们正在做游戏，突然外面一声巨响，小朋友们不约而同地停下所进行的活动，眼睛立即朝发出声响的地方望去。这种事先没有预定的目的性，也不需要意志努力的注意就是无意注意。

无意注意是一种定向反射。定向反射是由环境中的变化引起的有机体的一种应答性反应。当外界环境发生变化的时候，机体就开始出现注视着、倾听着等朝向反应。

引起无意注意的原因概括起来可分为两大类：一类是客观刺激物本身的特点；另一类是人的主观状态。

（1）刺激物的特点。

① 刺激物的强度。刺激物的强度是引起无意注意的重要原因。如一声巨响、一道强光、扑鼻的香味等都能引起我们的无意注意。除了刺激物的绝对强度外，刺激物的相对强度也会引起无意注意。如在夜深人静的时候，一个小小的开门声也会引起人们的注意。静静的自习室，一个同学的铅笔掉到地面所发出的响声，也会引起周围同学的注意。

② 刺激物之间的对比关系。同时作用的各种刺激物在形状、大小、颜色、持续时间等方面与其他刺激物存在明显差别、构成鲜明的对比关系，也是引起人们注意的重要原因。如“鹤立鸡群”、“万绿丛中一点红”、“羊群中的骆驼”、车水马龙的街上的救火车等都会引起无意注意。相反，“万绿丛中一只小青蛙或一条小青蛇”就很难注意到了。因此在幼儿园活动课中，想让小朋友们注意的教具一定要比周围背景更鲜亮、更突出，便于儿童注意观察。

③ 刺激物的活动和变化。活动变化的刺激物比不活动、不变化的刺激物更容易引起人们的注意。如夜幕下的电子广告屏、马路上跑的汽车、活动并带有响声的玩具等更能吸引人们的注意力，因此幼儿园老师用活动的教具、玩具，抑扬顿挫、有变化的说话声音相对更容易吸引孩子们上课的注意力。

④ 刺激物的新奇性。刺激物的新奇性也是引起无意注意的一大因素。新东西很容易成为大家注意的对象，如活动室内新贴了一幅画很容易引起孩子们的注意，一个熟悉的人换了新发型或穿了件新衣服，很容易被大家注意到，而千篇一律的、多次重复的东西就很难吸引人们的注意。幼儿园的教学及所用的教具都要从“新”字上入手，活动课的组织要注意变换不同形式。

（2）人的主观状态。

无意注意虽能由外界刺激物引起，但也在于人本身的状态，同样一件刺激物，由于感受人本身的状态不同，可能会引起一个人注意，而不一定会引起另外一个人注意。无意注意的主观原因为：

① 人对事物的需求、兴趣和态度。凡是能满足人的需要，并能直接引起人们兴趣的事物，就容易成为无意注意的对象。如幼儿教师很容易对幼儿的细小变化产生无意注意。不从事幼儿教育或不接触孩子的人就很难发现。

② 人当时的情绪和精神状态。人当时的情绪和精神状态在很大程度上影响着无意注意，如当一个人心情愉快时，平时不大容易引起注意的事物也很容易引起他的注意；反之，心情不愉快、身体不舒服时，平常容易引起注意的事物也不会引起他的注意。人们的精神状态也对无意注意有重大影响，人在过度疲劳的情况下，注意会受到很大的影响。

无意注意是不由自主发生的，它有积极的一面，也有消极的一面。它可以把我们的注意贯注于一定的事物，也可以引起我们的分心。我们要善于运用积极因素，避开消极因素，更好地将其运用于教学工作上。

2. 有意注意

有意注意，也叫随意注意，是指有预定目的、需要一定意志努力的注意。如操场上不断传来学生做游戏的笑声，可是小明的作业还没有完成，于是他克服想出去和同学玩游戏的心理，坚持在教室里继续认真做功课，这时小明的注意就是有意注意。

有意注意是一种主动服从一定的活动任务的注意，它受人的意识的自觉调节和支配。体现了人的积极主动性，同时也受到个人的意志力等个性特点的影响。有意注意是人们在实践过程中发展起来的，人们总有一些不感兴趣而又非做不可的事情，这就要求人们把自己的注意保持并集中在这个事情上，这时有意注意就发展起来了。有意注意受一个人的意志力制约，具有顽强的意志力的人更容易维持自己的有意注意。相反，这个人的意志薄弱、遇到困难就退缩，有意注意便不容易维持。

引起和保持有意注意的主要条件如下：

（1）明确活动的任务。

有意注意是有预定目的的注意，所以明确活动的任务并对其意义理解越深刻，完成任务的愿望就会越强烈，与完成任务相关的一切事物就越能引起人的注意。理解这个任务的完成将产生什么样的后果，以及完成任务的愿望，都是引起有意注意的重要因素，例如要考试了，学生这个时候都不自觉地把注意力转移到要考试的科目上，这时候对其他事情就不会那么在意。对这次考试的意义理解越深刻，注意力就会越集中。在幼儿园活动中，老师要善于布置不同的活动任务，并设法让小朋友们明确本次活动的重要性，这样小朋友的有意注意就会得到充分发展。

（2）克服内外干扰，与注意分散做斗争。

有意注意的产生和保持，是需要付出巨大的意志努力的，也要消耗很高的能量。实验证明，在一个杂乱的环境下，只要加倍努力、集中注意，是可以完成任务的，并且可以像在安静的环境里一样，做得又快又好，只是这个时候需要付出巨大的意志努力。干扰可能是外界的，也可能是内部的，如我们的身体状态等，都会影响注意。克服内外干扰要有坚强的意志，要和一切干扰作斗争。在幼儿园教学活动中要尽量布置一个安静的环境，便于幼儿学习。

（3）培养间接兴趣。

间接兴趣对保持有意注意有很大作用。人们的无意注意是要靠兴趣来支持的，这时的兴趣是直接兴趣，这种兴趣是由事物本身的特点所引起的，如小朋友喜欢看动画片，对动画片的兴趣就是直接兴趣。同有意注意相联系的兴趣是间接兴趣，这种兴趣是由事物的结果引发的，但人对事物本身并不太感兴趣，如小朋友为了获得老师表扬得到小红花，在上课时专心听讲、积极发言，自觉控制自己保持对活动的兴趣，这都是有意注意。

无意注意与有意注意虽然是两种性质的注意，但在实际工作和学习中两种注意都是需要的。如有意注意是有预定目的的，注意的效果好，但是如果我们单凭有意注意去工作或学习，时间一长会感觉很疲劳，就会导致注意的分散，使工作不能很好地进行下去。无意注意没有预定目的，也不需要意志努力，这种注意很随性，不会累人，但如果我们单凭无意注意去工作或学习，那么工作会做得杂乱无章，缺乏计划性和目的性，也不可能维持长久。

无意注意和有意注意在各种活动中是可以转化的。如某人偶然被吸引去从事某项活动，后来通过活动认识到它的重大意义，就自觉地、有目的地从事这项活动，并在困难时保持对这项活动的注意，这就是无意注意转化为有意注意。有意注意也可以转化为无意注意，如我们在学骑自行车的时候，需要自身的意志努力来完成这件事，等我们熟练掌握骑自行车的基本技能后，骑车本身对于我们来讲，就不要自身的意志努力了，因此又称为有意后注意。

（三）注意的品质

1. 注意的范围

注意的范围又称注意的广度，是指在同一时间内注意所把握对象的数量。通常我们说这人能“一目十行”“耳听八方”“八面玲珑”，就是在说明注意的范围。注意的范围大小首先取决于被知觉的对象的特点。被知觉的对象的特点不同，注意的范围也就不同。另外还取决于个人的活动任务及知识、经验，如文化水平高的人看书时，对字的注意范围比刚学文化的人要大得多。

2. 注意的稳定性

注意的稳定性是指注意长时间地保持在感受某种事物或从事某种活动上。注意的稳定性首先取决于对象活动的多样化，内容丰富多样而有变化的对象容易引起持久的注意；其次与主体状态有关，人们对所从事的工作的意义理解得深刻，抱着积极态度，对活动有着浓厚的兴趣，注意就容易稳定。

3. 注意的分配

注意的分配是指在同一时间内把注意分配到两种或几种不同的对象或活动上。如上课时学生一边听老师讲课，一边记笔记；司机一边开车，一边和别人聊天。注意的分配在生活中随处可见，实现注意的分配，首先同时进行的两种或几种活动中，必须有一种活动是已经熟练了的或自动化了的；其次，同时进行的两种或几种活动之间的关系是相互不排斥、相互关联的。

4. 注意的转移

注意的转移是指有意识、有计划地调动注意，从一个对象转移到另一个对象上。

如第一节课上的是语文，第二节课要学习数学，学生的注意要从语文课转移到数学课上。注意转移的难易程度和快慢取决于原来注意的紧张度及引起注意转移的新事物的性质。如看完电影后再学习就有点难度，学习完成后再看电影就相对容易。

案例分析

从案例中可以看出妈妈发现强强离开集体独自去玩具柜，担心孩子的注意有问题，所以强行拉强强回集体中，结果没有起到任何效果。

老师利用了引起人无意注意的因素，用彩色皮球吸引了强强的无意注意。因为老师知道：活动的、变化的、新颖的、奇异的，同时符合人的需要的、人感兴趣的事物都是引起人无意注意的因素。老师成功地利用引起人无意注意（彩色皮球）的因素，吸引强强产生无意注意，引起他的兴趣，把他重新吸引到集体活动中来。

从这位老师的做法上我们得到启示：学好心理学知识，灵活利用人的心理规律，尊重儿童不同年龄阶段的心理发展规律，尊重和理解儿童的行为，运用儿童心理发展规律于教学中，会收到很好的效果。

知识拓展

牛顿专心致志的故事

牛顿的天赋并没有明显的超人之处，然而他特别勤奋，学习和研究都专心致志，简直到了入迷的地步。他常常一连几个星期都待在实验室里，直到实验完成。有一次，他迷着搞实验，竟把手表当鸡蛋放到锅里去煮。又有一次，牛顿的朋友来看他，他把饭菜摆到桌上后，又一头钻进了实验室。这个朋友等得不耐烦了，就先吃起来，吃过后没有告辞就走了。牛顿做完实验后出来，一看桌上的盘子，自言自语地笑着说："我还以为没吃饭呢，原来已经吃过了！"说着又走进实验室去了。

二、学前儿童注意的发生和发展

情境案例

新生儿不会追踪、寻找在他的视线中消失的物体，这说明新生儿还没有注意，但七八个月以后，能够注视物体藏匿的地方，甚至能把它找出来，说明这个时候注意开始出现了。这种说法对吗？有的人回答"不对"，有人回答"对"。到底新生儿的注意是什么时候出现的呢？又是如何发展的呢？在发展过程中各个年龄阶段有什么特点呢？

（一）新生儿的注意

孩子出生后就出现注意现象。随着现代研究技术的发展和各种研究工具的运用，不少研究开始关注新生儿的注意，研究表明新生儿已经出现了注意，许多研究结果证明了新生儿所具有的曾经不为人知的这一能力。

新生儿最初的注意实质上是先天的定向性反射，这种定向性反射是与生俱来、不学而能的生理反应，这是最初的无意注意的形态，如外来的强烈刺激会让新生儿暂时停止啼哭，有时新生儿会把视线转身刺激物。外来的新刺激或环境中特别明显的刺激会引起新生儿的全身反应。同时新生儿对刺激物已有一定的选择性反应。

黑斯（1980）提出，新生儿总是在积极寻找信息，而不是消极等待外界环境去推动他的心理活动。他认为，新生儿已经具备一种对这个世界进行扫视的动作，甚至在黑暗中，或在面对无图案的情景时，他都以有组织的方式进行扫视。活动的物体，黑白对照，声音大小、节奏和声调的变化，都会吸引和维持新生儿的注意。

由此看来前面提到新生儿不会追踪、寻找他视线中消失的物体不是没有注意，只是这个时期的注意水平很低。

（二）1 岁前儿童的注意

在出生后第一年，婴儿清醒的时间开始不断延长，这时觉醒状态也较新生儿有一定的规律，这个时期的注意开始迅速发展。1 岁前儿童注意的发展，主要表现为注意选择性的发展。

婴儿的注意有选择性倾向，有研究者（Rose，et al.）发现，婴儿似乎更偏爱那种具有鲜明对比的图案。婴儿注意保持的因素与注意对象的复杂程度及新奇性有关，显然新奇和复杂的物体更容易引起婴儿的注意，这时注意和探索的时间会保持更长，婴儿对熟悉的物体及那些简单的物体注视的时间相对会少且很容易发生注意的转移。还有研究（Ruff，et al.）显示，一次给予婴儿单个玩具比一次给予多个玩具引起婴儿持续注意的时间更长，给予多个玩具引起婴儿偶然注意的时间更长。这时的选择性有如下几个规律和特点①偏好复杂的刺激物；②偏好曲线多于直线；③偏好不规则的图形多于规则的图形；④偏好轮廓密度大的多于轮廓密度小的；⑤偏好集中的刺激物多于非集中的刺激物；⑥偏好对称的刺激物多于不对称的刺激物；⑦从注意局部轮廓向有组织地注意较全面的轮廓发展；⑧ 从只注意形体外周向注意形体内部因素发展。

这个时期出现了联合注意。经验开始在注意活动中发挥作用。在整个 1 岁前的时期，无意注意有了进一步发展，有意注意则刚刚萌芽。婴儿的无意注意主要表现在对周围环境、周围人的谈话以及周围事物变化的注意。七八个月以后婴儿能够注视物体藏匿的地方，甚至能把它找出来，说明这个时候注意开始发展了。

（三）1～3 岁儿童的注意

1～3 岁儿童注意的发展和儿童认知水平的发展是密不可分的，特别是和表象与语言的开始发展密切关联。

随着独立行走和活动能力的增长、生活范围的扩大，特别是语言的发展，儿童开始对周围很多事物感兴趣，他们的注意在这个时期也进一步发展，儿童的表象开始发生，从此儿童的注意和表象密切联系起来。儿童在 2 岁左右时语言真正形成，语词作为第二信号系统的刺激物，能够引起儿童的注意。比如，当儿童听到别人说出某个物体的名称时，便把注意指向这个物体，语言的发生发展使儿童注意的事物又增加了一个重要而广阔的领域。1 岁半以上的儿童，开始通常将注意力集中于玩具，看图片、念儿歌、听故事、看电视电影，这些注意活动都是与表象和语言分不开的。

总的来说，2 岁前儿童注意的时间很短，注意的事物数量也不多。2 岁后，儿童在活动中注意的时间比 2 岁前延长许多，并能注意到周围人的活动，如爸爸上班、妈妈买菜做饭、奶奶做家务等。2 岁半到 3 岁儿童注意集中的时间又有延长。比如，对适合其年龄特点的动画片、小人书等基本上能够坚持看完，注意到的事物无论是数量还是范围都更大些，注意和认知过程的结合使儿童获得了更多的知识。如 2 岁半的儿童能自发地说：“萝卜有红色的、白色的和绿色的。”“小白兔爱吃萝卜，小鸟喜欢吃虫子。”这说明儿童注意观察生活中的一些事物了。

（四）3~6 岁儿童的注意

3～6 岁儿童注意的特点是以无意注意为主，有意注意逐渐发展。3 岁前儿童的注意基本上属于无意注意。3～6 岁这个时期儿童的注意仍然主要是无意注意，有意注意开始逐步形成。

幼儿的活动特别是游戏能扩大其生活范围，激发其兴趣与好奇心，促使其好摸、好动、好问，从而发展了幼儿的无意注意。这时期影响无意注意的因素有客观的，也有主观的。客观的因素很多，如强烈的声音、鲜明的颜色、生动的形象、突然出现的刺激物或事物发生了明显的变化，都容易引起儿童的无意注意。因而那些直观形象而又鲜明生动的事物都能成为儿童注意的对象。主观因素也很多，包括儿童的兴趣、需要和当时的情绪状态，凡是与这些因素有关联的事物，都会能引起幼儿的无意注意。由于儿童渴望参加成人的各种社会实践，喜欢模仿成人的各种行为动作和劳动场面，于是生活中那些为儿童向往的活动，如工人做工、农民种田、战士练兵、医生看病、教师上课、电视电影中的人物形象特别是动画片中的各种形象，都会成为儿童注意的对象。3～6 岁的儿童随着知识经验的丰富和认识能力的提高和发展，能够发现许多新奇事物和事物的新奇性，在整个 3～6 岁时期，新奇性对引起注意有重要作用。

3～6 岁儿童的有意注意也在逐渐形成和发展，但水平低，稳定性差，处于发展的初级阶段，而且依赖成人的组织和引导。儿童进入幼儿园以后，由于幼儿园新的生活和教育环境，对儿童提出了要遵守各种行为和活动准则的要求，除了要求他们遵守集体规则、对集体承担一定的责任外，还要求他们完成老师交给的力所能及的任务，因而他们不仅不能“随心所欲”，相反还要集中注意去服从一定的活动任务规则，有目的地克服困难，这样就使他们的有意注意得以形成，并在集体活动中得以发展。但这个时期的有意注意很不稳定，这就有赖于成人有计划、有目的地提出儿童能够完成的各种任务，来组织儿童的注意。到了 5～6 岁，儿童开始具有独立地组织和控制自己的注意的能力，这是有意注意开始形成的表现。但在整个幼儿期，有意注意还只是开始出现，在注意中还远未占优势地位。因此，要求幼儿教育工作者及幼儿父母要通过组织幼儿的活动来培养其有意注意的能力，不能高估儿童的注意力，以免使其在活动中产生疲劳而影响效果。

案例分析

婴儿一出生就出现了注意，但水平较低，新生儿不会追踪、寻找他视线中消失的物体不是没有注意，只是这个时期注意水平很低。

七八个月以后，婴儿能够注视物体藏匿的地方，甚至能把它找出来，说明这个时候注意开始发展。

知识拓展

陈国帼在《学前心理学》一书中，认为学前儿童注意发展的一般趋势是：定向性注意的发生先于选择性注意的发生；无意注意的发生和发展早于有意注意的发生和发展；注意的适应性逐渐增强；注意控制的时间在延长，持续性注意在发展；注意越来越有计划性；注意的分配能力在增强，分配性注意在发展；对注意的监控和调节在增强。

第二节　“专心致志”——学前儿童注意品质的培养

情境案例

4 岁半的奇奇平时特别爱动，在一个地方从来都不会安静地待一会儿，做一件事情从来不能坚持到底。一次，老师让他在班级里的游戏中扮演“交警”这个角色，他在岗位上站了不到 5 分钟就离开岗位去别处玩了。老师让他边背诵儿歌边把红、黄纸条分别按相同颜色放在红、黄两种颜色的盒子里，可发现他背了儿歌却不会放纸条，放了纸条儿歌又忘词了。总之，还有许多活动奇奇从来都不会像别的小朋友那样安安静静待一会儿，这可真让老师和家长头痛。奇奇这是怎么了？注意有没有出现问题？是不是儿童多动症？该不该到医院看一看？针对奇奇的问题我们来研究一下学前儿童的注意品质及其培养问题。

注意是一种心理状态，并且与其他各种心理状态联系密切，总是与其他心理活动相伴随。良好的注意力可以促进儿童认知的发展。注意是各种意识活动发生的基础，我们经常可以看到有些儿童非常聪明，但是学习成绩不好，其中一个重要的原因就是注意力不集中。注意是任何实践活动都不能缺少的心理活动。成人从事生产活动时，必须集中注意力。儿童进行学习时，也必须集中注意力。儿童如果集中注意力，学习效果就好，容易接受新知识，超常儿童的注意力往往超过一般儿童。

一、学前儿童注意的品质发展的特点

（一）注意的范围

注意的范围，也称注意的广度，它是指一个人在同一时间内能够察觉和把握对象的数量。例如，我们通常所说的“一目十行”指的就是注意的范围。

幼儿注意的范围还是比较小的，如果在二十分之一秒的时间内看一些毫无联系的黑点，成人也只能看到 4～6 个，幼儿则只能看到 2～4 个。对有意义联系的对象，情况会不同。知识经验越丰富，能够注意到的事物范围越大。如看电视屏幕下方的字幕，刚认字的幼儿只来得及看出一个，而成人则能看清楚全部。

不过随着儿童年龄增长，儿童的注意范围有所扩大。研究表明，在整个学前期，幼儿注意的范围由小到大发展很快。但总的来说，幼儿注意的范围小，在一个短时间内不能要求他注意较多的事物。注意的范围受许多因素的影响，主要包括注意对象的特点、活动的性质以及个人的知识、经验等。

在日常生活中，我们可以通过游戏的方式来对儿童注意的范围进行训练。例如，拿一些不同颜色、不同形状的图片排成一排，让儿童注意观察，记住数量以及颜色、形状等，然后在儿童闭上眼睛的时候，成人拿走其中的一张图片，让儿童说出拿走的那张图片的颜色、形状。一段时间后，通过无规律的排列以及增加数量等方式来增加游戏的难度，训练儿童扩大注意的范围。

（二）注意的稳定性

注意的稳定性是指注意力在同一活动范围内所维持的时间长短。学前儿童注意的稳定性比较差，一般维持的时间不会很长。例如，前面案例中我们提到的奇奇小朋友，做游戏当警察指挥交通，只能坚持几分钟，时间一长就会出现分心的现象。如果这时候及时提醒他，比如老师说警察应该坚持岗位，不然交通就会拥堵或出现事故，你会发现孩子坚持的时间会延长。有时在课堂上，当老师提问时，幼儿注意听、用心想、举手要求发言，这时儿童注意力集中，可是时间一长有的儿童就会出现分心的现象了。有时幼儿举手后，由于较长时间没有被老师叫起来发言，也会分散注意力，不再争取发言。

幼儿注意的稳定性随年龄的增长而提高，但整体水平都很低，而且不同性别的幼儿在注意稳定性的发展中也会有差别。实验证明，在良好的教育环境下，3 岁幼儿能够集中注意 3～5 分钟，4 岁幼儿注意可保持 10 分钟左右，5～6 岁的幼儿注意能保持 20 分钟左右。女孩子注意稳定性比男孩子普遍要好一些。

与注意的稳定相反的状态是注意的分散。注意分散就是离开当前应当完成的任务而被无关刺激所吸引，它是由无关刺激的干扰作用所引起的。幼儿时期注意稳定性差，特别容易产生分心的现象，因此在日常的生活和教育中，要结合幼儿的年龄特点，在环境布置、教具制作、制定游戏方案、提供玩具等方面，重视吸引幼儿的兴趣，提高幼儿注意的稳定性。例如，幼儿园班级墙的设计要色彩鲜明，这样才能更吸引幼儿的目光；组织幼儿活动的形式要以游戏为主，由于幼儿的年龄特点，游戏的方式有助于引起幼儿活动的兴趣，有助于幼儿注意的稳定。此外，幼儿身体健康、情绪饱满、精力充沛，参加活动的积极性也就高，注意也就稳定。

（三）注意的分配

注意的分配是指在同一时间里把注意分配到两种或两种以上不同的对象与活动上。生活中我们经常可以看到“一心二用”，甚至“一心多用”的现象。例如妈妈一边看电视，一边织毛衣，还和幼儿说话；音乐老师一边唱歌，一边弹琴，眼睛还能注意小朋友们。

实现注意的分配是有条件的，条件之一是对从事的两种或两种以上的活动其中一种或几种掌握了熟练的技能技巧，对所从事的活动都非常熟练，不假思索就可以完成，或者其中虽有一种活动不太熟练，但对其他的活动非常熟练，这时注意的分配才比较好。如组织传递花朵游戏，游戏要求幼儿边唱歌，边传递红花，这时在歌曲很熟练的前提下，花就能传下去，但歌曲不会唱或忘记了歌词，就不会接别人传过来的花，或不会传给别人。注意分配的另一个条件是同时进行的几种活动要有密切的联系，如果活动毫无联系就很难进行。如边写作文边做数学题是不行的，但边写作文边看相关的书是可以的。幼儿园进行表演游戏时，老师发现幼儿懂得歌词和表演动作之间的意义联系时，表演起来就有感情，否则身体各部分配合就不会协调。

幼儿时期注意的分配能力较差，一般情况下，幼儿一次只能做好一件事情。例如，在吃饭的时候，他们不能边吃饭边说话，如果和周围的小朋友说话，就会停止吃饭。要是自己说话，幼儿会把碗筷都放下，甚至站起来，手脚一起比画。例如，让小班的幼儿边背儿歌边两个两个地去拿豆子就很困难，但是大班的幼儿做这些则相对容易些。

在一个实验里，先让幼儿背诵儿歌，等儿歌背诵熟练后，再让幼儿一边背儿歌，一边把红绿两色珠子按颜色分成两盒，小班幼儿几乎不能完成，往往顾此失彼，大班幼儿就能比较自如地完成任务。这说明幼儿注意分配的能力随年龄的增长而提高，因此生活中我们要注意培养训练幼儿的注意分配能力。

前面案例中我们提到的奇奇小朋友，边背诵儿歌边把彩色的纸条放到相同颜色的盒子中，他完成这样的任务相对比较困难，这是因为这个年龄段的幼儿注意分配的水平较低，还在发展中，不能分配得很熟练是不足为奇的。

（四）注意的转移

注意的转移是指有意地把注意从一个对象或一种活动转移到另一个对象或另一种活动上面。在心理学上，注意转移和注意分散是不同的，是有很大区别的，注意转移是指主动地转向应有的目标，注意分散是指被动地转向不应有的目标，妨碍了任务的完成。

在幼儿阶段，幼儿注意的转移还不是很灵活，例如，幼儿在体育游戏活动中玩得兴高采烈，刚回到教室，老师马上要求他们坐下来学习算术，结果他们吵个不停，乱糟糟的，都很不配合。这是因为幼儿的注意往往不能快速停止，他们的注意力仍旧集中在体育游戏上。当然，如果后一活动很吸引幼儿，幼儿也能很快地将注意力转移到新的活动上来。如上完算术课再进行室外体育活动，相对来说幼儿就会很快进入游戏当中。

根据这一特点，老师要用各种方法引导幼儿注意的转移。只要引导得法，就可以避免一些冲突，有助于促进教育教学。一般说来，注意从强刺激向弱刺激转移是比较困难的。因此在上课前和吃饭前，都不要让幼儿玩得过于兴奋，否则注意不容易转移到应有的活动上。

相反，对于要求幼儿注意的事物，则需要使它有较大的吸引力，以便让幼儿能很好地转移注意力。总的来说，身体健康和精力充沛的孩子，常常在学习时注意力不集中，这主要是教育问题，这些孩子比较爱活动，教学往往不能满足他们的要求，老师要根据幼儿注意的特点和发展规律逐步进行培养。

二、学前儿童注意发展中存在的问题

（一）儿童注意的分散

注意分散是指被分心，是由外来的无关事物所引发的注意转向不应有的目标的心理现象。儿童注意分散是注意发展中较为常见的一个问题。注意分散也就是指注意的稳定性差，不能很好地集中在活动上，即我们通常所说的分心走神。总会有一些孩子注意力差，参与活动时爱走神。例如，欢欢小朋友的注意力就特别差，每次老师组织活动的时候，他都会东张西望，看别的小朋友，不看别人就自己发呆，有时翻弄自己的衣角。刚开始他还能参与到活动中去，不一会儿工夫就不知道老师说什么了。老师针对他的这一问题，在活动时，经常采用言语提醒或与他互动等方法来使他的注意保持在活动上。

引起儿童注意分散的原因有很多，主要分为外部原因和内部原因。外部原因如老师安排的活动单调枯燥、时间过长，如果周围环境嘈杂也会让儿童分心。内部原因指儿童自身的生理或心理方面的因素，如身体不舒服、对活动不感兴趣等。儿童注意的稳定性还在发展中，因此难免出现注意分散的现象。教师要了解多方面的原因，然后根据不同的原因采用不同的办法来防止儿童的注意分散。

（二）儿童的“多动”现象

儿童的“多动”现象也是注意发展过程中的一个常见问题，注意稳定性差的一个主要特征就是“多动”。我们有时会听到教师说：“这个孩子有多动症，他一刻也闲不下来。”其实，儿童平时表现出来的“多动”现象，只是其注意力差的表现，并不是心理学上所认为的“多动症”。在此，我们有必要区分一下儿童好动与多动的区别（见表 7–1）。

表 7–1 多动儿童与好动儿童的比较

多动儿童	好动儿童
活动杂乱、无目的 在各种活动中都表现出多动、注意力不集中 多动不分场合，一些举动难为人们所理解 不能专注某一项活动，没有什么活动内容能使他们安静下来参与进去	活动有时盲目，有时有序 只在某一个活动或某一个场合下有多动表现 即使特别淘气，其举动也不离奇，能为人们所理解 对感兴趣的活动，如玩玩具、看儿童动画片则能安静地玩很久或看完

对于儿童是否为多动症，我们不可轻易下结论。儿童多动症又叫脑损伤综合征，是儿童中常见的一种以注意缺陷和活动过度为主要特征的行为障碍综合征，目前较为普遍接受的全称是注意缺陷与多动障碍（ADHD）。这类患儿的智能正常或基本正常，但学习、行为及情绪方面有缺陷，表现为注意力不易集中，注意短暂，活动过多，情绪易冲动，以致影响学习成绩，在家庭及学校均难与人相处，日常生活中使家长和老师对其管教感到困难。研究表明，多动症形成的原因是多方面的，既有生理上的原因，也有心理上的原因，还受到社会环境、家庭因素等影响。判断幼儿是否属于多动症，应非常谨慎，需要经过权威部门进行一系列检查与诊断。因此，幼儿教师和家长要正确认识儿童的“多动”现象，千万不可随便给儿童戴上多动症的帽子。比如我们前面案例中提到的奇奇小朋友，注意力易转移，稳定性差，注意分配不太好，实属这个年龄段正常孩子应有的特点，不可与多动症画等号，只要我们教育得法，注意力会得到很好的发展。

三、培养学前儿童注意力的方法

注意是心灵的一扇门，外界一切进入心灵的东西都要通过注意，儿童如果不打开注意这道门，外界的一切都是不可能进入心灵的，儿童就不能认识世界。儿童只有集中注意才能保证感知的形象清晰完整、记忆效果良好、思考问题得以解决，从而提高学习质量；如果没有注意参加，儿童不仅没有认识活动，甚至连其他的活动也都不能产生和维持。但是由于所处年龄阶段的特点等因素的影响，儿童的注意不稳定、容易分散，以无意注意为主，有意注意正在开始形成中。因此，作为幼儿教育工作者要根据儿童注意发展的特点来培养儿童的注意力。培养注意力的具体方法如下。

（一）要明确活动的目标

在活动中，目标与要求越明确，儿童对活动的目标与意义的理解越深刻，就越能集中注意，完成任务的愿望就越强烈，其注意保持的时间就越久。如果没有具体的目标，儿童就不知道为什么去做，以及该如何去做，就不会朝这个目标努力，所以明确的目标能使儿童更好地保持注意。例如，在上美术课时，教师提出明确的目标是：给森林小客人——小鸟画像，同时争当小画家。然后老师布置一片森林，讲述森林要来新的客人，是一群美丽的小鸟，今天画的是森林的客人“美丽的小鸟”，谁画的小鸟最漂亮，谁的小鸟就会被放在森林里，另外还会给一朵小红花作为奖励。这样幼儿就能集中注意画小鸟，争当一名小画家，能更好地完成这次绘画任务。

教师提出的目标与要求一定要具体、有明确的指向性。在幼儿完成任务后，教师要加以称赞和肯定，给予其信心，以便更好地培养幼儿注意力。教师提出明确的要求，要加重语气或反复强调重点，让幼儿知道并能带着要求认真地去听去看去想，以便更好地表现自己，从而不断提高自己注意的稳定性。同时在活动中，教师要把有意注意和无意注意这两种注意的特点结合起来，让幼儿不断地变换活动形式，避免幼儿产生厌倦感和疲劳感，以此实现有意注意与无意注意的转换和并用。

（二）营造安静、整洁的环境，为幼儿排除干扰因素

儿童的注意稳定性差，较容易分心，很容易被新颖的刺激所吸引，在活动时非常容易受到外界的干扰，这是学前儿童普遍的特点。教师与家长要根据这一特点，营造安静、整洁的环境，减少外界刺激对幼儿的干扰，以利于其更好地保持注意。比如幼儿的玩具和图书等要放在指定位置，设置专门的积木区、图书区、花卉区、绘画区等，在游戏结束时注意引导幼儿将玩具放回原处；在游戏时不要给予过多的玩具，适时提出合理的要求，与幼儿形成良好的互动模式；教师与家长不要大声喧哗，以免影响幼儿游戏。

同时还要满足幼儿的生理需求，如幼儿饿了、渴了、想上厕所等等，应先满足其生理需要，而后再进行活动，这样幼儿的注意才会持久。教师的动作不要过多，衣着要得体，不能戴过多的饰品，上课时对注意力容易分散的幼儿，要适时进行提醒，也可以将其抱在怀里，防止其注意分散；教师在上课时手机要关闭，避免手机一响打乱正常的课堂秩序，使幼儿的注意发生转移。

（三）要重视激发幼儿对活动的兴趣与需要

兴趣与需要是学前儿童进行活动的内在推动力，同时也是直接影响其注意力的情绪系统。兴趣是最好的老师，儿童在感兴趣的事物上的注意稳定性比在兴味索然的事物上的注意稳定性高得多，因此在讲故事或做游戏时要用游戏的口吻来提高幼儿的兴趣。例如，在“奇妙的田字格”这个活动中，老师以游戏口吻讲述：“小猪有一所漂亮的房子，小猪有三位好朋友，它们是小兔、小羊、小狗，它们都想和小猪同住在这所漂亮的大房子里。怎么住呢？”以此引起幼儿思考。这时老师把大房子分成四间，让小朋友们说一说这四个房间都住谁，这时小朋友们注意力非常集中，都来帮助小猪分房间。

另外，还要注意学前儿童的学习内容要难易适度，过难过易的知识都容易使其丧失兴趣，进而削弱其注意力。

培养幼儿的注意力，需要从幼儿的兴趣与需要出发，为了激发幼儿对某一活动的兴趣，教师要注意活动的内容应适合幼儿的年龄特征、心理发展水平。在教育活动中，教师要及时抓住幼儿的兴趣，通过有趣的环境创设、新颖玩具教具的展示等多种方式，提高幼儿的注意稳定性。例如，幼儿喜欢上美术与手工课，上这两节课幼儿的注意集中的时间比上言语等课要长很多，因此教师要注意利用这一点培养幼儿的注意力。

（四）要掌握好活动的时间，培养幼儿的自我约束能力

自我约束能力差是导致幼儿注意力分散的一个重要原因。幼儿年龄越小，自我约束能力就越差，教师要注意运用听说读写等多种感官训练提高幼儿的自我约束能力，从而提高幼儿的注意力。一般来说，3 岁儿童能够集中注意 3～5 分钟，4 岁儿童一般为 5～10 分钟，5～6 岁儿童为 15～20 分钟，因此，一定要根据儿童注意持续的时间长短，来掌握好活动的时间。当幼儿所处的环境中出现新异刺激时，他们很容易被吸引。因此，教师或家长可以有意识地创设情境来提高幼儿的自我约束能力。比如在游戏时，有意识地增加干扰因素，如果幼儿被干扰，教师或家长要及时对幼儿提出明确的要求，让其保持注意力。要培养幼儿的自我约束能力，就要排除主观因素的干扰，教师或家长可以帮助幼儿从控制外部行动做起，要求幼儿在一段时间内专心做一件事，不可一会做这个，一会又干那个。例如不可边吃饭边玩，在做某件事或学习时，不要东张西望，不要大声喊叫，不要乱动乱摸等。

幼儿的自控能力差，需要成人来对其进行监督。除了对他们提出日常行为规范的要求外，还可通过一些意志训练来培养其自控能力。教师在上课的过程中，要经常使用“注意，看看老师画了一个什么”这类对注意要求的语言来使幼儿保持有意注意。

（五）养成有规律的生活

要让幼儿作息有规律，生活有张有弛、动静交替。如果某一活动持续时间过长，使得神经细胞产生疲劳，容易导致大脑皮层的兴奋性降低，从而进入抑制状态，不利于幼儿良好注意力的养成。对于不同性质的活动的转换要合理，如在上体育课时，教师要在下课前让幼儿停下来做深呼吸运动，放松身体。

幼儿园在安排幼儿作息时，要注意让幼儿保持充足的睡眠，要有固定的起居饮食和玩耍时间、睡觉前固定的讲故事时间、专门上课写作业的时间。在幼儿疲劳后可以让其活动一下，喝点水、吃点水果等放松一下。在家中，家长要帮助幼儿养成良好的作息习惯，现在年轻的父母喜欢晚上看电视或者玩电脑，使得许多孩子养成了不按时作息的习惯，这样无规律的生活不利于幼儿注意的发展。因此家园要密切配合，培养幼儿良好的学习、活动和生活习惯，纠正幼儿任性、自私的行为。幼儿每天的学习和训练最好是固定时间、固定地点，在学习和训练时不做不相关的事情，让其养成学习、活动和生活的规律，以此形成心理活动定向，每当其在习惯的时间和地点坐下时，注意便条件反射似的集中起来。

综上所述，儿童注意集中的时间较短不利于提高教学质量，也影响其学习效率，不利于儿童的发展。因此培养儿童良好的注意力也就成为教学过程中的重要任务，教师和家长要根据不同幼儿的年龄特征，有计划地训练其注意力，做到因材施教；同时教师与家长要根据幼儿在园与在家活动中的表现做好配合工作，彼此协商沟通，运用多种策略发展儿童的注意力。

案例分析

多动症是一种病症，是需要专业机构通过专业手段进行诊断才能确定的。奇奇注意的稳定性比较差，因为 4 岁幼儿注意稳定的时间一般为 5～10 分钟，对不感兴趣的活动注意稳定性会更差一点。这个年龄段的儿童注意分配不太好，让他们边背儿歌，边分不同颜色的纸条相对是较困难的，没完成好是正常的现象。针对奇奇的情况，一定要根据注意的特点进行培养。

【议一议】

1. 爸爸、妈妈带着 4 岁的小强去逛动物园，爸爸和小强比赛数猴子、老虎等动物，结果每次爸爸都赢，爸爸想教小强一次数五个或数三个，最少也要两个两个地数，可怎么也教不会。这时小强也表现出很不耐烦的样子，看他心不在焉、闷闷不乐，爸爸的情绪也很低落。这是为什么？

2. 老师在课上讲了简单的加法，然后安排幼儿到游戏角进行“快乐超市”的游戏。“快乐超市”里有许多幼儿喜欢的小玩具和其他物品，上面都贴着不超过 5 元的各种价格标签。老师要求幼儿完成一项任务：两个小朋友一组，用各自的 5 元钱合在一起买东西，尽量让每个小朋友都能够得到自己想要的东西。在活动中老师及时给予点评、鼓励，孩子们高兴地玩了很长时间，数学运算能力得到了很好的提高。

请运用我们学的知识，指出老师成功地运用了幼儿哪些注意特点来培养幼儿的注意力。

【练一练】

一、请对下列表述作出判断，您认为正确的请在括号中画“✓”，您认为错误的请在括号中画“×”。

1. 稳定性和集中性是注意的两个基本特点。（　　）
2. 有意注意是事先有预定目的、需要意志努力的注意。（　　）
3. 幼儿年龄越小，注意越不稳定。（　　）
4. 运动的物体比静止的物体更容易引起人们的无意注意。（　　）
5. 幼儿的生活经验会影响无意注意的产生。（　　）
6. 有意注意比无意注意好。（　　）
7. 天空一道刺眼的闪电，大家不约而同地看去，是无意注意。（　　）
8. 对象与背景之间差别越大，越不容易注意到。（　　）
9. 新生儿没有注意。（　　）
10. 幼儿时期注意以无意注意为主，有意注意开始发展。（　　）

【答案】

1. ×　2. ✓　3. ✓　4. ✓　5. ×　6. ×　7. ✓　8. ✓　9. ×　10. ✓

二、判断下列幼儿的行为哪些属于无意注意，哪些属于有意注意。

1. 幼儿观看动画片，一会儿笑了，一会儿可能又手舞足蹈。
2. 幼儿看到一个新玩具，被吸引而专注地玩起来。
3. 教师组织活动时，幼儿在听教师讲要求。
4. 教师组织活动时，外面下雪了，幼儿向外面看。
5. 参观动物园，小猴子的调皮吸引了幼儿观看。
6. 教师要求幼儿参观动物园后回来画老虎，幼儿在动物园里认真观看老虎。
7. 晨间自选游戏时，一名幼儿到图书区看到一本新图画书，于是拿起来观看。
8. 在图书区里，教师说“看完这本画册要给小朋友讲讲”，幼儿拿起书观看。

【答案】

1. 无意注意
2. 无意注意
3. 有意注意

4．无意注意

5．无意注意

6．有意注意

7．无意注意

8．有意注意

三、请将下面你认为合适的选项填在括号里。

1．注意的两个主要特点是（　　）。

A．指向性和集中性　　B．鲜明性和选择性

C．清晰性和指向性　　D．清晰性和集中性

2．注意使儿童对环境中的各种刺激反应不一，总是舍弃一些信息，这是注意的（　　）功能。

A．调节　　B．整合　　C．维持　　D．选择

3．“一目十行”“眼观六路，耳听八方”指的是注意（　　）。

A．范围　　B．稳定　　C．选择　　D．转移

4．使感知的信息进入短时记忆的条件是（　　）。

A．注意　　B．动机　　C．目的　　D．需要

5．不属于先天条件反射的注意是（　　）。

A．有意注意　　B．无意注意　　C．定向性注意　　D．选择性注意

6．3～6 岁儿童注意发展的特征是（　　）。

A．无意注意占优势　　B．有意注意占优势

C．注意的发展不受语言支配　　D．有意注意和无意注意均衡发展

7．儿童不受窗外其他孩子玩耍的笑声吸引，努力控制自己，专心做功课，这是（　　）。

A．有意注意　　B．无意注意

C．有意注意和无意注意两者均有　　D．选择性注意

8．儿童从事一项活动能够善始善终，说明他的注意具有很好的（　　）。

A．广度　　B．稳定性　　C．分配能力　　D．范围

9．儿童在绘画时常常顾此失彼，说明儿童注意的（　　）较差。

A．广度　　B．稳定性　　C．分配能力　　D．范围

10．注意是感知的（　　）。

A．开端　　B．条件　　C．发展　　D．目的

11．某小朋友在语言活动中，认真完整地听完了老师讲的故事，这说明该小朋友具有（　　）。

A．注意的选择性　　B．注意的范围　　C．注意的稳定性　　D．注意的分配

12．儿童最早出现的最初级的注意是（　　）。

A．有意注意　　B．选择性注意　　C．定向性注意　　D．分散性注意

13．（　　）是指儿童偏向于对一类刺激物注意得多，而在同样情况下对另一类刺激物注意得少的现象。

A．探究性注意　　B．定向性注意　　C．选择性注意　　D．状态性注意

14．在良好的教育环境下，5～6 岁幼儿能集中注意（　　）。

A. 15～20 分钟　　B. 10 分钟　　C. 7 分钟　　D. 5 分钟

【答案】

1. A　2. D　3. A　4. A　5. A　6. A　7. A　8. B　9. C　10. A　11. C　12. C　13. A　14. A

四、你觉得以下各种心理表现分别属于哪一种注意品质？

1. 看书时，有的人能“一目十行”。(　　)

2. 班主任老师用眼一扫，便知道哪些幼儿在，哪些幼儿不在。(　　)

3. 大部分的人都能一边看乐谱，一边弹钢琴。(　　)

4. 在学习过程中，大家一会看黑板，一会儿看书，一会儿记笔记。(　　)

【答案】

1. 注意范围　2. 注意范围　3. 注意分配　4. 注意分配

五、问答题

1. 什么是注意？注意有什么特点？

【答案】

注意是心理活动对一定对象的指向和集中。

指向性和集中性是注意的两个基本特点。

2. 什么是有意注意和无意注意？

【答案】

无意注意，也叫不随意注意，是指没有预定目的，也不需要意志努力的注意。

有意注意，也叫随意注意，是指有预定目的，需要一定意志努力的注意。

3. 引起无意注意的原因是什么？

【答案】

引起无意注意的原因概括起来可分为两大类：

一是客观刺激物本身的特点：

刺激物的强度；

刺激物之间的对比关系；

刺激物的活动和变化；

刺激物的新奇性。

二是人的主观状态：

人对事物的需求、兴趣和态度；

人当时的情绪和精神状态。

4. 注意有哪几种品质？

【答案】

注意的稳定性、注意的范围、注意的分配、注意的转移。

5. 如何结合实践培养幼儿的注意力？

【答案】

A. 要明确活动的目标。

B. 营造安静、整洁的环境，要为幼儿排除干扰因素。

C. 要重视激发幼儿对活动的兴趣与需要。

D．要掌握好活动的时间，培养幼儿自我约束能力。

E．养成有规律的生活习惯。

【讲一讲】

1．讲一讲去幼儿园观摩教学活动时，发现了幼儿注意的哪些特点，分析一下幼儿园老师如何解决幼儿分心的问题。

2．讲一讲你跟班的老师是如何根据幼儿注意特点来组织活动的。

3．请你选择一名班里注意力不能集中的孩子，对其进行连续一周的观察，并记录下这名幼儿的行为表现，记下你对他的注意力培养的方法并对方法进行效果分析。

儿童注意力观察记录表

姓名		观察时间	
行为表现		培养方法	效果分析
周一			
周二			
周三			
周四			
周五			

4．利用实习机会记录一日活动中幼儿的学习、生活情况，分析幼儿注意的特点。

【相关链接】

1．http://youer.ziyuan ku.com/ 幼儿学习网--幼儿教育

2．www.cn0-6.com 中国幼儿网

3．www.yejs.com.cn 中国幼儿教师网

4．www.youjiao.com 幼教网

【读一读】

《学前心理学》．陈帼眉．人民教育出版社，2015 年版.

参考文献

[1] 陈帼眉．学前心理学[M]．北京：人民教育出版社，2015.

[2] 王萍．学前儿童问题行为及矫正[M]．北京：清华大学出版社，2013.

[3] [瑞士]皮亚杰．发生认识论原理[M]．王宪钿，等，译．北京：商务印书馆，1981.

第八章

学前儿童言语的发展

本章介绍

本章主要介绍言语发展的基本理论、学前儿童言语的发展，以及学前儿童言语的培养。

学习目标

知识目标：了解言语发展的基本理论，理解并掌握学前儿童言语发展的基本特点。
能力目标：掌握学前儿童言语能力的培养策略。
情感目标：尊重儿童言语发展的个体差异，正确对待儿童言语发展的现象。

情境案例

妈妈把做好的红烧排骨放在餐桌上，1 岁 3 个月的孩子看不到餐桌上的食物，但是闻到了食物香味，于是踮起脚看着餐桌，说："肉，肉肉！"开始吃饭时，妈妈把他放在餐椅上，他指着红烧排骨急促地说："妈妈肉，妈妈肉，肉……"拿到一块排骨并吃了一口后，他面带笑容对旁边的奶奶说："奶奶肉！"

在案例中该幼儿三次说肉，但是所表达的含义不同，反映出幼儿期言语发展的特点。

我们似乎都看过或经历过这样的事情：孩子到了 1 岁，父母急切地盼望他开口说话；不少父母眼看着自己的孩子 1 岁半了，除了叫爸爸妈妈，其他还不会叫，或者无论怎么逗他就是不开口，面对这种状况十分着急，甚至怀疑孩子有什么缺陷；孩子 3 岁了，刚刚能把话说全，父母却觉得孩子吐字不清、说话含糊，因此又很着急，便到处咨询或训斥孩子……

言语是个体借助于语言传递信息的过程。儿童并非生而具有言语能力，言语的获得是学习的结果。那么，儿童言语是怎样发生发展的呢？儿童言语发展有哪些特点？我们如何来培养儿童的言语能力呢？

第一节 言语发展的基本理论概述

一、语言与言语

（一）语言

语言是人类通过高度结构化的声音组合或书写符号、手势等构成的一种符号系统。语言从产生的时候起，就是作为人类重要的交际工具出现的，是人类区别于动物的一个重要标志。语言的基本构成材料是词。词是一种符号，标志着一定的事物。词按照一定的语法规则结合在一起，构成短语和句子，反映着人类思维的逻辑规律。词、短语和句子则为人类提供了最重要、最有效的交际工具。

（二）言语

言语是指人们用语言进行交际的活动过程。言语活动是受个人心理现象调节的活动。人们运用一定的语言如汉语、英语、日语等，进行各种形式的交际。使用着一定语言的人，他说话、听话、阅读、写作等活动，就是作为交际过程的言语。

（三）语言和言语的关系

语言和言语是两个不同的概念，两者既有区别，又有联系。

语言是一种交际工具，而言语是使用这种工具进行交际的过程。语言是社会现象，具有较大的稳定性，是语言学研究的对象。言语是心理现象，具有个体性和多变性，是心理学研究的对象。

言语离不开语言，离开语言这种工具，人们就无法进行交际。语言也离不开言语，任何一种语言都必须通过人们的言语活动才能发挥交际工具的作用，一旦某种语言不再被人们用来进行交际，最终就会从社会上消失。

二、语言的构成

语言是以语音为物质外壳，以词汇为建筑材料，以语法为结构规律的一种音义结合的符号系统。语言一般包括三种基本成分：语音、词汇和语法。

（一）语音

语音即语言的声音，是语言符号系统的载体。它由人的发音器官发出，负载着一定的语言意义。语言依靠语音实现它的社会功能。语言是音义结合的符号系统，语言的声音和语言的意义是紧密联系着的，因此，语言虽是一种声音，但又与一般的声音有着本质的区别。语音是人类发音器官发出的具有区别意义功能的声音，不能把语音看成纯粹的自然物质；语音是最直接地记录思维活动的符号体系，是语言交际工具的声音形式。因此，儿童要理解别人的言语，并且让别人理解自己的言语，就必须学会怎么辨别、制造和使用语音。

（二）词汇

词汇，又称语汇，是一种语言里所有的（或特定范围的）词和固定短语的总和。例如汉语词汇、英语词汇或一般词汇、基本词汇、文言词汇、方言词汇等。词是语言的基本构成单位。因此，词汇是否丰富，使用是否恰当，直接影响言语表达能力。

（三）语法

语法是组词成句的规则。儿童要掌握语言，进行言语交际，还必须掌握语法体系。否则，很难正确理解别人的言语，也不能很好地表达自己的思想。

三、言语的种类

言语通常分为外部言语和内部言语两类。外部言语包括口头言语和书面言语。

（一）外部言语

1. 口头言语

口头言语是通过人的发音器官所发出的语音信息来表达思想感情的言语。口头言语又可分为对话言语和独白言语。

（1）对话言语。对话言语指两个人或几个人直接交际时的言语活动，如聊天、座谈等。3 岁以前的幼儿与成人的交际主要是对话形式。他们的对话言语只限于向成人打招呼、请求或简单地回答成人的问题。往往是成人逐句引导，他们逐句回答，有时他们也向成人提出“为什么”。

（2）独白言语。独白言语是个人独自进行的，与叙述思想、情感相联系的、较长而连贯的言语，如报告、讲演等。到了学前期，随着独立性的发展，幼儿在离开成人进行各种活动（如各种游戏）中获得了自己的经验和体会，在与成人的交际过程中也逐步运用报告、陈述等独白言语。幼儿期独白言语的发展还是很初步的，最初由于词汇不够丰富，表达会显得不够流畅，叙述时常会用“这个……这个……”或“后来……后来……”。在正确教育下，一般到 6～7 岁时，幼儿就能较清楚地、有声有色地描述看过或听过的事件或故事了。

2. 书面言语

书面言语是指一个人借助于文字来表达自己的思想或借助于阅读来接受别人言语的影响。幼儿的书面言语指读和写，基本单位是字，由字组成词、句以及文章。书面言语包括认字、写字、阅读、写作。其中认字和阅读属于接受性的，写字和写作属于表达性的。幼儿书面言语的产生如同口头言语一样，是从接受性的语言开始，即先会认字，后会写字；先会阅读，后会写作。

（二）内部言语

内部言语是一种自问自答或不出声的言语活动。内部言语是一种特殊的言语形式。一方面，内部言语是对自己的言语，不执行交际功能，因而带有简略性的特点。另一方面，内部言语突出了自觉的分析综合和自我调节功能，与思维具有不可分割的联系。在外部言语向内部言语的发展中，有一种介于外部言语和内部言语之间的言语形式，我们称之为过渡言语，即出声的自言自语。它体现了幼儿言语的发展所经历的由外到内的过程。这种言语形式是形式上的外部言语和功能上的内部言语的结合，是从社会化言语向个人的内部言语过渡的必要阶段和中心环节。

四、言语获得的理论

幼儿言语早期获得的状况不仅是幼儿早期思维发展的一个重要标志，也是社会性适应能力及交往能力发展程度的重要体现，而且对人一生的心理发展有着深远而重大的影响。幼儿出生后短短的三四年中，就掌握了本民族语言的全部语音、大量词汇和语法的基本体系。那么，幼儿的言语究竟是怎样获得的？幼儿为什么能够如此神速地获得言语？对于这些问题，由于学者们所持观点不同而有不同的理论派别，主要理论派别有后天论、先天论和交互论。

（一）后天论

后天论者强调后天环境和学习对言语获得的决定作用，强调模仿和强化在言语获得中的作用。

1. 模仿说

模仿说是以行为主义为理论背景的后天环境决定论中的一派观点。模仿说认为：儿童是通过对成人语言的模仿而学会言语的。成人的语言是刺激（S），儿童的模仿是反应（R）。模仿说可分为早期的机械模仿说和后来的选择模仿说。

机械模仿说是较早的行为主义理论，它最早由美国心理学家阿尔波特（F. Allport）在 1924 年提出。机械模仿说认为，儿童掌握言语是在后天环境中通过学习而获得言语习惯，言语习惯的形成是一系列“刺激—反应”（Stimulus-Response，S-R）的结果，儿童的言语是其父母言语的翻版。

近年来，不少研究者虽不赞成传统的机械模仿说，但并非根本否定模仿在言语获得过程中的作用。他们认为主要在于对言语模仿的性质应有正确理解。怀特赫斯特等主张对传统的模仿概念加以改造，提出了“选择性模仿”的新概念。选择性模仿说认为，儿童学习言语并非是对成人言语的机械模仿，而是有选择性的。儿童能够把范文的句法结构应用于新的情境以表达新的内容，或将模仿到的结构重新组合成新的结构。尽管如此，选择性模仿说是不能充分解释幼儿言语获得的过程的。

2. 强化说

强化说的代表人物是斯金纳。他认为，儿童的言语是通过操作性条件反射，特别是选择性强化而获得的。成人最初是选择性地强化（如点头、微笑等）婴儿咿呀声中最类似单词的那些语音，这样就提高了这些声音被重复的概率，由此塑造了儿童的言语。在儿童学习言语的过程中，被强化的语音一旦发展成单词，成人就会停止进一步的强化，直到儿童开始将单词组合成简单的句子，之后又组合成较长的合乎语法的言语。正是这样的强化，使幼儿的操作性条件发射建立起来了，这就是言语的获得。

强化说强调提供正确的语言范式和强化对幼儿言语的获得的积极作用，如幼儿总是在强化下持续不断地改正他们所使用的不规范语言，然而强化虽然在幼儿习得言语时可以影响某些字、词、句出现的频率，却无法改变字、词、句出现的类型。它无法解释幼儿言语获得中最深层的语法获得和创新表达问题。况且，斯金纳的理论是从对较低等的动物做实验后得出的类比，并非实际观察的结果，因而是不能推广到人类言语行为的研究中的。

（二）先天论

先天论强调人的先天言语能力，强调遗传因素对儿童言语发展的决定性作用。

乔姆斯基在20世纪60年代提出先天语言能力的学说，一时震撼了美国语言学和心理学界，被称为语言学的革命，由此掀起了研究儿童言语获得的热潮。他假设人类先天就具有学习语言的内在结构——普遍语法（Language Acquisition Device，LAD），在后天语言环境的作用下，通过大脑中的语言获得装置将普遍语法转换成个别语法，成为使用某一具体语言的能力。该理论认为人类具有先天的语言能力，以及先天的、内在的、规则的语法系统。这种规则系统是在有限的基本语言素材基础上，通过先天语言获得装置的复杂加工而得，不是后天学习的结果。儿童根据这些规则就能产生和理解大量的语句，包括他们从未听到过的语句。他认为LAD的活动有一个临界期。过了这个临界期，LAD就会退化。所以，成人学习语言的能力不如儿童。

先天论比较能够解释在不同语言环境下成长的儿童，掌握本民族语言如此快速、完善，并有大致相同的发展顺序的原因。同时这个理论反对在语言教学中，把机械模仿作为主要方法，而强调思维的作用。这是有积极作用的。但是，这个理论过分强调言语发展的先天因素，而贬低了语言环境和教育在儿童言语发展中的作用。事实上，儿童的词汇量、词类、句子长度，甚至语法体系等无一不受到环境和教育的制约。

（三）交互论

以皮亚杰为代表的认知相互作用论认为，语言产生于人类认知的成熟，是一般认知组织的组成部分。来源于维果斯基的社会—历史文化理论的社会性相互作用理论强调环境特别是社会相互作用系统对语言结构的获得所起的重要作用，认为幼儿不是语言训练的被动受益者，而是一个有着自己意图和目的、积极主动的语言加工者。这两种目前颇有影响力的语言学习理论又称为语言学习的相互作用理论，其主要观点如下：

1. 幼儿是一个主动建构语言的交流者

在日常生活中，幼儿经常需要将接收到的信息（如视觉、听觉、动觉信息）以及主观感受、愿望或要求转换成语言表达给别人，或者根据别人的意图作出言语的反应。这样一来，语言结构的调整和重新组织不断发生，语义、句法、语用和主体认知水平之间的矛盾和不平衡经常产生，促使幼儿不断进行尝试和调整。这就是一个主动的意义建构过程。

2. 语言学习的过程是个体语言与社会规范语言辩证统一的过程

人类语言既是个人发明的结果，又受社会规范的影响。在幼儿内部有一种交流的强烈需要，使得语言生长和发展的方向朝向家庭和社会的语言。语言由幼儿个体产生，但在与父母等的交流中，通过对方的反应情况而发生改变。因此，父母、照看者、兄弟姐妹、同伴等在幼儿语言发展中起着重要作用。他们是幼儿重要的交流伙伴、言语反应者和理解者。

3. 语言学习和通过语言进行学习有机统一

幼儿语言的学习是一个从不会到会的过程，这个过程与幼儿的生理发展、认知发展以及社会性发展都有密切的联系。幼儿在获得母语的同时也学会了用社会所公认的方式表达情感、意念和愿望。哈利迪（M. Halliday，1975）对幼儿的语言发展进行了研究，他发现，当学习者经验了语言的各种功能和形式时，他们也在内化着社会运用语言来表征事物的方式，所以他们用语言来学习的同时也在学习语言。这两种类型的学习同时进行，认为语言形式的学习先于语言运用的观点是错误的。

4．幼儿在运用语言的过程中学习完整的语言

只有在自然交流中幼儿才能真正理解语音、语法、语义和语用等各因素是怎样工作的。家长在教孩子说话时，并没有限定孩子学习语言系统的某一方面，他们总是在有意义的情景中，伴随一定的社会性刺激来呈现完整的语言。

交互论反对言语获得的欲成说、先验论，同时又不排斥遗传机制、社会环境以及幼儿自身活动的作用，是相对比较全面的一种理论。但它过分强调认知或环境是语言发展的基础，不能充分说明认知、环境和语言发展之间的关系。

我们赞同均衡论的观点，即不再追究“遗传与环境哪个更重要”这个问题，但要了解先天因素和后天因素是如何共同影响着儿童的特质和能力的。应该认识到：单因素很难全面解释幼儿早期言语的发展。先天与后天的因素在幼儿言语获得中的作用并不矛盾，幼儿的言语能力在某种程度上是一种遗传的潜能，其发展是按照某种生物发展的时间表趋向成熟的，但这只提供了言语发展的可能性。离开了一定的语言环境和教育条件，离开了幼儿个体与社会环境的相互作用，这种可能性是无法转变为现实性的。

五、言语在学前儿童心理发展中的作用

（一）儿童掌握语言的过程，也是儿童社会化的过程

语言因交流的需要而产生，交流即社会化的体现。语言成为儿童社会化的工具和主要方式之一。

（二）言语使得儿童的认识过程发生质变

由于语言的作用，儿童可以借助于词把事物及其属性标示出来，以便在此基础上通过语词理解事物和分析比较事物，以及将事物进行分类概括，等等。

（三）言语对儿童心理活动和行为的调节作用

言语在儿童的心理发展中，具有使儿童自我调节的功能和接受他人调节与支配的功能。

第二节　从“电报句”到“情景性语言”——学前儿童言语的发展

言语活动是双向的过程，既包括对他人言语信息的接受和理解，也包括个人发出表达思想的言语信息。学前儿童言语发展的趋势是语音知觉发展在先，正确语音发展在后；理解语言发展在先，语言表达发展在后。语言的发生是以儿童在 1 岁左右说出第一批真正能被理解的词为标志的。在与成人不断交往的过程中，在实践活动日益复杂的基础上，儿童言语能力迅速发展起来。

一、学前儿童言语发生发展的阶段

学前儿童言语发生发展的阶段包括：前言语阶段、言语发生阶段和基本掌握口语阶段。

（一）前言语阶段（0～1 岁）

在学前儿童真正掌握语言之前，有一个准备阶段，称为前言语阶段或言语发生的准备阶段。

言语发生的准备主要表现在言语发音的准备和言语理解的准备两个方面。

1. 言语发音的准备

（1）简单发音阶段（0～3 个月）。

新生儿在出生后因呼吸而发生的第一声啼哭，就是最早的发音。新生儿的哭声中，特别是哭声稍停的时候，可以听出 ei、ou 的声音。2 个月的婴儿不哭的时候也开始发音，当成人引逗时，发音现象更加明显，已能发出 ai、a、e、ei、ou、nei 等音。发音时不需要较多的唇舌运动，只要一张口，气流自口腔冲出，音就发出了。这一阶段的发音是一种本能行为，天生聋哑的儿童也能发出这些声音。

（2）连续音节阶段（4～8 个月）。

这一阶段的婴儿吃饱、睡醒或感到舒适、愉悦的时候，常常自动发音。在此阶段，婴儿的声音中不仅韵母增多、声母出现，而且连续重复同一音节，如 a—ba—ba—ba，da—da—da 等，其中有些音节与词音很相似，如 ba—ba（爸爸），ma—ma（妈妈）等。父母以为孩子在呼喊他们，感到非常高兴，其实这些音节还不具有符号意义。但如果成人利用这些音节帮助孩子使其与具体事物联系起来，就可以形成条件反射，使音具有意义。

（3）学话萌芽阶段（9～12 个月）。

这一阶段，婴儿明显增加了不同音节的连续发音，而且音调开始多样化，四声均已出现，听起来很像是在说话。当然，这些“话”仍然是没有意义的，但却为学说话做了发音上的准备。

另外，婴儿开始能够模仿成人发音，类似于词的发音更多，如 mao—mao（帽帽），fan—fan（饭饭）等，标志着儿童学话的萌芽。在成人的教育下，婴儿渐渐能够更多地把一定的语音和某个具体事物联系起来，用相应的声音表示一定的意思。虽然此时他们能够发出的词音只有很少几个，但毕竟能开口“说话”了。

2. 言语理解的准备

（1）语音知觉能力的准备。

婴儿对言语刺激具有敏感性。出生后不到 10 天的婴儿就能区分语音和其他声音，并作出不同的反应。婴儿会对语音表现出明显的“偏爱”，他们对语速缓慢、语调高度夸张的话语形式更感兴趣，尤其表现出对母亲的声音特别偏爱。婴儿对言语的敏感性还表现在语音的范畴知觉能力方面，即对属于不同音位还是同一音位范畴的两个声音具有辨别能力。语音范畴知觉在言语理解过程中具有重要的意义，要理解单词首先要辨别单词的语音形式，儿童必须能够感知构成单词的最小语音单位——音位的差异，并且能够对同一音位范畴的变异予以忽略。有研究表明，刚出生 1 个月的婴儿就能够表现出对 b、p 两个辅音的辨别能力，而对同一音位范畴的变异予以忽略，如不同的人发音的差异。

（2）语词理解的准备

8～9 个月的婴儿已经能对不同的言语做出相应的反应。但在此阶段，引起儿童反应的主要是语调和语言情境，如说话人的动作表情等，而不是词的意义。如果成人以不同的语调和语言情境发出同样的词音，婴儿就不再反应。反之，如果语调不变而改变词汇，反应还可能发生。曾经有一项有意思的实验研究证明了这一点，给 9 个月的婴儿看“狼”和“羊”的图片。每当出示“羊”时，就用温柔的声音说“羊，羊，这是小羊”，而出示“狼”时，就用凶狠的声音说“狼，狼，这是老狼”。重复多次后，当实验者用温柔的声音说：“羊呢？羊在哪里？”婴儿就会指画着羊的图片，反之亦然。这时，实验者突然改变说话的语调，用凶狠的声音说：“羊呢？羊在哪里？”婴儿毫不犹豫地指向画着狼的图片。这足以证明，婴儿反应的主要对象是语调和语言情境。

到了 11 个月左右，儿童才能真正理解词的含义，词语才逐渐从复合情境中区分出来，作为独立信号而引起儿童相应的反应。1 岁左右，儿童已经能够理解几十个词，但能说出的很少。

（二）言语发生阶段（1～3 岁）

言语发生的标志是说出最初的词和掌握其意义。在言语发生阶段，有意义的词语开始出现，句式表达趋于复杂，其中可以分为两个阶段：

1. 言语理解迅速发展阶段（12～18 个月）

在这个阶段，儿童对成人的言语的理解在不断发展，儿童理解的言语大量增加。但是儿童本身积极的言语交际能力却发展得较慢，甚至出现一个短暂的相对停滞或沉默期。这时，儿童只用点头、摇头或手势和行为示意，不开口说话，甚至停止了独处时的自发发音活动。例如，成人问：“小猫呢？”儿童就会注视小猫或转头去找小猫。成人问：“饼干呢？”儿童就会把饼干放到成人嘴里。1 岁以后，儿童也能说出某些词，但是数量非常少，这只能算是言语交际能力的开始。

2. 积极言语发展阶段（18～24 个月）

约从 1 岁半起，儿童对言语的积极性高涨起来。随着对言语的理解，儿童开始更多地表现出言语活动，言语交际的机会也日益增多，从而使儿童的言语发展出现了一个跃进阶段。儿童似乎突然开口，说话的积极性很高，语词大量增加，对语句的掌握也迅速发展。儿童的积极言语表达能力也很快发展起来，语言结构也更加复杂化，为儿童心理的进一步发展提供了重要条件。

（三）基本掌握口语阶段（2～7 岁）

2 岁以后，特别是 3 岁到入学前，是儿童基本掌握口语阶段。4 岁左右，儿童的言语已基本符合成人标准，不符合成人标准之处大部分在于风格而不在于语法。6 岁左右，儿童语法已经达到正确水平，说话流利。儿童在掌握语音、词汇、语法和口语表达能力等方面都迅速发展，为入学后学习书面语言打下基础。

二、学前儿童的言语发展

儿童言语发展又称言语获得，是指儿童对母语的产生和理解能力随着时间推移而发生变化的过程和现象。学前儿童的言语主要是口头言语。幼儿期是儿童言语丰富的时期，是熟练掌握口头言语的关键期，也是从外部言语逐步向内部言语过渡并初步掌握书面言语的时期。学前儿童言语的发展主要表现在语音、词汇、语法、言语功能、口语表达能力、内部言语、书面言语等几个方面的发展。

（一）语音的发展

随着发音器官的成熟、言语知觉（言语听觉、言语动觉）的精确化，幼儿的发音能力迅速发展，特别是 3～4 岁发展最为迅速。由于他们已能分辨外界差别微小的语音，已能支配自己的发音器官。一般来说，4 岁幼儿已能掌握本民族、本地区语言的全部语音，甚至可以掌握任何民族语言的语音。但在实际说话时，幼儿对于有些语音往往不能正确发出。根据我国心理学工作者对 3～6 岁幼儿语音发展的调查材料，幼儿语音发展表现出下列特点：

（1）幼儿发音的正确率随年龄增长而逐渐提高。

（2）语音发展的飞跃期为 3～4 岁。幼儿的发音水平在 3～4 岁时进步最为明显，在正确的教育条件下，他们几乎可以学会世界各民族语言的任何发音。此后发音就趋于稳定，趋向于方言话，在学习其他方言或外国语时，常会受到方言的影响而产生发音困难。

（3）幼儿对声母、韵母的掌握程度不同。3 岁幼儿发音的正确率明显低于 4 岁幼儿。3 岁幼儿对音位有微小差别的音，如“e”与“o”、“n”与“l”难以区分；对有些声母音位的发音方法还没有掌握，错误较多。常把“g”音发成“d”音，把“zh”“ch”“sh”发成“z”“c”“s”或“j”“q”“x”，把“ing”“ueng”读成“in”“uen”，如把“哥哥”说成“得得”，把“老师”说成“老西”，把“柿子”说成“戏已”。研究者认为，3 岁的幼儿发辅音错误较多，主要是因为其生理上发育不够成熟，不善于掌握发音部位与方法，故发辅音时分化不明显，常介于两个语音之间，如混淆 zh 和 z、ch 和 c、sh 和 s 等。4 岁以后，绝大部分幼儿都能基本发清普通话中的韵母，而对声母的发音正确率稍低。

（4）语音意识逐渐发展。语音意识是指对语音的自觉态度。幼儿逐渐出现对语音的意识，开始自觉地对待语音。幼儿语音意识明显发展主要表现在他们对别人的发音很感兴趣，喜欢纠正、评价别人的发音，还表现在很注意自己的发音。他们积极努力地练习不会发的音，倘若别人指出其发音的错误，他们会很不高兴，对难发的音常常故意回避或歪曲发音，甚至为自己申辩理由。

（二）词汇的发展

词汇是言语的基本构成单位。词汇量越丰富就越容易表达思想，掌握的词汇越多，对事物的认识就会越深。因此，词汇的发展是言语发展的重要指标之一。学前儿童词汇的发展主要表现在以下几个方面：

1. 词汇数量迅速增加

学前儿童的词汇量随着年龄的增加而增加。1 岁左右，儿童才开始说出词，而且孩子最初说出的词数量极少。而到入学前，儿童已能掌握基本的口语词汇，他的词汇已足以保证他用口语和别人交流。

研究表明，幼儿期是词汇量飞跃发展的时期。3～6 岁幼儿的词汇量是以逐年大幅度增长的趋势发展的，3 岁幼儿的词汇量为 1 000～1 100 个，4 岁为 1 600～2 000 个，5 岁增至 2 200～3 000 个，6 岁则达到 3 000～4 000 个。

2. 词类范围日益扩大

随着词汇数量的增加，幼儿词类范围也在不断扩大，这主要体现在词的类型和词的内容两方面。

词从语法上可分为实词和虚词两大类，实词是指意义比较具体的词，它包括名词、动词、形容词、数词、量词、代词等。虚词意义比较抽象，一般不能单独用来回答问题。虚词包括副词、介词、连词、助词、感叹词等。

儿童在幼儿早期的言语中已出现多种词类，其中名词、动词、代词较多，也有一些副词、形容词等。在掌握词的顺序方面，儿童先掌握的是实词，然后是虚词。在实词中，儿童掌握的顺序是名词——动词——形容词，对其他实词如副词、代词、数词掌握较晚。儿童对虚词如连词、分词、助词、语气词等掌握也较晚。各类词在儿童词汇总量中的比例：名词占二分之一左右，动词占五分之一至四分之一，形容词占十分之一，其他词类所占比例都比较小。在各类词中，儿童使用频率最高的是代词，其次是动词和名词。

同时，幼儿词汇的内容在不断丰富和扩大。幼儿不仅掌握了许多与日常生活、起居饮食直接有关的词，也掌握了不少与日常生活距离较远的词，如有关人造卫星、古代历史、工农业生产等的词。在名词中，抽象性、概括性比较高的词逐渐增加。如过去只能掌握具体的实物概念："积木""娃娃""桌子""椅子"等，后来逐渐能掌握"玩具""家具"等类概念。

3. 对词义的掌握逐渐准确和加深

与婴儿相比，幼儿言语中词的概括性增强，外延扩大或缩小等现象减少。但由于知识经验及思维水平的限制，幼儿对有些较模糊、抽象的词的解释还不准确、不确切，常常出现词语错用的现象。具体表现如下：

（1）对词的理解具体化。

幼儿首先理解的是意义比较具体的词，以后才开始理解比较抽象的词。在幼儿阶段，儿童所能理解的词以具体的词为主，他们更多地理解具体的名词和动词。在名词中，儿童对与自己操作联系最紧密的词最容易掌握，如由于儿童自己穿鞋子、袜子，对鞋、袜等词比毛衣、短裤等词更容易掌握。例如，一个3岁幼儿学习背诵古诗《悯农》，理解了"粒粒皆辛苦"一句。有一天，他看见妈妈把坏了的米饭倒掉，他拉着妈妈的衣角，瞪着惊奇的眼睛问："妈妈，粒粒皆辛苦，你倒掉了多少辛苦呀？"另外，幼儿还常常用具体的表达方式来代替一些抽象的词。例如，幼儿会把"一辆自行车"说成"一骑自行车"；把"凹""凸"分别说成"瘪进去的""高出来的"。

（2）词义理解的扩张和缩小。

词义理解的扩张指幼儿最初使用一个词时，容易倾向于过分扩张词义，无意中使其包含了更多的含义。他们可能用"狗狗"一词称一只猫或是一只兔子，甚至称一切全身长毛、四脚、有尾巴的动物。这种过度扩张的倾向在1～2岁时最为明显，大约有三分之一的词汇被扩大运用，到了3～4岁时逐渐有所克服。有两种原因也许能解释这一现象。原因之一，幼儿理解力低，他们还不能理解界定一个概念的核心特征；原因之二，幼儿缺乏相应的词汇，如幼儿不知道"苹果"一词，则他可能仅仅是为了达到谈论"苹果"的目的，而使用某种相似客体的名称（如"球球"）。幼儿除了用某一熟悉的客体的名称来指代不熟悉的客体外，还会为不熟悉的客体杜撰一个新词以达到指代的目的，这一颇具创造性色彩的现象即"造词"现象，它会随着幼儿词汇量的进一步增加而减少。

在词义理解扩张的同时，幼儿还有词义理解缩小的倾向，即把他初步掌握的词仅仅理解为最初与词结合的那个具体事物。比如，将"桌子"一词仅指自己家里的某张桌子。这种缩小倾向与扩张一样，都表明幼儿最初对词义的理解是混沌、未分化的。只有经过进一步发展，幼儿才能从具体到抽象地逐步理解词义。

（3）口头言语中积极词汇逐渐增多。

积极词汇又称主动词汇，是指儿童既能理解，又能正确使用的词。消极词汇，又称被动词汇，是指能够理解却不能正确使用的词。幼儿受知识经验的限制，对于许多词不能正确理解或有些理解而不能正确使用，以致出现乱用词或乱造词的现象。如把“一个小朋友”说成“一只小朋友”，把“一张电影票”说成“一个电影票”等，错误地使用量词。随着年龄的增长，幼儿对词义的理解逐渐准确和加深，他们不仅能掌握词的一种意义，而且能掌握词的多种意义；不仅能掌握词的表面意义，而且能掌握词的转义。幼儿对已知的词汇运用频繁，运用词的积极性也逐渐高涨，积极词汇比婴儿期大大增加。

总之，幼儿对词汇掌握的数量和质量较之婴儿都有了发展，但从整个学前儿童的词汇发展来看，掌握的词还是贫乏的；词类的运用还偏重于动词、名词，代词、形容词等并不普遍；词义的概括性还较低；对词的理解和运用还常常发生错误。总之，词汇的发展还不够完善。幼儿园教师要利用课内外一切机会，在引导幼儿认识事物的同时，发展他们的词汇，特别要重视幼儿积极词汇的发展，不要让幼儿从小养成词不达意的习惯。

（三）语法的发展

人类所有的言语都具有复杂的语法结构，幼儿要学会某种语言就必须掌握该语言的语法结构。

1. 句型的发展

（1）从不完整句到完整句。

① 不完整句。不完整句指表面结构不完整，但能表示一个句子的意思，主要包括单词句和电报句。

单词句指用一个单词来表达一个比该词意义更为丰富的意思。一般出现在 1～1.5 岁。例如，当幼儿说“妈妈”这个词时，可能表示要妈妈抱，也可能代表请求妈妈帮他拿一个东西，还有可能表示让妈妈给他某种吃的东西。

单词句的特点：首先，所用的词并不是单独和某种对象相联系，而是和某种情景相联系，这是单词句的主要特点。其次，单词句含义不明确，语音也往往不够清晰，不能完全表达自己的意思。例如，一个刚满 2 岁的男孩学会了边说“谢谢”，边点头。最后，由于单词句表意不够清楚，成人除了要根据幼儿说话时的表情和动作外，还必须根据说话的情景来推断其意义。因此，一般只有与幼儿亲近的亲人才能听得懂。

儿童在说词的时候常常有如下特点：

单音重叠：孩子喜欢说重叠的字音，典型表现就是会说“车车”“衣衣”“兔兔”，而不会说“汽车”“衣服”“兔子”。出现这一特点的原因是儿童的大脑发育尚不成熟，发音器官还缺乏锻炼，单音重叠不费力，容易发出。如果发出不同的两三个音节，发音器官的舌、唇等部位就要变化动作，这对 1 岁多的孩子来说比较困难。

一词多义：由于这个年龄的孩子对词义的理解还不精确，说出的词往往代表多种意义。典型表现就是孩子见到猫，叫“猫猫”，见到毛手套、毛领子一类的生活用品也叫“猫猫”。

以词代句：不仅用一个词代表多种物体，而且用一个词代表一个句子。典型表现就是孩子说出“拿”这个词，有时代表他要拿奶瓶，有时代表他要拿玩具，有时代表他要拿别的孩子手里的食物。

以音代物：幼儿喜欢用象声词代表物体的名称。对于能发出声音的物体，儿童总是首先抓住物体声音所具有的特征，而且模仿物体的声音，使声音成为物体的标志。典型表现就是把汽车叫作“嘀嘀”，把小狗叫作“汪汪”。

电报句又称双词句，是由两个单词组成的不完整句。20 个月左右，儿童进入“双词句”阶段，他们学会把两个词放在一起更完整、更确切地表达明确的意思、陈述思想。例如：“妈妈抱”“爸爸抱”。电报句的特点是语句断续、简略、结构不完整，句子的成分常常缺漏，主要使用名词、动词、形容词，而省略连词、介词、指示代词、助动词等虚词，类似人们打电报时使用的词语。例如，让幼儿重复一句话“我吃香蕉”，他说“吃蕉”。

案例分析

在案例中该幼儿三次说肉，但是所表达的含义不同，是 1～1.5 岁幼儿单词句言语的表现。

② 完整句。在单词句和电报句阶段，儿童能用词或把两个词组合起来粗略表达语义关系。儿童下一步要学会区别和表达意义的细微差别，就要作意义的调整，这种调整能大大增加意义表达的精确性。完整句的数量和比例随着年龄的增长而增长，2 岁儿童的话语大部分是完整句，3 岁儿童的话语已基本上是完整句，6 岁左右的儿童在话语中 98%使用完整句。

（2）从简单句到复合句。

① 简单句。简单句是指句法结构完整的单句。幼儿言语中出现的简单句主要包括主谓结构句（例如“宝宝睡觉，积木掉了”），谓宾结构句（例如“找妈妈，坐车车”），由行动主体、动作和动作对象组成的句子（例如“宝宝坐车，姐姐喝水”），有两种宾语的句子（例如“阿姨给乐乐糖，姥姥给我西瓜”）。

② 复杂句。复杂句是指由几个结构相互联结或相互包含的单句所组成的句子。幼儿言语中出现的复杂句主要有三类：第一类，由几个动词性结构连用的连动句，即句子中几个动词共同说明一个主语，动词表示的动作由同一主语发出。例如“小朋友看见了就告诉老师”“小红吃完饭就看电视”。第二类，由一个动宾结构和一个主谓结构套在一起，动宾结构中的宾语充当主谓结构中主语的递系句。例如“老师教我们做游戏”。第三类，句子中的主语或宾语中又包含主谓结构的句子。例如“两个小朋友在一起玩就好了”。三类句子结构中第一、二类的出现频率较高。儿童在 2 岁半时已开始使用这几类结构，但数量极少，以后逐年增长。

③ 复合句。复合句是指由两个或两个以上的意思关联比较密切的单句组合构成的句子。我国儿童在 2 岁时开始说出为数极少的简单复合句，只占所有句子的 3.5%。在幼儿期，简单句仍占多数，但随着年龄的增长，复合句所占的比例逐渐增加。幼儿 4 岁以后还出现了各种从属复合句，应用适当的连接词构成复合句以反映各种关系。如应用“如果……就……”反映假设关系，应用“只有……才能……”反映条件关系，应用“因为……所以……”反映因果关系等。从整体来看，幼儿复合句中最显著的特点是结构松散，缺少连词，仅由几个单句并列组成。

（3）从无修饰句到修饰句。

幼儿最初使用的句子是没有修饰语的。例如“宝宝画画”“汽车走了”。2～3 岁幼儿的言语中有时候出现一些修饰的形式，例如大灰狼、小白兔，但实际上他们把修饰词和被修饰词作为一个词组来用，在他们的心目中大灰狼就是狼，不论那是大狼还是小狼，他可以说：“这是一只小的‘大灰狼’。”

2 岁半的儿童已经开始出现了一定数量的简单修饰语，如“两个娃娃打电话”。3 岁开始出现复杂修饰语。如“我玩的积木”。2岁儿童运用修饰语仅占20%；3岁达到50%；3～3岁半是复杂修饰词语的数量增长最快的年龄；到4岁，有修饰的语句开始占优势。

幼儿的复杂修饰语中主要使用含有“的”这个词的修饰语，例如“娃娃有两只明亮的眼睛”。

状语也是幼儿的主要修饰语。不同年龄的幼儿使用不同类别的状语。3岁幼儿较多使用行动状语，例如“他们蹦蹦跳跳地玩”。4岁幼儿还会使用一些地点状语，例如“我在公园看到猴子”。5岁和6岁幼儿除了行动状语和地点状语以外，还出现了一定数量的时间状语，例如“老师昨天带我去动物园看猴子了”。补语在3岁幼儿的句子中很少出现，4岁和5岁时也较少。在6岁幼儿的句子中出现得相对普遍。例如“他们吃得饱饱的”“猴子的眼睛睁得大大的”。

（4）从陈述句到非陈述句。

儿童最初掌握的是陈述句。在整个学前阶段，简单的陈述句仍然是基本的句型。幼儿常用的句型除陈述句外，还有疑问句、祈使句、感叹句等。其中疑问句产生最早，2岁左右的儿童话语中已有单词句结构的疑问句。随着年龄的增长，儿童的疑问词逐渐增加，5岁左右的幼儿话语中出现许多因果关系的疑问词，例如“为什么”。

2. 语句结构的变化

（1）从混沌一体到逐渐分化。

幼儿在掌握言语的过程中，语句逐渐分化。分化过程表现在三个方面：表达内容的分化，词性的分化，结构层次的分化。在表达内容方面，最初幼儿表达情感、意愿和指出物体名称这三方面是紧密结合的。2岁和2岁半的幼儿多半是边做动作边说话，用动作补充言语所没有完全表达的意思，以后逐渐分化。在词性的分化方面，幼儿最初是不分词性的，经常把词组当作一个词来使用，例如有的孩子说：“我长大以后也当司机叔叔。”他把司机叔叔当作一个词来使用，以后逐渐分化。在结构层次的分化方面，幼儿最初是主谓语不分的，以后逐渐发展到出现结构层次分明的句子。

（2）句子结构从松散到逐渐严谨。

幼儿最初的单词句只是一个简单的词链，不是体现语法规则的结构。3岁半以前幼儿的话语常常漏缺主要词类，词序混乱，各成分间的互相制约不明显。3岁半以后出现较多复杂修饰语句。到5、6岁，幼儿的关联词比较丰富，但是常常用得不恰当。

（3）句子结构由压缩、呆板到逐步扩展和灵活。

幼儿最初的语句结构不能分出核心部分和附加部分，只能说出形式上千篇一律的、由几个词组组成的压缩句。稍后能加上简单修饰语，再后加上复杂修饰语，最后达到简单修饰语的灵活运用和语句中各种成分的多种组合。幼儿语句结构的发展在4～4岁半时较为明显，5岁幼儿语句结构逐渐完善，6岁时水平显著提高。

3. 对句子的理解力增强

幼儿对句子的理解总是先于句子的产生，他们在会讲正确的句子之前，已经能够听懂这种句子的意思。早在前言语阶段，他们已能听懂成人的一些话，并作出相应的反应。如母亲抱着婴儿问“爸爸在哪里”，幼儿就会把头转向父亲。对他说“拍拍手”“摇摇头”，他就会做出相应的动作。为什么对句子的理解会先于句子的产生呢？有人（Kuczaj，1986）认为，理解仅仅需要幼儿认出词语的意思，而说话则要求他们回想或者从他们的记忆、词语以及词语所代表的概念中积极地回忆。说话是一项困难的工作，不能说出话和句子并不意味着幼儿不能理解它。

影响幼儿理解句子的因素是多方面的。朱曼殊等人的研究发现，同一句型中主语、宾语名词的性质以及组合方式都会影响幼儿对句子的理解。4～5 岁的幼儿虽已能与成人自由交谈，但对一些结构复杂的句子如被动语态和双重否定句还理解不好，比如，“玲玲被红红撞倒在地上，老师把她扶起来”，问：“谁撞倒了谁？老师扶起谁？”他们往往不能正确回答。到了 6 岁时才能较好地理解常见的被动语态句型。

（四）言语功能的发展

言语有三种功能：其一交际功能；其二概括功能；其三调节功能。

1. 学前儿童言语交际功能的发展

学前儿童言语交际功能的发展大致可以分为两个阶段：

第一阶段：3 岁前。这个阶段言语的交际功能主要是请求、回答和提问。这是和 3 岁前儿童的独立性发展不足，其活动主要依赖成人有关。在这阶段，儿童主要用对话言语、情景言语和不连贯言语。

第二阶段：3～6 岁。这个阶段的言语功能，除了请求和回答外，还有陈述、商量、指示和命令、对事物的评价，等等。与此相适应的是连贯性言语、陈述性言语逐渐发展。4 岁以后，儿童之间的交谈大为增加，他们会进行讨论，在游戏和其他活动的合作中协调行动。5 岁以后，儿童在争吵中出现用语言辩论的形式。

2. 学前儿童言语概括功能的发展

言语的概括功能使得学前儿童认识过程发生质的变化。下面以感知过程为例来说明。在一个实验中，研究者要求 4～7 岁幼儿分辨蝴蝶翅膀上花纹的细微差异。9 只蝴蝶分为三种颜色，每种颜色又分为带斑点的花纹、条状的花纹和没有花纹的三种。实验结果表明，用语言说出花纹的名称时，则幼儿辨别花纹的成绩明显高于不用语言时。

为什么实验结果有明显差别？

主要是言语的概括作用。这种概括作用使知觉的恒常性有所提高，使知觉不再停留于以孤立的、表面的特征为主导，而发展到以复合的、意义的特征为主导，因而儿童对事物的感知越来越细致、精确、迅速、完整。

言语的概括功能还可以改变幼儿对复合刺激物感知中的刺激物强度的主次地位。

在一个实验中，让幼儿看灰色或淡黄色背景上的彩色圆圈。从单纯感知看，彩色是比灰色或淡黄色更强的刺激物，幼儿主要注意感知彩色圆圈而不是灰色或淡黄色的背景。可是当实验者用语言告诉幼儿，彩色代表飞机，淡黄色代表晴天、有太阳，灰色代表天气不好，晴天飞机能起飞，天气不好飞机则不能起飞时，幼儿接受了这些语言指示，情况就发生了变化。即使是 3～4 岁的幼儿也能注意较暗淡的颜色（灰色和淡黄色）而不去对彩色作出反应了。

以上说明，有了言语的参加，幼儿能够不是被动地认识世界，而有了自觉的能动的分析综合能力。

3. 学前儿童言语调节功能的发展

言语对儿童心理活动和行为的调节功能，使儿童有了心理的自我调节。

儿童言语对心理活动和行为的调节，最初是受成人语言影响的。以后儿童会用自己的言语活动进行自我调节，一开始使用的是出声的言语，即“自言自语”，再往后儿童开始用内部言语进行自我调节。

（五）口语表达能力的发展

随着词汇的丰富和语法结构的逐渐掌握，幼儿的口语表达能力也逐步发展起来。具体表现如下：

1. 从对话言语逐渐过渡到独白言语

口语可分为对话和独白两种形式。

儿童的语言最初是对话式的，只有在和成人共同交往中才能进行。3 岁以前，儿童基本上都是在成人的帮助下和成人一起进行活动的，儿童与成人的言语交际也正是在这样一种协同活动中进行的。所以儿童的言语基本上都是采取对话的形式，而且他们的言语往往只是回答成人提出的问题，或向成人提出一些问题和要求。

到了幼儿期，由于独立性的发展，儿童常常离开成人进行各种活动，从而获得一些自己的经验、体会、印象等。因此，有必要向成人表达自己的各种体验和印象，独白言语也就逐渐发展起来了。3～4 岁的幼儿能主动讲述自己生活中的事情，但在集体面前讲述时表现得不大胆、不自然；4～5 岁的幼儿能够独立地讲故事或者各种事情；5～6 岁的幼儿不但能够系统地讲述，而且能够面带表情生动而自然地进行讲述。当然，在整个幼儿阶段，独白言语刚刚开始形成，发展水平还很低。

2. 从情境性言语过渡到连贯性言语

情境性言语只有在结合具体情境时，才能使听者理解说话人所要表达的思想内容，而且往往还需要说话人运用一定的表情和手势作为自己言语活动的辅助手段。

连贯性言语的特点是句子完整、前后连贯、逻辑性强，使听者仅仅从言语本身就能完全理解讲话人所要讲的内容和想要表达的思想。情境性言语和连贯性言语的主要区别在于是否直接依靠具体事物做支柱。

3 岁前的儿童只能进行对话，不能独白，他们的言语基本上都是情境性言语。幼儿初期，儿童的言语仍然具有 3 岁前儿童言语的特点。虽然能够独自向别人讲述一些事情，但句子很不完整，常常没头没尾，让听的人感到莫名其妙。例如：一个 3 岁的孩子向别人讲自己昨天晚上做的事时说：“看到解放军了，在电影上，打仗，太勇敢了。妈妈带我去的，还有爸爸。”讲的时候好像别人已经了解他要讲的内容似的，一边讲，一边作出一些手势和表情。这种让别人边听、边看、边猜想当时情境才能懂的言语，就是情境性言语。

随着幼儿年龄的增长，情境性言语的比例逐渐下降，连贯性言语的比例逐渐上升。有研究表明，4 岁儿童的情境性言语占 66.5%，连贯性言语占 33.5%；6 岁儿童的情境性言语占 51%，连贯性言语占 49%。整个幼儿期都处于从情境性言语向连贯性言语过渡的时期。到了 6～7 岁时，幼儿才能比较连贯地进行叙述，但叙述能力的发展还是不完善的。言语连贯性的发展往往是思维逻辑性的一个重要标志。幼儿口语表达的逻辑性较差，表明其抽象逻辑思维的发展水平较低。连贯性言语的发展使幼儿能够独立地、清楚地表达自己的思想，正是在这个基础上，独白言语也发展起来了。

3. 讲述逻辑性逐渐提高

幼儿讲述的逻辑性逐渐提高，主要表现为讲述的主题逐渐明确、突出，层次逐渐清晰。

幼小儿童的讲述常常是现象的堆积和罗列，主题不清楚、不突出。随着儿童的成长，其口语表达的逻辑性有所提高。儿童讲述的逻辑性反映了思维的逻辑性。研究表明，对幼儿来说，单纯积累词汇是不够的，幼儿讲述的逻辑性的发展需要专门培养。

4．逐渐掌握言语表达技巧

幼儿不仅可以学会完整、连贯、清晰而有逻辑地表述，而且能够根据需要恰当地运用声音的高低、强弱、大小、快慢和停顿等语气和声调的变化，使之更生动，更有感染力。当然，这需要专门的教育。

知识拓展

在儿童言语表达能力的发展中，有人可能会产生一种言语障碍——口吃，其表现为说话中不正确的停顿和单音重复，这是一种言语的节律性障碍。

学前儿童的口吃现象常常出现在2～4岁。有几种因素会导致口吃：

1．生理原因

由于2～4岁儿童的言语调节机能还不完善，造成连续发音的困难。随着年龄的增长，这种情况会有所缓解。

2．心理原因

即因说话时过于急躁、激动和紧张造成的。说话过程是表达思想的过程，从“思想”转换成言语的过程中，可能会因为找不到合适的词汇和更好的表达形式而感到焦急，也可能会因为发音的速度赶不上思想闪现的速度而造成二者的脱节。这都会使儿童处于一种紧张状态，而这种紧张可能造成发音器官的细微抽搐和痉挛，出现了发音停滞和无意识地重复某个音节的情况。经常性的紧张便会成为习惯，以至于每次遇到类似的语词或情境时，都出现同样的“症状”。

3．模仿

幼儿的口吃常有很大的“传染性”。因为他们的好奇心强，爱模仿，班上某个孩子偶尔出现“口吃”会使他们觉得有趣儿、“好玩儿”而加以模仿，最后不自觉地形成习惯。据北京一些医院统计，参加口吃矫治的人中，有近三分之二的人有幼年模仿口吃的历史。

矫正口吃的重要办法是消除紧张。成人千万不要一发现儿童口吃就加以斥责，或操之过急地要求他改正，而应和颜悦色地提醒他们不要着急，一个字一个字地慢慢讲话。对生活在幼儿园集体中的儿童，教师要教育其他儿童不要模仿，更不要讥笑。只要能这样做，大多数口吃的幼儿会很快得到矫正。

（六）内部言语的发展

内部言语是在外部言语的基础上发生的，是外部言语的内化，是思维过程的依靠。内部言语是儿童身心发展到一定水平的产物，对心理活动有调节和控制的作用。4岁以后，幼儿的内部言语开始萌生，它突出地表现为一种出声的自言自语，这是一种介于有声言语和内部言语之间的形态。

1．出声的自言自语的出现

4岁左右，儿童出现出声的自言自语。出声的自言自语是内部言语发展的初级形态，是在外部言语基础上，产生内部言语的过渡形态。它既有外部言语说出声音的特点，又有内部言语对自己说话的特点。

从形式上看，内部言语的特点是不发出声音的。幼小的儿童还不能控制和调节自己的发音系统。例如 3 岁左右的幼儿附在妈妈耳边说“悄悄话”时，旁人都听见了。这是因为他还不会小声说话。幼儿最初的自言自语，是说出声音的，带有从外部言语到内部言语发展的过渡性质。

从功能上看，内部言语的特点不作为交流思想的工具，是对自己的言语。因此内部言语又称为“自我中心言语”。内部言语更突出地表现出言语的概括和调节功能。幼小儿童不会独自思考问题，而依靠外界条件，特别是与别人对话交谈。因此，他们还不能产生内部言语。幼儿出声的自言自语，是一种说出声音的思维过程。同时，也起着指导自己行动的作用。幼儿的自言自语开始往往伴随活动进行，具有反映行动结果和行动中重要转折点的作用。以后则出现在行动的开端，具有计划和指引行动的性质。例如，幼儿在遇到困难时出现自言自语，就具有制订行动计划和调节自己活动的性质。

幼儿出声的自言自语也包含对别人说话的性质。出声的自言自语出现最频繁的情况是在他们有与别人说话的要求，但又缺乏言语交往的实际可能性的时候，所以，它具有外部言语和内部言语的特性。例如，在玩积木的游戏中，幼儿出声的自言自语内容，往往是向别人介绍自己搭的是什么。幼儿在单独完成某种任务的活动中，虽然他知道没有别人在场，有时也使用请求帮助的出声的自言自语。

2. 幼儿自言自语的形式

（1）游戏言语。

这种言语的特点是比较完整、详细，有丰富的情感和表现力。例如，一个小班幼儿独自抱着娃娃“喂饭”，边喂边说：“快吃！快吃！不要把饭含在嘴里，要嚼嚼再咽下去！”喂完饭，她把娃娃放在小床上，盖上被子，说：“吃完饭，要睡觉，不要乱动。你呀，不要踢被子，要着凉的，生病要打针的……”儿童一边做各种游戏动作，一边说话，用语言补充和丰富自己的行动。在绘画活动中也常常有这种情况，用语言来补充不能画出的情节。

（2）问题言语。

这种言语的特点是比较简单、零碎，常常在遇到困难时出现，或表现困惑、怀疑、惊奇，等等。当幼儿找到解决问题的办法时，也会用这种言语表示所采取的办法。例如，在拼图过程中，儿童自言自语地说：“把这个放哪里呢……不对，应该这样……这是什么……就应当把它放在这里……”4、5 岁儿童的“问题言语”最为丰富。

出声的自言自语是幼儿口语发展的一种形态，成人要正确加以对待，不要斥责他、阻止他或嫌孩子嘟囔，应该帮助和引导他发展成真正的内部言语。6、7 岁儿童能够默默地用内部言语进行思考，只是遇到困难时，才用“问题言语”。

（七）书面言语的发生

书面言语是指以文字作为工具的言语活动。书面言语活动也包括认字、写字和阅读、写话。其中认字和阅读属于接受性言语活动，写字和写话属于表达性言语活动。

儿童书面言语的产生，如同口头言语一样，是从接受性的言语活动开始，即先会认字，后会写字，然后阅读，后会写作。学前儿童书面言语的发展主要表现在早期识字和早期阅读两个方面。

1. 早期识字

儿童识字的过程分为三个阶段：

（1）泛化阶段。

儿童首先倾向于把字形作为整体形象来感知，服从从笼统到分化的规律。比如很多幼儿从未见过“羊”，但是他的故事里有羊，看的图画书里有羊的形象。“羊”字和图画中的形象多次结合，就可以建立起条件反射，于是认识“羊”字。汉字是象形文字，有利于幼儿学认。比如教幼儿认识“山”字，山字的形象和图画中的山很接近；认“月”字，月字的形象和天上常出现的月牙的形象很接近，幼儿较容易认识。

（2）识字阶段。

儿童多次接触某个字或某些字时，就可以认识一些字。经过成人精心教育和继续幼儿的学习，或者说，多次把字形与字音、字义结合，幼儿就可以认识那些字，即建立了有关的条件反射。

幼儿识字与成人相比有如下特点：

首先，幼儿常常容易混淆，对字形的细节还难以分化。例如，幼儿常常分不清“水”“木”“半”。

其次，幼儿对字义的概括水平还很低。这与前面所说过的对词义理解不够有关。因此，对幼儿来说，字还不是真正意义的文字符号。

（3）再现（回忆）阶段。

学前儿童识字主要处于前两个阶段，是对字的再认。对字的再现实际上已经进入听写和默写阶段。幼儿学习书写之前，也要有一定的准备，手的小肌肉协调性发展，对字形的空间知觉、方位知觉的发展，对笔顺的掌握，正确的执笔姿势等对幼儿书写能力的发展都有一定的影响。幼儿园大班下学期学习书写简单的字，如人、口、手、上、中、下、火、土等，但不要求默写。

2. 早期阅读

婴儿出生后几个月就可以进行阅读活动。最初的阅读活动是亲子共读，家长拿书看，读给宝宝听，边读边指书上的图画，孩子边听边看。孩子并非阅读文字，而是拿书看。

1 岁左右，孩子情绪好的时候，有时候也会自己拿着书看，他把书正拿或倒拿，毫不在乎，因为他的方位知觉还没有发展成熟。他嘴里念念有词，也不在乎那些词和书上的字是否有联系。

3 岁左右，孩子可以培养起爱看书的习惯。幼儿期的阅读，基本上以看图为主。水平高一些的孩子，能认识一些字，以图为辅。这个年龄的孩子阅读往往是依靠上下文来读，并不一定认识每一个字。

幼儿期是书面言语发生的时期。这时期处于前阅读阶段和前书写阶段。这时期言语发展的主要任务是发展口头言语。在发展口头言语的同时，为儿童书面言语的发展做好准备。因此，可以因地因人制宜让幼儿认识一些字，其主要方式是在生活中充分发挥幼儿对视觉形象的敏感性和形象记忆的优势，培养幼儿对学习书面言语的兴趣，而不是让幼儿用大量时间去专门认字，以致挤掉他的口语发展和其他方面素质发展的时间。如果强迫幼儿提前学习小学的功课，造成幼儿不愿意读书的心态，则会伤害幼儿身心的持续发展，是得不偿失的。

第三节　“我不口吃了”——学前儿童言语能力的培养

一、学前儿童语音能力的培养

学前期，尤其是2～4岁是人的一生中语音可塑性最大的时期，语音教育非常重要。

（一）培养幼儿准确的听音能力

要使幼儿会正确地发音，首先就要求幼儿能听得准确。听得准是说得准的前提。因此，必须注意发展幼儿的言语听觉，使他们会听音，能分辨各语音的微小差别，特别是区别某些近似的词音，如z、c、s、zh、ch、sh、n、l等，为幼儿正确地发出词音打下基础。为幼儿编选一些发展听觉的教学游戏，对培养幼儿发音有很大的积极作用。这种教学游戏，主要内容是让幼儿分辨各种大小、强弱等不同性质的声音，比如“猜猜我是谁”“是谁在学哪种动物叫”等，在小、中班都可进行。

（二）教会幼儿正确的发音

教会幼儿正确的发音的方法是多种多样的。根据幼儿注意和语音发展的特点，用色彩鲜艳、形象生动的实物、玩具、木偶、图片，以游戏方式组织幼儿听与说，是行之有效的好方法。如教小班幼儿练习区分“j”和“q”时，出示实物或玩具小鸡与青菜，老师说：“小鸡小鸡来吃青菜。”小朋友也会跟着说。教幼儿正确发“sh”和“s”的音时，组织幼儿玩“卖柿子”的游戏，有的当卖柿人，有的当买柿人，每个卖柿人手里都拿四五张有一至五个柿子的图片，在幼儿反复地说“柿”“涩”的过程中，使幼儿很快掌握了“sh”和“s”的发音。老师也可以带幼儿学习小动物的叫声，如鸭子“嘎嘎嘎”，母鸡“咯咯咯”，小羊“咩咩咩”，小狗“汪汪汪”，小猫“喵喵喵”。还可以教幼儿学说简单的儿歌、绕口令，如练习“z”的儿歌：“三个小胖子，穿衣扣扣子。红红帮冬子，冬子帮珍子，互相来帮助，都是好孩子。”由于幼儿主要是通过模仿学习语言，语音也是通过模仿成人而掌握的，因此，在教幼儿发音时，老师一定要注意自己发音的准确、清楚；同时，可以引导幼儿模仿自己发音时的口形，以掌握发音的部位和方法，求得语音的正确。

（三）充分利用一日生活的各个环节

幼儿要真正掌握一个新的词音，必须做到这样两个方面：一能正确分辨出近似音，二能正确熟练地发出声。在教幼儿每一个新的词音后，都要及时地让他们重复练习，以巩固正确的发音。这样，除了要有计划地通过语音作业来培养幼儿正确发音外，还必须充分利用游戏、散步、吃饭等日常生活的各个环节。比如，有的幼儿分不清“裤”和“兔”，把“裤子”说成“兔子”，老师可以在散步时带幼儿去看兔子，并告诉幼儿：“你们看，这是兔子，兔子喜欢吃白菜，还喜欢和小朋友一起玩。你们去问问它：‘小兔子，我穿的裤子好看吗？’”有意识地让幼儿练习“裤”和“兔”的发音。又如，有的幼儿分不清“湿”与“吃”，可以在幼儿洗手时、吃饭前提问：“毛巾放到水里怎么样了？”“炊事员叔叔做饭给谁吃？”引导他们反复练习“湿”与“吃”的发音。这样，经过多次反复练习后，幼儿的语音分辨能力就能得到显著的提高了。此外，老师在注意全班幼儿的语音发展的基础上，还应该注意个别幼儿的正音工作，有针对性地进行个别指导。对个别幼儿的正音工作，应该从每个幼儿的实际水平出发，由易到难，循序渐进地进行；方式要多种多样，生动活泼；并且要注意及时肯定幼儿的进步，激发幼儿说话要正确、清楚的内在愿望和积极性，以帮助个别幼儿尽快克服语音方面的缺陷。

二、学前儿童词汇量的培养

词汇是语言的建筑材料，直接影响语言表达的质量。幼儿期是储备词汇、形成语言能力的时期，幼儿在实际生活中常常出现因缺乏必要的词，而语言显得平淡、简单的现象，还要借助于手势、表情与人交往。因此，我们必须有步骤地丰富幼儿的词汇。

（一）丰富幼儿的词汇应该有目的、有计划地进行

首先应该丰富幼儿那些代表具体概念的词，然后随着幼儿思维的发展，再逐渐教给其代表抽象概念的词，即先教幼儿掌握苹果、梨、柿子、橘子、大象、熊猫、松鼠、孔雀等这类比较具体的词，然后再教水果、植物、动物等抽象性较高的词。从词类来说，首先要教幼儿掌握对象和现象的名称，即名词，其次教幼儿掌握说明对象和现象的动作和过程的动词；而后再教幼儿掌握说明对象和现象的性质、特点、状态、程度的形容词和副词等；最后在幼儿掌握有实际意义的实词的基础上，教幼儿掌握各种反映对象和现象之间关系的虚词，如介词、连词等。各类词汇的教学，也应该由浅入深、由近及远、循序渐进地进行，比如名词，小班主要教幼儿掌握代表物体整体的名称（如衣服、汽车），中班则要在此基础上，教幼儿掌握代表物体各部分的名称（如衣领、衣袖、车头、车轮、车窗）。总之，丰富幼儿词汇应遵循由具体到抽象、由简单到复杂的原则，由浅入深地，有计划、有步骤地进行。这样，久而久之，幼儿的词汇就能越来越丰富。

（二）丰富幼儿的词汇应该与事物具体形象相结合

由于幼儿知识经验和思维水平的局限，词又是一类物体的代表符号，具有概括性的特点，因而幼儿都是在具体的感知活动中来掌握新词的，也就是说，是在通过听觉、视觉和触觉等感受器官，认识客观物体的特征、性质的基础上掌握词义的。通过词的解释掌握新词，是幼儿掌握词汇的辅助手段。而且词的解释，也只有在幼儿的意识中引起已感知过的形象时，才能为幼儿所理解、所接受。因此，丰富幼儿的词汇，必须与事物具体形象相结合。在幼儿观察事物的过程中教给其相应的词汇是最有效的学习词语的方法。因为在这时候，幼儿不仅能较容易地记住这些新词，而且也比较容易真正理解这些新词的含义。如上常识课，在教幼儿认识“水果”时，相应地教给幼儿“果皮”“果肉”“果核”“光滑”“粗糙”“酸”“甜”等词；上语言课，带幼儿观察秋天景色时，及时教给向幼儿“枯黄”“飘落”“枫叶”“秋菊”“果实累累”“丰收”“沉甸甸”“黄澄澄”等词；在上美工课时，也可结合幼儿接触的用具，教给幼儿“蜡笔”“铅笔”“橡皮泥”“泥工板”“毛笔”“水彩”等词。有些事物没有条件让幼儿直接感知，可以用图片来教幼儿掌握它的名称和描述性词汇，比如山羊和绵羊、天安门和纪念碑；也可以用生动形象的语言唤起幼儿已有表象，帮助幼儿理解，如对“荒林”这个词，可结合幼儿有关树林的经验，解释为“荒林就是没有人去过的或没人管理的树林”。这样，幼儿联系已有的关于树林的表象，由彼及此，就会较容易地懂得了“荒林”的含义。

（三）努力为幼儿词汇的积极化创造条件

幼儿所积累的词汇，按能否运用可分为两类：一类是消极词汇，即幼儿能理解但不会运用的词汇；另一类是积极词汇，即既能理解又能正确运用的词。只有幼儿能不断地把新词运用到日常交往中去，其语言表达水平才能得到提高，减少或消灭借助于手势、面部表情等弥补词汇不足的现象。因此，丰富幼儿的词汇，仅仅教给他词还是远远不够的，还必须积极促使幼儿的词汇由消极词汇向积极词汇转化。幼儿词汇的积极化，有赖于两个条件：一是幼儿对词义有正确的理解。不理解的词，幼儿纵然能“鹦鹉学舌”地说出来，但仍然是消极词汇。二是幼儿能在不同场合正确使用这些词。因此，一方面，我们要注意对新词的介绍须与事物的具体形象紧密联系，使幼儿能正确理解词所代表的意义；另一方面，要积极为幼儿运用所学的词创造条件，启发和教会他们在各种场合中，积极、正确地运用已学过的词。帮助幼儿词汇积极化的手段是多种多样的，组词、造句、看图讲述、教学游戏、编讲故事等，都是很好的方法。比如，教了“枯黄”这个新词后，请小朋友用“枯黄”这个词造各种不同类型的句子；教了“原来”“现在”“刚才”“前”“后”“左”“右”等词后，可以带领小朋友玩“什么东西变了位置”的游戏。幼儿在造句和游戏中，需要反复运用上述各词，这样就能逐渐熟练地掌握这些词。

（四）在日常生活中丰富幼儿的词汇

在日常生活中，幼儿广泛地接触各种事物。有些事物他们初次接触会感到非常新鲜有趣，他们迫切想知道它们是什么、有什么用处、从哪儿来的、是用什么东西做的，等等。在这种情况下，教师及时教给幼儿相应的新词，幼儿不仅容易理解，而且能较容易地运用到日常生活中去。同时，日常生活中的语言多是常用、重复的，这种重复既有利于幼儿加深对新词的理解，也有利于幼儿学会正确、恰当地使用新词。因此，在日常生活中丰富幼儿的词汇是很重要的。在游戏、散步、吃饭、劳动等活动中，老师都要注意组织幼儿观察周围事物，通过与个别幼儿或全班幼儿的谈话，来帮助幼儿丰富词汇。如吃饭时，教幼儿练习称呼主食、副食、餐具的名称；穿衣时，教幼儿叫出衣服和衣服各部分的名称；游戏时，教幼儿正确描述出玩具和其他游戏材料的外形特征、用途；散步时，引导幼儿观察天空、大地、庭院，说一说“蓝蓝的天”“红红的太阳”“百花盛开”“蝴蝶飞舞”“小鸟叽叽喳喳欢叫”“地面铺上了绿色的地毯”，等等，使幼儿理解和掌握的词汇日益丰富起来。

（五）通过儿童文学作品丰富幼儿的词汇

文学作品经过艺术加工，词汇生动形象、精练优美，经常给幼儿朗诵或讲读一些优秀的童话、儿歌、故事、散文，有益于幼儿词汇的获得、丰富和发展。像童话《小水滴旅行记》中的“太阳公公升起来了，放射出万道金光”“浑身热烘烘的”；故事《金鸡冠的公鸡》中的“狐狸把我抓住，走过黑幽幽的森林，走过急腾腾的河流，走过高耸耸的山头”；散文《美丽的秋天》中的“圆圆的苹果笑红了脸，黄澄澄的柿子像金色的灯笼挂满了树枝”；《小雪花》中的“闪光的银瓦”“丰满的棉桃”“松软的棉絮”“美丽的白纱”等，都生动形象、优美动听、富有表现力，幼儿学起来积极性很高，兴趣盎然，并且非常愿意模仿，把它们运用到自己的语言中去。

三、学前儿童口语表达能力的培养

幼儿期是人一生中掌握语言最迅速的时期，也是最关键的时期，提高幼儿口语表达能力是语言教学中的一项重要工作。幼儿期的口语表达能力的培养相当重要，甚至会影响幼儿一生的发展。

（一）激发幼儿言语交往的需要

创造言语交往条件是十分重要的。在和成人及小朋友交往中，幼儿的言语交往需要就会被激发出来。

1. 亲子之间的言语交往

父母要十分注意和孩子的言语交往。在这方面，父母亲和其他照料孩子的人应该做到：

（1）在照料孩子的过程中，及早对孩子说话。有些人认为孩子太小，不会说话，于是与孩子只有操作性的照料，而没有言语交往。其实，从孩子出生后，就应该边照料他，边对他说话。这样，可以使孩子从小有机会听到语言的声音，适应语言的节奏和声调，潜移默化地打好学习语言的基础。孩子满周岁以后，更要注意多和他进行言语交往。比如，抱着孩子在街头巷尾玩耍，有些母亲只顾大人之间聊天，把孩子当物体似的抱在怀里，而另一些母亲则注意和孩子说话、交往。其结果是，后一种孩子言语发展较好，也比较活泼。

（2）养成对孩子言语的敏感性。敏感的父母能够抓住孩子言语发展的良好时机。譬如，孩子想说话时，和他呼应，帮助他把话说出来。我们已经知道，当孩子能够用词或用新的表述方式时，及时加以指导，对其言语发展也很重要。

（3）善于倾听幼儿的谈话。良好的情绪气氛有利于孩子使用语言。父母要舍得安排时间来和孩子交谈，耐心地把孩子的话听完。这样会使孩子感到温馨且放松，增加言语表述的积极性。千万不要在语言内容和形式上简单化地批评或纠正，更不能对孩子的话加以嘲笑。

2. 同伴之间的言语交往

要创造条件，让幼儿积极地与同伴交往。在和同伴的游戏中，或合作完成某项任务中，幼儿会自然地用言语交往。幼儿之间用言语沟通和互相学习语言，比幼儿与成人进行言语交往和向成人学习语言更为容易。缺乏和同伴进行言语交往的幼儿，往往只会说“大人话”。

幼儿和同伴一起游戏，特别是进行角色游戏，在游戏中扮演各种角色，自然产生言语交往的需要，能自愿地、没有任何强迫地学会按常规习惯说话。

3. 师幼之间的言语交往

在幼儿园生活的孩子，其言语发展在很大程度上受教师的影响。

（1）教师要特别注意创造言语交往的条件，在日常相处中有意识地多和幼儿交谈。在幼儿园的各个生活环节，如洗手、进餐前、外出散步时，都要有意识地抓住交谈的话题。幼儿园里一个班上孩子较多，教师要有计划地创造条件让每个幼儿都获得言语交往的机会，避免听其自流的现象，即言语发展好的孩子言语交往机会多，言语发展差的孩子言语交往的机会少。

（2）教师在教学活动中，要注意言语活动的双向交往。应鼓励幼儿用语言无拘束地说出自己的思想和体验。避免老师说得过多，儿童言语实践过少，或者是老师提出简单问题多，儿童应答式的简单回答多；也要避免怕孩子不守规则或影响秩序而过多限制幼儿说话。要鼓励幼儿主动发起与教师的言语交往。有时小班幼儿兴致勃勃地想说点什么，但是教师过多强调要举手才能发言，而举手之后，又要等待老师叫到才能站起来说话，由于控制自己的能力发展不足，过多的限制和等待使幼儿忘记了自己的想法，或失去表述的兴趣，待到被允许说话时，已经表现茫然了。

（二）创设交流情境，营造和谐氛围

谈话过程是师幼的一种交往、平等对话的过程，只有在宽松、安全、平等的心理氛围中，孩子们才能想说、愿说、敢说。

1. 创设和谐的谈话氛围

要提供师幼平等、宽松的环境，给幼儿充分交流的机会，给孩子一个自由的空间，让他们在这种平等、轻松的环境中畅所欲言，尽情发泄心中的各种感受。在晨间谈话中要注意角色的分配与扮演，教师要清楚地了解教师是活动的引导者与组织者，孩子才是活动的主体；在谈话过程中孩子是一个讲述者，而教师是整个活动的倾听者。此外，教师要注意谈话的氛围，选择适合幼儿年龄特点的、幼儿感兴趣的、符合幼儿已有生活经验的话题。在提问时尽量用幼儿化的语言，便于幼儿理解。

2. 学会耐心倾听

倾听体现了互相的接纳与尊重，在孩子讲述时教师应认真倾听，并用眼睛注视对方的眼睛，从眼神和体态上向幼儿传递肯定的信息。这样孩子就能感受到老师对自己的重视，也会使孩子表达的意愿更加强烈；同时能培养孩子良好的倾听习惯，学会安静地倾听别人讲述，喜欢倾听他人说话。

3. 积极给予回应

在谈话过程中，孩子对问题总是不能用完整的话回答，而是断断续续地表述自己的想法，这时就需要教师进行一个总结性的回应，帮助孩子把所要表述的意思完整清楚地表述出来。此外，教师还要给予孩子一些肯定或提示性的回应，如：当一个胆小的孩子愿意说出自己想说的话时，教师应该帮助孩子，可有意识地有给予孩子一些提示性的语言，当孩子说完后再给予孩子一些肯定性的带表扬的语言。这样有助于培养孩子愿意说话的习惯，激发孩子产生交谈的欲望。

（三）选择适当话题，激发表达欲望

陶行知先生提出：“生活就是教育，就是教育内容，生活中的内容博大无比，是动态的，因生活变化而变化，因而也是全面的。”话题的选择要接近孩子的生活，让孩子能够对话题的内容不陌生，从而产生愿意说、敢说、喜欢说的情感。

1. 选择日常生活中的事

孩子对经验的获取途径很多，而生活是孩子学习的一个大课堂。孩子喜爱生活，但孩子对生活的接触面不广，因此，在根据孩子的日常生活选择话题时，教师要选取孩子常接触的事物。如：“这个周末你是怎么过的”“说说自己的家人”“说说自己的好朋友”等。这类话题是孩子经常接触的，他们对这些话题的经验非常丰富，也比较容易有话说。

2. 选择孩子感兴趣的话题

兴趣是最好的老师，有了兴趣，孩子们就会变成活动的主导者。因此，话题也可以根据幼儿的喜好来选择。如“我最喜欢的动画片”“我的玩具”“我喜欢做的事”，这些话题会较快

地引起孩子说的兴趣，并能打开他们的思维。

3．选择孩子自己在日常生活中所产生的疑问当话题

孩子喜欢新事物，当他们遇到新的事物时总喜欢问个为什么。教师要抓住这个机会，来收集孩子提出的“为什么”，并让全体孩子来谈论“你觉得这是为什么”，让孩子获得更多的知识与经验。

（四）优化问题设计，实施有效提问

问题是促进幼儿思维发展、提升活动效果的重要途径。教师在谈话活动中应该重视提问语言的组织，提问语句要精练，避免烦琐复杂的提问，要便于孩子对内容的理解，并思考该问题是否有利于孩子思维的拓展。启发性提问可以活跃孩子创造性讲述的空间，同时把握好提问的时机，控制好等待的时间，激发幼儿的创造性思维。

1．设计开放问题

教师对问题的设计直接影响到孩子对话题的兴趣，以及孩子思维的拓展。因此，教师在设计问题时要尽量避免无效提问，如“好不好”“对不对”“是不是”等，多提一些启发性的问题，多追问几个“怎么样”“为什么”。这类提问有利于幼儿发散性思维，获得多种答案，从而保证更多的幼儿有机会回答问题并从中获得更多的知识经验。

2．控制等待时间

教师在问题提出后要给予孩子一些思考的时间。在这个思考的时间中，教师可以让孩子与同伴有一个短暂的交流时间，不要急于让幼儿回答。但对于一些七嘴八舌的孩子、利用这段时间讲废话的孩子，教师可以通过友善的提示或是暗示，如摸摸孩子的小脑袋等，或是提醒孩子：“你想到了吗？”让孩子深入思考，保障更多的孩子表达自己的见解。

3．分层设计问题

根据幼儿的不同能力、爱好，教师要分层设计不同难度的问题，满足不同孩子的需要。教师要为幼儿创造发言和展示自我的锻炼机会，逐步让孩子把主动发言和自我展示当成习惯，消除怯场的心态。

（五）优化评价机制，平等对待每个幼儿

激励性的评价能激发幼儿的交流欲望，发展幼儿的思维，使幼儿愿意大胆交流。

1．多元化评价

采用多种评价方法，如教师评、幼儿互评等，还可采用奖励“笑脸”“五角星”等方法进行表扬，使幼儿产生荣誉感，从而有更大的交流欲望。

2．语言激励

在谈话交流的过程中，教师要善用、多用激励的语言对幼儿的讲述进行信息的反馈。如“你说得可真棒”“你的声音真好听”等，激励幼儿大胆地说出自己的话。

3．肢体语言

在谈话的过程中，教师要多使用肢体语言，让孩子感受到老师对自己的肯定。如：当孩子说得好时，摸摸孩子的小脑袋或是向孩子投去一个肯定的眼神，或者竖起大拇指等。

（六）增强家园联系，实现家园共育。《幼儿园教育指导纲要》指出：“家庭是幼儿园重要的合作伙伴。”研究证明，在学前阶段家庭对儿童发展的贡献大大高于幼儿教育机构，因此要充分发挥家庭的教育作用，提高家长的教育能力，形成幼儿园、家庭和社区共育的大环境，

建立一种合作、和谐、一致、互补的关系，对幼儿的成长教育起到同步、共育的作用。要加强家园沟通，通过家长会、家访、晨间接待、校讯通等途径让家长了解学会交流对孩子是十分重要的。尤其是对于不善于交谈的孩子，教师应指导家长多与孩子交流，多倾听孩子的心声，多带孩子接触大自然、接触同龄孩子，以正面的教育鼓励孩子学会与他人交流。此外，还可以将一些话题提前告诉家长，请家长配合做谈话前的知识渗透工作。

四、学前儿童阅读能力的培养

（一）激发阅读兴趣

兴趣是积极探究某种事物或进行某种活动的心理倾向，可使人产生愉快的情绪体验，在精神上得到一定的满足。从兴趣入手，激发幼儿的内部动机，可以保证幼儿阅读活动的顺利进行并取得积极的阅读效果。因此，引导和培养幼儿的阅读兴趣，是培养幼儿阅读能力的重要环节。

首先，要开展多种形式的阅读活动。阅读活动不能是单纯读书，必须开展各种形式的活动以激发幼儿阅读兴趣。在实践中，我们采取了创编故事的形式，通过对绘本故事的阅读，设计开放性的问题，让他们带着疑问去探索，往往能取得很好的效果。除此之外，我们还利用表演故事情节、制作故事人物服饰等情景再现法来激发幼儿对阅读的兴趣。

其次，要提高幼儿自主阅读的能力。自主阅读首先从爱书开始。有些幼儿的阅读习惯很差，例如，每过几分钟就要换一本图书，没有爱护书的意识，随意撕毁图书，没有正确取放图书的方法。所以教师首先要指导幼儿“正确”地看书，建立阅读的常规：如不能将书倒置，按顺序看书，用大拇指和食指翻书，轻拿轻放图书，爱护图书等，让孩子牢记于心，并努力做到，慢慢地就自然养成习惯了。另外，教会孩子在阅读中思考也是相当重要的，这是幼儿自主阅读的关键，进行早期阅读指导的最终目标就是让孩子通过阅读认识社会，促进其社会化的发展。

再次，应引发创设适当的问题情境，激发幼儿的求知欲。在幼儿看书之前，老师向幼儿提出一些有关书中的内容、情节的问题，使幼儿带着问题去看书，满足其求知欲和好奇心。

最后，建立良好的阅读环境也是十分必要的。要创建一个阅读区域，如家中的书房，幼儿园的教室、图书室、阅读区、亲子书吧等，为幼儿提供丰富的阅读材料，使来到这些区域的幼儿有一种温暖舒适的感觉。除了图书，还要提供纸、笔等文具材料和绘画材料，允许并鼓励幼儿通过多渠道来反映自己阅读后的体验和感受，并对幼儿创造性的说、画、涂、写等给予及时的肯定与鼓励。

（二）培养幼儿养成良好的阅读习惯

良好的阅读习惯将影响幼儿一生。培养幼儿定时、定点看书的习惯，分类整理图书的习惯，定期上书店及图书馆的习惯，与同伴分享交流图书的习惯等十分必要。我们可以通过一些活动来培养这些习惯。

首先，让幼儿认识 1～10 阿拉伯数字，使之能按页码的顺序翻阅图书，让幼儿按照从左至右、从上往下的顺序看书。在阅读教学过程中，教师应当善于唤起幼儿兴趣，以便激励他们持续地、愉快地、主动地进行阅读学习。教师也可以将书架做上数字或字母标记，使幼儿知道在哪里拿的书，读完后要整齐地放回原处。

其次，要从兴趣入手开展活动。兴趣是学习的动力，幼儿往往对喜欢的事物很感兴趣，我们可以给幼儿提供他们喜欢的材料，如可爱的小动物图案标识、有趣的物品、色彩鲜艳的图画以及与他们生活经验相似的内容等。要指导幼儿正确阅读、有序阅读。幼儿最初的阅读往往是依赖耳朵的“阅读”。幼儿爱听故事，教师可以经常给幼儿朗读故事，培养孩子专注的倾听能力。还要让幼儿通过观察画面来理解和思考，允许幼儿有自己的理解和思考。对能力差的孩子教师要引导他们观察画面，帮助他们组织语言，并让他们多次复述，达到锻炼口语的目的。师幼可共看一本书，这样有利于互动和交流，可以更好地引导幼儿读懂故事。还可以进行伴音阅读，幼儿边听录音边看图书，可直接感受图书故事与录音之间的联系。伴音阅读还可以巩固幼儿的有序翻书经验。最后达到放手让幼儿独立阅读图书。

（三）培养幼儿掌握基本的阅读技能

培养幼儿早期的阅读能力，除了引导幼儿热爱阅读、使其读得懂书面语言的意义以外，还必须根据幼儿的年龄特点，开展一些丰富多彩的认读活动，运用多种形式，帮助幼儿掌握一些必要的阅读技能，而这些技能将对幼儿的一生产生重要影响。幼儿早期阅读应该掌握以下几方面的技能和方法：

第一，按顺序看书，掌握看书方法。指导幼儿的学习阅读活动时，要帮助幼儿掌握翻阅图书的方法，掌握一般的看书规则；在幼儿看书时要求幼儿一页接着一页，大班幼儿已认识1～10 的阿拉伯数字，可以利用数字的识别来区分页码。

第二，按从左到右、自上而下的顺序看书。在看书过程中，幼儿亲自感受到图是一页一页组成的，故事是一幅画一幅画有序连接的，只有按顺序看才能知道故事内容。帮助幼儿读懂图书内容，会看画面，能从中发现人物表情、动作、背景，将之串连起来理解故事情节，帮助幼儿掌握理解图书画面、文字与口语的对应关系，学会用口语讲出画面内容，或听老师念图书，知道是在讲故事的内容。

第三，构建文字与事物的关系，了解内涵。

我们要让幼儿知道文字有具体的意义，可以念出声音，可以把文字、口语与概念对应起来。如认识“香蕉”两个字，知道读“ xiangjiao”，并对照图片知道什么是香蕉。要帮助幼儿构建理解文字功能作用的经验，如将想说的话写成文字，可以寄到别人手中，再转换成口头语言，别人就明白了写信人的具体意思。指导幼儿学会观察每幅画面上的人物、动物，理解前后画面的联系。

为了使幼儿能更好地学会基本的阅读方法，可以采取小组合作阅读、集体阅读、娱乐阅读等方式，使幼儿在丰富多彩的活动中受到潜移默化的影响。

（四）更加重视阅读过程而不是结果

成人阅读主要是阅读文字材料，注重材料的内在逻辑联系和实际意义，目的是从材料中获得有用的东西；而幼儿主要是阅读形象直观、图文结合的图画材料，注重材料的趣味性和画面的生动性，凭借色彩、图像和成人的言语以及文字来理解以图为主的读物内容，从阅读过程中获得乐趣。除此之外，幼儿还在阅读过程中获得翻阅图书的经验、将画面文字与口头语言对应起来的经验、读懂图书内容的经验、成为流畅阅读者的策略预备的经验。这些经验的获得需要一个渐进的过程，为此，教师在培养幼儿阅读能力时需要的是耐心而不是急功近利。

（五）以积极的态度对待幼儿的早期阅读行为

儿童的行为是容易受人暗示的，因而，教师需要对幼儿的阅读行为表示关注、感兴趣和赞赏。如果教师能够参与到幼儿的阅读活动中，乐于回答幼儿提出的问题，乐于与幼儿一起看书，与幼儿讨论其阅读过的读物等，将有利于幼儿对阅读保持持久的兴趣和产生进一步阅读的积极性，使幼儿养成阅读的习惯。环境中最重要的因素是教师的示范性，也就是教师身体力行和以身作则。幼儿的学习是一种模仿性学习，成人的榜样是使儿童形成自我强化的源泉。幼儿正是从教师身上看到了阅读、学习的乐趣。研究早已发现，空闲时经常浏览报纸和杂志、书籍的教师更有可能使幼儿对阅读产生兴趣。若想让幼儿对阅读有兴趣，教师首先要对阅读有热情。

（六）让幼儿在阅读中获得成功的体验

对于幼儿在阅读中取得的成就、成功，教师要及时给予肯定和表扬，以进一步激发幼儿阅读的兴趣，扬起阅读的风帆。在幼儿的心里，教师的形象是高大的，教师的表扬会获得幼儿的认可。在阅读过程中，教师要通过更多的表扬、鼓励激起他们的奋进之心。如果一个孩子每一次阅读后都能产生“今天学会了一个新词，真聪明”等阅读评价，他们对阅读的兴趣就会不断被激发出来。当幼儿在阅读中遇到障碍时，教师要及时进行引导激励，让幼儿重新焕发出阅读兴趣。

（七）借助于亲子阅读培养幼儿阅读能力

家长是幼儿的第一任教师，家长的一言一行会潜移默化地影响他们，同时家长也是幼儿园教育的合作伙伴。幼儿阅读兴趣的培养也需要家长的密切配合。我们可以通过家长会、板报、幼儿园活动开放日等形式，向家长宣传正确的早期阅读理念、对幼儿进行早期阅读教育的意义，使家长真正理解、支持和主动参加培养幼儿早期阅读能力的活动，逐渐让幼儿对阅读产生兴趣。幼儿园要为亲子阅读搭建平台，例如在园内开辟读书区，方便家长接送孩子时与幼儿共同阅读。幼儿园教师也要指导家长进行亲子阅读，纠正家长单纯地将阅读当作教幼儿识字的不正确观念，帮助家长走出阅读误区。幼儿园可以定期开展阅读活动，例如：创意小书的制作活动、绘本 DIY、幼儿课本剧表演等。这些活动可为家长与幼儿的亲子共读搭建平台，又能提高幼儿阅读兴趣，加强家长对阅读的理解。

【议一议】你支持对学前儿童进行识字教育吗？请说明理由。

【练一练】

一、选择题

1．言语是（　　）。

A．社会现象　　B．交流工具　　C．个体现象　　D．一种符号

2．儿童基本上掌握本民族全部语音的年龄是（　　）。

A．2 岁　　B．3 岁　　C．4 岁　　D．5 岁

3．学前儿童掌握最多的词是（　　）。

A．名词　　B．动词　　C．形容词　　D．代词

4．学前儿童使用最多的词是（　　）。

A．名词　　B．动词　　C．形容词　　D．代词

5. 儿童最早使用的句子是（　　）。

A. 电报句　　B. 单词句　　C. 简单句　　D. 复杂句

6. 幼儿的自言自语有两种形式，一种是问题言语，另一种是（　　）。

A. 游戏言语　　B. 情境言语　　C. 对话言语　　D. 交际言语

7. 在拼图过程中，儿童自言自语地说："把这个放哪里呢……不对，应该这样……这是什么……就应当把它放在这里……"这反映的是儿童正在发展（　　）。

A. 书面言语　　B. 外部言语　　C. 游戏言语　　D. 问题言语

8. 儿童从（　　）岁左右开始说话，进入单词句阶段。

A. 0.5　　B. 1　　C. 2　　D. 3

9. 幼儿接触书面语言的途径是（　　）。

A. 早期阅读　　B. 早期谈话　　C. 早期讲述　　D. 早期欣赏

10. 儿童言语最初是（　　）。

A. 独白式言语　　B. 对话式言语　　C. 连贯式言语　　D. 创造性言语

二、填空题

1.（　　）是指人们用语言进行交际的活动过程。

2. 口头言语可以分为对话言语和（　　）。

3. 学前儿童言语发生发展的阶段包括：前言语阶段、（　　）和基本掌握口语阶段。

4. 在实词中，儿童掌握的顺序是（　　）——动词——形容词。

5.（　　）又称双词句，是由两个单词组成的不完整句。

三、简答

1. 简述学前儿童词汇发展的特点。

2. 简述学前儿童使用语句结构的发展趋势。

3. 简述学前儿童言语发展的阶段。

四、论述

1. 结合实际谈谈怎样培养幼儿的口语表达能力。

【读一读】

《幼儿语言发展关键期基础训练》. 殷红博. 中国戏剧出版社，1999 年版。

《学前儿童语言学习与发展核心经验》. 周兢. 南京大学出版社，2014 年版。

《幼儿园语言领域教育精要》. 余珍有. 教育科学出版社，2016 年版。

参考文献

[1] 陈帼眉，冯晓霞，庞丽娟. 学前儿童发展心理学[M]. 北京：北京师范大学出版社，1995.

[2] 朱家雄. 学前儿童发展心理学[M]. 北京：北京出版社，2014.

[3] 白丽辉，齐桂林. 学前心理学[M]. 南京：东南大学出版社，2015.

[4] 李红. 幼儿心理学[M]. 北京：人民教育出版社，2007.

[5] 丁祖荫. 幼儿心理学[M]. 北京：人民教育出版社，2016.

[6] 徐宝良. 学前儿童汉语语音意识的相关研究[D]. 上海：华东师范大学，2006.

[7] 杨凤. 3～6 岁汉语儿童图画书阅读行为发展的研究[D]. 上海：华东师范大学，2011.

[8] 周莉. 不同教育环境中教师言语对幼儿语用能力发展影响的研究[D]. 西安：陕西师范大学，2008.

[9] 李甦. 3～6 岁幼儿言语表达能力发展特点研究[J]. 心理科学，2002（3）.

[10] 王海珊，冯晓霞. 3～6 岁幼儿言语目的性的发展特点[J]. 学前教育研究，2007（1）.

[11] 姚文静. 浅谈幼儿语言表达能力的培养[J]. 边境经济与发展，2016（4）.

[12] 王婷. 关于幼儿言语能力培养的思考[J]. 课程教育研究，2013（35）.

[13] 杨燕. 情境创设，幼儿言语生命发展的基石[J]. 内蒙古教育，2016（24）.

[14] 陈春梅. 试论幼儿言语能力的培养[J]. 四川教育学院学报，2004（8）.

第九章

学前儿童情绪情感的发展

本章介绍

本章主要介绍情绪情感在学前儿童心理发展中的作用、学前儿童情绪情感的发生与发展、学前儿童情绪情感发展的任务与特点，以及如何帮助和引导儿童正确应对和处理消极情绪、发展和保持积极情绪。

学习目标

知识目标：了解学前儿童情绪情感发展的任务与特点。
能力目标：掌握并学会运用帮助儿童处理消极情绪、培养积极情绪的方法和策略。
情感目标：正确理解并接纳学前儿童的情绪情感。

第一节 “从哭到笑”——学前儿童情绪情感的发生与发展

情境案例

一只小鸟从铭铭的眼前飞过，他兴奋地用手指着鸟儿飞去的方向。和妈妈玩捉迷藏的彤彤，因为一时找不到妈妈，脸上流露出焦急的神色。入园的时候，悠悠拉着外婆的衣角，眼泪汪汪地看着她，不愿她离去。小鹏和大伟在建筑区搭房子，小虎急匆匆地跑过来，撞倒了他们搭了一半的房子，他们生气地抓住了小虎。2 岁半的乐乐调皮地去抓桌子上的铃铛，一不小心摔跤了，疼得哭了，刚满周岁的苗苗听到姐姐的哭声，自己也哇哇大哭了起来。不舍得妈妈离去的美美在一旁抽泣，小军走过去安慰她：“妈妈下了班就会来接你，不哭了，咱们一起玩好吗？”

学前儿童每天都会有各种各样丰富的情绪体验，一般成年人体验到的情绪大部分也已经为他们所体验。儿童在日常生活中所接触的很多人、经历的很多事情，都可能触发他们的情绪情感体验。

一、情绪情感在学前儿童心理发展中的作用

（一）情绪的动机作用

情绪的动机作用是指情绪能激发人的认知和行为的动机。情绪的动机作用在学前儿童中尤为突出。婴幼儿的心理活动和行为的情绪色彩非常浓厚。情绪直接指导、调控着儿童的行为，驱动、促使儿童去做出这样或那样的行为，或不去做某种行为。在愉快的情绪状态下，儿童愿意游戏、学习和活动，学东西很快；而在不愉快的情绪状态下，则不愿意游戏、学习和活动，学东西就比较慢。由于儿童的有意注意、有意记忆、自觉性、自制力还很差，他们完全是凭兴趣做事情，“高不高兴”“愿不愿干”对儿童的心理和行为影响极大，情绪直接支配、左右儿童的行为。

（二）情绪对儿童认知发展的作用

情绪与认知之间关系密切，学前儿童的认知活动带有明显的无意性特点。其中一个突出的表现就是受情绪的影响、制约非常大。儿童喜欢猴子，也就注意观察猴子；不喜欢河马，所以河马也不容易吸引他们的注意。与儿童愉快情绪相联系的人和物，例如他们非常喜欢的玩具、非常爱吃的东西以及与这些玩具、食物相联系的人或事，儿童很容易记住，而且记忆时间很久，也不容易混淆。在日常生活中，儿童还经常出现情绪干扰计算、判断、推理等思维过程的现象。总之，不同性质和不同强度水平的情绪对认知活动起着不同程度的推进或破坏作用，直接影响着认知活动的效果。

（三）情绪对儿童人际交往的作用

每一种情绪都有其外部表现，如表情。婴幼儿在与人的交往中，表情尤其占有特殊重要的地位。新生儿几乎完全借助于其面部表情、动作姿态及不同的声音表情等引起与成人的交往，或者维持、调整交往。儿童在掌握语言之前，主要是以表情作为交际的工具。在儿童初步掌握语言之后，表情仍然是其重要的交流工具，它与语言共同实现儿童与成人、与同伴的社会性交往。生活中，具有积极情绪状态的孩子，很容易获得良好的人际关系。在幼儿园中很容易看到，一个情绪开朗、热情主动的孩子能很快地适应周围的环境，得到老师和同学们的欢迎，能树立权威，做同伴的领袖人物。

（四）情绪对儿童个性形成的作用

大约在 5 岁以后，学前儿童情绪的发展开始进入系统化阶段，他们逐渐形成了系统化、稳定的情绪反应。例如，某些成人经常对儿童爱抚，总是使儿童的精神需要得到满足，因而引起了良好的情绪反应。另一些成人对儿童过多的严厉斥责，总是不能满足他们的精神需要，于是引起不愉快的情绪反应。如此下去，儿童便对不同的人形成了不同的情绪态度。同样，由于成人长期潜移默化的感染和影响，儿童形成了对事物的比较稳定的情感，情绪过程的稳定化逐渐变成情绪品质。情绪的品质特征是个性特征的组成部分。当情绪与认知相互作用而形成一定倾向时，就形成了基本的个性（人格）结构。

二、学前儿童情绪情感的发生与发展

（一）情绪的发生与分化

1. 情绪的发生

儿童出生后，便有了情绪表现，如刚出生几天的婴儿或哭或安静，或四肢舞动，这些都是儿童的原始情绪反应。原始情绪反应的特点是：它与生理需要是否得到满足息息相关。身体内部或外部的不舒适的刺激，如饥饿或尿布潮湿等，都会引起哭闹等不愉快的情绪。当直接引起情绪反应的刺激消失后，这种情绪反应也就停止，代之以新的情绪反应，如饿了吃完奶后立即停止哭闹，情绪也变得愉快。原始情绪反应是儿童与生俱来的遗传本能，进化论的创始人达尔文早已指出，情绪表现是人类进化与适应的产物。例如，啼哭时嘴角下弯的表情，是人类祖先在困难时求援的适应性动作；愤怒时咬牙切齿和鼻孔张大等表情，是人类祖先即将进行搏斗时的适应性动作。

2. 情绪的分化

针对新生儿的情绪如何分化这一问题，不同学者提出了不同的观点。

行为主义创始人华生根据对医院 500 多名婴儿的观察，认为新生儿的“情绪是一种遗传的反应模式，它包含整个身体机制，特别是内脏和腺体系统的深刻变化”。在对儿童进行观察的基础上，华生提出了新生儿存在三种类型的基本情绪反应，即恐惧、愤怒和爱。引起恐惧的原因是失去支撑、失去平衡、大的声音，以及当婴儿刚入睡或刚醒来时的突然刺激。反应表现为屏息、抓手、闭眼、皱唇和哭喊。引起愤怒的刺激是活动受阻，反应为哭泣、尖叫、身体僵直、双手乱动和屏息。引起婴儿爱的反应，来自对身体，尤其是敏感区域的温柔的抚摸，反应形式为微笑、出声笑或咕咕发声。儿童在后天环境中建立起各种条件反射，促使恐惧、愤怒和爱这三种基本情绪不断发展。

加拿大心理学家布里奇斯在一家医院观察了 62 名婴儿的情绪反应后，提出了与华生不同的观点。她认为，一般性的激动反应约在 3 个月时，首先分化为一般性的消极反应和一般性的积极反应，即痛苦和快乐。之后随着时间的推移，痛苦和快乐逐渐分化为特殊反应。痛苦分化为愤怒、厌恶、恐惧和忌妒，快乐则分化为高兴、喜悦和亲爱。同时由于情绪分化的速度具有很大的个体差异，因而不同婴儿情绪分化的时间段也不尽相同。

我国心理学家孟昭兰根据自己的大量研究，提出了新生儿情绪分化理论。孟昭兰认为，人类婴儿在种族进化进程中通过遗传获得 8～10 种基本情绪，如愉快、兴趣、惊奇、厌恶、痛苦、愤怒、惧怕、悲伤等。它们在个体发展进程中随着成熟相继显现（见表 9–1）。

表 9–1　儿童情绪发生时间

情绪类别	最早出现时间	诱　因	经常显露时间	诱　因
痛苦	出生后	身体痛刺激	出生后	
厌恶	出生后	味刺激	出生后	
微笑	出生后	睡眠中，内部过程节律反应	出生后	
兴趣	出生后	新异光、声和运动物体	3 个月	

续表

情绪类别	最早出现时间	诱　因	经常显露时间	诱　因
社会性微笑	3～6 周	高频人语声（女声），人的面孔出现	3 个月	熟人面孔出现，面对面玩儿
愤怒	2 个月	药物注射痛刺激	7～8 个月	身体活动受限制
悲伤	3～4 个月	治疗痛刺激	7 个月	与熟人分离
惧怕	7 个月	从高处降落	9 个月	陌生人或新异性较大的物体出现，如带声音的运动玩具出现
惊奇	1 岁	新异物突然出现	2 岁	（同上）
害羞	1～1.5 岁	在熟悉的环境中陌生人出现	2 岁	（同上）
轻蔑	1～1.5 岁	欢乐情况下显示自己的成功	3 岁	（同上）
自罪感	1～1.5 岁	抢夺他人的玩具	3 岁	做错事，如打破杯子

（摘自孟昭兰著《人类情绪》，上海人民出版社 1989 年版，第 254 页）

当然，儿童各种情绪的发生，既有一般规律，又有个别差异。如同动作发展的常模一样，上述情绪发展的常模只表现同龄儿童的平均水平，不能简单对照。

（二）学前儿童基本情绪的发展

1. 哭

哭代表不愉快的情绪，婴儿一出生就会哭，说明哭既是生理现象，又是心理现象。啼哭是新生儿与外界沟通的主要方式，因此新生儿经常啼哭。相关研究表明，0～1 岁的婴儿啼哭的原因不同、模式不同，所以对其采取的护理措施也应有所区别。1 岁以后，婴儿逐渐发展了语言和思维能力，随之由生理现象引起的啼哭减少，而由心理现象引起的啼哭增加。此时，消极情绪的冲动和伤心的情感体验，期望有人去照顾他的愿望和要求没有得到满足，都可能导致哭。可见，哭本身不是情绪，而是一种行为表现，在不同的年龄阶段表现出不同的含义。随着儿童年龄的增长，当哭主要作为情绪表达方式的时候，它更多表达的是负面情绪。

对待婴儿的哭声，父母应该正确处理，既不要婴儿一哭就抱起来哄，也不要对婴儿的哭不理不睬，认为婴儿哭够了，自己就会停止。婴儿在 1 岁以前，还不会爬行、站立、行走，哭是每天不可缺少的活动，对婴儿的身心发展有好处，也是婴儿与周围环境相互作用的主要形式之一。对婴儿此时的哭，不必大惊小怪，更不必马上禁止，但最好能将其哭控制在 1 分钟左右。同时，要善于观察婴儿的精神状态，判断其是否生病了。如果并非因病而哭，则要区别不同情况，给予适当关照。尽量满足婴儿的需要，使其哭的次数减少或时间缩短。2～3 岁的婴儿经常哭会影响身心发展。这时的哭多与生活经验不足、生活能力低下，或遇到力不从心的事情有关。如走路时不小心摔跤会哭，积木老是搭不好会哭，自己的需要未能得到满足时也会哭，等等。这类哭是不可避免的，父母需要注意尽量减少孩子哭的次数，缩短每次哭的时间，降低其伤心程度。父母要尽量做到哭前积极预防、哭时正确对待、哭后加强教育。

2. 笑

医学专家指出，爱笑的孩子更聪明。因为聪明的孩子对外界事物发笑的年龄比一般儿童要早，发笑的次数也更多。婴儿的笑是第一个社会性行为。人的微笑绝不仅是简单的面部肌肉动作，而是神经系统特别是大脑与精神高度结合的结果。如果说哭是与生俱来的，那么笑就是在后天的环境中逐渐发展起来的。

第一阶段（0～5 周）——自发的微笑，也称内源性微笑。这个阶段婴儿的微笑主要是用嘴做怪相，它与中枢神经系统活动不稳定有关。笑的时候，眼睛周围的肌肉并未收缩，脸的其余部分仍然保持松弛的状态。这种早期的微笑可以在没有外界刺激的情况下发生，是反射性的笑，在睡着时发生得最为普遍。由于这种早期的微笑可为各种广泛的刺激引起，因而还称不上真正的社会性微笑。女婴的自发微笑的次数比男婴多。

第二阶段（从 3、4 周起）——无选择的社会性微笑，这种微笑是由外源性刺激引起的。这个阶段能够引出微笑的刺激已大大减少。虽然婴儿还不会区分哪些是对他有特殊意义的个体，但人的声音和人脸特别容易引起他们的微笑。到第 5 周时，婴儿开始对移动着的脸微笑；到第 8 周时，会对一张不移动的脸发出持久的微笑。这种发展标志着有选择性的社会性微笑的开始，婴儿见到熟悉人的脸、陌生的脸乃至假面具都会笑。

第三阶段（从 5、6 个月起）——有选择性的社会性微笑。随着婴儿处理刺激内容能力的提高，他们能够认出熟悉的脸和其他的东西，开始能对不同的个体做出不同的反应。婴儿对熟悉的人会无拘无束地微笑，而对陌生人则带有一种警惕性的注意。这时的婴儿已经很能笑，尽管笑得很短暂，转瞬即逝。婴儿的照料者这时常常会高兴地说，“孩子会嬉笑了”“他会看着我笑了”。这种微笑增加了婴儿对照料者的依恋。

3. 恐惧

恐惧是一种有害的、具有压抑作用的情绪。引起恐惧的原因很多，可能是先天的，也可能是后天习得的。恐惧的发展也经历了几个阶段：

第一阶段（出生后）——本能的恐惧。恐惧是婴儿出生时就有的情绪反应，甚至可以说是本能的反应。最初的恐惧不是由视觉刺激引起的，而是听觉、肤觉、机体觉等刺激引起的。如尖锐刺耳的高声、皮肤受伤、身体位置突然发生急剧变化（如由高处摔下），等等。

第二阶段（从 4 个月起）——与知觉和经验相联系的恐惧。这一阶段的婴儿开始出现与知觉发展相联系的恐惧，引起过不愉快的刺激会激起恐惧情绪。视觉对恐惧的产生起主要作用也是从这个时候开始的，如“恐高”就是随着深度知觉的产生而产生的。

第三阶段（从 6 个月起）——怕生。怕生是指儿童对不熟悉的人所表现出来的害怕反应。儿童的怕生是一种进步，说明他们已经具有了某些认知能力。如果缺乏这些能力，儿童既不会出现怕生的情况，也不会形成真正意义上的依恋。

第四阶段（从 2 岁起）——预测性恐惧。随着想象力和活动能力的发展，2 岁左右的幼儿开始出现预测性恐惧，如害怕黑暗、害怕陌生的物体、害怕动物，等等。这一阶段的儿童迫切希望通过自己的行动对周围世界进行探索，但由于他们还缺乏经验，单独行动存在不少危险性，儿童会本能地对他感觉不可知、无法把握的、陌生的事物和情境十分害怕，这是人类在发展过程中自我保护的一种本能。

随着儿童年龄的增加，恐惧的对象会发生变化。与个人安全有关的因素会逐渐淡化，而与社会关系有关的恐惧明显增加，如儿童会害怕他人的嘲笑和轻蔑等。

（三）学前儿童高级社会情感的发展

1. 道德感

道德感是由自己或他人的举止行为是否符合社会道德标准而引起的情感。形成道德感是比较复杂的过程。3 岁前只有某些道德感的萌芽，3 岁后道德感逐渐发展起来。随着儿童交往的发展，在家庭、学校、社会的教育下，逐渐掌握了一定的社会规范、道德标准，并把遵守社会规范、道德标准转化为自己的需要。当儿童自己或他人的行为、言论、思想符合他所掌握的社会标准时，儿童就会产生高兴、满足、自豪的体验；而相左时，儿童就会产生懊丧、羞耻、愤怒等体验。这种与一定的社会道德标准或社会评价相联系而产生的体验就是道德感。

学前初期儿童的道德感很肤浅、易变，往往是由成人的评价而引起，主要指向个别行为。学前中期儿童已掌握了一些概括化的道德标准，会因为自己在行动中遵守了老师的要求而产生快感，他们不但关心自己的行为是否符合道德标准，而且开始关心他人的行为是否符合道德标准，由此产生相应的情感。例如看到有的小朋友不遵守规则和纪律时就产生极大的不满。中班幼儿常向老师"告状"，就是由道德感而激发的。学前晚期儿童的道德感进一步发展和复杂化，他们对好与坏、行为的对与错有了比较稳定的认识。

在道德判断方面，学前初期儿童的道德判断带有很大的具体性、情绪性和受暗示性。只要成人说是好的，或自己觉得有兴趣的，就认为是好的；反之，则是坏的。同时，他们在判断行为时，还不能把行为的动机和结果结合起来，常常只看到行为的结果，而不注意行为的动机，仅根据结果来判断行为。学前晚期的儿童开始注重行为的动机、意图。例如小朋友 A 把玩具乱扔打碎了一个盘子，小朋友 B 帮妈妈刷碗打碎了一打盘子，让儿童来评价哪个小朋友好一些时，学前早期的儿童会说 A 好，因为他只打碎了一个盘子，而学前晚期的儿童会说 B 好，因为他是在帮妈妈干活。因此，成人对儿童的道德教育要符合儿童的道德意识水平。例如，告诉儿童不要玩某个玩具，对 3 岁的儿童说"这个玩具很娇气，拿了很容易打破"比较有效，而对 5 岁的儿童说"这个玩具是别的小朋友的"（强调所有权）比较有效。

此外，随着自我意识和人际关系的发展，学前儿童的自豪感、羞愧感、委屈感、友谊感、同情感、忌妒感等也都发展起来。

2. 理智感

理智感是在认识客观事物的过程中所产生的情感体验。它是与人的求知欲、认识兴趣、解决问题的需要等满足与否相联系的。理智感是人类所特有的高级情感。随着儿童年龄的增长、活动能力的提高、认识活动的扩大，儿童越来越多地感受到认识的喜悦。三四岁的儿童在成人的指导下用积木搭出一个小房子时，就会高兴地拍起手来。五六岁的儿童会长时间地迷恋一些创造性的活动，如用泥沙堆成高山、挖出地道等。这些认识活动不仅使儿童产生由活动成果带来的积极情感，如愉快、自豪、独立感，而且这种认识性情感又成为促使儿童进一步去完成新的、更为复杂的认识活动的强化物。

儿童的理智感有一种特殊的表现形式，即好奇好问。儿童一出生就积极地向周围世界探索，他们能用手摸衣服，用眼睛寻视视野中的物体，看到熟悉的人和不熟悉的人就会用眼睛加以辨别，拿到东西就喜欢东敲西敲发出声音等，这些都是婴儿与认识事物相联系的情感反应——好奇感。幼儿特别喜欢问成人："这是什么？"因此有的心理学家把幼儿期称作疑问期。

儿童求知欲的另一表现形式是与动作相联系的"破坏"行为。日常生活中，许多在成人看来十分平凡的事情和东西，儿童却感到新奇，他们要问，要动手拆。家长和教师应珍视儿童的这种探究热情，并创造条件解放儿童的双手，让他们从小就有动手的机会。儿童被好奇心所驱使，对周围的一切事情都感兴趣，但他们自己思索并不多，常常轻信成人的回答，提出的问题也都是些极为表面的现象。进入学校后，由于知识面的扩大，儿童产生了学习责任感，其理智感也发生了相应的变化。儿童从对游戏活动和对事物的表面兴趣转向从积极的思维活动中寻找乐趣。

3．美感

美感是人对事物审美的体验，它是根据一定的美的评价而产生的。儿童的美的体验，也是一个社会化过程。婴儿从小喜欢鲜艳悦目的东西以及整齐清洁的环境。相关研究表明，新生儿已经倾向于注视端正的人脸，而不喜欢看五官不端正的人脸，他们喜欢有图案的纸板甚于纯灰色的纸板。幼儿初期仍然主要是对颜色鲜明的东西、新的衣服鞋帽等产生美感。他们自发地喜欢相貌漂亮的小朋友，而不喜欢形状丑恶的事物。在环境和教育的影响下，儿童逐渐形成了审美的标准。例如，幼儿对小朋友拖着长鼻涕的样子感到厌恶，对于衣物玩具摆放整齐产生快感。同时，他们也能够从音乐、舞动等艺术活动和美术作品中体验到美，而且对美的评价标准也日渐提高，从而促进了美感的发展。

三、学前儿童情绪情感发展的特点

（一）学前儿童情绪情感的社会性日益增强

1．情绪中社会性交往的成分不断增加

相关研究结果表明，学前儿童的情绪中涉及的社会性交往的内容，会随着年龄增长而增加。例如，美国心理学家埃姆斯用两年时间系统观察了学前儿童交往中的笑，发现这种笑可以分为三类：①儿童自己玩得高兴时的笑；②儿童对教师笑；③儿童对小朋友笑。在这三类笑中，第一类不是社会性情感的表现，后两类则是社会性的。该项研究所得出的 1.5 岁和 3 岁儿童的三类笑的次数比较情况见表 9–2。

表 9–2　1.5 岁和 3 岁儿童三类笑的次数比较

年龄	自己笑		对教师笑		对小朋友笑		总　　数	
	次数	比例/%	次数	比例/%	次数	比例/%	次数	比例/%
1.5 岁	167	55.31	147	38.84	117	15.79	121	100
3 岁	117	15.62	334	44.59	298	39.79	749	100
1.5 : 3 岁	1 : 1.75		1 : 7.11		1 : 42.57		1 : 6.19	

从以上结果可见，3 岁儿童比 1 岁半儿童笑的总次数和各类笑的次数都有所增加。其中，“自己笑”在年幼儿童中占最大的比例，但这类笑增长比例不大，到 3 岁时，在各种笑中所占比例最小。“对小朋友笑”在 1 岁半时占比例最小，而增长的比例最大，在 3 岁儿童笑中约占 40%。在 3 岁儿童的笑中，占比例最大的是“对教师笑”，它比其他两类笑都常出现。综上所述，从 1 岁半到 3 岁，儿童非社交性笑的比例下降，社交性笑的比例则不断增长。

2．引起情绪反应的社会性动因不断增加

引起儿童情绪反应的原因称为情绪动因。婴儿的情绪反应，主要是和他的基本生活需要是否得到满足相联系，例如，温暖的环境、吃饱、喝足、尿布干爽等，都常常是引起愉快情绪的动因。1～3 岁的婴儿情绪反应的动因，除了与满足生理需要有关的事物外，还有大量与社会性需要有关的事物。但总的来说，在 3 岁前儿童情绪反应的动因中，生理需要是否满足是其主要动因。

3～4 岁幼儿的情绪动因处于从主要为满足生理需要向主要为满足社会性需要的过渡阶段。例如，小班幼儿喜欢身体接触，希望老师摸一摸、亲一亲、牵着手。在中、大班幼儿中，社会性需要的作用越来越大。幼儿非常希望被人注意，被人重视、关爱，要求与他人交往。与人交往的社会性需要是否得到满足及人际关系状况如何，直接影响着幼儿情绪的产生和性质。成人对幼儿不理睬之所以可以成为一种惩罚手段，原因即在于此。而成人对幼儿的关爱、表扬，则可以使幼儿信心百倍，情绪活泼、愉快。不仅与成人的交往需要及状况是制约儿童情绪产生的重要社会性动因，同伴交往的状况也日益成为影响幼儿情绪的重要原因。例如，小朋友在幼儿园没有同伴玩耍，遭到同伴的排斥、拒绝或忽视、冷落，很容易产生不良情绪。可见，儿童的情绪情感与社会性交往、社会性需要的满足密切联系。

3．表情的日渐社会化

表情是情绪的外部表现，有些表情是生物学性质的本能表现。儿童在成长过程中，逐渐掌握周围人们的表情手段，表情日益社会化。具体来说，儿童表情社会化的发展主要包括两个方面：

一是理解（辨别）面部表情的能力。表情所提供的信息，对儿童与成人交往的发展与社会性行为的发展起着特别重要的作用。近 1 岁的婴儿已经能够笼统地辨别成人的表情。例如，对他微笑，他会笑；如果紧接着对他拉长脸，做出严厉的表情，婴儿会马上哭起来。有研究表明，小班的幼儿已经能够辨认他人高兴的表情，对愤怒表情的识别则大约从幼儿园中班开始。

二是运用社会化表情的能力。弗切尔对 5～20 岁先天盲人和正常人的面部表情后天习得性的研究发现，最年幼的盲童和正常儿童相比，无论是面部表情动作的数量，还是表达表情的适当程度，都没有明显的差别。但是，正常儿童的表情动作数量和表达表情的逼真性，会随着年龄增长有进步，而盲童则相反。这说明，先天的表情能力只能保持一定水平，如果缺乏后天的学习，先天的表情能力会下降。盲童由于缺乏对表情的人际知觉条件，其表情的社会化遇到了障碍。观察和研究都发现，婴儿一般是毫无保留地表露自己的情绪，以后则根据社会的要求调节自己的情绪表现方式。

（二）学前儿童的情绪情感逐渐丰富和深刻

1．情绪情感日趋丰富

第一，情绪过程继续分化。刚出生的婴儿只有少数几种情绪，随着年龄的增长，儿童相继出现许多高级社会情感，如尊敬、怜悯、公正、友谊、同情、羡慕、羞愧、责任感、忌妒、骄傲，等等。研究表明，道德感、理智感和美感等高级情感均在幼儿期出现，并获得初步的发展。

第二，情感指向的事物不断增加。有些先前不引起儿童体验的事物，随着年龄的增长，

引起了情感体验。例如，亲爱的情感，首先是对父母或经常照顾他的其他成人，然后是对兄弟姐妹和家中的其他成员。进了幼儿园以后，先是对老师，然后对小朋友有了亲爱的情感。再如，2～3 岁的儿童不太在意小朋友是否和他一起玩。而对稍大一些的儿童来说，小朋友对他的孤立以及成人的不理睬，特别是误会、不公正对待、批评等，会使他非常伤心。

2. 情绪情感发展逐渐深刻

学前儿童情绪情感的深刻化表现在指向事物的性质的变化，从指向事物的表面到指向事物内在的特点。儿童情感的深刻化与其认知发展水平有关。根据与认知过程的联系，情绪情感的发展可以分为以下几种水平：

第一种是与感知觉相联系的情绪情感。与生理性刺激联系的情绪多属此类。如刚出生几个月的婴儿，身体的疼痛、听到刺耳尖声或是身体突然失持都会引起痛苦和恐惧。2～6 个月的婴儿看见他人做鬼脸会做出微笑的反应，即产生愉快的情绪，1 岁左右的婴儿会对突然关灯产生害怕情绪。

第二种是与记忆相联系的情绪情感。陌生人表示友好的面孔，可以引起 3～4 个月婴儿的微笑，但对于 7～8 个月的婴儿可能引起惊奇或恐惧，这是因为后者已经把情绪与记忆连接起来。没有被火烧灼过的婴儿对火不产生害怕情绪，而被火烧灼过的婴儿则会产生害怕情绪。

第三种是与想象和思维相联系的情绪情感。两三岁以后的儿童，常常由于被告知蛇会咬人、黑夜有鬼等信息，而产生怕蛇、怕黑的情绪，这些都与想象相关。5～6 岁的儿童理解到病菌能使人生病，从而害怕病菌；理解到苍蝇能带病菌，于是讨厌苍蝇。这些惧怕和厌恶的情绪都是与思维相关联的。

第四种是与自我意识相联系的情绪情感。受到他人嘲笑而感到不愉快，对活动的成败感到自豪或焦虑，对他人的怀疑和忌妒等，都属于与自我意识相联系的情感体验。这一类情感是典型的社会性情感，是人际关系性质的情感体验。

第五种是与复合的主观认知因素相联系的情绪情感。成人的情感过程主要依赖记忆中的经验、料想的后果、对环境事件的评价等复合的主观认知因素。幼儿晚期也出现了这种性质的情感。

（三）学前儿童情绪情感的自我调节能力越来越强

1. 情绪的冲动性逐渐减少

人常说“六月的天，小孩的脸，说变就变”。婴幼儿由于内抑制发展差、自控力弱、言语的调节功能不完善，因此当受到外界事物和情境刺激时，情绪就会出现爆发性，常从一端迅速发展到情绪的另一端。这个阶段的儿童的情绪易波动，极不稳定。随着儿童脑的发育和语言的发展，情绪的冲动性逐渐减少。儿童对自己情绪的控制起初是被动的，是在成人要求下服从成人指示而控制自己的情绪，到了儿童晚期，对情绪的自我调控能力才逐渐发展起来。

2. 情绪的稳定性逐渐提高

婴幼儿的情绪是非常不稳定的、短暂的，这与其情绪情感具有情境性有关，得到新玩具、妈妈离开、新朋友出现等事件都会使他们的情绪大起大落。婴幼儿的情绪很多时候不是由自身产生的，而是因周围人的情绪波动即受感染而引起的。随着年龄的增长，在教育的影响下，儿童对情绪情感的自我调节能力逐渐加强，不稳定性、情境性和受感染性逐渐减少，情绪情感逐渐趋向于稳定。

3. 情绪情感的表达逐渐从外显到内隐

婴幼儿的情绪变化会毫不隐藏地表现出来，而且擅长用自己的身体语言来表达。如不高兴就哭，高兴、舒服就大笑或是手舞足蹈，愤怒就瞪眼跺脚，有高兴的事就要向亲近的人诉说。随着言语和幼儿心理活动有意性的发展，幼儿逐渐能够调节自己的情绪及其外部表现。儿童晚期时，他们调节自己情绪表现的能力已有了一定的发展。他们开始掩饰自己的情绪，掌握了一些简单的情绪表达规则，知道表现出适当的情绪可以得到成人相应的反应。如打针时感到疼痛，但认识到老师喜欢勇敢的孩子，能够含泪表现出笑容。

知识拓展

如何建立安全的依恋？

依恋是指婴儿与母亲（或能够代理母亲的人）之间所形成的由爱连接起来的永久性心理联系，是婴儿对在自己的精神过程中扮演重要角色的母亲以及代理母亲的养育者的持续反应系统。

1. 年龄越小越要提供“全神贯注”的爱

在孩子 1 岁之前，父母要善于识别其发出的各种需求信号，及时满足他的身心需要。要经常拥抱孩子，与孩子谈话，逗孩子笑，让孩子有真实的被爱的感受和愉快的生活经验。这种互动能使孩子顺利有效地与外界沟通互动，产生对母亲角色的信任与依赖感，并将这种信任与依赖感推及其他人。此时，好的母亲对孩子的各种需要是“敏感”和“全神贯注”的。

2. 给孩子稳定的、足够好的依恋对象

家长不要把孩子轻易送到别人家或让他人照看，自己照看有实际困难也要尽力去克服，如果自己照看不了也要找一个能担当起母亲角色的有爱心的人来照看孩子，但母亲也要天天看到孩子。在确实需要突然替换时，要让孩子能有心理上的顺利过渡。即使和孩子一起生活的家长，也要注意不要心里只装着工作，那些对孩子的需要漫不经心的做法也会阻碍依恋关系的形成。

3. 积极回应，延迟满足要循序渐进

对年龄越小的孩子越应该做到“积极回应”“立即满足”。延迟满足要随着月龄的增长循序渐进地进行，如当婴儿产生需求时，父母先用声音和肢体动作回应，让他意识到父母已经知道他的呼唤，让他在有希望的等待中忍耐几秒钟。这种短暂几秒钟的忍耐和等待，并不损害婴儿的健康，但对他心理健康、智力发育以及交往潜能都有积极的促进作用。

4. 陪伴但不干预孩子的活动

1 岁半后，孩子的独立性大大增强，特别希望摆脱大人的限制，自己钻钻爬爬、走走摸摸，好奇心和探索欲望比较强烈。这时，父母要为孩子提供安全感，但是不要过度保护。不要以为陪孩子游戏就一定得为他“做”什么，他需要时，大人及时参与；不需要时，大人就坐在旁边干点儿自己的事情。渐渐地，孩子就能独自玩耍，只要听见大人的声音或者知道大人在另一房间做事，就放心了。

5. 父母共养，幸福家庭是形成良好依恋的根基

在孩子早年的心理发育中，母亲的作用远远大于父亲。与母亲的关系几乎决定了每一

个人是否具有足够的安全感、亲密感、快乐感与成长的动力。不和的父母偏偏会把不良的情绪集中在孩子身上，如对孩子表现冷漠、父母的互不尊重、长期充满恨意或哀伤的家庭气氛，是形成良好依恋关系的最大敌人。

（选自李晓萍《早期依恋对儿童心理发展的影响》，《黑龙江科学》2013 年第 7 期）

案例分析

幼儿园到接孩子的时间了，方方的妈妈来接方方。方方离开自己的座位向门口跑去，随即又退回到自己的座位上，一副撇着嘴欲哭的表情。妈妈推门进来，抱起方方，方方问："奶奶呢？奶奶呢？""奶奶在家呢！""不要不要，我要奶奶接！"方方哭了。"奶奶的脚扭了，不能走路，妈妈带你回家。""没有，没有，我要奶奶来带我！"方方边哭闹边推妈妈。妈妈耐心地讲着，方方越哭越厉害。面对越来越多的家长，妈妈一脸尴尬。终于，妈妈失去了耐心："你不想跟妈妈回家就一个人待着，我走了。"妈妈生气地放下方方，装着要离开，方方哭得更厉害了。束手无策的妈妈满脸无奈地望向站在活动室门口的老师。

老师走到方方身边，轻轻地拍着方方，拥抱到怀里，边给方方擦眼泪边说："方方乖，方方不哭，让老师来帮助你，好不好？""好。"方方抽抽搭搭地说。"方方现在很伤心吧？你告诉老师，是什么事情让方方这么伤心呢？"这话问到了伤心处，还没等老师说完，方方又大声地哭了起来："我不要妈妈带我回家，我要奶奶带我回家。""噢，老师知道了，方方每天跟着奶奶，最喜欢奶奶，在幼儿园里待了一天，最想见到奶奶，是不是？"这可说到了方方心坎儿里了。"妈妈说，奶奶的脚扭了，不能来带方方了，我们先跟妈妈回家，快点见到奶奶，好吗？""不要不要，奶奶脚没扭，早上是奶奶送我来的，我要奶奶来带。""噢，是这样。那我们先给奶奶打个电话，老师也想知道奶奶的脚到底怎么样了，好吗？"方方在老师说出"打电话"时，嘴巴里就不停地答着"好，好"，同时停止了哭泣，情绪也慢慢地平静下来了。老师带着方方打电话，方方的脸上阴转多云。打完电话，方方来到妈妈身边，脸上竟有了笑容。"快回家看奶奶！"妈妈如释重负。

从案例来看，方方产生消极情绪及情绪转变的原因主要有：

1. 奶奶没有来接方方是其消极情绪产生的直接原因。由于受生理、心理发展水平的制约，幼儿一旦产生消极情绪，便难以自我消除，往往需要借助于外界力量才能得到较好的控制与调节。而方方的妈妈没有意识到这一点。

2. 对奶奶的依恋情结是方方产生消极情绪的间接原因。在奶奶的长期呵护中，方方获得了牢固的亲情依恋，而妈妈与他的亲子关系非常淡薄。因为与孩子相处的时间和对其照顾都太少，交流沟通缺乏，妈妈与孩子的亲和力远低于奶奶。

3. 老师的"认同"是消极情绪的"氧化剂"。妈妈的恐吓对方方无济于事，而老师用拥抱、抚摸、擦眼泪等安抚动作，以及温柔、认同的话语接纳了方方的消极情绪，从而使其兴奋点逐渐降低，同时接纳了老师解决问题的方法。

对这个案例的反思：

1. 作为家长，首先要多学习一些儿童心理学、教育学、家庭教育等方面的知识，了解儿童的心理发展特点。这样才会在上述情况发生时，想到方方和奶奶的那种亲情依恋是自己所不及的，孩子由消极情绪引发的行为是很正常的，那么在处理问题的过程中就会比较理性，能够较好地解决问题。在这次事情发生后，方方妈妈应该在思想上引起高度的重视，把教育方方的责任承担起来，逐渐与方方建立更为温馨牢固的亲情。

2. 作为教师，应及时把握儿童情绪转换的契机，化被动为主动，使儿童情绪稳定。心理学上的“认同”对幼儿情绪的稳定有着重要的作用，它是建立在对幼儿心理发展、情绪变化规律的科学认知与把握的基础上。“认同”首先要求教师承认孩子消极情绪的产生有一定的合理性，这样才会在有效处理幼儿情绪、稳定幼儿情绪中提供重要的信度保证。在孩子接纳你以后，教师应该拿出办法来解决孩子的问题。如案例中，老师采取了先认同方方的伤心难过，又带孩子打电话给奶奶的方法。只有合理疏导儿童的消极情绪，才能促进其心理的健康发展。

第二节 “爱憎分明”——学前儿童积极情绪的培养

情境案例

冰冰是一个脾气有点暴躁的小姑娘，遇到让她气愤和不如意的事情时，她最常用的做法是“嘭”的一声关上房门，然后在自己的房间里摔东西。冰冰 5 岁的时候，父母因为感情不和而离婚，这对她的心理造成了难以抹去的伤痛。冰冰的母亲是一个外表文静、内心却极度暴躁的女人，在与冰冰父亲相处的几年里，常常为了一些小事发脾气，每次吵架她都会将家里能砸的东西都砸了。在教育冰冰的方法上，也会采取非常手段，如冰冰两三岁时因为做错了一件小事，被她关在家里的小黑屋里几个小时不准出来。长大后的冰冰脾气性格和母亲非常像，一旦产生消极情绪，她就会用砸东西、摔东西的方式尽情宣泄。

学前儿童在成长的过程中，不仅会产生各种积极正面的情绪，同时也会面临很多消极负面的情绪。积极正面的情绪使人处于松缓状态，能够促进儿童身心发展；而长期处于消极负面的情绪中，人会处于紧张状态，不利于儿童的健康成长。

一、创造一个有安全感的环境

在幼儿园一日生活中，环境是幼儿园的第三位“老师”，对幼儿起着潜移默化的作用。一个以情绪为中心的环境需要具备以下要素：有弹性、可预测性、接纳性、情感性以及充满信任与托付。大量研究表明，安全感对幼儿的健康发展起着十分重要的作用，幼儿安全感缺乏的突出表现就是分离焦虑。

（一）把握幼儿情绪安全感发展的关键时机

1. 进入一所新幼儿园时

作为一名新生进入幼儿园时，幼儿需要面对与主要照料者分开后的分离焦虑，面临对周围环境的不确定而产生的焦虑，这是幼儿情绪发展的关键时期。在这个过程中，孩子会有许多不适宜的行为出现，最常见的是哭闹、发脾气。有一些孩子会出现退缩行为，或拒绝一切活动，仅仅是安静地观察其他人；也有部分幼儿会表现出疯狂的行为及其他不适宜的行为，例如，在户外活动时尝试往外逃离，躺倒在地不愿起来等。为了帮助幼儿更好地度过这个阶段，教师可以在幼儿入园前及入园后为幼儿做好相应的辅助工作。

（1）入园前。

在开学之前，教师可以组织亲子活动，邀请父母带着幼儿一起到幼儿园里，让幼儿在父母的陪同下体验一次在幼儿园的生活，同时让他们熟悉幼儿园的环境。经过幼儿的亲身体会，以及父母的协助，帮助幼儿熟悉在园生活的各个环节，使幼儿对幼儿园生活产生预期。此外在入园时，家长可以给幼儿带上一件幼儿的依恋物，如幼儿的安全毯，增加幼儿的安全感，减少入园焦虑。

（2）入园后。

一要鼓励幼儿参观教室，熟悉环境。当幼儿停止哭泣时，鼓励其去教室的各个角落摆弄材料，欣赏教室的环境布置，试着寻找好朋友。

二要允许幼儿独自旁观。允许幼儿在教师的陪伴下单独在一旁观看，等他们逐渐适应团队互动之后，再适时地鼓励其融入集体的活动。

三要帮助幼儿体验成就感。如夸奖幼儿："你今天自己把饭吃得干干净净的，你真棒！"幼儿体验到了成功，才会勇于做进一步的尝试，喜欢幼儿园的生活。

四要清楚地界定幼儿的行为规范。让幼儿了解哪些是被期待的行为，哪些是不被允许的行为，帮助幼儿建立预期形成情绪上的安全感，这也有助于形成良好的班级常规。

2. 换教师时

幼儿与教师之间良好、亲密的关系可以帮助幼儿主动探索与学习，促进幼儿社会能力的发展，提高学习成绩。一旦这样的关系形成之后，与教师的分离便会和与父母的分离一样，给幼儿造成分离感。随着教师的离开，幼儿悲伤和忧郁的情绪也可能就会产生了。如果教师无声无息地离开，可能会影响成人在幼儿心中的可信任或可依赖的程度。因此，当教师出于自身原因或单位调动原因，需要离开原先所在班级时，要事先告知幼儿。教师要和幼儿一起分享彼此间值得纪念的回忆，进行告别，同时对新教师进行介绍，这样幼儿在了解了事情之后同样会理解教师，并更快地接受新教师。

3. 开始新知识的学习或学习遇到困难时

在每天的幼儿园生活中，幼儿都面临着新事物与新挑战，这些可能会动摇幼儿的情绪安全感。其实当幼儿面对挫折时，如果能够得到妥善的处理，如从老师、同伴那里获得鼓励或支持，那么对于幼儿来说不但收获了信心与安全感，同时收获了相互支持的经历。教师可以通过以下做法支持和鼓励幼儿：

（1）搭建鹰架。作为教师，在设计活动时，需要充分考虑幼儿的已有经验，关注幼儿的最近发展区，在幼儿已有的经验上，搭建鹰架，帮助幼儿成长。在帮助幼儿解决困难时，也要从幼儿的角度出发，给予提示与引导，帮助其分析思考，从而迎接挑战。

（2）鼓励努力和进步。对于幼儿的努力和进步应及时给予认可，使幼儿获得支持感与成就感，养成自信与勇于挑战的信念。

（二）营造安全的学习氛围

幼儿能从环境中获取安全感。下面介绍怎样在幼儿园中创设良好的安全学习氛围。

1. 可预测性

在可预测的环境中，幼儿能自然而然地获得情感上的安全感，获得快乐和舒适感，能明白发生了什么事情，以及如何处理和被接纳。

（1）幼儿园活动具有规律性。幼儿园一年四季有相应的作息时间，根据每个季节的特殊性会将每日的生活、运动、游戏、学习四大板块活动进行调整。每位教师都应遵循一日作息表，形成幼儿园活动的规律性，使幼儿了解自己在幼儿园的各种活动，能够对在园的生活进行预测。对于小班的幼儿来说，有规律的幼儿园活动可以帮助他们更快地适应幼儿园生活。对于中、大班的幼儿来说，有规律的幼儿园活动能够使其在园中更好地发挥主人翁作用。

（2）教学内容和形式、活动组织方式更有弹性，赋予幼儿选择权。随着课程改革的开展，幼儿的主体性得到了更充分的体现。活动组织方式从“师本位”转化为“生本位”，使得活动的组织方式更有弹性。在小组、个别活动时，将活动的选择权交还给幼儿，使其成为环境的主人。如在中、大班个别化学习的过程中，教师在根据主题及幼儿需要提供完材料之后，将空间交还给幼儿，鼓励幼儿自己去选择学习的内容，并且有计划地在主题开展时间内，尝试参与并完成每个个别化学习内容，在整个过程中幼儿可以自由选择，商量轮换。

2. 接纳

在幼儿一日生活中，需要为他们提供一个接纳的环境。所谓接纳的环境指的是在环境中幼儿能充分地感受到被接纳，能够感受到教师对他所涉及的内容有兴趣，感受到教师对他的欣赏。而这样一个接纳环境的营造首先取决于教师的态度。

处理幼儿出现的“小问题”时，教师需要注意与幼儿沟通时的态度。首先，教师要明白错误并不等于缺点。其次，教师和同伴要用友善的态度与幼儿进行沟通并对其错误事件进行包容和接纳，通过良好的沟通、分析使幼儿欣然承认自己的错误，并且能及时修正错误或者接受帮助。面对幼儿的进步，教师需要及时给予认可，并且接纳幼儿的情绪，积极表达“这件事情真让人高兴”，为幼儿的情绪贴上标签，并且为幼儿树立良好情绪表达的榜样。

接纳还可以从教室环境的布置中反映出来。例如，在中班“我爱我家”主题活动开展过程中，为了更好地接纳和体现幼儿已有的生活经验，在教室的整体环境布置上，特别是主题墙的创设上，教师和幼儿一起收集了家人、房子、宠物的照片，邀请家长和幼儿一起完成“我的家”的亲子绘画作品，并且请幼儿和教师一起把这些内容呈现在教室环境中。这些与幼儿生活息息相关的事物在教室中的呈现，能给予幼儿接纳的感觉，同时能帮助他们获取安全感。

二、帮助幼儿理解情绪

情绪理解可简单地解释为个体对情绪的理解，它为情绪交流和社会关系提供基础，是反映个体发展和社会适应的指标。情绪理解能力在整个幼儿期处于不断发展之中，它的发展有助于幼儿交流自己的感受，预测他人的感受和行为，对事件和情绪之间的因果联系进行更完整的加工，对其社会能力的发展有着重要的作用。

（一）开展情绪理解的活动

角色游戏对于幼儿学习情绪极具重要性，也是幼儿活动中出现次数最多的游戏方式。在角色游戏中，幼儿可以自然地使用情绪语言，并将情绪反应或行为生动地表现出来。教师在游戏冲突和纠纷中提供的适当支持，可以帮助幼儿在模仿和行动中进行经验迁移，从而让幼儿学习体察他人情绪，理解并感受他人的情绪。这些情绪感受在幼儿一次又一次角色游戏的过程中，为其情绪理解提供了丰富的素材和经验。

面对幼儿之间发生的纠纷、冲突，教师可以使用正式或非正式的方式，告诉幼儿为什么别人这样做以及别人的感受。一些与情绪相关的对话，有助于幼儿理解自己和他人的情绪，其效果远超过仅仅教给他们正确的情绪名称。因此，教师要以尊重、温和的方式敏锐地判断幼儿的需要，并为幼儿提供充足的时间、空间和真实的素材，让幼儿自由自在地进行角色游戏，理解自己与他人的情绪。

知识拓展

帮助幼儿理解情绪的游戏和活动

1. 骰子脸谱

利用小盒子或牛奶盒做成立方体的骰子，并将骰子的每一面都贴上不同的情绪脸谱，也可在骰子内放入一些豆子增加游戏时的趣味性。幼儿轮流丢掷骰子，当骰子停止后，幼儿再根据骰子上的情绪脸谱，说明其代表什么意义，以及何时会出现这种情绪表情。

2. 比手画脚

将一信封内装入不同的情绪表情图案，一次让一名幼儿从信封中抽取一张情绪表情图案，幼儿抽出后必须以肢体动作或声音来表现自己所抽到的情绪表情图案，让其他幼儿猜测。

（选自幼儿社会情绪学习中心网，http: //csefel.uiuc.edu）

（二）回应幼儿的情绪

教师的情绪以及周围同伴的情绪、环境对幼儿的情绪会产生深刻的影响，并且好的氛围对幼儿情绪理解的发展有着明显的益处。幼儿如果可以在日常生活中接触多样化的情绪表达现象，他就会反应与评估自己的情绪感受。幼儿之间的互动，也会帮助他们理解自己的情绪会对他人造成的影响，并通过情绪感受的形态与他人进行沟通与分享。如依依最近特别喜欢让老师抱着，当老师坐在小椅子上和其他的小朋友说说笑笑时，依依总会自己爬到老师的腿上，依偎在老师的怀里，看着旁边的小朋友。看到别人开心地玩儿，依依也会自己笑出声。老师也会借此“亲密”的机会，和依依聊一聊开心的和不开心的事情。

（三）接纳幼儿的情绪感受

情绪的沟通方式有很多种，幼儿往往会使用非语言的方式来表现自己的情绪状况，尤其是低龄幼儿。当幼儿面对发生的情绪事件时，教师要始终以冷静的态度鼓励和安慰幼儿的反应。教师的积极回应对于幼儿学习情绪理解有很大的帮助。当幼儿使用语言或非语言的方式来表现他们的情绪时，如果家长和教师确实能理解他们内心的情绪状态，将使幼儿获得极大的鼓舞，并对成人产生信赖。如当他们感到伤心或不舒服时，成人能从旁协助使他们感到安慰；当他们高兴时，成人能与他们一起分享快乐；当他们失去控制时，成人能为他们创造一个支持的氛围。

（四）使用正确的情绪名称

幼儿具有丰富的情绪感受，但却没有足够的语言能力来表达。因此，教师要为幼儿提供正确的情绪名称，帮助幼儿来形容自己当下的心情，如“生气”“高兴”“伤心”等。除了确认幼儿的情绪表达之外，教师还可以提供给幼儿一些简单的情绪名称或词组，帮助他们理解情绪的类别，这使得幼儿有机会接触更多的情绪名称。相关研究表明，幼儿的情绪能力发展水平与教师及父母对情绪词汇的使用频率呈正相关。

（五）与幼儿共同讨论情绪事件和情绪感受

在幼儿园的一日活动中，幼儿经常会遇到一些情绪事件，如打预防针，幼儿大多数会怕疼。大龄幼儿能够控制自己的害怕情绪，而低龄幼儿则往往会用哭闹的方式宣泄自己的情绪。遇到类似的情绪事件，教师可以创造轻松、愉悦的氛围，进行师幼互动或幼儿之间互动，帮助幼儿进行经验的分享以及情绪情感的传递。如师幼共同探讨："打针的时候，你有什么感觉？你会害怕吗？"这种教师和幼儿一致性的情感体验，能够满足幼儿的心理需要，可以帮助幼儿认识、了解、接纳、调节自己的情绪，进而提升他们的情绪理解能力，有助于师幼之间情感的建立和巩固。

（六）促进同伴间情绪的互动

同伴是幼儿社会性发展中重要的支柱，幼儿只有在与他人的互动中，才有机会去体验、观察和表达情绪，才能够理解情绪。当幼儿开始了幼儿园的生活后，幼儿之间会渐渐发展出亲密的同伴关系，并逐渐变成非常具有凝聚力的小团体，而这些亲密的同伴关系对于情绪理解的发展非常重要。当幼儿与小朋友相处时，他们会展现正面与负面的各种真实情绪。幼儿在同伴互动中不仅体会到积极情绪，也会因为存在纠纷与矛盾产生消极情绪，甚至教师有时也会因为必须解决这些幼儿情绪互动而感到无奈。但正是这些互动，为幼儿逐渐开始的情绪概念学习提供了必要的素材。

（七）把握情绪理解能力发展的契机

教师应该根据每一名幼儿的心理需要，为他们提供特别丰富的情绪理解和情绪认同方式，如温柔的拥抱、亲密的对话、共同分享有趣的玩具或是幼儿受伤时的安慰，等等。而在这些时刻，幼儿似乎更容易接受与学习情绪表达。在幼儿园中，低龄幼儿易受情绪支配，他们会因为争夺某个东西、轮流游戏或争夺某个地位而争吵。这时教师应知道并能够辨别，哪些情况可以通过协助让幼儿深刻地理解情绪表现的起因和结果，哪些情况可以作为促进幼儿情绪理解能力发展的契机。因此，教师要深入观察幼儿之间的互动，提供适当的处理方式，为促进幼儿情绪理解能力的发展建立一个完整的体系。

三、示范真诚合适的情绪表达

班杜拉的观察学习理论指出，成人的情绪示范是幼儿观察学习情绪表达的重要途径。因此，幼儿园教师应意识到自己的情绪表达可能成为幼儿观察、模仿的对象，要有意识地调节自己的情绪，真诚、适宜地表达积极情绪，并有建设性地表达消极情绪。

（一）真诚地表达情绪

成人之间的情绪表达有时并不完全真诚。因为某些目的或关系的限制，成人会根据不同的对象或场合婉转地表达情绪。面对幼儿，教师总是习惯用较为夸张的方式来表达情绪，如用儿语化的方式或用幼儿听得懂的词汇与幼儿对话，因为这样的表达方式更能引起和保持幼儿的注意，但是教师的情绪示范表达必须是真诚的。

关注幼儿情绪成长的教师要有意识地与幼儿建立真诚且亲密的关系，尤其是对于那些情绪能力较弱的幼儿。不能担心指出幼儿错误的行为会影响到亲密的师幼关系，而是应该作出正确的归因，诚实地指出幼儿的不足，以真诚的态度理解幼儿的情绪，并给予合适的情绪表达示范。

例如，在中班的结构游戏时间里，孩子们正沉浸在自己建构的世界中，突然“轰隆”一声，阳阳和小艾搭建的“摩天大楼”倒下了，李老师忙赶到事发地点了解情况。两个孩子红着眼眶说：“老师，是浩浩把我们的摩天大楼推倒了！”李老师问：“浩浩，你是不小心把积木碰倒的吗？”“他是故意的！因为他想要这块大积木，我们也需要，没有借给他，他就把我们的大楼推倒了！”这个案例中，幼儿因为没有借到积木而挑衅地推倒其他幼儿正在搭建的积木，教师的回应不应该是这是“不小心”的意外，因为事实上教师和幼儿都清楚地知道这是故意的，教师的包庇会使得该幼儿下一次需求得不到满足时，再次使用这个不当的行为发泄。所以教师在情境发生时应及时指出幼儿行为的不恰当，表示对幼儿当下情绪的理解并一同找出更好的方式来解决问题，如：“没有借到你想要的积木很难过，但是你推倒了别人搭好的作品，他们也会很伤心。你伤害了他们，你要向他们道歉！”随后再和幼儿商量解决问题的合适方法。

（二）合适地表达情绪

不同于成人世界有时的隐藏与伪装，幼儿总是直白地表现自己当下的情绪感受。对幼儿来说，要学会抑制某些情绪是一项需要学习的重要技能，即学会遵守特定文化中情绪表达的规则。虽然学前儿童每年都在逐渐学习如何伪装自己的外在情绪，但是 5 岁的幼儿仍不精通伪装情绪，也不擅长去说服怀疑自己的人。而到了小学阶段，儿童才会逐渐理解情绪的社会规则，并学会在特定的社会情境中合适地表达自己的情绪或抑制情绪。

在关注幼儿情绪成长的幼儿园里，教师会尝试在不同的情境中更好地权衡真诚的情绪表达与合适的情绪表达两者之间的关系，并对幼儿作出合理的示范。例如，日常活动中分组和小组活动可能会发生某些幼儿不想与班中一些幼儿合作的情况，如果教师观察到了这一情况，就应该选择在分组活动开展之前以幽默的方式示范合适的情绪表达。如，教师可以假装生气地说：“如果我想要的好朋友跟别人一组了，该怎么办？”教师继续夸张地装出讨厌的表情皱起脸说：“如果我被分到和×××（另一位带班老师的名字）一组怎么办？”“我可以说‘我不要×××，我不要×××当我的伙伴’吗？”孩子们被她夸张的表情和语言逗得哈哈大笑。教师平复下情绪，以眼神接触每一名幼儿说道：“不，我不会那样，因为×××是我的同学，而且我不想伤害她的感情，所以我还是会和她一起合作完成这个活动的。”说完，拍拍×××的肩膀，面带微笑地说：“我相信我们会合作得很好！”

这里，教师既示范了真诚的情绪表达，也强调了情绪表达的合适性。她根据日常观察幼儿的真实表现，示范了幼儿可能不喜欢班中的一些伙伴，并承认允许他们有不喜欢的权利。为了引导幼儿之间的团结友爱，教师没有虚情假意地鼓吹“我们要爱班级里的每个人，我们要友爱”，而是通过幽默的表演表现出有这类想法的幼儿的内心感受，强调直接对其他幼儿表达不喜欢的有害结果，并示范愿意与不喜欢的幼儿相处试试的友爱表现。

（三）建设性地表达消极情绪

教师在幼儿面前表现或示范生气情绪可能会受到争议。有的教师认为生气的示范会导致幼儿处于一种被鼓励或被允许他们自由无度地表达情绪的状态，从而造成幼儿情绪失控或对生气情绪过度敏感；而有的教师则认为，表达生气可以帮助教师减缓沉重的压力，更有利于教育教学。不管他们所持的理念如何，我们不得不承认所有从事有关幼儿工作的成人都会有真正生气的时候。有时候，幼儿的活动过度、不遵守规则或者拒绝合作的行为会让教师生气；幼儿的消极情绪会引发教师情绪性的生气，尤其当教师还在为完成领导布置的任务、同事间的矛盾或家庭的琐事所分心时，教师可能会感到有压力，产生更多的烦躁情绪。所以，我们提倡教师建设性地示范生气的情绪和示范生气后的解决过程，以预防突发的、过度的消极情绪的爆发。

首先，教师需要预设自己可能会生气的情境，比如幼儿不符合期望的表现，幼儿情绪的不合适表达，以及生活、工作中不如意的事件等。其次，教师产生生气情绪时要学会控制并适宜地表达，可以通过控制班级的情绪气氛、生气时的短暂离开及生气后的反思检讨来达成。简化的教室环境可以帮助教师更好地控制班上幼儿的情绪气氛，明确的区角划分和布置能让幼儿感受到较少的监督，从而更自由地活动；设置“冷静角”和提供一些适合发泄生气情绪的道具，如橡皮泥、纸、沙包、垫子等，帮助幼儿减缓焦躁或紧张等情绪。

当教师面临可能令人生气的情境时，要先做好一定的心理准备和调适。当感觉生气的情绪即将来袭时，在幼儿有其他带班教师看管的情况下可以先短暂地离开，自我冷静一会儿。有时尽管作了以上努力，许多教师仍然会有比较直接且剧烈地表达生气情绪的时刻。如有的教师生气时对幼儿大喊大叫，有的教师则有摔书或摔玩具的行为，还有的教师则冲动地用语言或行为伤害幼儿。教师爆发的情绪和进行的不当行为无疑会被观察他们的幼儿注意到，甚至牢记在心中。一方面，幼儿可能被教师非常态的行为吓到；另一方面，幼儿可能会模仿成人生气时的不当行为表现。所以，教师在事情发生后可以及时和幼儿讨论自己不合适的行为表现，进行契机教育，向幼儿教导和示范正向的、合适的情绪表达，纠正幼儿先前的观察留下的印象。

四、帮助幼儿应对消极情绪

消极情绪不仅影响幼儿心理的发展，而且还影响幼儿身体的发展。幼儿长期处于消极的情绪状态中，其生长发育会受到阻碍。因此，培养幼儿积极的情感，帮助幼儿调节和控制消极情绪十分重要。

（一）回应幼儿的情绪，创设充满爱与理解的环境

在日常生活中，每个人都会有高兴、快乐、郁闷、烦躁的时候，这些积极情绪和消极情绪每天都在产生，幼儿也不例外。因此，产生消极情绪并不可怕，关键是我们要正确地认识它。如幼儿因为没有得到老师的表扬而生气时，家长可以安慰孩子：“没有得到表扬你很不高兴。但我看到你也在努力，这真是件值得高兴的事情。”

此外，幼儿的情绪因处于从主要满足生理需要向主要满足社会性需要的过渡阶段中，年龄越大的幼儿的社会性需要越多，如幼儿非常希望自己被人关注、重视和关爱。这些社会性需要是否得到满足，直接影响幼儿的情绪。直接跟幼儿朝夕相处的成人要为幼儿创设充满爱与理解的环境，更要加强与幼儿的情感沟通，随时了解幼儿内心的需求，给予其正确的引导。如为了防止幼儿产生恐惧感，成人要用正确的方式教育幼儿，尽量避免采取体罚、斥责、变相体罚等措施；成人要为幼儿创设安全的环境，避免幼儿观看恐怖或暴力电影，让幼儿以健康的心态面对周围的世界。为了防止幼儿产生紧张感，要为幼儿营造良好的人际环境和氛围。

在家里，父母要尊重幼儿，不要过分重视幼儿的学习，压抑幼儿其他的爱好；在教育方式上，父母尽量少用命令的方式教育幼儿，多用说理的方式教育幼儿，使家庭保持轻松、愉快的气氛，为幼儿的成长创设宽松的家庭环境。在幼儿园里，教师对幼儿要友善、随和，多给幼儿创造与同伴交流的机会，使幼儿的身心得到和谐发展。为了防止幼儿产生失败感，父母和教师要从幼儿的实际出发，在幼儿的“最近发展区”内对幼儿提出切实可行的要求，即提出的目标既要有一定的难度，又要在幼儿的能力范围之内，以激发幼儿的成就动机，避免幼儿产生失败感。

（二）采取适当策略，应对幼儿的消极情绪

1. 榜样示范法

要想让幼儿学会调节自己的情绪，成人必须以身作则。父母是孩子的第一任老师，幼儿的言谈举止多半是从父母身上潜移默化而来的。要使幼儿学会控制消极情绪，父母首先要管理好自己的情绪，尽量不要让幼儿看到自己抑郁、消沉、愤怒或焦虑的样子。父母要和善待人，为幼儿营造祥和、宽松的气氛，让幼儿的消极情绪消释在这种安定、温暖的气氛中，使幼儿的心境渐渐变得平和。

2. 暂时回避法

行为主义心理学家斯金纳认为，成人对幼儿某些情绪和行为的关注会提高这些情绪和行为再次发生的频率。因此，要想使幼儿的消极情绪有所减少，一个有效的办法就是对幼儿的某些消极情绪采取回避的态度。如当幼儿表现出消极情绪时，教师可假装没看见，排除对幼儿的注意，由幼儿自己协商解决问题，会更有利于幼儿调节自己的情绪。

3. 注意转移法

幼儿情绪极不稳定，一点小事都会影响他们的情绪，成人必须有敏锐的观察力随时注意幼儿的情绪变化，一旦发现幼儿有消极情绪，应采取有力措施让其转移注意，如转移话题或让他们暂时去做别的事情。

（三）教给幼儿调节情绪的技巧

幼儿是一个独立的人，他的情绪调节不应当只依赖别人。家长和教师应当让幼儿明白，他不仅要对自己的行为负责，也要对自己的情绪负责。当幼儿表现出消极情绪时，成人应该帮助幼儿学习管理自己的消极情绪。

消极情绪需要宣泄，幼儿常常会因需要得不到满足而大发脾气，如大哭大闹、蛮不讲理，甚至还会去攻击别人。所以成人应为幼儿创设一些发泄区，让幼儿生气时打打沙袋，伤心时去说说悄悄话，让幼儿的消极情绪得到宣泄。此外还可以使用言语宣泄，与他人交谈是使幼儿消极情绪得到缓解的有效途径。如幼儿心里有委屈和怒气，成人要教会他们以平缓的方式向人倾诉，与成人沟通。幼儿年龄小，容易受暗示，因此，当幼儿有了消极情绪时，教师可通过积极的语言暗示，使其消极情绪得到缓解。如上课时有个别幼儿不认真听讲，教师可以说：“我来看看，谁上课最认真。”在积极的语言暗示过程中，教师要不断对幼儿出现的积极情绪进行强化，如一些不认真听讲的幼儿，在受到教师语言的暗示后立即变得很认真，教师则应对他们进行表扬和肯定。这是在帮助幼儿用语言进行积极的自我调控。在进行语言暗示的过程中，教师要注意使用正面的暗示语，而避免使用容易误导幼儿的反面暗示语，因为幼儿还不会区分教师说的“反话”。

知识拓展

有效调节幼儿情绪三步骤

一、帮助幼儿了解自己内在的情绪

当孩子因为失去心爱的玩具而伤心时，缺乏情感智慧的妈妈会说：“丢就丢了呗，没什么好哭的。”长此以往，孩子自然就学会了漠视情感、压抑情绪。情感智慧高的父母可以帮助孩子用情感词汇去表明心理感受，帮助孩子疏导情绪，她会问孩子：“玩具丢了，很伤心，是不是？”她用“伤心”这个带有情感的字眼来引起孩子心灵的共鸣。“你是不是觉得好像失去了一个最好的朋友？”这次用语言的图像又进一步帮助孩子梳理情绪，然后再拥着孩子说：“妈妈知道你好难过，以前妈妈失去自己最爱的东西的时候也有这样的感觉。”这几句话一面帮助孩子疏解情绪，一面帮助孩子认识情绪。让孩子知道，人有情绪是自然的，情绪可以被了解、被疏导、被善用。经过这样的话语和心理疏导，孩子将来如果碰到痛苦与挫折，就懂得自我抚慰、疏导情绪。

二、引导幼儿接纳“每一个人都可以拥有不同的感觉”的观点

每个人的感觉反应本身并没有对与错，用是非道德论断去否定别人的感觉，会拉远心理距离，损坏最值得珍惜的亲密感。比如孩子说：“我不喜欢吃胡萝卜”。你说：“怎么会呢，胡萝卜很好吃，很有营养呀，来，吃一块，一定要吃……”更糟糕的是：“小孩子不能挑食，什么都得吃！这样才能长高个儿！”这种对话的结果是孩子会抱怨：我的父母不了解我，我真的没办法与他们沟通。

那么，表达同理心的聊天技巧是什么呢？孩子说：“我不喜欢吃胡萝卜！”你说：“噢，你不喜欢吃啊（接纳他的意见），为什么呢？是不喜欢它的味道，还是……”（倾听他的想法）孩子说：“我没有当上护旗手，心里好难过！”你说：“是啊，不难过才怪呢！”（表示全然的接纳和理解）你现在这么难过，妈妈要怎么做才能让你快乐一点呢？”（倾听他的想法）这样的语言，自然而然地会让孩子抵触或者排斥的心理得到缓解。

三、探索心理需求

当孩子有情绪特别是强烈的情绪时，我们应该扪心自问：我现在真正需要的是什么？孩子的需要是什么？我的这个需要有没有可能在不改变对方的情况下得到满足？我和孩子的需要能不能通过我的言语、我的做法合在一起？成年人可以帮助孩子慢慢明白自己的需求，通过调控孩子的情绪，改变僵持的局面，从而满足自己和孩子共同的心理需求。

例如，孩子坚决抵触自己一个人睡一个房间。儿子：“妈妈，我怕。”妈妈：“妈妈小的时候也经常有害怕的感觉。”儿子：“真的？你什么时候会害怕？”妈妈：“有时晚上怕黑，怕莫名其妙的东西，其实到了白天什么也没有，就自己吓自己（告诉孩子有时害怕的东西是不存在的）。你害怕的时候最想要什么？”（帮助孩子探索需求）儿子：“想要妈妈陪。”妈妈：“如果妈妈没空陪，你需要什么呢？”儿子：“有声音和亮光的时候我就不害怕。”妈妈：“那在你的房间放个夜光灯行吗？”儿子：“太好了。”

经过这样的对话，孩子知道了自己害怕是因为怕黑和静，只要有一点亮光就不那么害

怕了。孩子每一次有情绪产生的时候，都是一个机会，我们可以借此引导孩子进入自己的心灵之窗，更加了解那些情绪背后的需要是什么。知道自己真正需要什么了，就有了行动目的，也就不会一直裹在情绪的套子里了。

（选自蔡超《有效调节幼儿情绪三步骤》，《福建基础教育研究》2012 年第 6 期）

案例分析

上幼儿园中班的亮亮回家后感到很沮丧，因为今天在幼儿园他想参加一群小朋友自发组织的游戏，但是毫无理由地被拒绝了。到家看见妈妈，他委屈得眼泪一下子就流出来了，他试图向爸爸诉说，可爸爸好像很忙的样子，只是跟亮亮说："都是小男子汉了，还哭啊。"他又转向妈妈那里寻求安慰，可是妈妈也没有耐心听他说，只是一味地给他讲道理："碰到这点挫折没有什么，宝宝不用难过。"结果，亮亮更加沮丧了……

那么，面对孩子的反常情绪，父母都会有些什么反应呢？

冷漠："那有什么？"冷漠是指爸爸妈妈对孩子的情绪缺乏反应，缺乏兴趣，缺少关心。父母常常由于工作太忙而冷落孩子，他们对待孩子的态度很容易被孩子理解为爸爸妈妈对自己漠不关心。如果当孩子向你表达他的感受时，你毫无反应，或者说些责骂的话语，如"窝囊废"之类的话，孩子就会这样想："爸爸妈妈一点儿都不关心我。他们不爱我。"

同情："我真难过，你真可怜！"与冷漠截然相反的另一端是同情，同情往往是指爸爸妈妈对孩子的情绪和情感产生共鸣，为孩子的快乐而快乐，为孩子的忧愁而忧愁。可是，孩子真正需要的是爸爸妈妈提供给他们正确的解决问题的办法，而不是一味地表现同情心。这样孩子更会觉得自己可怜，而对解决问题没有什么信心。

移情："看来你很害怕离开你的朋友。"移情就是爸爸妈妈用自己的心灵和头脑去倾听孩子的心声，当你对孩子表现出移情时，他会知道你理解他的感受。爸爸妈妈能敏锐地觉察到孩子的痛苦、恐惧、失望、愤怒或沮丧，并且能够谅解，同时又能比较明智地为孩子提供鼓励和帮助。移情能很好地安抚孩子的情绪，并且能够有效地使孩子摆脱这种情绪的影响。

毫无疑问，三种常见的反应中，移情是最好的一种。移情的反应，有利于孩子对自己情绪的控制能力的发展，更有利于孩子和父母建立一种亲密而互相信任的、健康的亲子关系。

怎样移情？

第一步：倾听。当孩子悲伤、愤怒、抑郁或惊慌失措时，所需要的也许只是爸爸妈妈能倾听他的诉说。孩子只希望父母能够耐心听完他的诉说，不要对自己的表现做任何评价，也不要父母提任何建议。所以，允许你的孩子向你诉说他的感受，不要对他妄加评论，也不要急于帮他解决问题。通常，他需要知道的只有一点——你关心他，你愿意花时间来听他的诉说。让他告诉你发生了什么事，必要时，你可以提一些问题引导他诉说："孩子，发生了什么事情？""你当时说了些什么？""同伴们不了解你，那时你有什么感受？"

第二步：不加评论地接纳和反映孩子的感受。接纳孩子表现出来的情绪，不要评价，不要歪曲。描述你所看到的情绪表现："小家伙，比赛输了，你很生气吧？""看上去你的朋友令你心烦意乱。"有一点很重要，就是要恰当描述情绪感受的强度。你可以用一些副词来形容孩子情绪的不同强度："你的朋友没有邀请你，所以你有点儿伤心。""你的朋友没叫你一起去，所以你很伤心。”“你的朋友不把你当朋友，所以你非常伤心。”“你的朋友没有邀请你，所以你伤心极了。”这类对情绪的反馈，有助于孩子了解自己的内心感受。就像照镜子一样，孩子通过看自己在镜子中的形象了解了自己的相貌、身材等身体特征，通过听爸爸妈妈对他感受的反馈了解自己的情绪特征，孩子还可以据此对自我情绪进行修饰和改变。通过给孩子的情绪命名的方式来反映他的情绪，可以让孩子了解：自己的情绪是正常的，可以被他人接受。同时，它还使孩子知道：他人了解他的感受。这是帮助孩子控制情绪的最重要的一步。

第三步：如果有必要，事后可以引导孩子讨论他的感受。在许多情况下，你不需要采取这一步。但是，对于比较严重的问题，或当孩子表现出比较极端的情绪时，你要先让他平静下来，当他的头脑保持清醒时，与他就这些问题做一些讨论。这时，你可以和他讲道理，探寻是什么原因导致了他产生不良的情绪。你可以问这样的问题：“你从这次经历中吸取了什么教训？”“下一次遇到类似情况，你可不可以用另外的办法来处理？”“对你自己的态度有什么看法？”“你需要请求谁的谅解？”“通过这次经历，你学到了什么？”

【议一议】

对一些家长来说，他们很希望孩子乖巧又听话，特别担心孩子“有情绪”。宸宸是幼儿园大班孩子，在一次迎新活动中，他被小朋友一起推选为活动主持人。但是，有一天，老师接到宸宸妈妈电话：“宸宸说他太累了，不想当了。”家长急得团团转，认为孩子不懂事，闹情绪。后来，老师了解到，宸宸不愿意当主持人，并不是说不出主持词，而是家庭给孩子太大压力导致的。一家人反复对孩子强调：这次就看你的了，我们都会去幼儿园看你主持的，要好好表现，别丢脸。

试用本章的相关内容分析：宸宸的问题源自哪里？如果你是宸宸的老师，你会如何帮助宸宸解决这一问题？

【练一练】

1．情绪情感对学前儿童心理发展有什么作用？
2．学前儿童基本情绪的发展有哪些表现？
3．学前儿童高级情感的发展有哪些方面？
4．学前儿童情绪情感发展的特点有哪些？
5．如何帮助学前儿童发展和培养积极情绪？

【讲一讲】

在幼儿园中观察一个幼儿的情绪变化并记录下来，结合本章内容分析导致幼儿情绪变化的原因，并结合实际制定帮助该幼儿处理消极情绪的方案。

【读一读】

1．《中国儿童情绪管理》．晏红．中国妇女出版社，2016年版。
2．《儿童心理学手册（第三卷）》．林崇德等译．华东师范大学出版社，2015年版。
3．《美国心理学会儿童情绪手册》．秦丹萍译．南海出版公司，2014年版。
4．《情绪密码：揭示儿童情绪的力量》．韩海英．电子工业出版社，2016年版。

参考文献

[1] 张丽丽．学前儿童发展心理学[M]．上海；华东师范大学出版社，2016.

[2] 史献平. 学前儿童发展心理学[M]. 北京：高等教育出版社，2016.
[3] 王振宇. 儿童心理发展理论[M]. 上海；华东师范大学出版社，2010.
[4] 李燕. 儿童心理学[M]. 北京：中央广播电视大学出版社，2011.
[5] 李燕. 学前儿童的情绪教育理论与实践[M]. 北京：北京大学出版社，2014.

第十章

学前儿童社会性的发展

本章介绍

从出生起，婴儿就是一个社会的人。面对丰富多彩的世界，在与周围环境交互作用的过程中，儿童尽情地活动，尽兴地发展，掌握了语言，获得了认知、情感、社会性等方面的积极成果，而支撑儿童活动与发展的重要杠杆则是儿童的人际交往。儿童与父母的互动，儿童与同伴的玩耍，儿童与周围其他人的接触，这一切给他们的生活带来了根本性的变化。交往，这一卓越的方式，为儿童的活动与发展提供了无限的时空平台，同时，儿童的活动与发展又使得交往过程变得更为积极有效。

学习目标

知识目标：了解学前儿童的社会性发展的概念，掌握学前儿童社会性发展的特点。
能力目标：能根据幼儿社会性发展的特点解决实际问题。
情感目标：乐于促进儿童社会性的发展。

情境案例

有其父（母）必有其子

提起今年刚满 4 岁的女儿，王女士一筹莫展："乐乐的坏习惯太多了，做事拖拉、玩具随手乱丢、不爱刷牙，等等，一堆问题，我都不知道该怎么办了！"

王女士的困扰恐怕也是众多家长在孩子成长期都会面临的难题。美国心理学家威廉·詹姆士有句名言：播下一个行动，收获一种习惯；播下一种习惯，收获一种性格；播下一种性格，收获一种命运。因此，如何让孩子从小养成一个良好习惯就显得至关重要。

社会性发展是儿童健全发展的重要组成部分，促进儿童社会性发展已经成为现代教育最重要的目标。幼儿期是儿童社会性发展的重要时期，幼儿社会性发展是儿童未来发展的重要基础。而要培养发展儿童的社会性，首先要了解儿童社会性发展的基本状况。

社会性是指作为社会成员的个体，为适应社会生活所表现出的心理和行为特征。也就是人们为了适应社会生活所形成的符合社会传统习俗的行为方式，如对传统价值观的接受，对社会伦理道德的遵从，对文化习俗的尊重以及对各种社会关系的处理等。

学前儿童社会性发展的内容主要包括：亲子关系、同伴关系、性别角色、亲社会行为、攻击性行为。

亲子关系和同伴关系既是儿童社会性发展的重要内容，又是影响儿童社会性发展的重要因素；性别角色是作为一个有特定性别的人在社会中适当的行为的总和，是社会性的主要方面；而亲社会行为和攻击性行为则属于儿童道德发展的范畴。

第一节 “有其父（母）必有其子”——学前儿童的亲子交往

一、亲子关系概念

亲子关系是指父母与子女的关系，也可以包含隔代亲人的关系。亲子关系有狭义和广义之分，狭义的亲子关系是指儿童早期与父母的情感联系，而广义的亲子关系是指父母与子女的相互作用方式，即父母的教养态度与方式。亲子关系是一种血缘关系。

良好的亲子关系对儿童的健康成长具有重要作用。首先，早期亲子间的情感联系是以后儿童建立同他人关系的基础，儿童早期亲子关系良好，就比较容易与其他人建立比较好的人际关系。其次，父母的教养态度和方式直接影响到儿童个性品质的形成，是儿童人格发展的最重要的影响因素。如父母态度专制，孩子容易懦弱、顺从，而父母溺爱则容易导致孩子任性等。

二、亲子交往的作用机制

一般来说，亲子交往活动表现出下面三种形式。

（1）家长→儿童：指家长用语言、行为等方式作用于儿童。例如告知、讲述、要求、命令、指使、示范等。在这个过程中，儿童基本上处于看、听状态。即家长主动、儿童被动。

（2）儿童→家长：指儿童用语言、行为等方式作用于家长。如讲自己的事、谈自己的想法、介绍自己的朋友、倾诉感情、发泄不满等。在这个过程中，家长主要是听、看状态，即儿童主动、家长被动。

（3）儿童←→家长：指儿童与家长用语言、行为、情感等方式相互作用。例如：互问互答、共同商量、讨论、互相争辩等。在这个过程中，家长和儿童建立起良好的情感联系，两者都处于积极主动的状态。

从日常生活中的大量实例和观察中看出，家长和儿童的交往大多属于第一、第二种形式，尤其以第一种为多。在亲子交往中，家长一直习惯于以长者自居，时时处处体现出“一家之主”的风范，口口声声都离不开出于为孩子好的内心而表达的诸如“应该”“不该”“最好”“不行”等词语。殊不知，在这样一种由家长控制决定内容和方式的交往活动中，儿童始终处于从属、被动、依附的地位，儿童的主动性受到遏制，积极性无法体现。亲子之间只是停留在形式层面的交往，只是完成了表面的一些事情，而未能进行真正的沟通、深入的交流，因而不能较好地建立互相信任、互相尊重、互相理解的良好亲子关系。

良好亲子关系的建立必须依赖互动的亲子交往活动，也就是说，要采取上述第三种亲子交往形式。在这种形式的交往活动中，父母和儿童都是交往的主体。父母和儿童的交往，应该像抛球和接球的过程一样，一方把球抛出去，另一方要把球接住，然后再把球抛给对方……这种不断的互相抛球和接球的过程表现了亲子之间合理的交往。我们暂且把“抛球者”视为信息的发出者，抛出的球是以口头或身体的语言方式表达的指令、提问、评价、询问、请求等；把“接球者”视为信息的接受者，接住的球是用口头或身体语言对所接受的信息进行的加工、处理和反馈。抛球和接球是一个连续的过程，两者的角色在一定情况下会自动转换。接球者对抛球者作出响应（加工、处理）后，同时接球者又作为抛球者，再把球抛给对方，先前的抛球者此时就成为接球者……如此不断反复往来，形成互动的交往关系。在亲子交往中，家长不仅要做到把球抛好，能让孩子接到球、接好球，同时要时刻准备去接孩子接到球后抛回来的球，这样可使亲子交往活动改变家长高控制、高约束，孩子高依赖、高服从的局面，而使亲子交往真正做到主体之间的平等交往。

三、教养方式对学前儿童发展的影响

不同父母的教养行为归结起来主要在两个方面表现出差异：一是父母对待儿童的情感态度；二是父母对儿童的要求和控制程度。

美国著名的儿童心理学家麦考比和马丁概括提出了家长教养方式的四种主要类型：

（一）权威型

父母对儿童的态度积极肯定，热情地对儿童的要求、愿望和行为进行反应，尊重孩子的意见和观点，鼓励他们表达自己的想法并参与讨论；他们对儿童提出明确的要求，并坚定地实施规则，对孩子的不良行为表示不快，而对其良好行为表现表示支持和肯定。这种高控制、情感上偏于接纳和温暖的教养方式，对儿童的心理发展带来许多积极的影响。这些父母教养下的孩子多数独立性较强，善于自我控制和解决问题，自尊感和自信心较强，喜欢与人交往，对人友好。

（二）专断型

这种类型也属高控制教养方式，但在情感态度方面，与上一种类型有明显不同，父母倾向于拒绝和漠视孩子。这种类型的父母对儿童时常表现出缺乏热情的、否定的情感反应，很少考虑儿童自身的愿望和要求；父母往往要求孩子无条件地遵循有关的规则，但却又缺少对规则的解释，他们常常对儿童违反规则的行为表示愤怒，甚至采用严厉的惩罚措施。这种方式下教养的儿童大多缺乏主动性，容易胆小、怯弱、畏缩、抑郁，自尊感、自信心较低，不善于与人交往。

（三）放纵型

这类父母和权威型父母一样对儿童充满积极肯定的情感，但是缺乏控制。他们甚至不对孩子提出任何要求，而让其自己随意控制、协调自己的一切行为，对孩子违反要求的做法采取忽视或接受的态度，很少发怒或训斥、纠正孩子。这种教养方式下的孩子往往具有较高的冲动性和攻击性，而缺乏责任感，不太顺从，行为缺乏自制，自信心较低。

（四）忽视型

父母对孩子既缺乏爱的情感和积极反应，又缺少行为的要求和控制。亲子间交往很少，父母对儿童缺乏基本的关注，对儿童的任何行为反应都缺乏反馈，且容易流露厌烦、不想搭理的态度。这种教养方式下的儿童也容易具有较强的冲动性和攻击性，不顺从，且很少替别人考虑，对人缺乏热情与关心，这类孩子在青少年时期更有可能出现不良行为问题。

四、亲子交往的影响因素

（一）父母的性格、爱好、教育观念及对儿童发展的期望

脾气暴躁的人容易成为专断型的父母，而对孩子发展抱有极高期望的父母也往往采用高控制的教养方式。相反，脾气温和、性格平稳的父母比较容易接受孩子的行为和态度，如果对子女发展有较高期望，则很可能成为权威型父母，而对子女没有太高期望的父母，则可能放任孩子，表现出过分宽容的态度。

（二）父母的受教育水平、社会经济地位、宗教信仰以及父母之间的关系状况等

国外一些研究表明，母亲是否参加工作，以及从事什么类型、性质的工作，对其与子女的交往关系乃至儿童的身心发展，都有相当程度的影响。有工作，尤其是从事知识性、层次较高的工作的母亲，在亲子交往中多采用引导、说理和鼓励的方式，亲子关系比较融洽，儿童发展也比较顺利。相反，母亲没有工作、家庭经济比较紧张，或者母亲从事层次较低的体力工作，则母亲在与儿童交往中容易缺乏耐心，多采用简单化的或者训斥、拒绝的教养态度，影响亲子关系和儿童发展。

（三）儿童自身的发育水平和发展特点

每个孩子从出生起就开始表现出其独特的“个性”，有的安静，有的活跃，有的强壮，有的弱小，等等。这些气质、体质上的差异往往引起父母不同的抚养行为。比如容易型的婴儿，常常对父母“笑脸相迎”，能对父母的抚爱作出积极响应，并少有哭泣，他们的父母一般倾向于对他们充满喜爱，反应积极，亲子之间交往机会较多，父母对孩子给予更多的注意和爱抚；困难型的婴儿经常哭闹，且很难平静下来，对父母的抚养行为缺乏积极的响应，他们的父母也往往倾向于不满、抱怨，甚至责备、惩罚孩子，很少为他们提供积极、耐心的指导，亲子关系更容易紧张，父母控制、拒绝较多。儿童经常性的行为表现，不仅决定着其父母采取何种教养方式，而且可能使父母产生对儿童的某些“成见”，从而影响父母对子女将来发展的期望以及教育方法的运用。

五、父亲对儿童发展的影响

从教育子女的角度看父亲在家庭中的作用，现代科学有三种主要观点。

一些学者认为，父亲的作用是惩戒，让孩子怕，这样孩子才能把社会道德规范铭记在心，学会做人。他们认为，孩子怕父亲才能模仿父亲，有了这种模仿，社会上有重要价值的东西才能一代一代传下来。

另一些学者认为，孩子模仿父母，特别是男孩模仿父亲，女孩模仿母亲，司空见惯，不

足为奇。男孩不是因为怕父亲才模仿他，而是因为学习男性行为较方便。对女儿来说，父亲的身上集中体现了男性的品质，这样她在今后的生活中就有了一个参照。

还有一些学者认为，父亲的作用不在家庭内部，而在家庭与社会之间。父亲似乎是家庭中的社会，又似乎是社会中的家庭，他的责任是带领孩子从家庭的小天地走向社会的大舞台。

（一）父亲对孩子个性的影响

从孩子的个性发展上说，父亲的影响力靠父亲以身作则，更重要的是靠父亲对孩子的关心和爱护，靠父子父女之间的亲情和坦诚，靠长期的严格要求。这些因素将会使孩子的思想品德得到快速、健康的发展。

国外有人对青年人的自尊心做了研究。结果表明：谈起父亲，有强烈自尊心的青年备感亲切；同缺乏自尊心的青年相比，他们感到自己的父亲更和蔼、更善良。研究者认为，父亲的态度和蔼可亲又不随意迁就，能够掌握住教育分寸，是培养孩子朴实、正直、无私等优秀品质的最佳条件。父亲的禁令只能以父爱为基础，否则难以奏效。

（二）父亲对孩子学习的影响

通常，父亲影响出现得越早，孩子的智力发展受到的影响就越大，孩子最容易受到伤害的年龄是一两岁。再看一下父亲对孩子学习成绩的影响。父亲在家庭中有威信、受尊重，对上中小学的儿子的学习成绩会产生良好影响，儿子会学习父亲，做一个像父亲那样的有能力、有知识、有坚定信念的人。父亲在家庭中粗暴、专横、严厉，也会起完全相反的作用，儿子会产生恐惧感，失去自信心，不敢承担风险。他们害怕学习中的困难，尤其怕数学和物理习题。看见那堆不可思议的作业，就像看见了不可思议的严厉的父亲。父亲对女儿的影响则比较复杂。据国外学者观察，特别是在父母都具有高等文化程度的家庭，女儿的学习成绩主要受父亲的影响。此外，女孩的学习成绩在很大程度上取决于父母关系。

父亲对孩子的学习管到什么程度为好呢？要不要每天检查一下孩子的家庭作业，是不是孩子遇到不明白的地方就给他讲一讲？这不好一概而论，但是过多地检查和提示没有好处。对于求知欲强、兴趣广泛的孩子来说，父亲管得紧、查得严将会帮倒忙。

案例分析

关于孩子的习惯问题，不少心理咨询师直言了一句不是很“好听”的话：“有其父（母）必有其子。”

“孩子的坏习惯跟家长有着很大关系。”一位心理咨询师说，当孩子出现一些问题时，以往我们总是要问上一句“这孩子是怎么了”，习惯从孩子身上找原因。但其实，有许多问题的根源在父母。

“试想，大人在一边看电视，却要孩子安心写作业；大人在说谎，却要孩子说实话；大人要孩子早睡早起，自己却不按时作息；大人整日打麻将，却要求孩子不要赌博……自己做不到，孩子又怎么能做到？”

家庭是习惯的学校，父母是习惯的老师。所以，要孩子健康成长，首先必须改造父母自己的世界。也就是说，要让孩子养成好习惯，父母首先应当养成好习惯；要让孩子改正坏习惯，父母首先应当改正坏习惯。

第二节 “身教重于言教”——学前儿童的师幼互动

情景案例

小朋友们玩滑梯．矮小的阳阳一步迈两个台阶往上爬，显得异常吃力。这孩子，多危险！万一他一步站不稳摔下来，可怎么办？后面还紧跟着其他小朋友！我赶紧拉住他：“阳阳，这样上滑梯很危险，要一步一个台阶地上。”可是，随后几次玩滑梯，阳阳依然是一步迈两个台阶往上爬，有一次还差点摔下来。为什么我的提醒不起作用呢？我着急地拉住阳阳批评他，阳阳显得很委屈：“我能这样上去的！我能像老师一样走上去的!”哎呀，我每次上滑梯，不都是这样“大跨步”上去的吗？原来，孩子是以我为榜样啊！我不禁惭愧。

午睡时间，孩子们都已躺下来准备睡觉了。我挨个儿整理着他们的小鞋子，走到想想的小床边，他突然抬起头问我：“王老师，你在干什么呀？”我说：“宝贝快睡，老师把鞋子摆摆好。”第二天午睡整理鞋子时，我惊奇地发现想想床前的小鞋子已整齐地摆放好。“想想，这是你自己摆好的吗？”想想看了我一眼，说：“是呀!”我欣喜地表扬他：“哇，想想真棒呢，把小鞋子摆得这么整齐!”“从今天开始我要自己摆鞋子，像昨天老师摆的那样。”想想骄傲地说。多么可爱的孩子！我原本以为，孩子刚入园，不哭不闹已经算好了，摆鞋子这样的事，过段时间再向他们提要求。没想到，我随意的一个举动，孩子竟在不经意间就学会了。

一、师幼互动的内涵

师幼交往是幼儿人际交往的重要组成部分。师幼交往是教师和幼儿之间的信息和情感的双向交流过程，是教师与幼儿之间的互动关系。互动是指两个不同主体间相互的行动、行为。师幼互动作为一种特殊的人际互动，是指在教师和幼儿之间发生的各种形式、各种性质和各种程度的相互作用和影响。它具有以下特征：

师幼互动是在教师和幼儿之间发生的一种人际互动，其互动主体是教师和幼儿。教师和幼儿双方在互动中是同等重要、互为主体的。

师幼互动是一种交互作用和相互影响的过程。师幼互动不是教师对幼儿或幼儿对教师的单向、线性的影响，而是教师与幼儿间双向、交互的影响。

教师和幼儿间的这种交互作用和影响又不是一次性的或间断的，而是一个链状、循环的连续过程。教师和幼儿正是在这样一个连续的动态过程中不断交互作用和影响的。

师幼互动包括师幼间的一切相互作用。

师幼互动的具体情景可能是千变万化的，既可能发生在有组织的教学活动中，也可能发生在非正式的游戏、生活和交往活动中。其形式也可以是多种多样的，如与个别幼儿、小组幼儿和全体幼儿的交往，或是与幼儿共同游戏，指导教学，对幼儿表扬鼓励、做示范等。内容也可能丰富多样，如对幼儿知识的传授、情感的交流、行为的指导和社交能力的培养等。因此，师幼互动从本质上讲，是一个包括发生在多情景中的，具有多种形式、多种内容的互动体系。除此之外，为了更好地把握师幼互动及其本质，需要明确其与师幼关系的关系。一般习惯上将师幼互动当作动态的关系状态和交往过程，而将师幼关系理解为师幼互动的结果和静态关系的体现。这实际上是狭义的师幼互动和师幼关系。广义的师幼关系是指在教育过程中教师和幼儿双方通过交往和相互影响而形成的双边、互动的关系系统，它不仅是师幼互动的结果，还包括师幼关系形成的过程、机制和影响因素等。而广义的师幼互动也不仅仅是师幼双方交往和相互作用的过程，还应包括相互作用的背景、内容、机制和结果等。因此，师幼互动和师幼关系在一定程度上是相互包容和共生的。

二、良好的师幼互动的表现

（一）创设良好的师幼互动心理环境

心理环境作为一种潜意识的教育因素，对幼儿影响可以说十分重要。古人云“亲其师而信其道”，因而让他们在平等、融洽、和谐的人际环境中获得教育和发展就显得尤为重要。教师应在尊重幼儿的基础上与其沟通，和他做朋友，让孩子愿意把心里的东西告诉老师，当然教师还要善于发现幼儿的闪光点。幼儿在情感上是比较脆弱的，对成人的依赖十分严重，教师的评价是他们自我意识形成的重要依据。受到长期师幼互动模式的影响，幼儿发起的互动主要表现为请示或征询许可、展示活动结果、告状，等等，而很少有发表个人见解或与教师共同游戏，更缺少主动提问或替老师做事的机会，而且年龄越小，这种特征越明显。教师有时虽意识到了要给幼儿营造一个宽松和谐的外部氛围，运用正面的方法引导儿童的行为、鼓励儿童尝试新的事物等，但却又因种种原因而听之任之，缺乏参与和指导，教育不能取得良好的效果。

（二）给予幼儿平等的言语权，促进师幼积极互动

在幼儿园教育中，言语的交流是师幼互动的主要途径。幼儿入园以后，环境发生了很大的变化，活动的场景、交际的对象都与在家里不同。在幼儿园的一日生活中，孩子们无时无刻不在与他人进行着互动，由于幼儿所具有的身心各方面的特点，教师一般以言语交流为主，适时辅以非言语交流，会起到较好的互动效果。然而，在幼儿园教育活动中，教师和幼儿所营造的言语场面往往是倾斜的、不对称的，教师在不断的教学中表达自己的思想、自己的言语，而孩子在教师的言语前却缄默了、失语了，也就是说，教师的某些言语限定了孩子的发展。因此教师在对幼儿提出教育要求时，应该多使用平等性的语言，如告诉他们能够做什么、怎样去做，而不是一味地指责他们不能做什么、不应该做什么。要打破教师言语的“霸权”，构建平等的师幼关系，学会倾听幼儿的表达。教师要以平等、尊重以及温和的语气和孩子对话，使他们敢想、敢说、敢探索，保护孩子的个性发展。

另外，教师也可运用适当的体态语与幼儿进行互动。

在幼儿园一日生活中，体态语的合理运用在师幼互动过程中的教育影响作用是不可低估的。幼儿年龄小，最容易受到教师言行的暗示。教师一个赞扬的手势、一个信任的眼神、一个鼓励的微笑、一个温柔的抚摸都能向孩子传递情感，如当幼儿说出一句完整的话，勇敢地做出第一个动作时，教师赞许的目光、鼓励的微笑、肯定的口吻等积极性评价都会使幼儿对自己的能力充满信心，从而更积极主动地参与到活动中去；而面对幼儿破坏纪律或不礼貌的行为时，教师目光中流露出某些严厉的神情，就能使犯了过错的幼儿感到惭愧，促使其改正。

（三）调整角色，换位思考，提高师幼互动质量

《幼儿园教育指导纲要》（以下简称《纲要》）在“组织与实施”中明确提出：“关注幼儿

在活动中的表现和反应，敏感地观察他们的需要，及时以适当的方式应答，形成合作探究式的师幼互动。”

随着《纲要》的贯彻落实，教师的教育观念不断更新，教育行为不断改善，热爱幼儿，尊重幼儿的观念在教育实践中逐步得以落实，基本形成了良好的师幼关系，而且教师们已开始有意识地通过积极的互动提高教育的有效性。教师也不断地在实践中懂得了教师不再是简单的管理者、指挥者或裁决者，更不是机械的灌输者和传授者，而是互动环境的创造者、交往机会的提供者、幼儿发展的支持者。这是一种新型的师幼关系，是老师却不像老师，因为少了老师的架子。这种关系像朋友，可以分享各自的感受和想法；又像妈妈，能给予孩子更多的关爱和照顾。教师要淡化自己的权威，真正站在孩子的角度看待孩子，以一颗童心去理解、读懂孩子的言语与行为，

因此，在幼儿园的一日生活中创设一个良好的师幼互动心理环境，改善教师行为，构建良好的师幼关系，促进教师与幼儿的积极互动是非常重要的。只有在这样新型的师幼互动关系促动下，才能使幼儿得到更好、更全面的发展。

三、教师如何进行有效的师幼互动

《纲要》中对师幼互动提出了明确的要求：“要创设一个能使幼儿感受到接纳、关爱和支持的良好环境”“以关怀、接纳、尊重的态度与幼儿交往。耐心倾听，努力理解幼儿的想法与感受，支持、鼓励他们大胆探索与表达”“关注幼儿在活动中的反应，敏感地察觉他们的需要，及时以适当的方式应答，形成合作探究式互动”。但在现实中，无论是在发起环节，还是在整个互动过程中，幼儿的主体作用远远没有得到足够的重视和落实。

（一）转变教师角色意识，适当调整教育行为

《纲要》中提到的“创造一个自由、宽松的语言交往环境，支持、鼓励、吸引幼儿与教师、同伴或其他人交谈……”“为每个幼儿提供表现自己长处和获得成功的机会，增强其自尊心和自信心”，都充分显示了对安全、愉快、宽松的外部氛围的重视。要形成这种氛围，教师角色的定位是核心问题。教师必须按照求，将自己定位为良好师幼互动环境的创造者，交往机会的提供者，积极师幼互动的组织者和幼儿发展的支持者、帮助者、指导者和促进者。

教师的角色定位直接影响积极师幼互动的建构。在活动中，经常会出现幼儿的反应与教师预设的情形不一致的情况，这时施教者常会感到困惑：是尊重孩子的权利、顺应孩子的需要、及时调整教育行为，构建师幼互动活动，还是强行把他们拉回预定的轨道？我们认为，教师应该在活动中真正关注幼儿，敏感地察觉他们的需要和反应，捕捉他们在活动中发出的有价值的信息，及时调整教育行为。如果能够很好地把握机会和幼儿积极互动，那么活动不仅能满足幼儿的兴趣和需要，同时也能提高教师根据实际情况及时调整教育行为的水平和能力。

所以说，活动中出现问题并不可怕，关键是怎样来解决。教师要把握时机，延迟介入活动，引导幼儿讨论，尝试让他们自己解决问题，通过师幼的共同努力，“形成合作探究式的师幼关系”，达到师幼活动协同。

（二）尊重幼儿，以对话方式建立民主、平等的师幼关系

教师要尊重幼儿，信任、热爱幼儿，在和幼儿平等对话与交流中以认知、情感启迪幼儿。

对话是师幼平等、相互尊重、相互关爱的心灵沟通，是师幼共同寻求真理、相互帮助、相互促进的过程。如：在中班的歌表演《走路》这一活动过程中，让幼儿按自己的意愿选择歌中的角色，随音乐模仿表演。表演两遍后，就有幼儿提出不想扮演歌中的角色："老师，我不想演歌里唱的小动物了！"教师就耐心地问他们："好呀！那你想演什么呀？""我想演小鱼！""我想演大狮子！"……"那它们都是怎么走路呀？"教师和幼儿通过对话讨论这些动物是怎么走路的，然后给幼儿一个小难题："你们说的都很好，可是老师没准备这些动物的头饰，怎么和大家一起表演呢？"幼儿讨论交流后说可以自己画。这样在自由宽松的氛围中，教师鼓励他们边画边交流，为他们在众人面前表演做准备，这样动脑又动手，既激活了思路，又触发了创新活动，让幼儿愉快地创编出歌词。

（三）重视教师和幼儿之间积极、充分的情感交流

教师与幼儿之间积极的情感关系会促进幼儿的自律以及人际关系能力的发展：教师对幼儿的热情、敏感及有回应的互动，有助于幼儿形成一种安全和积极的自我感。师幼间的情感交流以及由此产生的心理氛围是促进师幼积极互动的必要条件，在积极的情感氛围中，无论是教师还是幼儿都更容易产生被支持感，互动动机更强，效果也更好。

和幼儿的有效互动需要和幼儿有心灵上的共鸣，需要教师的言语、行为被幼儿真正地理解、接受、呼应，甚至欣赏。

（四）师幼互动中教师深入、有效的参与能收到很好的效果

只有真正和孩子们玩在一起，才能体验到从未有过的发自内心的快乐，而这种积极、愉快的情绪又进一步激发儿童积极的情绪，从而更有效、积极地互动。在区域活动中，教师应留意观察每个幼儿的兴趣、操作情况、自主性及交往能力，选择恰当的机会参与幼儿的活动，与幼儿共同探索、发现、解决问题，做幼儿的支持者和引导者。

（五）让教师成为促进师幼互动的支点

1．尊重理解幼儿，寻找沟通点，把握兴趣点

每个幼儿都是一本书，一本需要成人不断用心去理解的书。我们只有寻找到通向他们心灵世界的通道，才能建立彼此的信任。要抓住幼儿的兴趣，挖掘有价值的教育内容，与幼儿共同合作学习。《纲要》中也提出教师要善于发现幼儿感兴趣的事物、游戏和偶发事件中所隐含的教育价值，把握时机，积极引导。师幼只有在共同参与与探索、共同提出设想、共同寻找材料、共同寻求答案的互动中，才能迸发出智慧火花，促进情感的交流。在这互动过程中，教师对幼儿是一种滋润式的哺育而不再是倾泻式的灌入。

2．挖掘闪光点，欣赏赞美幼儿

要用欣赏的眼光客观地看待幼儿的行为，每个幼儿都有被认可的欲望，当他们千辛万苦完成自己的活动后，如果老师对他们的活动及其成果表现出惊奇、兴趣、欣赏，甚至由衷的喜悦，那么就是接住了幼儿抛过来的球，以某种方式再还给他们，使他们有继续发展的动力，也有助于幼儿形成良好的自我意识，进而使他们增强创造的勇气和热情。

3．理解幼儿想象，产生师生共鸣现象

在探索活动中，师幼双方往往处于积极的互动状态，有时教师的语言、提供的材料能给幼儿以启发，有时幼儿的观察、想象又能让教师增长见识、大开眼界。

案例分析

安娜·弗洛伊德和索菲·唐（Anna Freud & Sophie Dan，1951）提供的著名报告也证实了这一点：在“二战”期间，有 6 名儿童的父母都被纳粹分子杀害，他们被关在集中营内长到 3 岁（他们在集中营生活了近 2 年的时间，直至被解救）。这期间他们很少得到成人的照顾，他们几乎是彼此相互照顾着长大的，相互之间形成了深厚的、持久的依恋情感。他们在成长的过程中没有一个人有缺陷或是精神病患者，成熟后均成为正常的、有用的社会成员。

第三节 “近朱者赤”——学前儿童的同伴交往

同伴关系（peer relationships）是指年龄相同或相近的儿童之间的一种共同活动并相互协作的关系，或者主要指同龄人间或心理发展水平相当的个体间在交往过程中建立和发展起来的一种人际关系。它是同伴交往的结果；同时，既成的同伴关系又对同伴交往的强度、交往行为的内容、方式和性质产生影响。由此可见，同伴交往和同伴关系是一种共生关系：同伴交往是同伴关系的动态展示，同伴关系是同伴交往的静态表征。同伴关系是人际关系的重要组成部分，它在儿童社会化和身心全面发展过程中起着成人无法替代的独特作用。同伴之间年龄相近，兴趣一致，支配权平等，有一种自由宽松的氛围，幼儿可以充分表现自我、发现自我、肯定自我，心理感受积极而愉悦，对幼儿来说，那才是真正属于他们自己的社会。

一、学前儿童同伴交往的意义

学前儿童的两大人际关系分别是亲子关系和同伴关系。随着年龄的增长，儿童与成人的交往持续减少，而与其他儿童的交往则持续增加（Ellis et al，1981）。同时，日益增多的同伴交往对儿童的社会化进程及发展具有独特、重要的意义。

（一）同伴交往有利于儿童学习社交技能和策略，促进其社会行为向友好、积极的方向发展

1. 同伴交往有助于促进儿童社交技能及策略的获得

儿童与同伴的交往不仅需要自己去引发和维持，而且他从同伴那儿得到的反应远比从父母那得到的反应要模糊和缺乏指导性，因此，儿童必须提高自己的社交技能，使其信号和行为反应更富有表现性，以使交往活动得以顺利进行。由此可见，同伴交往系统比亲子交往系统更能促进儿童社交技能的提高。另一方面，与亲子交往相比，在同伴交往中，儿童更会遇到各种不同的交往场合和情景，要求儿童能根据这些场合与情景性质的不同来确定自己的行为、反应，发展多种社交技能和策略，以适应这种变化。

2. 在同伴交往中，同伴的反馈有助于儿童的社会行为向积极、友好的方向发展

与亲子交往相比较，同伴交往中同伴反馈更真实、自然和即时。儿童积极、友好的行为，如分享、微笑等，能马上引发另一儿童的积极反应，得到肯定性的反馈；而消极、不友好的行为则正好相反，如抢夺、抓人等会马上引发其他儿童的反感，或引起相应的行为。儿童正是在与同伴的交往中通过不断地调整、修正自己的行为方式，掌握、巩固较为适宜的交往方式。

（二）同伴交往是学前儿童积极情感的重要后盾

韦斯（Weiss）提出的社会需求理论假设：个体在与他人不同的关系中寻求特殊的社会支持，不同的类型的关系提供了不同的社会支持功能，满足不同的社会需求。

儿童与儿童之间良好的交往关系，能和良好的亲子关系一样，使儿童产生安全感和归属感，成为儿童的一种情感依赖，对学前儿童具有重要的情感支持作用。如在陌生的实验室中，一些 4 岁的儿童与其同伴在一起，而另一些则独自玩耍。结果发现：前者比后者更容易安静地、积极主动地探索周围环境、玩玩具，或做操作练习。在日常生活中，我们也可以观察到，学前儿童在与同伴交往时经常表现出更多的、更明显的愉快、兴奋和无拘无束的交谈，而且能更放松、更自主地投入各种活动中。

同伴关系良好的幼儿往往感到很愉快，反之，则会产生消极的情感体验。

（三）同伴交往能促进学前儿童认知能力的发展

不同的孩子有各自不同的生活经验和认知基础，他们在共同的活动中也会做出各不相同的具体表现（同样的玩具也可能玩出不一样的花样），这种由不同个体组成的集体能够对儿童产生教育性的影响，虽然儿童很少得到自己小伙伴的“教导”，但是他们是通过观察“更有能力”的伙伴的所作所为来学习的。因此同伴交往为儿童提供了分享知识经验、相互模仿、学习的重要机会。

同伴交往也为儿童提供了大量的同伴交流、直接教导、协商讨论的机会，儿童常在一起探索物体的多种用途或问题的多种解决方式。这些都非常有助于儿童扩展知识，丰富认知，发展自己的思考、操作和解决问题的能力。

（四）同伴交往有助于儿童自我概念和人格的发展

詹姆斯在其自我理论中，特别强调了社会关系的重要性。他相信，我们具有被我们自己所关注、被我们自己的同类所赞赏的本能倾向。当自己没有受到或没有受到太多他人的关注时，可能会对自己的价值产生疑问。我们是“通过他人的眼睛看自己”的，在社会互动中，人们获得了自己怎样被他人所知觉的信息，这种信息用以形成自我的基础。

儿童也是一样的，儿童通过与同伴的比较进行自我认知。同伴的行为和活动就像一面“镜子”，为儿童提供自我评价的参照，使儿童能够通过对照更好地认识自己，对自身的能力做出判断。

良好的同伴关系可以促进人格的健康发展，甚至在儿童处于不利的发展状况下，可以抵消不良环境对其发展的影响。对离群索居的猴子进行的研究表明：伙伴间的接触可以抵消亲子关系中对儿童的某些不利因素。研究发现，尽管幼猴被剥夺了受母猴照料的机会，但只要他们在“幼年”同其他的幼猴有充分接触和玩耍的机会，它们的发育就是正常的。早期的同伴关系不良将导致儿童短期或长期的社会适应困难。来自灵长类动物的实验研究和人类的相关研究支持了这一假设。

另外，儿童在早期同伴交往中获得的经验对塑造其个性、价值观及人生态度都有独特的、重要的影响。

二、学前儿童同伴交往的发生发展

（一）学前儿童同伴交往的发生

婴儿很早就能够对同伴的出现和行为做出反应。大约 2 个月时，婴儿能注视同伴；3～4 个月时，婴儿能够相互触摸和观望；6 个月时，他们能彼此微笑和发出“咿呀”的声音。6 个月以前的婴儿的这些反应并不具有真正的社会性质，因为这时的婴儿可能把同伴当作物体或活的玩具（如抓对方的头发、鼻子），不能主动追寻或期待从另一个婴儿那里得到相应的社会反应。这时的行为往往是单向的，缺乏互惠性。直到出生半年后，真正具有社会性的相互作用才开始出现。

（二）学前儿童同伴交往的发展

学前儿童的同伴交往最初只是集中在玩具或物体上，而不是儿童本身（如儿童 A 拿了一个玩具给儿童 B，儿童 B 只是用手触摸或抓过这个玩具而并不用眼睛看着对方，这个过程就结束了）。婴儿在出生的头一年中出现了几种重要的社会性行为和技能：

① 有意地指向同伴，向同伴微笑、皱眉以及使用手势（Hay，1982）。

② 能够仔细观察同伴，这标志着婴儿对社会性交往有着明显的兴趣（Eckerman，1979）。

③ 经常以相同的方式对游戏伙伴的行为做出反应（Mueller & Brenner，1977）。

出生后的第二年，随着身体运动能力和言语能力的发展，儿童的社会性交往变得越来越复杂，交往的回合也越来越长（Bronson，1981；Eckerman & Stein，1990；Ross & Conant，1992）。Ross（1982）的研究表明：1～2 岁儿童的游戏中包括了大量的、模式化的社会性交往。比如眼神上的相互交流，指向他人的行为以及轮流行为的出现，等等。1～2 岁儿童游戏时最显著的特征就是相互模仿对方的动作。这种相互模仿不仅意味着某个孩子对同伴感兴趣、愿意模仿同伴的行为，而且也意味着这个孩子知道他的同伴对他是有兴趣的（即知道被模仿）。这种相互模仿的行为的数量在出生后的第二年快速增加，为今后出现包含假装的合作性交往提供了基础（Howes，1992）。

2 岁以后，儿童与同伴交往的最主要形式是游戏。最初他们交往的目的主要是获取玩具或寻求帮助，随着年龄的增长，幼儿交往的目的也越来越倾向于同伴本身，即他们是为了引起同伴的注意，或者为使同伴与自己合作、交流而发出交往的信号。

三、幼儿同伴交往的类型

（一）帕顿的研究

对学前期儿童社会交往的经典研究是帕顿（1932）对 40 个孩子所进行的游戏观察研究。她提出了六种类型的社会性参与活动，代表着儿童发展的不同水平。按照儿童的发展水平，这六种类型依次为无所事事、旁观、独自游戏、平行游戏、协同游戏和合作游戏。帕顿的研究数据表明：在 2～5 岁，协同、合作游戏的数量在上升，而独自游戏、旁观和无所事事的行为在下降。

（二）庞丽娟的研究

1. 同伴交往类型的研究方法

研究儿童的同伴交往类型，主要用“同伴现场提名法”，也就是通过同伴对儿童的提名情况，了解某一儿童在同伴社交中的地位。在儿童集体活动的现场，挑选一处既能使儿童看到班上所有同伴，又不至于使儿童为别人所干扰、分心的地方，逐个向每一幼儿提问：“你最喜欢班上哪三个小朋友？”（正提名）和“你最不喜欢班上哪三个小朋友？”（负提名）详细记录幼儿的提名情况。如果某一幼儿被提名为“最喜欢的小朋友”，他就被在正提名上记 1 分；相反，如果被提名为“最不喜欢的小朋友”，则就在负提名上记 1 分。综合全班儿童的回答，便可以得出每个儿童的正、负提名总分。据此便可以判断某个儿童被同伴接纳的程度，从而判断其同伴交往的类型。

2. 同伴交往的类型

采用上述方法对儿童的同伴交往类型进行研究，结果表明，儿童的社交地位已经分化，主要有受欢迎型、被拒绝型、被忽视型和一般型。四种类型的基本特征如下：

（1）受欢迎型。

受欢迎型儿童喜欢与人交往，在交往中积极主动，且常常表现出友好、积极的交往行为，因而受到大多数同伴的接纳、喜爱，在同伴中享有较高的地位，具有较强的影响力。从同伴提名分上看，他们的正提名分很高而负提名分很低。

（2）被拒绝型。

被拒绝型儿童和受欢迎型儿童一样，喜欢交往，在交往中活跃、主动，但常常采取不友好的交往方式，如强行加入其他小朋友的活动、抢夺玩具、大声叫喊、推打小朋友等，攻击性行为较多，友好行为较少，因而常常被多数幼儿所排斥、拒绝，在同伴中地位低、关系紧张。从同伴提名分上看，他们一般正提名分很低而负提名分很高。

（3）被忽视型。

与前两类儿童不同的是，这类儿童不喜欢交往，他们常常独处或一人活动，在交往中表现得退缩或畏缩，他们既很少对同伴做出友好、合作的行为，也很少表现出不友好、侵犯性行为，因此既没有多少同伴主动喜欢他们，也没有多少同伴主动排斥他们，他们在同伴心目中似乎是不存在的，被大多数同伴所忽视和冷落。这类儿童的正、负提名分都很低。

（4）一般型。

这类儿童在同伴交往中行为表现一般，既不是特别主动、友好，也不是特别不主动或不友好；同伴有的喜欢他们，有的不喜欢他们，他们既非为同伴特别地喜爱、接纳，也非为同伴特别地忽视、拒绝，因而在同伴心目中的地位一般。从提名分上看，这类儿童的正、负提名分都有，两者都处于居中的水平。

上述四种同伴交往类型，在儿童群体中的分布是各不相同的。其中，受欢迎型约占 13.33%，被拒绝型约占 14.31%，被忽视型约占 19.41%，一般型约占 52.94%。

从发展的角度看，在 4～6 岁，随儿童年龄增长，受欢迎型人数呈增多趋势，而被拒绝型、被忽视型人数呈减少趋势。

在性别维度上，以上四种类型的分布也是很有意思的。在受欢迎型儿童中，女孩明显多于男孩；在被拒绝型儿童中，男孩显著地多于女孩；而在被忽视型儿童中，女孩多于男孩，但男孩也有一定的比例。

四、同伴交往的影响因素

儿童的交往过程可谓千姿百态，有的儿童是被同伴接纳的，有的却是被同伴排斥的；有的儿童是居中心地位的，有的则是处于边缘地带的。这反映了儿童在交往活动中个体所扮演的角色不同，他们各自获得的体验也是不同的。研究同伴关系良好或是同伴关系障碍形成的原因，对于预测儿童未来的社会适应能力和心理健康状况具有重要的意义。

（一）早期亲子交往的经验

亲子关系对今后的同伴关系有预告和定型的作用，而最近一些观点则认为二者是相互影响的。

儿童在与父母的交往过程中不但实际练习着社交方式，而且发现自己的行为可以引起父母的反应，由此可以获得一种最初的“自我肯定”的概念。这种概念是儿童将来自信心和自尊感的基础，也是其与同伴交往积极、健康发展的先决条件之一。再有，不少心理学研究指出，婴儿最初的同伴交往行为，几乎都是来自更早些的与父母的交往。比如婴儿第一次对成人微笑和发声之后的 2 个月，在同伴交往中才开始出现相同的行为。

父母的作用体现在三个方面。其一，为孩子彼此间的接触提供便利的条件。有时孩子们居住的地方相隔较远，或是被高层楼房包围着，他们的往来很少，这时父母就必须扮演“经纪人”的角色来为孩子安排一些社会活动，如在家里做游戏活动，带孩子外出游玩，为他们提供与同龄人接触的机会。如果父母经常安排一些同龄孩子之间的娱乐活动，那孩子也会有更多的小伙伴，并会比其他孩子表现出更多的亲社会行为。其二，通过提供建议和指导影响孩子的社会交往。父母如果对儿童使用的言语是积极而且礼貌的（像“请”“能不能……”之类的语言而不是“不要”“不，你不能……”），那么，他们的孩子表现出的攻击行为就少得多，而且更容易获取影响同伴行为的能力。同时，父母对儿童如何解决同龄交往中的问题的指导，比如如何加入其他儿童的游戏中，与学龄前儿童的社会交往能力和同龄人的接受程度也有密切的关系。其三，父母自身的不同风格对儿童社会化的影响。亲子之间游戏的身体接触的亲密程度对儿童早期的同龄关系有着密切的影响。相互之间的协作以及经常进行积极的情感交流能培养儿童良好的社会交往技能和同龄关系；而父母对儿童的高度控制、冲突不断、教养方式前后不一致以及消极的情感会导致儿童出现攻击行为、交往障碍以及孤独感。

所以，根据哈杜普（1985）的研究，父母在儿童的社会能力和性质积极的同伴关系的发展中至少起到三个作用：第一，亲子交往是一种环境，在这个环境中许多社会交往所必需的能力得到了发展。第二，亲子关系构建了一个安全网络，使得儿童可以自由地研究社会，从而促进了社会能力的发展。第三，正是在亲子关系中，儿童开始发展跟他人主动建立关系的预期和推断。

（二）儿童自身的特征

儿童自身的特征一方面制约着同伴对他们的态度和接纳程度，另一方面也决定着他们自身在交往中的行为方式。首先，性别、长相、年龄等生理因素，以及姓名，影响着儿童被同伴选择和接纳的程度。其次，儿童的气质、情感、能力、性格等个性、情感特征，影响着他们对同伴的态度和交往中的行为特征，由此影响同伴对他们的反应和其在同伴中的关系类型。

对儿童同伴交往关系影响最大的是其在交往中的积极主动性、交往行为及交往技能。

1. 行为特征

行为特征是儿童社会能力的重要体现。儿童个体之所以交往成败不同、社交地位各异，主要是因为这些儿童具有明显不同的行为特征。通过社会测量技术，可以发现儿童有着各自不同的行为表现（见表 10–1）。

表 10–1　受欢迎型儿童、被拒绝型儿童和被忽视型儿童的行为特征

受欢迎型儿童	被拒绝型儿童	被忽视型儿童
积极、快乐的性情	许多破坏行为	害羞
外表吸引人	好争论和反社会的	攻击少 对他人的攻击表现退缩
有许多双向交往	极度活跃	反社会行为少
高水平的合作游戏	说话过多	不敢自我表现
愿意分享	反复，试图接近	许多单独活动
能坚持交往	合作游戏少，不愿分享	逃避双向交往，花较多时间和群体在一起
被看作好领导	许多单独活动	
缺乏攻击性	不适当的行为	

由表 10–1 可以看出，受欢迎型的儿童是因为他们具有外向的、友好的人格特征，他们擅长双向交往和群体交往，而且在活动中没有明显的攻击行为。被拒绝型的儿童在同伴交往中是比较笨拙的和不明智的，经常表现出许多攻击性，甚至是反社会行为。虽然他们也尝试着加入群体活动中，但总是由于他们令人讨厌的特征而被人拒之门外。被忽视型的儿童在同伴交往中的行为是笨拙的，他们往往逃避双向交往，而将更多时间花在更大的群体中。但是，由于他们害羞，他们中大多数都自己玩，很少见到他们表现自己或对他人显示攻击行为。

谢弗（1997）认为，如果一个儿童被看作破坏行为和麻烦的制造者的话，他的同伴将会拒绝他，那么这个儿童便不能形成正常交往的社会技能。而为了引起别人的注意或清除自己行动的障碍，这个儿童就会作出一种更具破坏性、更使人厌烦的行为，制造各种麻烦，如不愿分享与合作、活动过度、话多等，以此作为加入群体活动的方式。

拉德等人（Ladd，et al.，1988）对 3～4 岁的学前儿童追踪研究到学龄期，在这个过程中，他们对儿童的社会行为和社交地位分别进行了三次评定。研究发现，在合作方面存在着相当稳定的个体差异，而且这种差异预示了儿童以后不同的社交地位。早期的争吵行为在长时间内虽然不太稳定，但是也预示了以后的社会接纳性。这些结果表明，最初被看作会合作的儿童往往受人喜欢，而好争吵的儿童，即使他们以后改变了这种行为，也往往被拒绝。同样，被忽视型的儿童也可能因为他们被忽视的社交地位而变得害羞和孤单。

2. 认知能力

前面我们讨论了儿童交往策略的问题，儿童解决社交问题的策略是儿童社会认知能力的一种综合反映，而儿童的社会认知能力又与其社交地位有着密切的关系。

在美国和中国台湾的一些对学龄前儿童游戏的研究中，研究者们对儿童在非社会活动、

平行游戏和合作游戏中的认知发展作了分析，得到的结果见表10–2。研究表明，随着儿童认知的发展，儿童游戏的复杂性和规则性逐步加强，合作性的要求也不断提高。

表10–2　不同类型游戏中的认知发展

游戏类型	最常见的年龄	定　义	举　例
功能性游戏	1～2岁	有意识或无意识的简单、重复的机械动作	在房间里绕圈跑、把玩具汽车推来推去、玩泥巴
建设性游戏	3～6岁	制造或建造物体	用积木搭房子、画画、拼图
角色扮演游戏	3～7岁	演绎日常生活场景或想象的角色	演绎家庭、学校或警察局的场景，扮演神话或卡通片里的角色
有规则的游戏	6～11岁	在理解并遵循规则的前提下进行游戏	棋、打牌、跳房子、打棒球

周宗奎、林崇德（1998）以访谈法考察不同年级和不同社交地位的小学儿童解决社交问题的策略，并结合社交问题的不同情境，考察了问题情境与解决策略之间的关系。他们假设：受欢迎型儿童提出的社交策略较不受欢迎的儿童所提出的社交策略更有效、更恰当，其策略类型也会有所不同，并且随着年龄的增长，儿童社交策略的恰当性和有效性也会有一定的提高。其研究结果证实了不同社交地位的儿童在人际问题解决策略上确有差异。被拒绝型儿童更多地借助于第三方面来发动交往，表现出更高的依赖性。被忽视型儿童发动交往的有效性最低。

国外的有关研究得出了一致的结论：不受欢迎的儿童在发动交往时比受欢迎型儿童有更多的困难。被拒绝型儿童解决冲突的策略最不恰当，而高社交地位儿童比低社交地位儿童能更好地解决冲突。

不同的社会认知能力在一定程度上决定了不同的社交地位，并且也支配着不同的社会技能。受欢迎型儿童大都倾向于成为优秀的社会问题的处理者、有效的协调者和对他人的支持者（Erwin，1993）；被拒绝型儿童对同伴表现出更多的敌意、批评，更容易活动过度和过分离群，而且有强烈的孤独感；被忽视型儿童更多地参加一些认知不成熟的游戏和进行更多的以自我为中心的言语行为。这些儿童在遇到具体的社交情境时，表现出了很大的差异：受欢迎型儿童会很自信地提出欲参加活动的要求，主动开始与群体中其他人交流，体现了良好的社交能力；被拒绝型儿童则在群体附近徘徊，或者以一种破坏性的手段比如硬抢某东西强行加入；而被忽视型儿童则干脆呆呆地站在一边观望。

3. 身体吸引力

有关儿童感知觉发展特点的研究为我们描述了“视觉偏好”，即对面部特征的偏好，这种现象出现得很早。3～6个月的婴儿对于以成人眼光来看是漂亮的面孔注视的时间要远长于不漂亮的面孔，无论这张面孔的主人的年龄、种族和性别如何。到了1岁时，婴儿就已经能“以貌取人”了，对那些有漂亮面孔的人，他们有更多积极的反应，更容易被逗乐，而且更少表示拒绝，而对于相貌平平的人则恰好相反。

在5岁以前，有吸引力的儿童和无吸引力的儿童之间的行为差异很小，但到5岁后，无吸引力的儿童的攻击行为多于有吸引力的儿童，且反应的方式更消极，他们之所以不受欢迎可能是由这种行为导致的。

（三）活动材料和活动性质

活动材料，特别是玩具，是学前儿童同伴交往中的一个不可忽视的影响因素，尤其是婴儿期到幼儿初期，儿童之间的交往大多围绕玩具而发生。

玩具对儿童同伴交往的影响还体现在玩具的不同数量和特征能引起儿童之间不同的交往行为上。在没有玩具，或有少量小玩具的条件下，儿童之间经常发生争抢、攻击等消极的交往行为；而在有大玩具，如滑梯、攀登架、中型积木等的条件下，儿童之间倾向于发生轮流、分享、合作等积极、友好的交往行为。

活动性质对同伴交往的影响主要体现在，在自由游戏情境下，不同社交类型的幼儿表现出交往行为上的巨大差异，而在有一定任务的情境下，如在表演游戏或集体活动中，即使是不受同伴欢迎的儿童，也能与同伴进行一定的配合、协作，因为活动情境本身已规定了同伴间的合作关系，对其行为提出了许多制约。

玩具在儿童的生活中扮演着重要的角色。研究发现，儿童的活动空间过小或者没有足够数量的玩具，儿童之间的打架和吵嘴的现象就会更容易发生（Smith & Connolly，1980）。儿童同伴行为的类型也会因所提供的玩具不同而异。艺术、建筑类的玩具，积木和拼图，往往和独立游戏以及平行游戏有关；开放性的、非构造类的玩具则与合作性游戏有关。

儿童喜欢看电视，无论在哪个国家，这几乎是一个普遍的现象。虽然电视节目大受欢迎，但我们仍然有必要来关注电视对儿童的影响。较长时间看电视，使得儿童的活动范围变小了，与周围客体交互作用的机会减少了，这种单向的灌输形式，一定程度上阻碍了儿童的思维活动，并且容易形成刻板的、模式化的行为方式。同时，越来越多的研究表明，观看暴力电视节目与青少年的反社会行为有关。

在一项特殊研究中，研究者们对加拿大一个小镇上的居民进行了研究。这个小镇的居民以前没有收看过电视节目，研究者们让他们连续两年收看电视节目，然后和以前的情况进行比较。结果发现，学龄阶段的儿童在收看电视节目两年以后表现出了阅读能力和创造思维能力的衰退，而其性别意识以及游戏中语言和身体上的攻击现象则有所上升。此外，由于收看电视节目，青少年参加社区活动的时间急剧下降（Williams，1986）。

1999 年美国儿科学会（American Academy Pediatrics，AAP）通过一项指导性意见，认为 2 岁以下的孩子不应该看电视，而任何孩子的房间里都不该放有电视机。该学会公共教育委员会成员里希博士认为："也许这条意见的措辞还应该再强烈一些，最好让孩子最大限度地自由活动，最大限度地互相游戏以及最大限度地和父母面对面交流。"（余苗：《屏幕前长大的一代美国儿童》，载《华盛顿观察》（*Washington Observer Weekly*），2003 年 11 月 12 日）。

当然，电视的负面效应并不是电视媒体天生就有的，相反，这些负面效应是由于社会对媒体的使用不当，或者是家长本身的原因造成的。所以，与其说关注电视对儿童的影响问题，还不如说应当关注媒体宣传的适宜性及家长调控的有效性问题。

（四）教师的影响

一个儿童在教师心目中的地位如何，会间接地影响到同伴对这个儿童的评价。米勒等人（Miller & Gentry，1980）回顾了几项相关研究发现，教师对一个儿童特征和价值的认可程度会通过一种复杂的方式影响着其他儿童对这个儿童的接纳性。社会心理学家认为，在同伴群体中的评价标准出现之前，教师是影响儿童最有力的人物。因此，作为教师，在教育过程中必须注意自己的言行对儿童的影响。

知识拓展

父母控制儿童看电视的措施

父母控制儿童看电视的措施见表 10–3。

表 10–3　父母的招数——控制儿童看电视的措施

措　施	内　容
限制对电视的收看	不要将电视当作保姆来用，对孩子收看电视作严格的规定，如每天只允许看 1 个小时的电视，并规定其节目内容，要求孩子严格遵守规定
禁止将允许不允许看电视作为对孩子的奖赏或惩罚	不要将允许不允许看电视作为对孩子的奖赏或者惩罚，这样只会增加孩子对电视的兴趣
鼓励孩子收看有意义的节目	鼓励孩子收看一些对儿童发展有益的、知识性的以及亲社会的电视节目
就电视内容对孩子进行解释	尽可能地与孩子一起观看电视，帮助他们理解他们所看到的。如果你对电视中的行为表示不赞同，可就电视内容的真实性进行提问，并鼓励孩子就此进行讨论，这样能教育孩子正确地评价电视节目内容，而不是随便地接受
将节目内容与孩子每天的学习联系起来	以建设性的态度来利用电视，鼓励孩子离开电视屏幕而多参与实际的活动，如在看一个与动物有关的节目后就可以带孩子到动物园参观，或者到图书馆查阅相关的书籍，或者让孩子用新的方法来观察和照料家里的宠物
以良好的收视习惯为孩子作示范	避免自己过度收看电视，尤其是暴力的节目，父母收看电视的方式往往会影响孩子的收视习惯
使用权威型的家庭教养方式	关注孩子因成长需要而表现出的一些热烈而合理的要求，这些孩子就会更喜欢亲社会的电视节目而不是暴力的节目

【议一议】

1. 与亲子关系相比，儿童的同伴关系有什么特殊的心理价值？

2. 3 岁的佳佳一直由外祖母带着，从来没有与同龄人玩耍的经历。他的父母不知道是不是应该刻意安排他与小朋友一块游戏。你能对佳佳的父母提出什么样的建议？根据何在？

3. 有人认为电视几乎是儿童的玩伴，有许多东西儿童还是从电视中学到的，所以电视可以替代成人的陪伴，你同意这样的观点吗？为什么？

4. 迈迪在幼儿园里喜欢一个人画画、玩拼图游戏、看书，他很少与小朋友一起玩耍。杰旭同样是个孤僻的孩子，但他大部分时间总是徘徊在教室周围，心事重重地看着同伴们玩游戏却又止步不前。那么，哪个孩子更有可能形成消极的社会交往倾向呢？被忽视型儿童社会交往状况如何？

【讲一讲】

规矩大于宠爱，身教重于言教：德国人的严谨从何而来？答案是：教育。也许你想不到，其实对德国妈妈来说，与其喊破嗓子，不如做出样子。在她们的心中规矩大于宠爱，身教重于言教。看看德国妈妈岗位说明书上的62条德式教养规则，想不到吧，还有这类说明书。那么里面都是些什么内容呢？不妨一起看看吧！教育真的要从小抓起，从娃娃抓起。

一、德国妈妈岗位关键问题与对策

Q1：孩子丢三落四怎么办？

→德国妈妈三不曲：不提醒、不帮忙、不管他!

Q2：孩子花钱如流水怎么办？

→给孩子的礼物——对账本！多花的钱，就扣回来！告诉孩子：多花的每一分钱都是父母的。

Q3：孩子不好好吃饭怎么办？

→德国妈妈的饥饿教育：不好好吃饭，就得挨饿!

Q4：小孩抢玩具怎么办？

→先到者先得，不然都别玩！告诉孩子：社会没有绝对的公平，只有规则与秩序。

Q5：孩子拖拖拉拉就是不睡觉怎么办？

→说定时间，绝不妥协！父母破坏规则，孩子就会轻视规则。

Q6：我的孩子恋爱了怎么办？

→德国妈妈尊重孩子的爱情，因为学习爱与被爱是一种可贵的能力。

二、德国妈妈岗位的十条行为准则

铁规则1：不要多帮孩子做，而是多让孩子做。

铁规则2：孩子有十个缺点，父母要为其中五个负责。

铁规则3：教养孩子，父母必须以身作则。

铁规则4：告诉孩子：跌倒了，自己站起来。

铁规则5：不要在孩子心里埋下暴力的种子。

铁规则6：学习如何争辩，是成长的第一步。

铁规则7：学习爱与被爱是一种可贵的能力。

铁规则8：让孩子在碰撞中成长，而不是在呵护中长大。

铁规则9：不以自己的经验取代孩子的感受。

铁规则10：告诉孩子：社会没有绝对公平，只有规则与秩序。

三、德国妈妈的八大岗位任务以及应对细则

（一）岗位任务1：能力大于成绩

让孩子成为独立、完整的个体：孩子不是父母的附属品，更不是父母未完成梦想的接力者。想要教育好孩子，首先应该把孩子当成一个独立的个体、一个完整的人来看待。

规则1：孩子像花，也像大树，需要呵护，更要历练。死知识和活能力都是学习。

规则2：既要学业好，更要能力强，宠物是最好的老师——教会孩子热爱生命，付出爱心和动物相处就是一种学习。

规则3：从小能和动物相处，长大就能和他人相处，拥有柔软的心，关怀弱势者，照顾比自己弱小的生命。善良比金子更可贵。

规则 4：为故事设计不同的结局，训练逻辑思辨能力，动脑筋就能克服困难、解决难题。

规则 5：从餐桌上学礼貌，随时随地教育，培养孩子的礼仪。

规则 6：放手，是学习独立的第一堂课。自己能够完成，就不接受他人帮助。

规则 7：不要多帮孩子做，而是多让孩子做。

规则 8：环保，不只是口号。就从生活做起，让孩子从小知道爱护环境、保护自然环保。

规则 9：相信孩子的感受与判断力，不以自己的经验取代孩子的感受。

（二）岗位任务 2：身教重于言教

以身作则是对孩子最好的教育：关于亲子教育，有一句话说得非常好：与其喊破嗓子，不如做出样子。父母要求孩子做到的，自己必须先做到，否则就无权要求孩子这样去做。

规则 10：再怎么富裕，都要避免浪费。告诉孩子：不必要的花费就是浪费，几块钱也是浪费。

规则 11：阅读是孩子形成独立人格的基础。

规则 12：跌倒了，自己站起来。负责的第一步——告诉孩子：这是你的责任。孩子出了问题，自己要负责。

规则 13：以身作则：守规矩，从过马路做起，闯红灯是小事吗？再小的事都要以身作则。父母坐得直，孩子就行得正。

规则 14：一分或一秒都算迟到，德国妈妈这样教守时。迟到一分钟，也要向孩子道歉。为了孩子，父母必须做到守时。

规则 15：说到做到。对孩子守信，可不是随便说说。“妈妈，你说话不算话……”父母说话算数，孩子才会守信。

规则 16：成为图书馆的常客——阅读是最浪漫的教养，为孩子打开知识的大门。

规则 17：家里弥漫美妙音乐，是让孩子喜欢音乐最好的方式，是潜移默化的音乐教育。父母喜欢，孩子就会喜欢。

规则 18：家庭气氛和谐，才能教出性格平和的孩子，不要在孩子心里埋下暴力的种子。

（三）岗位任务 3：尊重优于权威

不贬抑、不纵容，让孩子自然成长：望子成龙是所有父母的共同心愿，然而许多父母将自己的想法强加在孩子身上，不分场合地教训孩子，全然不顾孩子的自尊心是否受到伤害。

规则 19：爱无敌。爱孩子就让他知道，他不是捡来的……妈妈爱我吗？爱要大声说出来，让孩子知道。

规则 20：居高临下、大声训斥、缺乏耐心，只会让孩子充满压力。将孩子视为个体，平等对待、相互尊重。

规则 21：不干涉、多鼓励，让孩子自主学习。

规则 22：即使孩子犯错，也不能随便训斥，孩子也有尊严，不是孩子不成器，是教育出了问题。

规则 23：鼓励孩子与大人争辩。

规则 24：尊重孩子的发言权，理解孩子的想法，对孩子说话时，要半蹲、眼睛相互对视。

规则 25：应该给孩子的是爱，而不是伤害，爱与被爱是最可贵的能力。

规则 26：尊重孩子的爱情。

规则 27：缺少体罚的教育，是不完整的教育。

（四）岗位任务 4：吃苦好过吃补

适度磨难，是对孩子最好的锻炼：和其他国家的孩子相比，德国孩子的抗挫折能力是出了名的强。德国的父母是如何培养孩子的抗挫折能力的呢？磨难营是他们的法宝之一——让孩子参加一些近乎残酷的训练活动。或许你觉得这么做很残忍，德国父母却认为这是对孩子的爱。因为，爱孩子，就要让孩子懂得坚强。

规则 28：让孩子在碰撞中成长，而不是在呵护中长大，磨炼孩子非凡的勇气和胆量，他才能保护自己。

规则 29：不让孩子做家事，是害而不是爱。让孩子体会天下没有不劳而获的事。

规则 30：让孩子了解社会的黑暗面，学会自我保护。

规则 31：德国人的饥饿教育：不好好吃饭，就得挨饿。

规则 32：给孩子的成人礼：尝试一个人旅行。

规则 33：孩子有十个缺点，父母要为其中五个负责，肯定孩子的优点，也别忘了检讨缺点。

规则 34：让孩子多吃点苦，长大后就不会受苦。

规则 35：少量的衣物能保暖，大量的衣物是负担。

（五）岗位任务 5：规则大于宠爱

宽容而不纵容，建立规则比说教更有效：如何才能有效地教育孩子？许多父母的做法是不断地说教，但是聪明的德国父母会为孩子立下规矩，从小让孩子建立规则意识。他们会和孩子协商，制定一些规则，并且要求孩子遵守这些规则。

规则 36：定了规则，就要坚持下去，让孩子按照协议行事，才是关键!

规则 37：孩子自己能做的，家长不要帮忙。

规则 38：父母言行一致，孩子才会遵守规则。对待孩子有两个原则：事先约法三章，事后毫不妥协。

规则 39：建立“能与不能、可以与不可以”的概念。

规则 40：社会没有绝对的公平，只有规则与秩序。

规则 41：父母破坏规则，孩子就会轻视规则。

规则 42：礼貌不是与生俱来，而是后天培养的，没有人会因为表现得有礼貌而出错。

（六）岗位任务 6：放养优于圈养

这个不行、那个不准，怎么教出好孩子？在父母的眼中，每个孩子都是一粒种子，并且必然成为一棵大树。而在长成大树的过程中，园丁一定要付出巨大的努力，例如培养孩子的自理能力、培养孩子的好性格与好习惯、给予孩子鼓励、培养孩子的自我及主动争取表现的精神等。

规则 43：教育孩子独立，不能舍不得。

规则 44：培养好习惯，就能培养好性格，从小教起，从小事入手。

规则 45：告诉孩子，不要斤斤计较、钻牛角尖，教孩子学会原谅、宽容待人。到底谁对谁错呢？“原谅”就是解答。

规则 46：十分是进步，一分也是进步，孩子，你不笨，只是还没有学会而已。

规则 47：鼓励和肯定是成长必需的雨露和阳光，培养自我意识，教孩子做自己的主人!

规则 48：如果孩子大声说“不”，应该为他开心，鼓励孩子，敢于表达自己的想法，勇于拒绝大人的要求。

规则 49：不要将不谦虚与表现自我混为一谈，让孩子学会表现自我、传达热情，教孩子敢于站出来、唱出来、说出来。

（七）岗位任务 7：自由大于限制

给孩子独立空间，发展才会无限大：在德国父母的眼中，每个孩子都是独立的个体，他们既不附属于家长，也不依赖家长，他们有自己独立的空间，也具备独立的思维。所以，德国的孩子多以自我独立发展为成长目标。而身为父母，只要给予孩子自由的空间即可。

规则 50：看到自己孩子的特点，也要看到别人孩子的特点。切记，每个孩子都是独一无二的，将两个孩子的优缺点做比较，会让孩子失去自我。

规则 51：不要把孩子的缺点与其他孩子的优点相比，贬低孩子会让孩子的自信归零!不要贬低孩子，而是要鼓励孩子向他人学习。

规则 52：避开父母主导的教育方式，避免比较式的教育方法，顺着个性养，孩子也要因材施教，不同的孩子需要不同的教育方案。

规则 53：多给孩子自由空间，让他们学会对自己负责。家长偷看孩子的日记，等于侵犯孩子的自由!亲近大自然，放养的孩子，眼界更开阔!

规则 54：孩子要放养，不要圈养。

规则 55：做决定前要思考，做决定后要负责，让孩子自己做决定、自己负责，让孩子自己做主，培养他的主见。

（八）岗位任务 8：自制甚于控制

从小建立理财观，教会孩子存第一桶金：德国人富有，但是绝对不奢侈，所以德国每年的平均消费都不会很高，这主要得益于德国父母从小对孩子进行理财教育。在这样的教育下，德国孩子从小就养成了非常好的理财习惯：不乱花零用钱、随时去银行存钱，即便玩游戏的时候也很节省。

规则 56：与其多给钱，不如学会如何用钱。

规则 57：去二手市场体验，让孩子学习交易常识，举办儿童旧货市场，让孩子体验买卖过程。

规则 58：在游戏时浪费，现实生活中也会浪费。“你知道一枚导弹的价格是多少吗？”玩游戏也要抓机会教育!

规则 59：拥有自己的账户，存自己的零用钱，为孩子开立银行账户，让孩子从小学会理财。发红包与对账本的理财观：教育孩子记账力量大!

规则 60：让孩子知道，多花的钱是属于父母的。

规则 61：买东西前要想清楚，钱花完了不能再要，带孩子去银行存钱，感受储蓄的氛围，学习控制欲望。告诉孩子：花每一分钱都要考虑!乱花钱是欲望的放纵!

规则 62：小时候乱花钱，长大就不懂得节俭，带孩子去银行，关键不是存多少钱，而是拥有储蓄意识。

【读一读】

有其母必有其子，看完你就知道这句话有多重要了。

在中国大多数家庭由母亲承担教育孩子的主要责任的模式下，这个命题不无道理。需要提醒各位父母的是：家庭教育中父爱的缺失，并不利于孩子的全面发展，与父亲疏远或者隔绝的孩子，特别是男孩子，往往缺乏性格中的坚毅，而多了几分奶气。

一个家庭，哪怕穷得家徒四壁，只要有一个善良、节俭、乐观和整洁的女人在料理，这样的家庭仍是心灵的圣堂与快乐力量的源泉。

母亲为社会贡献的最主要的产品就是孩子，除了自发的爱以外，母亲必须学习教育的艺术，否则，任何教育改革都将是徒劳的。

母亲的形象自始至终都会影响每一个人的人生，也许很多人不会认真地思考和承认这一点，但是这确实是一个不能否认的真理！

一个人从小到大，只要他（她）的母亲伴随着他（她）的成长历程，母亲的一切，包括母亲的形象、母亲的做人原则、母亲的思想……都会在不知不觉中始终影响着他（她）。

一、坚强的母亲教会孩子在困难面前不怯懦

在人们的传统观念中女人是柔弱的代表，似乎只有男人才能配得上“坚强”二字。其实在现实生活中，也有很多遇到困难不低头，一直坚持下去的的女人，她们甚至在有些方面比男人还要坚强，还要执着。

王桂荃（梁启超的二夫人）女士在梁启超离世之后，带着九个孩子度过了令人无法想象的岁月，即使在“文革”的动乱年代她也没有动摇自己的信念。在她去世以后，梁思成和兄弟姐妹一起在父亲墓旁种下一棵“母亲树”，以此纪念这位伟大的坚强的母亲。

二、心胸宽阔的母亲让孩子学会展望未来

女人的胸怀历来被文人描写得极其狭窄，甚至民间用“头发长见识短”来形容女人，好像世界上只有男人的胸膛是宽阔的大道；而女人的心胸只是山间的羊肠小路。然而有很多女人的胸怀让我们敬佩，正是这些女人让我们懂得，一个母亲的宽阔胸怀会对孩子起多大作用。

三、善良的母亲让孩子懂得悲天悯人

人类社会最可怕的就是行为的残酷和精神的冷漠，可是我们谁也不能否认，很多人好像无法躲避这两种悲惨的现实。虽然有时候这两种状况是一种“不可抗力”造成的，但是大多数情况下是人为的，那就是一些人从小就没有一个善良的母亲，从此他们的人格受到严重的扭曲。“悲天悯人”的情怀虽然由后天的修养与教育形成，但是它仍然是来源于母亲的善良根基。

四、冷静镇定的母亲使孩子学会坚韧不拔

在很多文学作品中，遇到灾难的时候，我们看到母亲不是号啕大哭，就是绝望地想到自杀，然而在现实生活中，我们也见到过在灾难面前，一个母亲的镇定和冷静足以让人终生难忘。

五、有修养的母亲会铸就孩子的好品质

“修养”这个名词在每个人身上的体现，就是一个人的品质，一个人的品质优秀似乎又能成就他的事业。一个人的修养不论在成年之后如何“建设”，其实基本的东西还是从母亲那里点点滴滴得来的。

母亲尊老爱幼，孩子自然就会上行下效；母亲勤劳节俭，孩子自然就会拒绝奢华；母亲彬彬有礼，孩子自然就会谦虚不傲……

六、文化深厚的母亲会影响孩子的深刻思考

有文化的母亲绝对会影响孩子的思维，文化深厚的母亲更能影响孩子的深刻思考。就像一个还不会走路的孩子在大人手牵手的带领下慢慢学会走路一样，有文化的母亲从孩子出生那天起，就在每一天的生活里，一点点地影响孩子，让他们杜绝粗俗，让他们远离浅薄，让他们懂得深刻……著名作家金庸就曾经说过，他对小说人物内心深处的探索很多受母亲的文化影响。

【练一练】

1．如何解释幼儿说谎的现象？

2．简要说明幼儿思维的特点。

参考文献

[1] 张文新. 儿童社会性发展[M]. 北京：北京师范大学出版社，1999.

[2]［美］L・E・贝克. 儿童发展[M]. 吴颖，等，译. 南京：江苏教育出版社，2002.

[3] 施晶晖. 学前儿童社会性教育[M]. 合肥：中国科学技术大学出版社，2010.

[4] 王屿璐. 幼儿教师教育随笔，身教重于言教[J]. 师乐汇，2014（9）.

第十一章

学前儿童个性的发展

本章介绍

儿童从生命的开始，一直发展到形式运算阶段，他的思维、情感、社会化（包括道德）日益成熟和相互协调达到最高的平衡状态，最终形成了个性。本章从儿童的个性、气质、性格、能力和自我意识等几个方面研究幼儿个性发展的特点。

学习目标

知识目标：1. 领会个性的内涵，明确个性开始形成的时间。
2. 掌握儿童的气质类型及其特点。
3. 领会性格的结构以及幼儿性格的形成因素。
4. 掌握幼儿能力的发展特点。
5. 掌握幼儿自我意识的发展特点。

能力目标：掌握并学会运用引导和培养学前儿童个性发展的方法和策略。

情感目标：正确认识并接纳学前儿童的个性特征。

情境案例

你是独一无二的

“人心不同行，各如其面”，世界上没有两个完全相同的人，就像指纹一样众生各异。两个同卵双生子长相极其相似，但是性情各不相同。在幼儿园，老师会发现幼儿有的活泼好动，有的沉默寡言；有的能歌善舞，有的能写能画；有的温顺和气，有的调皮捣蛋；有的暴躁冲动，有的安静平和。请分析幼儿个体差异就总体而言是什么差异？

个性是指一个人在社会化过程中逐渐形成的、比较稳定的、具有一定倾向性的各种心理特点或品质的独特组合。人与人之间个性的差异主要体现在每个人待人接物的态度和言谈举止中，行为表现更能反映一个人真实的个性。个性是一个复杂的，多侧面、多层次的动力结构。它包括了一个人的需要、动机、兴趣等个性倾向性，还包括气质、性格、能力等个性心理特征。此外，个性还包括自我意识。

第一节　学前儿童的个性差异

一、个性的概念

个性是指个体在物质活动和交往活动中形成的具有社会意义的稳定的心理特征系统。

（一）个性是心理发展的最高平衡状态

个性不是天生的，而是在心理发展到一定的水平后形成的。这个“一定水平”指的是个体的认知发展要达到形式运算水平并具有良好的自我认识，情感要达到稳定、可控并具有准确的自我体验和自我监控，要形成完整的自我。

儿童在 8～12 岁，随着他的认识能力和自控能力的增强，社会合作和自我评价能力的增强，他的个性也就逐渐开始形成。为什么直到青春期个性才逐渐形成？首先个性的形成需要有形式思维这个智慧工具，形式运算为青少年的思想形成自己的体系提供了可能性。其次个性是社会化的产物，个性的构成就是青少年加入成人社会，充当成人的角色。

（二）个性的结构

个性作为一个心理特征系统，包含三个彼此紧密相连的子系统，它们是个性倾向性系统、自我意识系统和个性心理特征系统。

1. 个性倾向性系统

个性倾向性系统包括需要与动机、兴趣、理想、信念、世界观等要素。它是推动个性发展的动力因素，决定着一个人的活动倾向性、积极性，集中地体现了个性的社会实质。个性倾向性系统是构成个性的核心。

2. 个性心理特征系统

个性心理特征系统是个性的独特性的集中表现，包括气质、能力、性格等心理成分。其中性格是个性最核心的特征，反映一个人对现实的稳定性态度和习惯化了的行为方式。

3. 自我意识系统

自我意识系统是一系列自我完善的能动结构，它充分地反映着个性对社会生活的反作用，是人的心理能动性的体现。自我意识包括自我认识、自我体验、自我监控三个方面。

自我认识是个体对自己的能力、道德品质、行为、社会行为方面的社会价值的认识和评价，是自我意识在认知方面的表现。

自我体验是人在对自己进行自我评价时产生的情绪体验。它是自我意识在情感方面的表现。

自我监控是个体对自身心理和行为的主动的掌握，它是人所特有的心理现象，是自我意识在意志方面的表现。

二、个性的特性

个性作为一个系统，具有系统论所揭示的各种特征，主要有整体性、开放性、稳定性和独特性。

（一）个性的整体性

个性系统中的要素包括个性倾向性系统、自我意识系统、个性特征系统，其中每个要素又包含着更下层的要素，每一个要素都影响着个性，个性也影响着每一要素。例如，一个人的个性制约着他的认知风格，表现为知觉风格方面有的人属于分析型，注重细节，有的人属于综合型，注重整体；在记忆风格方面有的人偏好言语材料，有的人偏好视觉材料；在思维风格方面是分析还是综合，是发散还是集中；解决问题的风格是沉思还是冲动等。这些认知风格的差异，反过来也影响个性的表现。

（二）个性的开放性

个性的开放性是指个性形成中和形成后，需要不断地与环境进行各种交换，以推动个性的发展。系统的开放性必然会形成个性的社会性。这是因为，第一，人所从事的活动是社会性的。在人与外部环境相互作用时，首先要发生人与人的相互作用。第二，人的各种关系是社会性的。一个人在社会生活中交往越广泛，社会关系也就越复杂、越深刻，他的精神世界也就越丰富。个性是在社会生活实践对各种社会关系的反映而形成的社会特征，因此，个性的社会性是个性的本质特征。个性的社会性是系统开放性的必然结果。

（三）个性的稳定性

个性是在心理发展到一定水平之后才形成的，表现为一个人心理活动的一致性和行为的连贯性。个性中的各要素都是发展变化的，因此，个性的稳定性是一种动态的稳定性。例如，当满足一个人的需要的外部条件变得越来越严峻而个人无法克服困难，使人的需要长期得不到满足时，人的个性就会紊乱，最终导致心理疾病。

（四）个性的独特性

个性是一个人整体的精神面貌，每一个人的个性都是其心理发展的必然结果。心理现象，无论是思维还是想象，从它们的结构和功能、存在方式和演化过程来看，首先具有共性。但是，系统的共性总是与差异同时存在的，差异构成了具体对象的独特性。因此，我们在强调个性的整体性、统一性时，并不排斥个性的独特性。从个性特征的存在形式上，我们可以发现人与人的气质、性格不同，能力有高低。以性格为例，人与人之间差异显著：有人外向，有人内向；有人擅长分析，有人擅长综合；有人倾向独立，有人倾向依附；有人柔顺，有人刚毅……构成了人间万象。

案例分析

“你是独一无二的”指的是人的个性差异，个性是独特的。

第二节 “最活跃的动力系统”——学前儿童个性倾向性的发展

情境案例

你和我交朋友，我给你玩新玩具

在童年、青少年甚至成人的身上，我们往往可以看到幼儿期的生活在人身上留下的痕迹。一个5岁的小女孩，为了让更多的小朋友跟她玩，就买了一些小玩具，并告诉周围的人，谁跟她玩谁就可以玩这些玩具。从她妈妈那儿得知，用玩具等新鲜物品来作为结交伙伴的手段，她在幼儿园里就如此。因为这个女孩长得非常矮小，在班里的玩伴较少，为了和别人有更多的机会玩，她就经常从家里拿些好玩的玩具，去“贿赂”那些在班里较有“地位”的孩子。这种用新玩具作为交朋友的工具的现象说明了什么？

学前儿童在和周围世界的交互过程中，表现出明显的个性倾向性，他们的需要、动机、兴趣逐步发展并表现出年龄特点。

一、学前儿童需要的发展

需要是学前儿童个性积极性的源泉。需要是个体在一定的生活条件下，即在一定社会和教育的要求或自身的要求下产生的对于一定客观现实的反映，是个体对其存在于发展条件的欲求的心理倾向，是个体积极性的原始动力。

学前儿童需要的发展遵循着一个规律，即年龄越小，需要越简单、越低级，生理需要越占主导地位。随着年龄的增长，幼儿前期，孩子的社会性需要逐渐增加，出现了模仿成人活动的探索性需要、游戏的需要及与伙伴交往的需要等。但在这个阶段，生理需要仍然是占主要地位的需要形式。幼儿期儿童的社会性需要逐渐增强，同时，需要的发展已经显现出明显的个性特点。

（一）学前儿童需要的种类

1. 生理的需要

生理的需要，如对饮食、睡眠、休息等的需要，年龄越小的儿童出现这类需要时，往往越要求即时满足，得不到满足便焦躁不安，甚至又哭又闹。以后在教育的影响下，儿童逐步学会控制自己，养成了良好习惯，并能以文明的行为方式满足这类需要。

2. 活动的需要

儿童具有强烈的活动需要，喜欢唱歌、画图、捉迷藏、玩沙、玩水等种种活动。他们在活动中，增加了对周围世界的认识，激发了娱乐的情感，锻炼了良好的个性品质。

3. 交往的需要

正常的儿童喜欢和别人交往，不愿一个人独处。他们喜欢和亲人在一起，和同龄儿童共同游戏。在交往中，他们获得了爱抚和友谊，也学会了关心别人、关心集体等。

4. 受人尊重的需要

儿童自我意识有了发展，希望得到成人或其他儿童的赞扬、友谊和尊重。当他们感到不被别人注意，或被嘲笑、戏弄，或在众人面前被呵斥、责骂，甚至被体罚时，自尊心便受到伤害，会感到委屈、痛苦，引起哭闹，甚至暴力反抗。

5. 认识的需要

儿童和周围现实相互交往时，渴望认识各种自然现象和社会生活，表现出强烈的认识需要。这种需要是儿童求知活动的基础。如幼儿好奇喜问，常向成人提出各种问题，要求解释；也喜欢操弄拼拆各种东西，想了解其中的原因；在幼儿园里还积极参加学习活动，掌握知识、学习本领、满足认识需要。

6. 欣赏美的需要

儿童在社会生活和成人教育影响下，形成了欣赏美的需要。儿童喜爱美丽的图画、优美的歌曲、美观的服饰。此外，绚丽多彩的自然景色，和谐多变的舞蹈、体操以及整洁优美的环境布置，也能引起儿童的美感，满足他们欣赏美的需要。而幼儿园的美术、音乐、语言和体育等活动更直接培养了这种需要。

（二）学前儿童需要的特点

研究表明，幼儿需要的发展具有如下特点。

1. 幼儿需要结构具有一定的系统性

它是由彼此有机联系的 7 个等级需要，包含 14 种层次需要所构成的一个多维度、多层次水平的整体结构（见表 11–1）。

表 11–1　幼儿需要结构模式

等级 层次	生理与物质生活	安全与保障	交往与友爱	游玩活动	求知活动	尊重与自尊	利他行为
1	吃、喝、睡等	人身安全	母爱	游戏	听讲故事	信任、自尊	劳动
2	智力玩具	躲避羞辱	友情	文娱活动	学习文化知识	求成	助人

2. 幼儿各年龄的优势需要是由几种强度较大的需要组成的

这种优势需要是一个不断发展变化的动态结构。研究结果表明，不同年龄幼儿的优势需要存在差异。表 11–2 是各年龄幼儿的强度最大的前 5 种需要及其排序。

表 11–2　各年龄幼儿强度最大的前 5 种需要及其排序

需要类型 年龄/岁	生理	母爱	人身安全	游戏	听讲故事	学习知识	劳动	求成	信任自尊	友情
3	1	2	3	4	5					
4	2	4	5	1	3					
5	2			4		1	3	5		
6	4					2	3		1	5

从上表可以看出，三四岁幼儿前 5 种需要基本相同，只是次序上略有变化。而五六岁幼儿的优势需要则发生了较大的变化，需要的层次在不断提高。

3．幼儿需要的发展具有不同步性

研究结果发现，除安全需要外，其他各种需要的发展速度具有不同步性。其中，生理需要、人身安全需要、母爱需要呈随年龄增长而下降的趋势；而学习知识需要、信任自尊需要、求成需要、劳动需要、友情需要呈随年龄增长而上升的趋势；游戏需要与听讲故事需要则呈现出先升后降的趋势，即在幼儿中期（4 岁左右）出现高峰期，以后逐渐下降。总的来说，随着年龄的增长，幼儿需要的社会性逐渐加强，需要层次逐渐由低向高发展。

4．幼儿需要的发展具有集约性和扩散性

需要发展的集约性是指需要的发展在质上越来越高的趋势，而需要发展的扩散性是指需要在量上越来越多、范围越来越大的趋势。幼儿期儿童的需要具有集约性和扩散性，需要的层次在不断提高，需要的范围也越来越广泛，先形成水平层次较低的需要系统，逐渐地丰富、扩大，螺旋式地上升，形成水平层次较高、较复杂的需要系统。

5．5 岁是幼儿需要发展的关键期

从幼儿各种需要的发展中可以看出，5 岁是幼儿生理需要、物质需要向社会性需要、精神需要转化的关键期。

案例分析

"你和我交朋友，我给你玩新玩具"，说明幼儿的需要是多种多样的，既有低层次的生理需要和活动需要，又有高层次的交往需要。同时，人的需要是由低层需要不断向高层需要发展的。本案例中幼儿利用新玩具满足了低层次的活动需要，从而使同伴产生了高层次交往的需要，交朋友的目的就实现了。

（三）学前儿童需要的引导

学前儿童的需要激发了儿童的个性积极性，驱使他们积极进行各种活动。在活动过程中，原有的需要得到满足之后，又产生了新的需要，从而促使个性积极性进一步发展。成人要关心和正确处理儿童的需要，应注意下列几点：

1．满足合理的需要，激励个性积极性的发展

对于学前儿童的各种需要，成人先要判断它是否合理。对于合理的需要，成人应准备条件，提供他们需求的东西，使他们的需要得到满足。如针对儿童的生理需要，成人应制定合理的作息制度；按时定量地准备营养丰富的食物；指导他们安静地就寝；使他们养成良好的卫生习惯，保持仪表整洁，精力充沛，健康成长。又如，为了满足儿童认识的需要和美的欣赏的需要，要组织儿童学习关于社会和自然方面的基础知识，指导他们观察自然现象以及与生活有关的成人劳动等；也要组织儿童欣赏音乐，参观图画展览，参加艺术表演等。满足儿童各种合理的需要，可以直接使儿童的积极性得到强化，激起活动，促进个性的发展。

2．制止不合理的需要，引导个性积极性正确地发展

学前儿童受到外界的不良影响，尤其是父母的娇纵溺爱、其他儿童的不良榜样示范等，

也可能形成各种不合理的需要。如有的儿童霸道，常要独占一切；有的不能独立活动，事事需要成人的照料；有的不知谦让，处处争先；有的自我意识特别强，时时想要成为注意中心，事事需要受到赞许。这些不合理的需要，往往使他们的个性积极性偏离正确的发展方向，使他们做出种种不良的行为。这不仅使他们不能和别人和谐相处，发生适应方面的困难，有时还扰乱了整个集体的秩序。成人要防止儿童形成不合理的需要。对于已经形成的不合理需要，更要及时纠正，保证个性积极性向正确的方向发展。

3. 形成新的需要，促使个性积极性继续发展

成人还要丰富学前儿童的生活，激起他们新的需要，或向儿童不断提出新的要求，使之转化为他们新的需要。需要的丰富和发展，可以推动个性积极性的进一步发展。如教师对于初入幼儿园的儿童，可以要求他们在成人的帮助下自己使用小勺吃饭，自己穿脱衣服鞋袜等，这种要求可以转化为幼儿自我服务的需要，发展独立生活的能力。其后，对幼儿中期的儿童不仅要求他们“自己能做自己的事”，而且要求他们能为同伴和集体做力所能及的好事。对幼儿晚期的儿童更可要求他们认真、有始有终地做自己能做的事和为同伴、集体服务。这些教育和要求促使儿童形成新的需要，不断激发儿童的实际行动。

情境案例

孩子为什么总问“为什么”？

4 岁的牛牛是一个好奇心很强、喜欢问问题的孩子，看到一些事物，他常会天真地问：“小鸡有妈妈和爸爸吗？”“月亮有家吗？”“为什么大树冬天要落叶子？”“天为什么是蓝色的？”等等。家长和教师如何应对孩子的好奇心？

二、学前儿童兴趣的发展

兴趣是个体积极探究事物并带有情绪色彩的认识倾向。兴趣在个体认知发展和智力功能上起着激励的作用，兴趣和愉快的相互交替和补充，是儿童创造性来源的动机基础。

（一）学前儿童兴趣的发展特点

1. 兴趣比较广泛

儿童渴望认识世界，喜欢和周围的人们交往，对周围事物和各种活动表现出广泛的兴趣。如幼儿一般喜欢小动物和各种花草树木，对雨雾霜雪等自然现象也很有兴趣；喜欢观看成人的劳动和交往等社会生活；特别爱好游戏和玩具，也喜欢参加简单的劳动以及唱歌、跳舞、美术、体育等各种学习活动。一般来说，学前儿童的兴趣比较广泛，还没有形成比较固定的中心兴趣。

2. 兴趣表现出个别差异和年龄差异

学前儿童受素质教育和生活经验影响，对不同事物的爱好以及爱好程度常不相同，儿童的兴趣已经表现出个别差异。吴锦骠、韩雪贞等人（1987 年）采用模糊统计中的多级估量法对 5 143 名 4～9 岁的学前儿童的兴趣进行了调查研究，发现儿童对游戏的兴趣随着年龄变化而变化。第一，儿童对于内容简单、形象直观的游戏项目，如象征性游戏、模仿性游戏、结

构性游戏的爱好程度逐渐下降；第二，儿童对智力游戏越来越喜爱；第三，儿童对音乐、体育游戏的兴趣无大变化。此外，事物本身的性质也制约着儿童的兴趣。如学前儿童一般都喜爱玩具，但不同年龄的儿童对具有不同特点的玩具表现出不同的兴趣。

知识拓展

幼儿爱好何种特点的玩具

袁爱玲对“幼儿爱好何种特点的玩具”进行了研究，结果见表 11–3。

表 11–3　各年龄班幼儿喜欢不同特性玩具的人数

年龄班	参加人数/人	鸡		娃娃		鹿		猫		娃娃		积塑片	
		自动的	不能动的	鲜艳的	不鲜艳的	逼真的	夸张的	带响的	不带响的	立体的	平面的	自己操作	插好的
小班	20	19	1	20	0	13	7	20	0	16	4	5	15
中班	20	20	0	20	0	16	4	20	0	18	2	11	9
大班	20	20	0	20	0	19	1	20	0	20	0	18	2

研究结果表明：①幼儿比较喜欢既能动又能响而且色彩鲜艳的玩具；②幼儿对没见过的玩具感兴趣；③幼儿普遍喜欢形象逼真的玩具，但年龄较小的幼儿中有三分之一的人选择了形象夸张的；④年幼的幼儿喜欢现成的玩具，年长的幼儿喜欢自己操作的玩具。

（选自袁爱玲《幼儿爱好何种特点的玩具》，《心理科学通讯》1985 年第 2 期）

3. 直接兴趣占主导地位

学前儿童的兴趣绝大多数是直接兴趣，即直接对当前的事物或活动的过程感兴趣，只有年龄较大一些的幼儿对比较遥远的事物或活动的结果发生间接兴趣。如大班幼儿为了在文艺表演中争取到荣誉，虽然不喜欢枯燥乏味的反复练习，却乐于背诵一首几十句长的快板词。

4. 兴趣比较肤浅，容易变化

学前儿童由于知识经验和心理能力的限制，不会深入事物了解本质，他们主要为事物的表面特点所吸引。他们的兴趣往往是由客体鲜艳悦目的颜色、新颖多变的外形等引起的，因而比较肤浅。经过多次接触，这些客体的外部特点失去了吸引力，儿童的兴趣也就低落或完全消失。总之，学前儿童的兴趣不易保持稳定。

5. 兴趣可能出现不良指向性

学前儿童的兴趣一般表现出良好的指向性，但也有些幼儿没有受到良好的教育，任性娇惯，分不清对和不对，表现出不良的兴趣。如吃饭挑食，对该吃的食物不感兴趣；有的幼儿特别爱听成人之间的闲谈，爱打听一些无关的琐事。

（二）学前儿童良好兴趣的引导

事实研究表明，孩童时期的兴趣在一定程度上决定儿童未来事业发展的方向。儿童对某事物的浓厚兴趣，往往会成为他们在该方面取得成功的先导。可以从以下几方面培养儿童的兴趣：

1. 为发展儿童的兴趣和爱好创造条件

儿童的兴趣往往是在广泛的探索活动中产生和发展的。成人要多带儿童进行户外活动，如带他们外出游览参观，观看各种竞技表演和比赛，鼓励他们参加各种有益的社会活动和集体活动，广泛接触社会全面了解生活，为儿童接触各种事物提供机会，以此培养他们广泛的兴趣与爱好。

2. 发展儿童已有的兴趣

成人要留心观察，注意发现儿童已有的兴趣，并采取有效措施去引导和发展儿童的兴趣。成人可引导儿童进行观察学习，提问题让儿童思考，给儿童提供有关的知识信息，耐心地回答儿童的提问等。

3. 培养儿童的基本兴趣

阅读的兴趣和对科学的兴趣是儿童的基本兴趣。

培养儿童的阅读兴趣，首先，成人应当为儿童提供一个充满读书气氛的家庭环境，让儿童从小受到潜移默化的影响，从而对书籍产生兴趣。其次，为儿童提供各种阅读材料，要多给儿童读故事书、念儿歌，鼓励他们试着跟读，并能背出故事，引导儿童对读书产生兴趣。

儿童对周围的世界充满好奇心，看到一些事物总会天真地问这问那，成人要及时、耐心地解答儿童的提问，并根据儿童的年龄特征及能力提出适当的问题，启发他们去思考、去探索、去发现，诱导儿童对科学产生兴趣。

4. 培养儿童的特殊兴趣爱好

成人还要注意儿童的特殊兴趣，如对音乐、绘画、体育、棋类的兴趣等。儿童的特殊才能往往存在于儿童的特殊兴趣之中，特殊兴趣很有可能是某种天赋的表现。成人要注意留心观察儿童还处于萌芽状态的特殊兴趣爱好，并加以爱护和培养，使之不断发展成熟。尽管很多儿童的特殊兴趣会随他们的生活经验和年龄增长而逐渐消退或减弱，但发展他们的特殊兴趣能培养和谐自由的个性，最大限度地发展潜在能力，为童年生活增添乐趣，为他们日后的生活提供更丰富的内容和更多的娱乐方式。

5. 培养和引导儿童的好奇心

兴趣和好奇心有密切的关系，兴趣能促进好奇心发展，好奇心能促使兴趣产生。因此，在培养兴趣的同时，还要注意好奇心的培养与引导。

知识拓展

在游戏教学中激发儿童的探索兴趣

将教学游戏化是一种非常高效的科学教育策略，目前越来越多地应用于不同的教育阶段，而以培养幼儿学习兴趣为主、引导幼儿进行科学有效的学习的学前教育，完全符合游戏化的教学模式。幼儿置身其中，身心得到发展，良好的个性得以塑造，并且于游戏环节中教师需将幼儿参与的积极性调动起来，他们在参与中团结合作的意识也会被培养起来，这可以为良好人格的构建奠定坚实的基础。

1. 着眼幼儿特点，定制健康游戏

学前儿童一般指的是年龄在3~6岁的儿童，这时候他们无论在体力还是在脑力上，都处于非常快的发展阶段。在这一阶段儿童非常渴望参加一些跟社会实践有关的活动，在这些活动中，他们往往将自己看作大人，努力地模仿大人的行为。但是，他们毕竟缺乏社会知识和经验，因此在一些活动中，无法很好地掌控自己的情绪和行为。并且这个年龄段的孩子思维比较发散，很难得到长时间的集中，容易受到外界事物的影响而转移注意力。而我们正是要利用游戏材料的吸引力，来激发他们的学习兴趣，孩子往往对自己感兴趣的东西有很强的学习积极性。在科学的游戏规则下，他们往往学会自律。

这个年龄段的孩子的语言能力也处在一个快速学习提高的时期。他们非常努力地将自己的行为和思想用连贯流畅的语言表达出来，但往往由于表达能力还不够，无法真正做到这一点。愉快的游戏有利于培养他们的语言表达能力，有效地丰富他们的语言，并且良好的游戏对于儿童智力的开发是一种非常科学有效的方法。他们在游戏中学习和进步，了解学习到一些重要的生活知识，丰富自己的生活经验。

例如，经常进行脑筋急转弯等游戏，不仅在提高智力方面对孩童有很大的促进，还能培养他们敏捷的思维。在老师提出问题时他们会集中精力去听这个问题，然后努力思考问题，一些没听清楚问题的孩子还会努力进行回忆，通过回忆记清题目，然后进行思考并得出相应的答案。这类脑力开发活动，提高了孩子多方面的能力，如听力、记忆力、意志力等。

2. 有效利用游戏元素提高教学的趣味性

处在学前阶段的孩子接受知识的积极性还有所缺乏，而利用兴趣进行教学是引导学习的一种非常有效的手段。利用兴趣化元素，如用游戏配合教学，不但可以增强孩子的学习兴趣，还可以提高学习的效果。比如，老师在对他们进行课堂教学的过程中可以以他们的某一项兴趣爱好作为引出点，组织一些好玩的有益于他们学习的游戏，如猜字谜等，引导他们思考，在猜字谜的过程中还能学习汉字。在游戏中进行不断的引导教学，不仅可以进行知识的传播，培养儿童的兴趣，还可以增强他们的积极性。通过一些提问解答，还可以培养他们的思维能力和语言组织表达能力。

除此之外，老师还可以针对幼儿的思维特点，组织一些需要思考、动脑筋的游戏，比如，老师在教数字时可以融入游戏元素，如猜数字、数字对碰，等等。玩数字对碰游戏先要准备好十张相同的卡片，在卡片上分别写上0到9这十个数字，然后将其发到每个孩子手上，再让孩子寻找能让自己手上的数字相加等于9的另外一名小朋友，最后如果谁没有找到或者找错的就要进行相应的“惩罚”——表演一个小节目。在这个过程中，不但锻炼了儿童的思维能力，让他们学会了数字，而且还能培养他们的胆量以及与人沟通交流等能力。

3. 基于体能特点，定制特殊游戏

这种游戏对孩子的动作体能方面有一定的要求，可以很好地促进他们的身体素质发展。在进行体育类活动或游戏之前，应根据孩子自身的体能素养和未来可能的发展需求来进行相应计划的制订。需要从负荷大小和动作难易程度这两个方面来考虑。比如跳的游戏，由于学前儿童骨骼、肌肉的发育还非常不成熟，自身力量比较差，所以，一般安排立定弹跳或助跑甚至单脚跳等。在游戏的制定安排方面要考虑到不能有太大的强度，不能有安全隐患，次数不能过于频繁，还要有专门的应对措施，防止孩子受伤。对于运动能力比较弱的孩子要给予比较特殊的训练，例如平衡走、原地踏步等基础训练。对于能力较强的孩子，可以安排一些追逐跑闪躲方面的游戏，以充分调动他们参与的积极性。

学前教育阶段将游戏活动的效用最大限度地发挥出来，需要教师着眼于学前儿童特点，制定出适合学前儿童的游戏，以此将学前儿童的兴趣激发出来，令孩子在游戏当中体会到参与活动的乐趣，在乐学中茁壮成长。

（选自许庆丽《探究如何在学前游戏教学中激发儿童探索兴趣》，《中国校外教育》2016 年第 6 期）

案例分析

4 岁的牛牛是一个好奇心很强、喜欢问问题的孩子，看到一些事物，他常会天真地问：“小鸡有妈妈和爸爸吗？”“月亮有家吗？”“为什么大树冬天要落叶子”等等。这些都说明牛牛对外界事物产生了兴趣，成人如果认真给予回答，他的兴趣就能得到保护。同时，成人还可以提出适当的问题启发幼儿思考，保护他们的好奇心，慢慢引导幼儿对科学产生兴趣。

好奇心是鼓励人们不断创新的动力之一。对于孩子来说，他们对这个世界抱持着极大的好奇，那么如何从孩童时代起，就很好地鼓励孩子保持好奇心呢？

保持孩子好奇心的方法：

1. 在看电视的时候，与孩子聊聊广告怎样吸引观众购买商品。比如指出广告中加入的商业音乐、孩子的玩具，包括可以问问孩子这样的场景是否对他有引导效果，是否让他看着开心。

2. 让孩子注意周围的小事。比如，当我们走进一家餐厅时，让孩子看看它有什么迷人与出众之处。

3. 向孩子指出视线以外的事物。与孩子交流一些表象之外的话题，如水对农作物的作用、怎样挖地沟、如何将水运上坡，等等，让孩子来解决问题，通过引导的方式让孩子明白他们对世界拥有主动权。

4. 问孩子深刻的问题。如：其他行星上有生命吗？父母不要在乎自己懂还是不懂，而是让孩子说出他们的见解。通过这样探索性的问题，发掘孩子更多未知的可能。

第二节　“江山易改，禀性难移”——学前儿童气质的发展

情境案例

孩子的脾气秉性

1. A 易于察觉别人不易察觉的事情，她不喜欢说话，喜欢一个人玩，有时其他小朋友凑过来玩，她也不说话，只是厌烦地把他们推开，更不爱与陌生人接触。她情绪不易外露，受到表扬时，也没有什么表示。在幼儿园里遇到不高兴的事毫无表情，但回家后对着妈妈哭。她上课时很安静，总是一个姿势坐着。吃饭时，不管饭菜多么好，从不见她大口吃。午睡时，她总是把衣服一件件叠好放在椅子上。如果椅子稍歪一点，她要把它放正，还要看上几眼，

然后才躺下。起床时，穿衣动作也很慢。

2. B性子很急，每次拿小人书都是拿一大摞，翻得很快，很快看完。他喜欢活动量大的活动，每次玩创造性游戏，总是玩打仗。他是全班扔沙包扔得最远的一个。他爱逞能，有一次全班同学正在排队，他突然跑出队伍，用力拉住正在转动的转椅。他上课时坐不住，随便站起来，或在椅子上乱动，常常发出叫声。即使老师对他示意，他仍然克制不住。对老师的提问常常没有听清楚就急着回答，因此常常答非所问。

3. C很能自制。从小班开始，全班幼儿都做完作业了，只剩下他一个还在画画，小朋友都出去玩了，他也不受影响，一直画到自己满意后才出去玩。看木偶戏时，有的同学哈哈大笑，他只是安静地笑。他如果受了委屈，整个半天情绪都不好。他上什么课都集中精力听，坐在他旁边的小朋友常常碰他，他也不予理会。有一段时间，他一直练打靶枪。还有一段时间，他一直练打羽毛球。他是全班最早学会这两项活动的。在坚持性的测查中，他坚持的时间比其他同学长。

4. D在班里跳绳比赛得了第一名，每次学新舞蹈，她总是班里学得最快的。她理解事物快，上课积极举手发言，并基本上能作出较好的回答。她对感兴趣的课能长时间集中注意，对不感兴趣的课不能集中注意，做小动作，但看见老师稍一示意，即能克制自己。她能较快地适应不熟悉的环境，第一次上台报幕和第一次为外宾演出，都很好地完成了任务。她喜欢和同学一起玩，从来不一个人单独玩，并很善于和同学交往，在游戏中常常当小领袖。

上述ABCD四个孩子的气质类型是什么？

一、气质及其类型

气质是人心理活动动力方面比较稳定的心理特征，表现为心理活动的速度（如言语速度、思维速度等）、强度（如情绪体验强弱等）、稳定性（如注意集中的时间长短）和指向性（如内向或外向）等方面的特点和差异组合。气质使人的全部心理活动都染上独特的色彩，不同气质的人，其行为、言语速度、情绪类型、思维习惯、交往风格、性格都有各自明显的特色。这些特色反映在他们的所有心理活动中，并直接影响性格的形成和个性的发展。

古希腊医生希波克拉底对气质类型的划分一直影响至今。他认为个体内有四种体液，其分布多寡构成人的气质差异：有的人激动，如发怒、不可抑制，是由于黄胆汁过多，这种人称为“胆汁质”；有人热情、活泼好动，是由于血液过多，被称为“多血质”；另一些人敏感、抑郁，是由于黑胆汁过多，被称为“抑郁质”；还有一些人冷静、沉稳，是由于黏液过多，被称为“黏液质”。虽然希波克拉底用体液来解释气质成因缺乏根据，但他把人的气质分为四种基本类型却比较切合实际。心理学界至今仍沿用这一分类。

巴甫洛夫通过实验研究，发现神经系统具有强度、平衡性和灵活性三个基本特点。它们在条件反射形成或改变时得到表现。由于个体身上有各种不同组合，从而产生了各种神经活动类型。其中最典型的有四种。

一是强而不平衡型。兴奋占优势，条件反射形成比消退来得更快，易兴奋、易怒而难以抑制，又叫兴奋型。

二是强、平衡而灵活型。条件反射形成或改变均迅速，且动作灵敏，又叫活泼型。

三是强、平衡而不灵活型。条件反射容易形成而难以改变，庄重、迟缓而有惰性，又叫安静型。

四是弱型。兴奋与抑制都很弱，感受性高，难以承受强刺激，胆小而显神经质。

这四种神经活动类型，恰恰与希波克拉底所划分的四种气质类型相对应（见表 11–4）。

表 11–4　气质类型对照表

神经系统的特性和类型				气　质	
强度	平衡性	灵活性	组合类型	气质类型	主要心理特征
强	不平衡（兴奋占优势）	灵活	兴奋型	胆汁质	容易兴奋，难以抑制，不易约束
	平衡	灵活	活泼型	多血质	反应敏捷，活泼好动，情绪外显
	平衡	不灵活	安静型	黏液质	安静沉稳，反应迟缓，情感含蓄
弱	不平衡（抑制占优势）	不灵活	抑郁型	抑郁质	对事敏感，体验深刻，孤僻畏缩

气质类型是指在某一类人身上共同具有的各种心理特征的独特组合。四种典型的气质类型及其特征如下：

（一）胆汁质

感受性较弱，耐受性、敏捷性、可塑性均强，兴奋强于抑制，外向；表现为直率、热情、果敢、精力旺盛、行动迅速。但他们情绪易冲动，心境变化剧烈，鲁莽冒失，刚愎自用，不易自制。胆汁质的典型人物如《水浒传》中的李逵。

（二）多血质

感受性较弱，有很强的耐受性、兴奋性、敏捷性和可塑性，外向；表现为活泼好动、思维敏捷、反应迅速、热情、喜欢与人交往、兴趣易变换、适应力强。但他们稳定性差，缺乏耐力和韧性，做事易虎头蛇尾，见异思迁，不求甚解。多血质的典型人物如《红楼梦》中的王熙凤。

（三）黏液质

感受性弱，敏捷性、可塑性、兴奋性也弱，唯有耐受性强，内向；表现为安静、稳重、反应缓慢、沉默寡言、情绪稳定且不易外露、注意稳定较难转移、善于忍耐。但他们往往被动，保守，行动迟缓，缺乏生气。黏液质的典型人物如《红楼梦》中的薛宝钗。

（四）抑郁质

感受性很强，耐受性、敏捷性、可塑性和兴奋性均较弱，严重内向；表现为敏感、情绪体验深刻、善于观察细节、内省、自制。但他们孤僻，行动迟缓，多愁善感，敏感多疑，抑郁，胆小退缩，缺乏自信。抑郁质的典型人物如《红楼梦》中的林黛玉。

由于气质与神经系统的先天或遗传特征有关，因此，通常认为气质类型是相对稳定的，不容易改变。环境可能会掩蔽气质的特性，但并没有改变气质。气质类型没有好坏之分，不同气质类型的儿童都能以自己特有的动力特征成为社会的有用之才。

二、婴儿的气质类型

婴儿的气质类型可以按照希波克拉底的体液说进行划分，儿童心理学家从其他方面进行了研究。托马斯和切斯（1984）根据他们的研究，从九个维度（见表 11–5）对 3 岁前的儿童的气质类型进行了划分。

表 11–5　气质的主要维度

名　　称	表　　现
活动水平	在睡眠、饮食、玩耍、穿衣等方面身体活动的数量
规律性	机体的功能性，在睡眠、饮食、排便等方面
常规变化适应性	以社会要求的方式调整最初反应的难易性
对新情境的反应	对新刺激、食物、地点、人、玩具或玩法的最初反应
感觉阈限水平	产生一个反应需要的外部刺激量
反应强度	反应的能量内容，不考虑反应质量
积极或消极情境	高兴或不高兴行为的数量
注意分散度	外部刺激（声音、玩具）干扰正在进行的活动的有效性
坚持性和注意广度	在有或没有外部障碍的条件下，某种具体活动的保持时间

（一）容易型

许多婴儿属于这一类型，约占托马斯、切斯全体研究对象的 40%。这类婴儿吃、喝、睡、大小便等生理机能活动有规律，节奏明显，容易适应新环境，也容易接受新事物和不熟悉的人。他们的情绪一般积极、愉快，对成人的交流行为反应适度。由于他们生活规律、情绪愉快，且对成人的抚养活动提供大量的积极反馈（强化），因而容易受到成人最大的关怀和喜爱。

（二）困难型

这一类型婴儿的人数较少，约占托马斯、切斯全体研究对象的 10%。他们时常大声哭闹，烦躁易怒，爱发脾气，不易安抚。在饮食、睡眠等生理机能活动方面缺乏规律性，对新食物、新事物、新环境接受很慢，需要很长的时间去适应新的安排和活动，对环境的改变难以适应。他们情绪总是不好，在游戏中也不愉快。成人需要费很大力气才能使他们接受抚爱，很难得到他们的正面反馈。由于这种孩子对父母来说是一个较大的麻烦，因而在抚育过程中需要成人极大的耐心和宽容，否则易使亲子关系疏远，使孩子缺乏抚爱和教养。

（三）迟缓型

约有 15%的研究对象属于这一类型。他们的活动水平很低，行为反应强度很弱，情绪总是消极而不甚愉快，但也不像困难型婴儿那样总是大声哭闹，而是常常安静地退缩、畏缩，情绪低落，逃避新刺激、新事物，对外界环境、新事物、生活变化适应慢。在没有压力的情况下，他们会对新刺激缓慢地发生兴趣，在新情境中能逐渐活跃起来。这一类儿童随着年龄的增长，随着成人抚爱和教育情况的不同而发生分化。

除了以上三类气质外，还有 35%的婴儿属于混合型气质。

属于难以照看型气质的婴儿，如果家长对其照料态度不当，容易发生心理问题，易形成不安全依恋。进入学校后，大多数这类气质的儿童会发生更多的适应问题。而且这类儿童在幼儿期和童年期表现为焦虑退缩，或有较多的侵犯性行为。

对具有缓慢发动型气质的婴儿只要给予足够的关爱和耐心，通常不会发生心理问题。但如果家长对他们缺乏应有的敏感和关心，如漠视、粗暴等，他们也容易形成不安全依恋，而且进入学校后，与同龄人相比，显得有些适应困难，如表现出焦虑不安等。

三、学前儿童气质的发展变化

在人的各种个性心理特征中，气质是最早出现的，也是变化最缓慢的。因为气质和儿童的生理特点关系最直接，如前所述，儿童出生时已经具备一定的气质特点，这些特点在整个儿童时期是相对稳定的。

但是气质也不是不变的，人的高级神经活动的特点是有高度可塑性的。儿童天生带来的活动或行为模式是可以改变的，学前儿童的神经系统正处在发育过程中，其气质的形成也往往是先天和后天的“合金”。

消极特征的纠正和积极特征的发展导致整个气质类型的改变。幼儿进入幼儿园后，某些早期形成的气质类型的消极特征，由于教师和父母的教育可逐渐得到改正，甚至完全消除。如胆汁质儿童的急躁、任性，黏液质儿童的孤独、畏怯，往往在教师的指导和集体生活的影响下逐渐改变；而幼儿气质类型的各种积极特征，如行动的敏捷性、注意的稳定性、乐于与人交往等，往往由于成人的积极引导和鼓励表扬而逐渐巩固和发展。

但是也应该注意，幼儿在不良教育和坏榜样的影响下也可形成气质的消极特征。如西方心理学对于儿童攻击性的研究表明，有些幼儿因为常常受到父母的打骂，因而出现了攻击性行为，而且性情暴躁，不能控制自己；又发现有些幼儿因为常常看充斥暴力内容的影视作品，结果对生活中攻击性行为减少了敏感性，变得无动于衷。

幼儿气质可能发生“隐蔽”现象，就是指一个人的气质类型并没有改变，但形成了一种新的行为模式，表现了一种不同于原来的类型的气质外貌，从高级神经活动看，即后天形成的条件反射系统掩盖了原来的神经活动类型特征。如研究者曾发现一个女孩的行为表明她明显属于抑郁质，但神经活动类型检查结果却是“强、平衡、灵活型”。原来她处在十分压抑的生活环境中，以致形成的条件反射系统掩盖了原有的高级神经活动类型，而表现出委顿、畏缩和缺乏生气等行为特点。幼儿期是个性初步形成时期，所以要重视幼儿气质的变化发展。

关于学前儿童气质的发展，波兰心理学家简斯特里劳曾从反应性角度制定了幼儿园儿童反应评定量表。杨丽珠、刘雯根据简斯特里劳的这一量表，对 3～6 岁幼儿的气质进行了研究，结果表明：幼儿期儿童的气质随年龄的增长而发展，但幼儿气质反应性水平也存在明显的个体差异；幼儿气质具有稳定性，5～6 岁幼儿气质发展已相当稳定；3～4 岁为幼儿气质发展的关键期：3 岁与 4 岁幼儿气质均数差异最大，发展变化最快。

四、不同气质类型儿童的教育策略

气质无所谓好坏，但是由于它影响到儿童的全部心理活动和行为，如果不加以正确对待，将会成为形成不良个性的因素。研究儿童气质的意义在于：第一，使成人自觉地正确对待儿童的气质特点；第二，针对儿童的气质特点进行培养和教育。成人对儿童气质的教育要注意下列几点。

（一）了解儿童的气质特点

成人对儿童的抚养和教育措施，必须充分考虑到每个儿童的气质特点。成人可对儿童在游戏、学习、劳动等活动中的情感表现、行为态度等进行反复细致的观察。例如，进行活动能否坚持，注意是否稳定持久，跟别人是否热情亲近，脾气是否急躁，情感是否容易激动，对新环境或陌生人能否很快适应，旧的生活习惯是否容易改变，活动时有没有信心，在集体中是否容易羞涩退缩等，把观察结果和气质类型的典型特征相对照，以确定儿童的气质特点。

（二）不要轻易对儿童的气质类型下结论

儿童虽然表现出各种气质特征，但成人不应轻易下结论，断定一个儿童属于某种气质类型。这是由于：第一，在实际生活中，纯粹属于某种气质类型的人是极少的。第二，某一种行为特点可能为几种气质类型所共有，如情绪敏感、易于激动、容易改变，既可能是胆汁质的表现，也可能是抑郁质的表现。另外，儿童虽然表现出气质的个别性，但他们的气质还在发展之中，还未稳定，还能改变。成人必须经过长期的反复观察，比较综合各种行为特点，再审慎地确定儿童的气质是属于或接近哪种类型，以免引起教育上的失误。

（三）要善于理解不同气质类型儿童的不足之处

尽管我们说气质类型无所谓好坏，但作为个体的行为特征，在社会生活中会表现出适宜或不适宜的情况。例如黏液质的儿童自制力较强、有耐心，但不够活泼、迟缓、执拗；抑郁质的儿童细致，但怯懦、易退缩；多血质的儿童显得活泼开朗、机敏灵活，但有时不够踏实；胆汁质的儿童倾向于大胆、坦率、热情，但又有些爱逞能，易粗心、莽撞。

成人要善于利用每一气质类型的积极方面，给儿童提供充分表现的机会。同时，对于儿童气质中所表现出来的不尽如人意之处，也要给予充分的理解，并考虑采取更策略的方法来对待。

（四）针对儿童气质特点，采取适宜的教育措施

教师进行教育和教学工作时，要针对儿童的气质特点，提出不同的要求，采取适当措施，区别对待。例如对于容易兴奋、不可遏制的儿童，不宜针锋相对去激怒他们，要教会他们自制，午睡时能够安静地躺着，不喊叫、不吵醒别人，养成安静、遵守纪律的习惯。对于容易抑制、行动畏怯的儿童，要多表扬他们的成绩，培养他们的自信心，激发他们活动的积极性。对于热情活泼、难以安定的儿童，要着重培养其专心工作、耐心做事的习惯。对于反应迟缓、沉默寡言的儿童，要鼓励他们多参加集体活动，引导他们多和其他儿童交往，而且教会他们各种活动技能和工作方法。要使每个幼儿都能在教育的积极影响下发扬气质的积极方面，改变气质的消极方面，使儿童的气质特征继续发展。虽然这些道理容易被人接受，但对其巧妙地加以运用还是一门教育的艺术。

案例分析

A是偏于抑郁质的孩子。

B是偏于胆汁质的孩子。

D是偏于多血质的孩子

C是偏于黏液质的孩子。

知识拓展

儿童气质类型与教养

在美国，气质研究是一个专门的研究领域，行为科学家设计的量表和客观观察，能将气质很科学地归类和评量，儿童心理学者也总结出一套适合不同儿童的因材施教的教育步骤，此外，临床研究工作者也探讨过儿童气质问题与伴发或继发的病理心理问题之间的关系。

有学者认为，属困难气质的、难以抚养的婴幼儿，随年龄增长，70%会出现行为问题。困难气质的婴幼儿 3～7 岁时，较对照组易出现行为问题。有人指出，3 岁时易害怕的孩子，长大以后易出现神经症行为，而表现不安、多动的婴幼儿，在青少年期易表现为违纪行为。另有研究发现，4 个月的婴儿，如果是高度运动觉醒状态，对刺激易激惹，长大容易变成胆怯、害羞的孩子，而另一部分不易激惹、低运动觉醒的婴幼儿，易变成开朗和社会化好的孩子。

气质是条线索，让我们可以看清孩子的特性，知道某种行为是他的气质所致，根据孩子的气质，用合适的方式来教养孩子，这就是现代的父母和教师需要了解儿童气质的原因。

很多研究结果提示，观察儿童的气质越早越好。父母和教师要体谅和理解有些孩子由于气质特征而遭遇的学习上、与人和环境相处上的困难。我们要伸出温暖的、支持的手，更积极地引导孩子在家庭的人际关系经验中，逐渐发展出一种最能适合他们的气质特点的生活方式，使他们的生理和智力上的潜能充分发挥出来。

孩子的确需要我们的帮助，帮助他们寻找在生活中克服困难和学习取得成就后的快乐，这快乐是支持他们继续探索、奋斗的永恒动力。当孩子长大独立后，童年时代父母和老师与他共同努力的经验，将是其最温暖的记忆，在今后人生的逆境中会带给他最温暖、最有力的鼓励。

（选自搜狐母婴《儿童气质类型与教养》，http: //baobao.sohu.com/2004/03/07/88/article219328813.shtml）

第三节　“士别三日当刮目相看”——学前儿童性格的发展

情景案例

双胞胎姐妹差别大

苏联心理学家科瓦列夫曾对两个女孩作过四年的观察。这两个女孩同卵双生，天赋素质基本相同，又在同一个家庭中抚养，在同样的学校里受教育，但在性格上却有着相当明显的差别。姐姐比妹妹好交际，也比较果断、主动，在谈话、回答问题时，总是姐姐先回答，妹妹只表示同意或稍作补充。为什么两人的性格差别会如此显著？

性格是表现在人对现实的态度和惯常的行为方式中的比较稳定的心理特征。它是人的个性的最重要的方面，在个性中起着核心的作用。人与人之间的差别，最突出、最显著的就是性格的差别。

一、性格结构

（一）性格的态度特征

这是性格特征的重要组成部分。在现实生活中，人接受现实生活的影响，以一定的态度反映现实生活。现实的对象是多种多样的，人对现实的态度也是多种多样的，包括对人、对事、对己、对集体、对劳动、对工作的态度等诸方面。比如：对人是热情、诚恳，还是冷淡、虚伪；对劳动是勤劳、认真，还是懒散、粗心；对自己是谦虚、自信，还是骄傲、自卑；对集体是热爱、关心，还是熟视无睹、漠不关心；对工作是积极负责、富有创造性，还是消极回避、墨守成规，等等，这些都属于人对现实的态度的性格特征。

（二）性格的意志特征

人对自己的行动自觉调节的方式和水平，成为性格特征的另一组成部分。它突出表现在意志力的自觉性、自制力、坚持性等品质上，如：是独立、不盲从，还是依赖、易受暗示；是自制、守纪律，还是任性、好冲动；是坚毅、顽强，还是懦弱、胆怯；是果断、勇敢，还是优柔寡断、胆小怕事，等等。

（三）性格的情绪特征

性格的情绪特征可以分为情绪活动的强度、稳定性、持久性及主导心境四方面。比如，有的人情绪活动强烈、深沉，有的人情绪活动微弱、短暂；有的人情绪容易激动、起伏，波动大，有的人情绪比较稳定，很少起伏、波动；有的人经常是活泼、愉快的，有的人则整天忧郁、低沉，等等。

（四）性格的理智特征

人们在感知、记忆、想象、思维等认知方面是有许多不同的个体差异性的，比如，在感知方面，有人属主动感知型：在感知事物时，能根据自己的任务和兴趣来判断，而不易为环境刺激所干扰；有人则属被动感知型：在感知事物时，明显地易受环境刺激的影响；有人特别注意事物的细节，观察详细、全面，有人则多注意事物的整体、轮廓，概括性较强；有人敏锐精细，有人则迟缓、马虎；在思维方面，有人敢思敢想，善于独立地提出问题，而有人则盲从权威，喜好利用现成答案。性格是个非常复杂的综合体，它包含着多个侧面，包含着多种多样的性格特征。同时性格中的各种各样的特征之间存在着密切的内在联系。例如：对工作、学习认真负责的人，在性格的意志特征方面往往表现出较好的坚持性、自制力，在性格的理智特征方面往往表现出更多的主动观察、善于思考的特点。所以，我们分析幼儿性格特点时，必须把性格的诸方面特征联系起来加以考察。

二、学前儿童性格形成的影响因素

遗传是影响性格形成的先天因素，幼儿的高级神经系统活动类型继承了父母神经系统活动类型的较多的共同点，很多孩子在性格上与亲人，特别是与父母很相似。但是，更主要的，性格还是环境和教育影响的结果，是对环境和教育的影响的反映。人的性格逐渐形成和发展的过程，实际上也就是人不断地反映生活环境和教育的影响的过程。

孩子一生下来就开始接受环境的影响，这就是性格形成的开始。由于孩子首先接触的是家庭成员、家庭环境，因此，在幼儿性格形成中起着重要作用的最初是家庭。家庭对幼儿性格形成的作用主要是通过幼儿在家庭中所处的地位，以及家庭成员，首先是父母的影响和教育实现的。父母对幼儿的影响和教育，主要表现为父母对幼儿的态度。例如，过分放纵、溺爱幼儿，对孩子无要求，没有纪律的约束，就很难培养他们的坚强意志、勤劳习惯、谦逊精神，而会使幼儿养成任性、粗暴、自私、懒惰的性格；相反，对幼儿过于严厉，一味训斥，就难以培养幼儿的独立性、主动性、创造性，而只会使幼儿形成懦弱、胆怯，抑郁、多疑的性格。许多独生子女比一般孩子有更多的消极的性格特征，主要就是由于他们在家庭中的特殊地位及父母对他们的特殊态度造成的。

案例分析

科瓦列夫从两姐妹的生活史上了解到，从早期的童年时代起，父母就责成姐姐照管妹妹，对她的行为负责，做她的榜样，而妹妹则是一个受保护者，要听姐姐的话。正因为这样，久而久之，逐渐养成了两姐妹不同的性格，姐姐独立、主动、活泼，而妹妹则服从、依赖、安静。由此我们可以清楚地看到，家庭，尤其是幼儿在家庭中的地位、父母对幼儿的态度，对幼儿最初性格的形成有着多么直接、重要的影响。

幼儿 3 岁以后，不仅生活在家庭中，而且进入了幼儿园。在幼儿园中，教师和集体生活向幼儿提出的要求，教师的性格修养和集体对幼儿的评价、舆论，潜在而有力地影响着幼儿的种种态度和行为，影响着幼儿性格的形成和发展，使他们逐渐具有最初的比较稳定和经常的性格特性。比如，教师的耐心教育、积极诱导，可以使一个活泼但急躁、易激动的孩子变得灵活而有抑制力。老师的亲切关注、积极引导可以使一个孤僻、胆小、沉默的孩子变得愉快而活泼。相反，老师对幼儿态度严厉、粗暴，说教代替诱导，训斥代替抚爱，则会使急躁、易激动的孩子更难以自制，使孤独、沉默的孩子更加畏缩。苏联心理学、教育学专家指出：教养员同孩子们和谐的关系在教育教养过程中会积极地促进儿童正确的观点、概念和行为习惯的形成，并在他们的情绪、精神的发展上，在性格的形成中反映出来。

三、学前儿童的性格差异表现

幼儿在 3 岁左右出现了最初的性格方面的差异，主要表现在以下几方面：

合群性。有的幼儿比较随和，富于同情心，看到小伙伴哭了会主动上前安慰，发生争执时，容易让步。

独立性。幼儿常常明确地向成人表示自己的意愿，有时甚至是有些固执地强调“我愿意”“我行”“我会”。在活动中，他们不满足于直接按照成人的具体指示去做，或者完全和成人一起行动，而是渴望像成人一样独立行动。比如，幼儿要求自己穿衣、洗手绢，要求自己一个人把积木搭完，要求自己一个人上幼儿园，等等。这个时期，游戏之所以成为幼儿最喜爱和最主要的活动，一个重要的原因就是在游戏中，幼儿可以自由地按照自己的愿望、能力水平去模仿成人的活动，满足他渴望参加成人生活的需要。同时，这时的幼儿对老师的要求明显提高，特别希望老师能像对待大人一样对待他们。如果老师尊重、信任他们，他们会感到极大的快乐和自豪，相反，如果老师小看了他们，则会引起他们极大的反感。

自制力。比如：不随便要东西，不抢别人的玩具等。

活动性。有的活泼好动，手脚不停，精力充沛；有的则好静，喜欢做安静的游戏，一个人看书或看电视。

四、学前儿童性格的年龄特点

总的来说，学前儿童的性格发展相对于小学的儿童具有更明显的受情境制约的特点。家庭教育、幼儿园教育对幼儿性格的发展有着至关重要的影响。同时，幼儿的性格具有很大的可塑性，行为容易得到改造。幼儿期的典型性格也就是幼儿性格的年龄特点。幼儿最突出的性格特点是：

（一）活泼好动

活泼好动是幼儿的天性，也是幼儿期儿童性格的最明显的特点之一。幼儿总是不停地做各种动作，不停地变换活动方式。无论是何种类型的幼儿都有此共性。在一般情况下，幼儿并不因为自己的不断活动感到疲劳，而往往因为活动过于单调和枯燥感到疲倦。健康的幼儿如果在活动方面得到满足，他们总是情绪愉快。好动的特点和幼儿身体发育的特点有关，活动方式多变化是幼儿生长发育的需要。作家冰心曾说过：“淘气的男孩儿是好的，调皮的女孩儿是巧的。”

（二）好奇好问

幼儿的好奇心很强，他们什么都要看看、摸摸，许多事物对他们来说都是新奇的。在好奇心的驱使下，幼儿渴望试试自己的力量，尝试去做大人所做的事情。好奇心导致思考和探索的倾向，幼儿的好奇心往往表现在探索行为和提出问题上。幼儿的探索行为比较外露，一般不仅用视线来回观察，而且要用手摆弄。

好问是幼儿好奇心的一种突出表现。幼儿天真幼稚，对于提问毫无顾忌。一般来说，小班的幼儿往往问“是什么”，中班幼儿爱问“为什么”，大班幼儿则问“怎么样”。

（三）好模仿

模仿性强是幼儿期的典型特点，小班幼儿表现尤为突出。幼儿模仿的对象既可以是成人，也可以是儿童。对成人的模仿更多的是对教师或父母行为的模仿，这是由于这些人是幼儿心目中的“偶像”。他们希望通过对成人行为的模仿，尽快长大，进入成人的世界。儿童之间的相互模仿更多。从伙伴关系对幼儿的影响途径划分可分为两方面，一是模仿的对象，二是强化物。而其中，模仿更为重要。幼儿模仿的内容更多的是社会性行为，还有部分是学习知识方面的模仿。如一个儿童看到或听到另一个儿童在做一件事或背一首儿歌，他会有意无意地模仿。幼儿的模仿方式有即时模仿，也有延迟模仿。

（四）易受暗示

幼儿期的儿童由于其认识水平较低，具有明显的易受暗示的特点，常常受外界环境影响而改变自己的意见。陈鹤琴在《儿童心理之研究》一书中论述儿童模仿问题时，谈到了儿童对暗示的感受性。他认为，暗示分为内外两种，由外界刺激引起的动作叫外暗示，由自己内部引起的动作刺激叫内暗示。他指出，儿童易受暗示。如画中妇人本来并没有戴帽子，如果问：“那个妇人戴的什么帽子？”儿童会答：“黑帽子。”儿童常常重复别人所说的末一句话末一个字，也属于这种现象。陈鹤琴指出，还有一种消极暗示。如孩子摔了跤，母亲去把他抱起来说“不要哭”，孩子便立即哭起来。上课时如果老师说不要看窗外，孩子就去看窗外。由于幼儿的好模仿性强，有时也会模仿一些不良榜样。

（五）喜欢交往

儿童进入幼儿期后，在行为方面最明显的特征之一是喜欢和同龄或相近年龄的小伙伴交往。无论在什么地方，对于大多数孩子来说，可以不经他人特别介绍，孩子之间会很快、自然而然地熟悉起来，并一起做游戏。这一点从幼儿游戏的发展中可以看出。3 岁以后儿童游戏中的社会性成分逐渐加强，个体游戏减少，而平行、联合及合作游戏增多。可见，与同龄人的交往是幼儿期儿童的一个明显的需要。对那些被拒绝的儿童的研究也发现，虽然他们表面上很少和小伙伴交往，但他们对没有小伙伴玩耍会感到更加孤独。换言之，对于所有的幼儿来说，他们都希望有小伙伴共同游戏，并被别人接纳。

五、学前儿童性格的塑造

学前阶段儿童性格正处在发展和初步形成时期，一方面还没有形成稳固的社会观念与态度，有相当大的模仿性和受暗示性，从而极易受到环境中无论好坏的各种因素影响；同时，他们又极易把各种习得的态度和行为方式变为习惯巩固下来。换句话说，学前儿童的性格已经开始形成，出现了相对的稳定性。最初形成的性格特征对幼儿的个性形成会起重要作用。因此我们必须重视对儿童性格的培养。

（一）重视家庭的因素和发挥家长作用

父母的文化程度、教养方式、生活习惯对儿童性格的影响是不可忽视的。心理学研究表明，父母尤其是母亲对儿童性格的影响极大。研究认为，父亲对儿童自制力、灵活性产生显著影响，而母亲则对儿童的果断性、思维水平、求知欲、灵活性四项行为特征产生显著影响。父亲的影响多表现在意志特征中，而母亲除对情绪、意志特征有影响外，其影响还大量表现在儿童的理智特征中。

（二）树立良好榜样

成人要重视榜样在儿童性格塑造中的作用。儿童好模仿，别人的态度和行为方式生动形象地呈现在他面前，所以特别容易感受和模仿。父母和教师的榜样对儿童性格的塑造起潜移默化的作用。教师或父母要以正确的态度和行为方式对待周围事物，做儿童的好榜样。同伴是儿童最接近、最具体的榜样。成人可以指导儿童学习周围同伴所表现出的良好性格，促使其形成同样的良好性格。现实生活中，电视、电影、戏剧以及故事中所呈现的人物的高尚品德和英勇行为是儿童性格塑造的榜样。成人要机智的给儿童提供榜样，并指导和鼓励他们学习。

（三）加强思想道德教育

首先，日常生活是实施儿童德育最基本的途径。在幼儿园一日生活常规和生活制度中，渗透着良好的性格培养的内容。通过常规训练和严格执行生活制度，可以培养孩子诚实、勇敢、自信、关心他人、勤劳等品德。其次，老师可以结合本班幼儿的实际情况、行为表现，有目的、有计划地组织专门的德育活动。最后，利用游戏培养儿童良好的性格特征。因为游戏伴随着愉悦的情绪，在游戏中向孩子提出规则、要求，很容易被接受。例如，有些儿童在日常生活中表现出的固执、任性，在游戏中为了使自己不被游戏伙伴所排斥，便会主动抑制自己的这些性格缺点，慢慢学会随和与合作。

（四）引导参加集体生活和实践活动

集体是塑造性格的重要条件，对于独生儿童性格的发展更有积极意义。集体的意见和要求制约着儿童对待周围事物的态度和行为方式。同时，集体生活也能使儿童已经形成的某些不良的性格特征，如畏怯、自负、利己自私、不顾别人等得到遏制和纠正，使性格趋于完善。

儿童的性格又是在实践活动中形成的。儿童在游戏、学习和劳动等活动中掌握行为准则，而且实际运用于自己的行动，已形成的性格特征也在实践中得到检验。良好的性格特征因为得到赞扬、鼓励而稳定下来。不良的性格特征因为受到阻止、批评而逐渐改变。此外，在新的活动条件下，儿童还常常学会新的态度和相应的行为方式，形成新性格特征。脱离实践活动，儿童的性格得不到完善和发展。

（五）巩固良好的性格特征，克服不良的性格特征

父母和教师要采用适宜的鼓励方式，及时肯定和表扬儿童所表现出的良好的性格特征，使孩子产生荣誉感，从而使它反复发生、巩固发展。对于表现出不良性格的儿童，要先了解这种性格形成的原因，采取正面教育、启发诱导的方法，指出其缺点并提出要求，激起他们改正缺点、积极向上的愿望。当他们有一点进步时，就加以表扬，鼓励他们继续努力、持之以恒。同时，指导他们用正确的态度和行为方式替代不正确的态度和行为方式，使儿童不良的性格逐渐改变，使良好的性格逐渐形成和发展。

知识拓展

家庭教养方式对子女性格特征的影响

1. 专制型（权威性）

这种教养方式的特点为，父母以权威自居，只从自己的主观愿望出发，不考虑孩子的意愿和心理需求，对孩子采取干涉、限制、斥责、强迫的方式，要求其绝对遵循、必须服从，甚至打骂、体罚，致使孩子表现为顺从、情绪不稳定、恐惧、懦弱、缺乏自信自尊、孤僻、不合群，进而因害怕失败而退缩、消极、意志力差，为逃避惩罚而养成说谎、表里不一的不良品质；或表现为另一极端，强烈反抗、冷酷、残暴、报复社会等。这样培养的孩子学习被动，智力低下，学习成绩差等。

2. 溺爱型

这种教养方式的特点为，父母对孩子过于宠爱、过于关心，对孩子的要求往往无原则地满足，包办孩子的各种生活琐事，生怕孩子被欺负。因过分关心、监护，不放心让孩子独立面对社会上的人和事，致使孩子表现为软弱无能、懒惰、贪玩、任性，甚至可能形成蛮不讲理、霸道、缺乏责任心、爱慕虚荣的不良品质，对父母表现出很强的依赖性，往往缺乏恒心和毅力，学习成绩往往不令人满意，心理健康受到影响，情绪不稳定，狭隘，过度自傲或自卑，意志薄弱，缺乏自信，交际困难且无力承受任何心理上的挫折和打击，以致因失败或害怕失败而采取自残或自杀的手段。

3. 放任型

这种教养方式的特点为，父母对子女以不干涉、不管教为原则，对子女采取不闻不问、放任自流的态度，对孩子的言行没有严格的要求和必要的约束，更谈不上给孩子立任何规矩。对孩子的缺点错误不管不问，任其自由发展。孩子做错了事，不及时进行批评和正确指导，不帮助孩子确定自己的正确行为，更不会鼓励孩子去创新以求成功。这种教养方式使孩子因缺乏父母的关爱和教育，自认为在家庭中是不重要的而失去归属感，情感缺失，自由散漫；因缺乏父母必要的正确指导，而自以为是、任性、固执，对冲动的行为缺乏约束，自我控制能力差，缺乏社会责任感；因没有得到必要的鼓励，而缺乏探索行为和完成任务的行为，更谈不上有成功的喜悦和胜利的欢呼，且缺乏自尊感和胜任感。这种家庭中成长起来的孩子集中表现为自以为是，固执，任性，散漫，冷酷，攻击性较强，情绪不安，不懂得爱和关心，唯我独尊，情感冷漠，自制力差，意志薄弱，缺乏成就感，社会适应性差等。

4. 民主型

这种教养方式的特点为，父母对孩子精心培养，爱而不惯，严而不苛，信任尊重，民主平等，循循善诱，启发开导，能发挥孩子行动和学习上的主动性和积极性。父母与子女之间有着积极的感情交流，既尊重、理解孩子，又对孩子时时处处提出严格要求；既高度关注孩子的一举一动，又积极鼓励孩子独立自主，激励孩子去做其喜欢的力所能及的事情；既让孩子直言不讳，敢于发表意见，敢于表明心愿，敢于表述观点，又对孩子的幼稚和错误循循善诱，而不是无端斥责。这种教养方式会使子女表现为：首先，有安全感，孩子在家庭中能感受到被爱和被尊重，也学到怎样爱他人和尊重他人，从而增强自尊和自信。其次，温馨和睦的家庭能使孩子获得支持感，当孩子犹豫、彷徨或遇到困难、挫折时，可以从家庭的关怀中吸取力量，得到指引，取得理解，产生共鸣。因此，在民主和谐的家庭中成长起来的孩子，情绪稳定，感情丰富、细腻，性格开朗，思想活跃，意志坚强，有自信心，善于交流，富于合作精神，具有积极、向上、热诚、友善的性格，并具有较强的独立性和创造性。

（选自刘改娟《家庭教养方式对子女性格特征的影响》，《科技风》2013 年第 3 期）

第四节　“三岁看大，七岁看老”——学前儿童能力的发展

情境案例

你认为智力何时发展最快？

本杰明·布鲁姆（1960）搜集了 20 世纪前半期对儿童智力发展的多种纵向追踪材料和系统测验的数据，进行了分析和总结，发现儿童智力发展有一定的规律：假定 17 岁所达到的普通智力水平为 100%，儿童的智力从出生到 4 岁发展最快，发展了 50%；4～8 岁获得了 30% 的智力；最后的 20%的智力则在 8～17 岁时获得。这项研究对希望自己的孩子成为天才的父母有何启示？

能力是指人们成功地完成某种活动所必须具备的、直接影响活动效率的个性心理特征。

它是复杂的心理结构，是由多种成分结合而成的。如我们评价一个人，经常说某人具有较强的语言表达能力、敏锐的观察能力或交往能力等，而这些能力都是通过人的活动体现出来的。反过来，这些能力又是人成功地完成某种活动的必备条件。

一、学前儿童能力的类型

（一）运动、操作能力

儿童自出生时起，已有运动能力。半岁左右，婴儿的四肢和身体的运动能力逐渐发展，手的运动能力也开始发展成为操纵物体的能力，即操作能力。在婴幼儿能力的发展中，运动能力和操作能力居重要地位。智力的发展需要通过运动和操作来表现，而运动和操作的发展水平越高，越依靠智力的支配，特别是在 2 岁以前，智力发展与动作的发展难以区分。

（二）一般能力和特殊能力

一般能力是指在各种活动中都经常表现出来的能力，包括一般的运动、操作能力和智力。要掌握基本知识、经验要求每个正常儿童都具有一般能力。特殊能力是指从事某种专门活动所需要的能力，如音乐能力、绘画能力、数学能力、组织能力等。成功地完成某种活动需要多种能力结合，多种能力的有机结合称为才能。有的儿童在幼儿期已经显露出“领导才能”的萌芽，善于指挥和团结小朋友进行活动。

（三）主导能力和非主导能力

主导能力又称优势能力，非主导能力又称非优势能力。在一个人各种能力的有机结合中，往往有一种能力起主要作用，另一些能力处于从属地位。据捷普洛夫对学前儿童音乐才能的研究表明，同是音乐才能较强的幼儿，有的区分声音旋律和表达情绪色彩的能力（曲调感）较强，有的则听觉表象能力较强，还有的感受和再现音乐节奏（节奏感）的能力较强。

二、学前儿童能力发展的特点

（一）多种能力的显现与发展

1. 操作能力最早表现并逐步发展

儿童一出生便有运动能力。6 个月左右的婴儿，其四肢和身体的运动能力已逐渐发展，手也开始发展出操纵物体的能力，即操作能力。从 1 岁开始，儿童操作物体的能力逐步发展起来，开始进行各种游戏活动，同时走、跑、跳等能力逐渐完善。到了幼儿晚期，儿童的各种游戏在幼儿一日生活中逐渐占据主要地位，操作能力在活动中逐渐发展和表现。

2. 言语能力在婴儿期发展迅速，幼儿期是口语发展的关键期

儿童的言语能力是在婴儿时期开始发展起来的。从 1 岁左右开始，在短短的两三年时间里，儿童的语言经历了非常迅速的发展变化，儿童的言语开始具有了称谓、概括及调节的功能。进入幼儿期后，儿童的言语能力逐渐增强，特别是言语的连贯性、完整性和逻辑性迅速发展，为幼儿的学习和交往创造了良好的条件。

3. 模仿能力发展迅速，是幼儿学习的基础

儿童模仿能力的发展是随着延迟模仿一起发展起来的，延迟模仿发生在 18～24 个月。儿童的延迟模仿既可以发生在言语方面，也可以发生在动作方面。模仿能力的发展对学前儿童

心理的发展具有重要意义。

4. 认识能力迅速发展，是幼儿学习的前提

从儿童出生到幼儿晚期，我们可以看到人类个体的认识能力发生、发展的过程。婴儿出生时只具备基本的感知能力，如对于声音的刺激，两三个月的婴儿具有倾听的表现，三四个月时会寻找声源。5 个月的婴儿出现认生的现象，这表明儿童已经记住了过去的印象。随着年龄的增长，各种认知能力逐渐发生发展。到了幼儿期，儿童的各种认识能力都迅速发展起来，逐渐向比较高级的心理水平发展，认识活动的有意性也开始发展起来，为儿童的学习、个性发展提供了必要的前提。

5. 特殊能力有所表现

幼儿期的儿童在接受教育和参加游戏、学习等活动的过程中，积累了知识，学会了一些技能，同时也进一步发展了能力。尤其是有计划、有目的的学前教育指导幼儿观察事物、认识事物，进行计算、音乐、美术、体育、讲故事等活动，有意识地培养幼儿的能力，促使幼儿的能力不断发展。在幼儿期，有些特殊才能已经开始有所表现，如在音乐、绘画、体育、数学、语言等方面。据统计，音乐的才能在学前期出现的概率比以后更大。

6. 创造能力开始萌芽

儿童的创造能力发展较晚，但到了幼儿晚期，确确实实出现了创造力的萌芽。这种创造能力明显地表现在儿童的绘画作品中。

（二）出现了主导能力的萌芽和比较明显的类型差异

学前期儿童已经出现了主导能力的差异。在幼儿园的教育工作中应该特别注意分析不同幼儿的能力特点，发挥其主导能力，加强对较弱的能力的培养。

（三）智力结构随着年龄增长而变化

儿童智力结构是随着年龄的增长而发展变化的，其发展趋势是越来越复杂化、复合化和抽象化，不同的智力因素有各自迅速发展的年龄阶段。这就提醒我们，要根据不同年龄儿童心理的特点，在不同的阶段对儿童智力培养的内容有所侧重。总的来说，幼儿期应该特别重视儿童观察力、注意力及创造力的培养。

案例分析

你认为智力何时发展最快？根据布鲁姆的研究，儿童智力发展最快的时期是 4 岁之前，真可谓“三岁看大，七岁看老”。因此，希望孩子成为高智商的人才的父母应该注重从小就培养孩子的能力。

三、学前儿童能力的差异

（一）能力类型的差异

在日常观察中可以发现，有的儿童记忆力较强，很长的儿歌、快板词等很快就能记住；有的儿童理解能力较好，对故事的内容、计划的方法可以很容易地理解。在记忆时，有的儿童善于视觉记忆，有的长于听觉记忆，有的对形象的东西能过目不忘，还有一些最擅长记忆

抽象的逻辑性较强的东西。有的幼儿具有动手能力，搭积木、使用劳动工具等比较灵巧；有的幼儿具有言语表达才能，说话清晰连贯，能够完整地表达自己的思想。在一些特殊能力上也存在明显的个别差异，如有的儿童绘画能力突出，而另一些儿童则长于动手操作各种机械及器具，还有的能歌善舞，对音乐、韵律特别敏感。个体间的能力差异是一种普遍现象。

（二）能力发展水平差异

除了能力类型差异之外，儿童在能力发展水平上也存在不均衡现象。它的分布特点为处在中间位置上的，即中等水平的人居多，处在极高或极低这两个极端水平上的人数较少。

美国心理学家推孟曾按智商的高低将智力分为 9 类（见表 11–6）。

表 11–6　智力的分类

智　商	类　别	智　商	类　别
140 以上	天才	70～80	近愚
120～140	极优	50～70	愚鲁
110～120	优秀	25～50	痴愚
90～110	中智	25 以下	白痴
80～90	迟钝		

虽然当时推孟的这种分类只是为了说明上的方便，但是后来在实际运用中反映了这一分类与实际情况颇为一致，所以时至今日，除了两端稍有变更外，仍采取这一分类。

在能力发展水平的差异中，有两类儿童需要我们特殊关注。

1. 智力超常儿童

智力超常儿童的智力发展水平显著地超越同龄正常儿童的发展水平。我国研究者根据对智力超常儿童的跟踪研究，指出超常儿童有下列心理特点：①浓厚的学习兴趣，好问，旺盛的求知欲；②智能发展较早较好，有较好的记忆力、敏锐的感觉力，两三岁就能分辨汉字音形的细微差异，三四岁已能区别上下左右等方位，尤其突出的是分析概括能力、理解能力强，思维敏捷；③主动性强，有独创精神；④全神贯注，专心入迷；⑤进取心强，有坚持性。智力超常儿童在智力因素和各种非智力因素上均有特点，这些特点保证了他们在学习、操作等活动中获得优异成绩。

2. 智力落后儿童

智力落后儿童的智力发展水平明显低于同龄正常儿童的发展水平。他们观察事物时，感知迟钝，内容贫乏；记忆力差，不论形象的或语词的材料都不易记住，且又难以回忆。他们不会作逻辑的识记，所记住的东西错误多。智力落后儿童的言语出现迟、发展慢，所说词义含糊，词汇量小，言语表达缺乏连贯性。他们特别在思维方面更表现出能力的差异：分析综合水平低，不能区分意义相近的概念，不能发现事物的本质特点。他们常常根据一些偶然的、表面的特征进行分类概括，更不能解决新问题、适应新环境。

（三）能力表现早晚的差异

按照人们能力表现早晚的差异，可以分为人才早慧、中年成才、大器晚成。我们常把能力早期表现的儿童称为早慧、早熟及天才儿童，智力超常儿童往往在年幼时就展现出非凡的才能。能力发展水平超群的儿童虽然是少数，但却时常因为他们在很小的时候就显示出卓越的成就而受到人们的关注并着力加以特殊培养。如一些人的音乐、绘画、写字、体育、数学、语言等方面才能，在幼儿期已开始显露锋芒。古今中外均有这样的例子，如我国大文学家杜甫 5 岁就能作诗，王勃 6 岁善文辞；奥地利音乐家莫扎特 5 岁就开始作曲，8 岁时试作交响乐，等等。据统计，音乐家的才能在学前期出现的比以后出现的多（见表 11–7）。

表 11–7　最早出现音乐才能的年龄阶段

年龄 比例/% 性别	3 岁前	3～5 岁	6～8 岁	9～11 岁	12～14 岁	15～17 岁	18 岁后
男	22.4	27.3	19.5	16.5	10.7	2.4	1.2
女	31.5	21.8	19.1	19.6	6.5	1	0.5

关心那些特殊、优异的儿童，对于教育工作者来说是必需的。在这些儿童中经常会造就出一些对社会有卓越贡献的人物，如大音乐家莫扎特、科学家维纳、数学家高斯等都是在儿童时期即展露出超群不凡的才华的。由于现有的科学认识尚不能有效地诊断人的真正才能，这就要求教师在关注英才的培养之外，更要注意在平凡的儿童身上寻找闪光之处，不可因为仅仅关注一部分早慧或超常儿童而忽视了其他大多数平常儿童。

四、学前儿童能力的培养

（一）正确了解儿童能力发展水平

在日常生活中，成人和儿童长期接触，通过日常观察可以粗略地评定一个儿童能力发展的特点和水平。但这种评定不易精确，而且容易受评定者主观因素影响，不能客观反映儿童能力发展的实际水平。心理学研究者曾设计了测定特殊能力的工具，如音乐才能测验、绘画能力测验等。智力发展水平可通过智力测验获得。智力测验是能力测定的一种，主要测验人的一般适应能力。传统上使用最多的有比奈智力测验和韦克斯勒智力测验。每种智力测验都包含几组测量不同能力的题目，形式包括文字的和非文字的两种。测验结果所得分数经过计算、转换之后便可取得一个智力的数量指标，即智商。用智商可以更为直观地标示出某个儿童的智力水平在全体同龄儿童中的相对位置。

知识拓展

韦克斯勒儿童智力量表

《韦克斯勒儿童智力量表》（*Wechsler Intelligence Scale for Children*，WISC）1949 年第 1 版，实际上许多项目以 W-BⅡ型为基础；1974 年修订，即为 WISC-R，适用年龄为 6～16 岁的儿童和少年，其编制原理和特点与 WAIS 相同。它包括 6 个言语分测验，即常识、类同、算术、词汇、理解、背数；6 个操作分测验，即图画补缺、图片排列、积木图案、物体拼配、译码、迷津。其中的背数和迷津两个分测验是备用测验，当某个分测验由于某种原因不能施测时，可以用之替代。测验实施时，言语分测验和操作分测验交替进行，以维持被试者的兴趣，避免疲劳和厌倦。完成整个测验需 50～70 分钟。

（选自 360 百科《韦氏儿童智力量表》，http: //baike.so.com/doc/3686943-3874841.html）

但是，目前的智力测验也存在不少问题。首先，对如何确切地反映学前儿童的智力发展水平还没有统一的标准。其次，还没有很完善的、为大家所认可的测验量表，许多测验无法排除知识经验的影响，很难同时适用于来自不同区域、文化、生活背景的儿童。有些儿童智力测验成绩不好并非智力真的不行，而是因为其受到了知识、文化背景的局限。最后，测验过程中常常会受到一些无关因素的干扰，如环境的嘈杂、主试人的陌生、来往的行人等都会影响到被试儿童，从而影响到测验结果。因此，不要把智力测验看得绝对化，不能只凭智力测验结果，特别是一次智力测验结果就来确定儿童的智力水平，并非所有的测验结果都那么灵验。一测定终身，对儿童的发展是非常有害的。

（二）指导儿童掌握有关的知识技能

能力和知识技能有密切联系，掌握了与能力有关的知识技能，有助于相应能力的发展。如指导儿童掌握丰富的词汇、说话时应该注意的要点以及正确的发音技能，可以促进学前儿童言语能力的发展。学前儿童处于掌握知识和智力发展的最初阶段。从掌握知识的角度看，人的知识可以分为直接知识和间接知识。两三岁是开始掌握间接知识的年龄，从智力发展的角度看，这又是思维开始发展的年龄，而思维是对事物的间接反映，是以知识经验为中介的，有了一定的知识经验，才可能对有关事物进行思维和想象。因此，对学前儿童来说，知识和智力教育都不可偏废。

（三）激发儿童的兴趣

儿童对事物的兴趣直接影响儿童能力锻炼的机会。凡是儿童感兴趣的事物或获得，儿童会做出更多的投入并能使能力得到更多的锻炼。从这个意义上讲，激发儿童积极有益的兴趣爱好，有助于发展儿童的能力。事实上，儿童对某项活动的兴趣又常常是他的某种能力的反映。兴趣是在社会实践过程中形成的。对于儿童来说，这些活动往往是具体和直接的，成人要注意利用各种具体的社会实践活动激发儿童对事物的直接兴趣，借此锻炼儿童的能力。

（四）组织儿童参加各种活动

儿童的能力是在实践活动中形成和发展起来的。儿童的实践活动是儿童能力发展的基础。成人要根据儿童所必须具备的能力，为他们组织适宜的活动，并鼓励和指导他们积极参加。例如，为了发展儿童的创造力，就要为儿童安排各种创造性活动，如绘画、音乐、计算、主题游戏、戏剧表演、搭积木等，鼓励他们积极参加、自由创作、独立思索，使创造力得到锻炼和发展。

（五）能力与个性其他品质的良好配合

能力作为个性的一个组成部分，与个性的其他特征关系密切。要发展能力，不能脱离对整个个性的培养与发展。“勤能补拙”是一句成语，其含义表明了能力发展和良好个性的形成相辅相依、互为促进。一个在性格上大胆、开朗、勇于探索和不畏困难的人，就会比一般人有更多的机会去锻炼和发展自己的能力。而这种能力的提高，又会使他的个性更为突出。同时，个性对施展自己的才能具有至关重要的影响。现代社会需要一个人不仅有才能，而且要大胆敢为，能够表现自己的才能。个性上畏缩而缺乏主见的人即使有才能，也难以充分表现。

（六）教育好能力异常的儿童

对有特殊才能的儿童应创造条件，从小给予特殊的专业培养，对智力超常儿童可以采取加快教学进度、增加教学内容等方法，使他们的智力充分发展，求知欲得到满足。更应注意的是，对于有特殊才能和智力超常的儿童，要教育他们虚心学习、尊重他人、与人和谐相处，防止养成骄傲自负、轻视他人或放松学习等不良品性。对智力落后的儿童要一视同仁，耐心教育，而且要给予更多关怀，可以减少他们学习的内容，放慢教学进度，减轻其学习负担，帮助解决困难，更要经常鼓励，使他们改变沮丧、失望和压抑的心情，逐步形成自信、积极和愉快的心理。对能力异常的儿童应尽可能使他们参加特种教育机构，受到更加合适的教育，以免影响他们的发展。

知识拓展

幼儿园的多元智能教育

加德纳（1993）认为，智能并非一元的结构，而由多元智力构成，这些智力之间彼此独立，但在促成智力行为的产生上可能是相互作用的。加德纳列出了 8 种智力（见表 11–8），是对智力的又一次理论探索。

表 11–8　加德纳列出的 8 种智力

智力类型	反映出该智力的任务
言语智力	读书；写论文、小说或诗歌；语词理解
逻辑—数学智力	解数学题、做数学证明、逻辑推理
空间智力	从一处到另一处、看地图、放置物品
音乐智力	唱歌、作曲、吹号、音乐作品欣赏
身体—运动智力	跳舞、打篮球、跑步、掷标枪
人际智力	对他人行为、动机和情绪情感的理解
认识自己的智力	认识自己——我是谁，如何改变自己
认知自然的智力	对自然界的认识

上述观点提醒我们，根据不同年龄儿童心理的这些特点，在不同的阶段，对儿童智力的培养内容要有所侧重。总的来说，对学前儿童应该特别重视观察力、注意力及创造力的培养。

多元智能论认为，如果能早期发现孩子智能的长处与不足，就能帮助孩子适度地发展或弥补。幼儿园教育可以通过这样的发现和了解，来设计与安排何时，何地，以什么样的内容、方法来帮助孩子。怎样的幼儿园才能实现这样的目标、完成这样的任务呢？

多元智能幼儿园应该具备以下几个特征。

一、提供符合平衡发展的活动

幼儿园的所有学习活动，必须符合多元智能学习的理念，并提供完整的学习模式。孩子通过“主题”或“专题”的探讨，来了解与生活相关、有益处，而且是感兴趣的题材，同时也可以进行小规模的实验、操作，并体验多元化、个人化、合作化等有价值的学习。

另外，提供可以刺激多元智能发展的丰富环境，运用非传统方式来学习传统学科，提供多元的表达途径，包括口语、文字、艺术、音乐、肢体舞蹈等，还可以记录学习过程和操作历程，以催化幼儿多元智能的发展。

二、进行个别化的学习

多元智能非常重视“个别化”的学习，即尊重孩子自己的经验、兴趣和智能倾向。传统教学只注重单一标准的学习方式，使得许多孩子认为自己没有能力或能力不足，或者因兴趣不合觉得无趣，而放弃探讨、研究。重视个别化学习的幼儿园，包容所有智能的个别差异和其最终结果，使教育与智能相互配合，启发学习者最大的潜能。

三、社区化的学习

多元智能教育强调要以“真实的”生活经验作为学习的内容，以帮助孩子适应未来的世界，所以，学习必须从生活环境和经验中开展，因此幼儿园变成了第一个实验室。

在幼儿园里幼儿要学习接纳别人、了解别人和自己的不同，学习与人互动，从认识自己扩展到认识社区、社会，进而适应社会。为了让孩子有真实的生活经验，强调多元智能教育的幼儿园，不只是简单地带孩子走入社区，也会把社区带进学校，通过参观、参与，实际进入社区，接触真正的生活环境。

四、自由探索，完整记录

发现与探索在幼儿的学习历程中非常重要，也非常珍贵。强调多元智能教育的幼儿园，不但会设计丰富的学习环境来启发孩子的智能，更能允许孩子自由探讨和操作，并且鼓励他们发问。通过探索可以发展逻辑推理能力，操作活动可以培养精细的动作技能，与人互动可以培养语言的对话能力。

在多元智能幼儿园里，老师扮演环境的设计者、学习的观察者，在活动中，老师随时要观察、做笔记，真实、完整地记录孩子的发展，以便作为帮助孩子的参考，使其在擅长和不擅长的智能领域有所成长。

五、有正确观念的专业师资

多元智能是一个理念，要落实多元智能教育的理念与做法，首先教师要改变教育理念。就教师的角色而言，传统教师是知识的传授者，多元智能教师则是唤醒智能的启发者，传统教师是权威者，多元智能教师则是设计者、辅导者、观察者和协助者。而教师也要根据多元智能教育的需求，必须具备更多元的能力和扮演更多元的角色。

六、家长和教师的良好互动

教师需要定期将形成的评估结果通知家长，家长在有需要时也应该对孩子进行持续性的智能评估，以长期监控儿童的综合成长，共同商议有针对性的教育计划。通过对评估结果进行分析，多元智能评估系统将反映每个孩子的各种智能分布情况，绘出典型多元智能光谱类型，以便教师按照孩子的情况设计课程，达到“因势利导、因材施教”的目标。

理想的多元智能幼儿园会以非传统的学习方式，采用不同模式的多元课程，运用不同的途径，让孩子学习和理解各类学科、生活技能，并且鼓励孩子将这些知识应用于生活问题和社会适应上，同时鼓励孩子发挥其独特智能，或把不同智能相组合，发挥更大的潜能。

（选自摇篮网《幼儿园的多元智能教育》，http: //www.yaolan.com/edu/201009011343897.shtml）

知识拓展

贝贝的培养

某幼儿园的陈老师介绍，有一个叫贝贝的男孩子入园近一个月，不和小朋友打招呼、不做游戏；其他小朋友都做操的时候，他却一个人蹲在过道上玩；小朋友们在教室里上课，高高兴兴地围成半圆，他却孤独地坐在角落里；吃饭的时候一直不肯上桌，都是老师一点一点地喂，自己从来不拿勺子。

贝贝的妈妈是一位全职母亲，把全部心思都用在了孩子身上，在生活上对孩子照顾得无微不至，看孩子的眼神，妈妈就知道儿子想要什么，根本不用孩子说话。在智能开发上，这位家长也下了很大功夫，给孩子讲故事、读儿歌，教孩子背古诗，孩子比同龄人“聪明”很多……但是由于长期在母亲的过度呵护下成长，贝贝不知道如何与其他小朋友相处，也不愿意与小朋友相处，入园后的一个星期里，贝贝妈妈甚至要陪着儿子一起待在幼儿园里。

贝贝妈妈认为，学前几年是孩子成长非常重要的阶段，必须打好基础，让孩子领先一步，所以她想尽办法发展孩子的智力，让孩子能有一个好的开端。在习惯养成方面，贝贝妈妈认为，穿衣、吃饭、和其他小朋友做游戏这些都是“水到渠成”的事，孩子长大后自然就会做了，所以还是应该抓紧时间，着重开发孩子的智力潜能。

观点：孩子能力培养胜于智力开发

从事幼教工作的老师分析认为，贝贝妈妈的问题反映了很多家长在早期教育方面的误区。

首先，很多家长过多地注意到0～6岁是智力发展的重要时期，但是行为习惯的培养其实也非常重要，交往能力、表达能力、自理能力等方面的欠缺，会造成孩子能力低下。长此下去，看似小事的“不会自己吃饭”“不参与小朋友的各种活动”等，都会使孩子产生心理负担，觉得自己处处比别人差，不能融入同龄人中，渐渐失去自信心，对什么都提不起兴趣来。在学前儿童教育中，能力培养比智力培养更应该重视，早期教育对孩子能力和习惯的培养越早越好。而眼下不少家长过早、过多地要求孩子学习各种知识，这样并不利于幼儿身心的健康发展。

其次，在孩子智力培养方面，家长们普遍认为开发智力要多背诵古诗、识字、学习英语、数数，这是典型的“授之以鱼”的做法，过分地强调知识灌输。有些家长把教育片面地理解为传授书本知识，他们不顾婴幼儿心理发展的特点，硬性地给孩子规定学习任务，让婴幼儿像学生那样坐下来学习，剥夺了他们玩耍的时间，这对孩子的身心健康很不利。

第五节 “我长大了”——学前儿童自我意识的发展

情境案例

没有拿到小红花的东东

中班的东东因为打了人，没有拿到小红花，而其他小朋友都拿到了。当天妈妈来接他时，他不肯回家，非要拿到小红花才肯离园。经过老师和家长的说服，他明白了道理。从第二天起，他自觉控制自己的行为，每天都要问老师：“我今天表现好吗？”一天，老师说他有进步，给他奖励了一朵小红花，东东高兴极了。

自我意识是儿童社会化的重要组成部分，可以说，儿童社会化的目标就是形成完整的自我。自我意识也是个性成熟水平的标志，是整合、统一个性各部分的核心力量，也是推动个性发展的内部动因。

所谓自我意识是人对自己以及自己与客观世界关系的一种意识。自我意识是个性形成和发展的前提，是个性发展和成熟的重要标志。自我意识是通过认识外界（包括他人）而产生的。要认识自我，必须同时区别非我，也就是说，只有在自己与他人的关系中才能认识自己。自我意识表现为对自己的认识、态度和行为的调节。它包括三种形式，即自我认识（狭义的自我意识）、自我评价和自我调节。

韩进之等人的研究表明，自我意识各因素发展的总趋势是随着年龄的增长而增长的。4～5 岁是儿童自我意识发展的加速期。自我意识各因素的发生时间比较接近，但不同步。首先是自我评价的发展，其次是自我体验的发展，最后是自我控制的发展。自我评价开始发生的年龄转变期在 3.5～4 岁；自我体验开始发生的年龄转变期在 4 岁左右；自我控制开始发生的年龄转变期为 4～5 岁。

一、学前儿童自我意识的萌芽

儿童认识自己，需要经过一个比认识外界事物更为复杂、更为长久的过程。刚出生的新生儿没有自我，他们的第一个发展任务是将自己与周围环境区别开来。在儿童发展过程中，主体自我先于客体自我而出现。在一个实验中向 3 个月的婴儿播放一段该婴儿与其他小朋友在一起的录像，结果发现婴儿对同伴录像的注视时间更长，表明 3 个月的婴儿能区分自己与他人。这是婴儿自我的萌芽。儿童在与成人和物理世界的相互作用中认识到自身的作用，如啼哭能引来母亲并得到安慰和满足，一个推拉的动作能引起玩具移动等，从而逐步学会将“我”与非我区分开来。随着儿童认知的发展，出现了客体永久性，儿童逐步形成一个不同于外部世界的主体的自我。

知识拓展

点红鼻子实验

婴儿出生的第二年，客体自我开始出现，其标志表现在“点红鼻子实验”（Amsterdam, 1972）中。这是研究儿童自我发展的一项经典实验。实验者在 88 名 3～24 个月的婴儿鼻子上点一红点，然后观察他们照镜子时的反应，并对其中两名 12 个月的婴儿作追踪研究。结果发现，15～24 个月的婴儿会对着镜子观看自己的身体，并对着镜子触摸自己的鼻子。研究者认为，这是婴儿出现自我认识的表现。

（选自王振宇《学前儿童发展心理学》，人民教育出版社，2014 年版）

美国心理学家哈特总结了大量的研究，将婴儿自我认识的发展分为五个阶段，前三个阶段是主体自我的发展，后两个阶段是客体自我的发展。这一结论得到学术界的公认。

第一阶段（5～8 个月），无我状态。婴儿对镜像感兴趣，但对自己的镜像或他人的镜像并不分化，说明这一阶段的婴儿不能区别自己与他人。

第二阶段（9～12 个月），初步的主体自我。婴儿以自己的动作引起镜像的动作，主动以自身动作与镜像匹配，表明婴儿对自己作为活动主体有了初步的认识。

第三阶段（12～15 个月），主体自我发展。婴儿能区分由自己做出的活动与他人所做活动的区别，对自己镜像与自己活动之间的联系有了明确分化，主体自我得到明显发展。

第四阶段（15～18 个月），客体自我初步发展。婴儿开始把自己作为客体来认识，认识到客体特征来自主体特征（如自己的鼻子上的红点与镜像中的红鼻子的关系），对主体特征有了稳定的认识，客体自我得到初步发展。

第五阶段（18～24 个月），客体自我形成。婴儿开始用言语标示出自我，如使用代词“我”“你”来区别自己与他人，是客体自我形成的重要标志。这时的儿童已经能意识到自己的特征，能从照片中认识自己，用言语表达自己。

主体自我和客体自我的形成，是婴儿与物理世界和社会环境相互作用的结果。自我的发展有助于儿童妥善处理自己与环境、与他人的关系，如认识到人的态度、体验他人的情感、建立平等关系、共享社会经验、实验共同目标等。这对于一个生活在高度社会化条件下的个体是十分重要的。自我意识的发展，是儿童社会化的转折点，也是个性最终形成的必要条件。

二、学前儿童自我认识的发展

自我认识的对象包括自己的身体、自己的动作和行动、自己的内心活动。

（一）对自己身体的认识

婴儿对自己的面貌和整个形象的认识，要经过一个较长的过程。婴儿最初不能意识到自己的存在，不能把自己作为主体同周围的客体区分开来。随着认识能力的发展和成人的教育，婴儿 1 岁后逐渐认识自己身体的各部分。对自己身体的认识，既是儿童自我存在的开端，也是儿童认识物我关系的开端。儿童意识到自己对物的“所有权”，似乎是从这里开始的。

婴儿到 2 岁左右才开始意识到自己身体的内部状态，如会说“宝宝饱饱”或“宝宝饿”

是最初的表现。婴儿长时间不能把自己的名字与自己的身体联系起来。到 8～9 个月时，当成人用他的名字问他："宝宝在哪儿呢？" 他已经能够用微笑或动作作出正确的回答。在 2～3 岁时，儿童开始掌握"你""我"等代名词，把自己当作主体来认识。儿童掌握"我"这个词，是自我意识形成的一个质的变化，是自我意识发展中的一个重要转折。

（二）对自己行动的意识

动作的发展是儿童产生对自己行动的意识的前提条件。1 岁左右，婴儿通过偶然性的动作逐渐能够把自己的动作和动作的对象区分开来，并且体会到自己的动作和物体的关系。这时的婴儿出现了最初的独立性。在许多场合下，他拒绝成人的直接帮助，而要"自己来"。

在无意中学会了的自动化动作，儿童并不能意识到。皮亚杰曾用实验研究幼儿对自己爬行动作的意识。发现 4 岁儿童虽然会爬行，但并没意识到自己是怎样运动的。5～6 岁能意识到自己的行动，7～8 岁对自己的爬行动作有明确的掌握或认知。实验证明，让幼儿慢爬，边爬边观察自己的动作，口头描述行动，爬行中令其中断动作，并对当时的动作进行描述，这些方法有助于培养幼儿对自己动作的意识。培养儿童对自己的动作和行动的意识，是发展其自我调节和监督能力的基础。

（三）对自己的心理活动的意识

对自己心理活动的意识比对自己身体和动作的意识更为困难，因为自己的身体是看得见、摸得着的，自己的行动也是具体可见的，而内心活动是看不见的。因此，对内心活动的意识要求较高一些的思维发展水平。

儿童从 3 岁左右开始出现对自己内心活动的意识，如儿童开始意识到"愿意"和"应该"的区别。以前他只知道"我愿意"怎样做就怎样做，现在开始懂得了"愿意"要服从"应该"。实际上，这也是自觉的动机从属关系的萌芽。4 岁以后，儿童开始出现对自己的认识活动和语言的意识。他们开始知道怎样去注意、观察、记忆和思维。如上课时老师说："注意了！"自己就应该眼睛看着老师、双手停止活动，等等，这也是儿童开始有了认知的方法。他们也比较清楚地意识到假想和真实的区别，意识到正确与错误的思想和行为的区别。他们有时故意做错事、坏事，是为了引起成人的注意，或是与成人开玩笑。

学前儿童往往只意识到心理活动的结果，而没意识到心理活动的过程。他们能作出判断，但不知道是如何得出来的，因此往往知其然不知其所以然，许多思维实验都反映了这种情况。如他们能区别有生命和无生命的东西，但是说不出自己为什么这样判断。在语言方面也是如此，学前儿童往往只有"语言感"，而不能根据语法知识判断正确与错误。掌握"我"字是自我意识形成的主要标志。婴儿从知道自己的名字发展到知道"我"，意味着从行动中实际地成为主体，发展到意识到自己是各种行动和心理活动的主体。

三、学前儿童自我评价的发展

自我评价是自我意识的一种表现，包括三种形式：掌握别人对自己的评价、社会性比较（即从与别人的比较中对自己做出评价）、自我检验（狭义的自我评价）。

（一）学前儿童自我评价的特点

自我评价从 2～3 岁开始出现。幼儿的自我评价尚处在学习阶段，幼儿自我评价的发展与幼儿认知及情感的发展密切相联，其特点如下：

1. 依从性和被动性

幼儿由于认知水平的限制，加之对成人权威的尊重与服从，往往把成人对自己的评价当作是自己的评价。所以他们的自我评价基本上是成人对他们评价的简单重复，这种评价不是出于自发的需要，而是成人的要求。幼儿晚期才开始出现独立的评价。

2. 表面性和局限性

幼儿的自我评价都集中在自我的外部行为表现上，还不会评价自己的内心活动和个性品质，与表面性相联系的是幼儿只会对某个具体行为作出评价。如问幼儿自己为什么是好孩子时，他只会说“我不骂人”“我自己穿衣服”“我不说谎”“我不欺负小朋友”等。

3. 主观情绪性和不确定性

幼儿的自我评价往往不从具体事实出发，带有主观情绪性。对权威（如父母、教师）的评价及对自己的评价（与同伴相比较时）总是偏高，加之评价的依从性和被动性，都表明幼儿的自我评价很不稳定。

随着年龄的增长、幼儿自我实践经验的积累，及与同伴、成人的相互作用，幼儿自我评价能力逐渐提升，变得较为独立、客观、多面和深入。

（二）提高儿童自我评价能力的策略

1. 成人对儿童评价要实事求是、恰如其分

学前儿童的自我评价是根据父母及其他成人对自己的态度形成的，因此，成人要特别注意对儿童的评价要实事求是、恰如其分。同时，对儿童的自我评价要进行及时的引导和调控，尤其是对自我评价过高或过低的儿童，让每个儿童都看到自己既有优点，也有缺点，使他们对自己的评价变得比较客观、全面。

2. 通过交往活动提高儿童的自我评价能力

儿童的自我评价是在与人的交往活动中形成与校正的，交往活动是自我认知、自我评价产生和发展的基础。成人要改善儿童的交往环境，经常带他们到大自然和社会中去，增加幼儿与成人、幼儿与教师、幼儿之间的交往频率，积累交往经验，使之理解是非善恶，养成团结合作、关心爱护、助人为乐等个性品质。

3. 加强儿童交往中的个别指导

对自我评价过高、有着盲目优越感的儿童，采取个别说教的方法常常不能奏效。重要的是应该有针对性地引导他们参加一些活动，通过活动让他们切实认识自己的不足，从而消除优越感和激情情绪，逐步使行为变得正常起来。

对自我评价过低的儿童，成人要给予特别的关心。首先要从点滴的小事上培养他们的自尊心，而且要让他们从同伴和集体的评价中切实感受到自己的价值。其次，成人要鼓励他们大胆与他人交往；同时教育其他同伴对他们采取友善、热情的态度，消除其紧张情绪和不安心理。此外，在交往的技能技巧上给予具体指导，帮助他们取得成功，逐步提高自我评价能力，促进自我意识的发展。

四、学前儿童自我调节的发展

个性发展的核心问题是自觉掌握自己的心理活动行为，因此，自我意识的发展必须体现在自我调节或监督上。为了保证正确地调节自己的行为，必须正确掌握环境的有关信息以及关于自己个人特点和状态的信息。因此，自我认识、自我评价和自我调节是相互联系的。自我调节以自我认识、自我评价、自我体验等为基础，具体表现为个人对行为的自我监督、自我教育、自我控制等方面。

（一）学前儿童自我体验的发展

1. 自我体验发展水平不断深化

儿童的各种自我体验都随年龄增长而发展，其发展水平不断深化。如对愤怒感的情绪体验，3～6 岁的儿童会有不同的体验程度，从“会哭”“不高兴”“会生气”到“很生气”“很恨他”这个变化过程，可以看出幼儿体验的深刻性在逐渐发展。

2. 自我体验的社会性

幼儿不仅能对生理的需要产生自我体验，而且能对社会性的需要产生自我体验，即开始发展了社会情感的自我体验。他们往往会因成人的表扬、批评而产生不同的自我体验，自我体验的社会性也随年龄发展而不断增加。而社会性较强的自我体验，如委屈感、自尊感与羞愧感的自我体验从 4 岁以后明显发展。

3. 自我体验的受暗示性

在儿童自我体验的产生中，成人的暗示起着重要作用，年龄越小，表现越明显。如问幼儿：如果你做捂眼睛、贴鼻子游戏时，私自拉下毛巾，被老师看见，你会觉得怎样？3岁组儿童只有 3.33%的人有自我体验，而在有暗示时（“你做错了事觉得难为情吗？”）就有 26.67%的幼儿有自我体验。

（二）学前儿童自信心的发展

1. 学前儿童自信心发展的特点

儿童两三岁开始萌发自信心。姜立君、杨丽珠（2000）的研究结果表明，幼儿自信心各因素（包括自我评价、自我有效感、独立感、自我表现、主动性、敢为性）随着年龄的发展而发展，表现出年龄差异。幼儿自信心总的发展趋势，也表现出随着年龄的发展而发展的特点。幼儿自信心在 3～4 岁较 4～5 岁发展更为迅速，而且表现出个体差异。

研究表明，自信心较强的幼儿往往积极主动地参加各项活动，敢于表达自己的意愿，坚持自己的主张，与成人或同伴有分歧时能据理力争，在游戏及美工活动中创造多于模仿，对新环境、新事物容易适应，对待困难不轻易退却，常常自告奋勇地说“我来试试”“让我想想办法”，在自选活动中爱挑困难的任务，理由是“这样练习本领大”“我会做成的”“像这样的事我做过”。而自信心较弱的幼儿则往往被动、迟疑，对自己的力量没把握，不能坚持自己的行动目标，对新环境、新事物容易产生恐惧和退缩，稍遇困难，未经努力就向成人或同伴企求帮助。他们的内心充满了可能失败的预感和恐慌，往往会先说“我不会”“我弄不好”“我不行”，不想付出更大的努力和尝试，宁愿随从、模仿别人或放弃目标。

自信心对于幼儿心理健康和认识能力的发展具有十分重要的意义，它能促使幼儿产生积极主动的活动愿望，大胆探索，思考问题，乐于与周围人交往，经常保持愉快的情绪。我国教育领域高度重视幼儿自信心这一心理品质的培养。新修订的《幼儿园工作规程》的总则第五条，在幼儿园保育和教育的主要目标中增加了“自信”的内容，这是我国幼教法规在民主化、科学化、现代化方面的进步。

2. 学前儿童自信心的培养

（1）建立良好的亲子关系。温暖和谐的家庭环境、良好的亲子关系是建立儿童自信心的前提。如果在成人那里得到精心的照料和爱护，儿童就会感到安全，就会相信周围一切，信心十足地迈出自主的第一步。如果婴儿最初就受到冷漠的对待，基本的需要得不到满足，就会产生不安全感和恐惧感，就会不相信自己、不相信周围一切。

（2）给予儿童自由权和自主权。要多为儿童提供自己做决定的机会，鼓励儿童做力所能及的事情。儿童拥有自己独特的世界，他们对周围世界总是喜欢用自己的独特思维主动去认识、探索，偶有所得，便会欢呼雀跃；甚至更多的时候，拒绝成人给予的一切帮助，显示他的独立性。所以成人要以最大的信任、必要的指导和最低限度的帮助，有的放矢地促进幼儿自信心的发展。

（3）给予儿童积极的评价。“好孩子是夸出来的”，对于幼儿的点滴进步，要给予积极的赞许和肯定，使他看到自己的力量。不要贬低或故意揭短，夸大幼儿的缺点。

（4）帮助儿童获得成功的体验。获得成功的体验是形成儿童自信心的基础。当儿童自己学着穿衣服、铺床、收拾玩具时，成人的及时鼓励、适度表扬，能使儿童从中获得愉快的情绪体验，这种内心体验可以转化为儿童前进的动力。经过实践、强化、再实践、再强化的循环往复，儿童就会在每一次成功体验的激励下，自信心得到进一步巩固和加强。可见，自信心从成功中来；而有了自信心，将会取得更大的成功。

（三）学前儿童自我控制的发展与指导

自我控制是指个体在无人监督的情况下，从事指向目标的单独活动或集体活动。自我控制既是个体社会化的重要内容，也是个体实现社会化的重要工具。

1. 学前儿童自我控制的发展特点

人类个体绝非一出生就具备了控制自己的能力。儿童是在生理不断成熟的条件下，在成人的指导教育下，通过与外界环境的不断交往发展各种心理能力，并逐渐克服其冲动性，学会控制自己的活动的。

幼儿自我控制能力的发展主要表现在坚持性和自制力的发展方面。总的来说，幼儿自我控制能力还较差，3～4 岁幼儿的坚持性和自制力都很差，到了 5～6 岁才有一定发展。幼儿自我控制发展水平具有性别差异，女孩高于男孩。

2. 自我控制的训练

（1）有意转移注意力。延迟满足可以增加儿童自我控制的时间。缺乏自控力的幼儿会迫不及待地想得到想要的东西。为了延迟满足，有意转移儿童的注意力，或让儿童不去想渴望得到的东西的特征，而把诱人的东西想象成不能吃也不能玩的东西，如把面包想象成棉花。

（2）积极鼓励。成人对儿童在延迟满足中出现的点滴进步及时给予表扬和鼓励，或给儿童更大更多的奖励，可培养儿童等待的耐心，提高儿童自我控制的信心与水平。

（3）榜样的作用。观察一个延迟满足的榜样能改善儿童的自我控制。让儿童经常观察宁可立即得到小的奖励，而不愿等待大的奖励的儿童，这个儿童也会变得不愿等待；如果榜样是个不为小刺激所动，通常选择延迟后得到更丰富奖励的儿童，观察的儿童也会学会耐心等待。

（4）自我暗示与监督。儿童的注意力容易分散，家长与教师可教给儿童自我暗示的方法，经常用语言提醒自己不被干扰所影响。要督促儿童监督自己的行为，一旦儿童出现了离开任务的行为，让儿童立即将这行为记录下来，并作为重新回到学习中去的提示。儿童可以根据自己的分心情况计算每次完成任务时分心的次数，并逐渐提高要求，逐步做到集中注意力。

3. 自我控制度

自我控制应该适度。

儿童自我控制度过低，常表现为很容易分心，情绪表现有很多的自发性，无法延迟满足，易冲动，在人际交往中喜欢攻击他人。

自我控制度过高的儿童表现为有很强的一致性和抑制性，没有主见，不分心，对新环境缺乏探究兴趣，情绪表达很少，兴趣狭隘、刻板，不愿直接表达自己的需要。这样的儿童容易焦虑、抑郁、不合群，也容易被成人忽视。

自我控制适度的儿童可称为弹性儿童，他们的特点是“管得住，放得开”，能随环境的变化改变自己的控制程度。在需要控制自己的时候能牢牢地管住自己，在不需要控制的时候，则能放松自己。这样的儿童有很强的灵活性。

案例分析

没有拿到小红花的东东

此案例说明东东开始出现了自我意识，开始关注成人对自己的评价，希望得到老师的肯定与表扬。但是东东自我控制能力还比较低，出现打人现象，因而没有得到小红花。经过老师和家长的说服，他明白了道理，从第二天起，他自觉控制自己的行为，不再打人了，老师奖励了他一朵小红花，东东高兴极了。

知识链接

孩子的自我意识敏感期

http：//baby.sina.com.cn/edu/09/0609/1955145577.shtml

知识拓展

霸道的小女孩好好

开学的一天，涛涛哭着跑过来，说“好好咬我”。只见涛涛手上一个深深的齿痕，别的小朋友见涛涛哭了，也都跑来看热闹。这时伟佳也跑来告诉老师“好好打我，还抢积木”。但见好好却若无其事，正在玩刚抢来的积木。好好是小一班的女孩，她聪明伶俐，长相可爱。但是这个女孩很自私，以自我为中心，把什么玩具都据为己有，人家要玩，她就打、就咬，吓得其他孩子哇哇大哭。

针对这种情况，我们进行了一次家访。经过家访，才知她一直是外祖母带着，父母很少回家。难得回家一次，自然把自己的女儿宝贝得不得了，总是事事依着她，使她养成了自私、好攻击的心理。对这样的孩子该采取怎样的教育方法呢？我们应对全班孩子进行自我意识的培养，让孩子在集体活动中受到教育。

一、从“说我”到“看我”，增强自我认识能力

1. 让幼儿“说我”

语言是促使自我发展的一个重要因素，幼儿能否用恰当的语言描述出对自己对他人的认识与感受，是他们自我认识发展的重要指标。因此，引导幼儿掌握与个人有关的语言，是促使幼儿自我认识的重要途径。

首先我们让幼儿说说“我是谁”，引导幼儿从姓名、性别、年龄开始，逐渐扩展到自己的更多方面，如幼儿说“我是××”“我是女孩子（男孩子）”“我3岁了”“我是漂亮的孩子”“我是个可爱聪明的孩子”……在此基础上让幼儿学说“我怎样”，如“我喜欢画画”“我正在写作业”“我在看图书”……

2. 教幼儿“看我”

怎样看待自己，能不能较为客观地认识与评价自己，是自我意识发展的一个重要方面，因此我们教幼儿“看我”。首先让幼儿去了解别人眼中的“我”，去了解班上的小朋友、自己的父母、老师以及邻居对自己的看法，尽可能全面地了解自己。其次让幼儿从自己的美工作品、操作、表演等活动成果中了解自己，如幼儿画一幅画，让幼儿说说自己画的是什么、画得怎么样、什么地方好、什么地方不好，幼儿通过自己说、听别人说，会正确了解自己，学会评价自己。

孩子在“说我”“看我”的活动中丰富了对自己的认识，大大增强了自我认识能力。通过这些活动，好好的攻击行为减少了。

二、丰富活动区内容，增强幼儿的自我情感体验

在区域活动中，幼儿有更大的自主性、自由度，因此这一活动被幼儿所喜爱。我们抓住幼儿好游戏的特点，丰富区域活动材料，指导幼儿的区域活动，让幼儿在各区域中体验成功、学习合作。如设置区域“娃娃变脸”，让幼儿根据自己的心情好坏选择适当的眼睛、嘴巴贴在娃娃的脸上，反映出自己当时的心情，再如设置建构区，鼓励幼儿与同伴一起合作完成建造，在共同游戏中体验合作的乐趣。同时通过游戏，孩子们吵闹的现象少了，合作的机会多了。

三、通过体育游戏促进自我控制能力的发展

体育游戏从内容到形式、从方法到要求都具有较强的集体性，为达到游戏目的，幼儿必须勇敢、顽强、机智、果断、团结互助。我们根据幼儿的年龄特点设计了他们感兴趣的体育游戏，来促进其自控能力的发展，如设计游戏“木头人”，目的是培养幼儿的反应能力、发展自控能力。方法为：教师背对幼儿边念儿歌边向前走，幼儿跟随其后，念完儿歌后教师回头，幼儿迅速停止正在做的动作，并保持身体姿态不变。游戏中教师鼓励幼儿要尽量把坚持不动的时间延长，对于自控较好的幼儿给予充分的肯定。再如“过小桥”，让

> 幼儿走过高 25 厘米的平衡木，刚开始时，幼儿走得很慢，有三分之一的幼儿不敢过，我们鼓励他们“勇敢点”，并牵着他们的手，经过多次练习，幼儿基本都能独立、快速、顺利地走过平衡木，变得更有能力、不怕困难了。通过游戏孩子们的自我控制能力增强了。
>
> 四、家园合作，形成良好的自我意识
>
> 对幼儿的教育只靠幼儿园、教师是远远不够的，为了取得良好的教育效果，帮助幼儿形成良好的自我意识，必须取得家长的支持与理解，做到家园合作、家园共育。
>
> 首先，我们通过家长讲座、家长会、家园联系栏等形式向家长宣传幼教知识，帮助家长树立正确的观念。
>
> 其次，我们通过填写“家园联系册”、家访、半日开放活动，以及入园、离园时与家长交流等方式，帮助家长更全面地了解自己的孩子，对孩子有正确的认识。
>
> 最后，我们指导家长用恰当的语言正确评价自己的孩子，发现孩子的优点，及时给予鼓励，找出孩子的不足之处，给予指导帮助，使孩子全面发展。
>
> 通过我们与家长的沟通，使家长认识到自我意识培养的重要性，家长以更积极的态度面对孩子，给孩子以良好的榜样，让孩子在模仿父母过程中，学会认识自我、评价自我、控制自我，形成了良好的自我意识。

【议一议】

小南 5 岁，已经上大班了。妈妈对他总是百依百顺，爸爸对他却非常粗暴。虽然家里的玩具很多，但在幼儿园里，小南看到别人玩什么，他就要什么，因此经常和小朋友打架。一开始，幼儿园老师非常严厉地批评他，但他仍我行我素，久而久之，谁也不愿意去管他。妈妈开始为这事感到烦恼。

试用本章的相关内容分析一下小南性格及行为的问题与成因，并提出帮助小南解决这些问题的方法。

【练一练】

1. 学前儿童需要的种类有哪些？学前儿童需要的发展有什么特点？
2. 学前儿童动机发展的特点是什么？如何培养学前儿童良好的动机？
3. 学前儿童兴趣发展的特点有哪些？如何引导学前儿童良好兴趣的发展？
4. 关于婴幼儿气质类型的分类有哪些观点？如何针对儿童不同的气质类型进行教育？
5. 婴幼儿的性格特点分别表现在哪些方面？学前儿童性格的塑造有哪些方法？
6. 学前儿童能力的类型和特点是什么？学前儿童能力的差异表现在哪些方面？如何培养学前儿童的能力？
7. 学前儿童自我认识的内容有哪些？学前儿童自我评价的特点是什么？如何提高学前儿童的自我评价能力？
8. 如何培养学前儿童的自信心？如何训练学前儿童的自我控制能力？

【讲一讲】

请在教师指导下，选择一种适合我国幼儿的智力测验量表，在一个年龄班上进行一次智力测验，并分析该班儿童的智力发展情况。

【读一读】

1.《0～6 岁儿童个性培养》. 石美霞. 人民日报出版社，2008 年版。

2.《儿童心理学手册（第三卷）》. 林崇德等译. 华东师范大学出版社，2015 年版。
3.《孩子的性格由妈妈决定》. 杨林蔚译. 现代出版社，2016 年版。
4.《阿德勒的儿童性格教育》. 马丽编译. 中国妇女出版社，2015 年版。

参考文献

[1] 张丽丽. 学前儿童发展心理学[M]. 上海：华东师范大学出版社，2016.
[2] 史献平. 学前儿童发展心理学[M]. 北京：高等教育出版社，2016.
[3] 罗家英. 学前儿童发展心理学[M]. 北京：科学出版社，2011.
[4] 杨丽珠. 儿童个性发展与培养的实验研究[M]. 长春：吉林人民出版社，2001.
[5] 韩进之. 儿童个性发展与教育[M]. 北京：人民教育出版社，2007.